시대의
질문에
답하다

한국경제신문 논설위원실 지음

시대의
질문에
답하다

한국경제신문

지식과 지력의 사회를 꿈꾸며

지식의 청량제 같은 소담한 주간지 하나를 과외로 만들어보면 어떻겠냐는 제안이 한국경제신문 논설위원실에서 나온 게 2014년 3, 4월경이었다. 지식과 지력이 존중받지 못하는 우리 사회에 대한 깊은 반성에서 시작된 것이었다. 지식의 가치와 이성이 경시되니 과학적 사고도, 진지한 성찰도 빈약하기만 한 부박한 사회로 이행할 수밖에 없었다. 사회가 더없이 가벼워지면서 이리저리 쏠리기나 하는 현상도 어제오늘 일이 아니었다.

대신 늘상 사회를 지배한 것은 포퓰리즘과 떼법, 과도한 감성, 싸구려 선동에 표출되는 격정 같은 것이었다. 땀과 노력으로 부가 형성된다는 진실도 외면당하기만 했다. 진정한 자유주의가 사회를 발전시키고, 자유민주 기반의 시장경제라야 국부를 쌓아올릴 수 있다는 사실에 주목하는 이들도 소수에 그쳤다. 한국경제신문 사설에서는 일관되고 줄기차게 지적해왔지만 자유민주주의와 시장경제 창달의 중요성도 뒤로 밀리기 다반사였다. 경제민주화의 깃발만 크게 휘날렸고, 무차별 복지나 강조하는 가짜 경제학이 점점 목소리를 높여나간 것도 근래 몇 년 새 두드러진 현상이었다.

국회가 특히 그러했다. 보수를 표방하며 한동안 제1당이었던 집권당부터 조금도 예외는 아니었다. 기본적으로 보수가 무엇인지조차 모르는 '웰빙 오렌지족'들의 사교클럽이라는 무서운 비판이 가해졌으나 그들에게는 스스로 만든 정강을 지킬 의지도, 절박감도 보이지 않았다. 보수정당이 왜 존재하고 어떻게 해서 여당으로 지지를 받게 됐는지도 알지 못했다. 아니, 알려고 하지도 않았다. 좌편향의 야당과 터무니없는 포퓰리즘 경쟁을 벌이거나 기껏 친박, 비박의 저급한 당권 다툼뿐이었다. 시장의 기능을 죽이고 정부의 역할만 극대화하는 무수한 법안들이 마구 만들어진 것은 우연이 아니었다. 스스로 어떤 법을 만들어냈는지도 모르는 의원들도 적지 않을 정도였다.

사법부도 정상은 아니었다. 왼쪽으로 기울어진 법정들이 늘어갔다. 공동체 유지를 위한 최소한의 질서조차 부정하는 판결들이 나왔고, 많은 판사들이 법정의 작은 독재자로 군림하기 시작했다. 법의 양심에 따른 것이 아니라, 판사 개인의 편견을 감추지 않은 마구잡이 판결이 내려져도 대법원조차 별다른 관심을 보이지 않았다. 법원의 독립과 재판의 독립이라는 미명 아래 헌법의 기본 가치조차 부정하는 제멋대로의 판결들이 이어졌다. 가령 기업들이 가장 두려워하는 배임죄만 해도 그 법의 원조격인 독일이나 일본에서는 사실상 사문화됐고 한국에서나 남았다는 지적이 한두 번이 아니었다. 하지만 검찰이 전가의 보도로 휘두르면 법원은 대개 인정하는 게 사법적 정의라도 된 듯 한국적 전통으로 굳어지고 있었다.

이런 분위기에서 행정부가 소위 경제민주화 법안을 지원하고 필요한 행정 규칙까지 하나하나 만들었던 것은 조금도 이상하지 않았다. 보수를 표방한 박근혜 정부조차 경제민주화 관련 법안들을 대거 만든 것을 성과요, 공약의 이행이라며 내세울 정도였다. 공정거래위원회만도 아니었다. 환경부, 방송통신위원회 등 실로 다양한 곳에서 '기업 때리기'가 만연화됐다.

근본적인 문제는 헌법의 가치를 노골적으로 훼손하고 시장을 죽이려는 곳곳의 시도였다. 지식만으로 막을 수 있는 흐름도 아니었다. 그럼에도 지식에 가치를 두면서 지력을 다지지 않고는 조금의 저지조차 어려운 전방위적 광풍이었던 것도 사실이다.

한국경제신문 논설위원실에서 발행하는 〈비타민〉이라는 주간지는 '대한민국'호(號)가 이렇게 기울어지고 있다는 반성적 위기의식에서 태동됐다고 해도 결코 과장은 아니다. 지식에의 갈증을 채워나가자는 것이었다. 큰 트렌드로 주요 현안을 따라가면서 진짜 배경은 무엇이며, 본질적 쟁점이나 이론적 근거는 무엇이며, 그래서 어떤 방향으로 진행될 것인지 조금 긴 호흡으로 정리해보자는 의도가 있었다. 16쪽의 짧은 소책자에서 2~5쪽을 차지하는 '커버스토리'가 특히 그러했다. 대중적 쏠림에서 벗어나면서 이면을 들여다보고 철학적 논증과 과학적 논구도 해보자는 것이었다. 수십 쪽짜리 노동개혁안의 원문 소개나 송민순 회고록의 압축물처럼 내용(팩트) 그 자체에 대한 자세한 소개도 적지 않았다.

경제나 정치에만 주제를 국한할 이유도 없었다. 문화현상이나 출판계의 새 책 기류도 배제할 까닭이 없었다. 국내 문제에만 파고들 상황은 더더욱 아니었다. 〈비타민〉의 '커버스토리'는 실제로 다양한 부문을 다루게 됐다. 다만 2년 반을 넘기면서, 120호를 넘어서면서 이 작은 주간지로 얼마만큼의 성과를 냈는지에는 솔직히 두려움도 생긴다. 사안들마다 더 깊이 천착하지 못한 것은 단지 좁은 지면상의 제약만이 아니었다. 논설위원실의 빠듯한 인력으로 매일매일의 사설과 칼럼쓰기라는 본업 외의 일이라는 점도 현실적인 한계였다.

〈비타민〉의 '커버스토리'를 통해 시장경제의 왜곡 사례라든가, 동반성장의 허구를 좀 더 심도 있게 지적한 것은 작은 보람으로 남을 만하다. 다수 영국인들이 왜 '브렉시트'를 주장했는지, 트럼프 돌풍 현상의 근원은 무엇이었는지에 대해서도 한국의 다수 언론들이 관심조차 갖지 않았던 초기단계부터 주목했던 것도 성과라면 하나의 성과는 되겠다.

하지만 갈 길은 여전히 멀다. 주간지 〈비타민〉이 파고들만한 주제는 아직도 널렸다. 그만큼 아직은 미성숙한 사회라는 얘기도 된다. 밀려버린 진짜 가치들도 있지만 깨부숴야 할 우상과 환상 또한 여전히 적지 않다.

단행본 발행을 계기로 독자들의 성원과 관심을 기대한다. 〈비타민〉이라는 제목은, 책자의 발행을 권유(?)했던 정규재 주필의 제안이었다는 점은 남겨두고 싶다. 지식 청량제에 딱 맞는 이름이다. 무수한 이슈 중에서 한 주의 주제를 정하고, 아젠다를 다루는 접근법이나 분석의 틀을 의논하는 과정에서도 정 주필은 정말로 다양한 혜안을 제시해왔다. 그런 〈비타민〉의 '커버스토리' 중 시의성 등을 감안해 일부를 선별해 묶은 것이 이 책이다. 《시대의 질문에 답하다》 발행을 계기로 더 향기롭고 진중한 주간의 〈비타민〉으로 성숙해지도록 자성 삼아 다짐해본다. 아울러 지식이 존중받고, 지력이 강해지는 사회로의 이행에 이 책자가 작게나마 기여하기를 소망한다.

한국경제신문 논설위원
대표집필 허 원 순

차 례

PART 2

개인과 집단, 그 이해의 살마리는 무엇인가

정치·사회

PART 3

과거에서
미래의 답을
찾을 수
있는가

역사·철학

PART 4

글로벌
시대의 주역이
될 수 있는
Key를
가졌는가

국제정치

PART 5

세계 경제의 흐름을 꿰뚫고 있는가

국제경제

PART 1

대한민국
경제의 진실
얼마나
알고 있나

경제
경영

Vitamin

CEO 임기?

1602년 자본금 650만 길드의 네덜란드 동인도회사가 현대 주식회사의 효시다. 시장경제의 핵심 중 핵심인 주식회사를 유럽인들이 고안해내면서 인류 역사는 새장을 열었다. 동양사회와 서양세계의 경제력(GDP)이 역전된 계기가 주식회사였다는 분석도 있다. 주식회사가 가져온 경제적 성과를 빼고는 근현대사를 논할 수 없다. 주주권, 지분만큼의 권한과 성과배분, 근대적 계약 등. 주식회사를 대체할 경영 시스템은 아직 없다. 주식회사는 대리인들의 제도다. 그래서 임기가 있다. 최고경영자(CEO)도, 이사도, 감사도 임기제로 운영된다. 모든 대리인은 임기를 갖는다. 대통령도 중앙은행 총재도 임기가 있다. 검찰총장도 감사원장도 임기의 틀에 갇힌다. 어떤 형태든 임기는 현대적 시스템의 상징이다.

: 책임 물어 교체하기 위한 것이 '임기'

단임? 중임? 연임? 운영 방식의 디테일이 더 묘미인 임기제는 성과 도출을 지상과제로 삼는다. 성과에 대한 평가는 인센티브 제도를 빠르게 발전시켰다. 톱클래스 임기직은 늘 잠재 도전자와 유무형의 경쟁을 벌일 수밖에 없다. 조직 안에선 부하가 치받고, 밖에서도 유력 경쟁자들이 호시탐탐 다음 임기를 노린다. 임기제라지만 그게 보장되지도 않는다. 임기직의 수성(守城)과 도전은 최고 레벨의 경쟁이다. 그렇게 경쟁은 경제의 발전 원리로 자리 잡았다.

임기 20년 GE의 CEO, 13년 만에 조기(?) 퇴진

2014년 4월 15일자 월스트리트저널은 GE의 CEO 제프리 이멜트의 조기 퇴진 가능성을 기사화했다. 이 기사는 주식회사 최고경영자의 임기 문제를 다시 한번 생각해보게 할만 했다. GE는 170여 개국에서 인큐베이트, 전기, 제트엔진, 금융 등 다양한 사업을 벌인다. 이런 거대 조직의 임기 20년 CEO라면 현대판 차르 내지는 황제다. 이건 너무나 세속적인, 겉만 보는 판단일 테지만 우리는 현대의 스타를 이렇게 보는 데 익숙하다.

　내밀한 회사의 속사정은 잘 알려지지 않았지만 GE 이사회는 이 거대 기업의 경영을 한 사람이 20년간 '책임'지는 것은 너무 힘들다는 평가를 했다. 월스트리트저널은 이 기사에서 13년째인 이멜트가 퇴진하면 CEO 임기를 10~15년으로 줄이는 방안을 논의 중이라고 했다. "이사회가 CEO 후계 계획에 대해 논의하는 것은 그들의 중요한 통상적인 업무와 책임의 하나"라는 회사 대변인의 설명이 흥미롭다. 임기 문제야말로 회사 최고 의사결정기구의 상시적인 관심사라는 얘기다.

3년으로 정한 한국의 상법, 실제로는 다양

우리 상법에는 이사의 임기가 3년으로 못 박혀 있다(383조). CEO는 3명 이상(자본금 10억 원 이상에 적용) 두는 이사 중 1인으로 이 법의 적용을 받는

주요 임기		
	임기(연)	연임가능 여부
대통령	5	✕
대법원장	6	✕ (정년 70세)
대법관	6	○ (정년 70세)
헌법재판소장	6	○ (정년 70세)
헌법재판관	6	○ (정년 65세)
감사원장	4	○ (1회)
검찰총장	2	✕
공정거래위원장	3	○
금융위원장	3	○
증권선물위원장 (금융위부위원장 겸임)	3	○
금융감독원장	3	○
방송통신위원장	3	○
한국은행 총재	4	○
금통위원	4	○
미국 Fed의장	4	○

다. 사유가 있다면 물론 중도 퇴진이 가능하다. 3년 이내에서 각 회사가 임의로 정할 수 있는 것이다. '임원은 임시직'이라는 게 이 법에서 출발하는 셈이다. 연임, 중임에 관한 규정은 없다. 당연히 연임이 가능하다. 경영 능력을 발하든, 주주총회를 주식으로 지배하든, 실력이 있으면 계속 '고(Go)!'다. 같이 3년인 감사의 임기는 따로 규정돼 있다(410조). 감사위원회는 구성 요건과 권한만 규정돼 있을 뿐 임기 관련 조항이 없다(415조2).

이들 규정은 금융회사와 비금융회사, 민간기업과 공기업에 공히 적용된다. '3년까지'인 이 조항에 의거해 기업들은 회사 형편에 맞춰 주총과 이사회의 결정으로 정관을 만든다. 가령 최근 하나금융그룹이 회장 임기를 3+3, 3년 중임제를 채택했다. 전임자가 장기 집권했다는 은행 안팎의 비판에 따라 3년에 1년을 더하는 3+1로 바뀠다가 다시 다른 금융사와 똑같이 맞췄다. 3년 임기의 틀 안에서 은행장들은 실제로 2+1년으

로 운용된다. 2년간 성과로 일종의 중간평가를 받아 3년 임기를 채우는
식이다.

사외이사는 다소 다르다. 금융회사 사외이사는 3+1+1로 최대 5년을
한다. 3년 임기를 보장하되 잘하면 1년씩 두 차례 더 연임할 수 있다. 오
너가 명확하지 않은 한국 금융회사의 거버넌스에서 사외이사들이 장기
집권하면서 폐해가 크다는 여론에 따라 감독 당국이 그렇게 만들었다.

: 상법은 이사 임기 3년으로 제한, 실제는?

공기업은 언제나 정치권의 입김이 더 크게 미치고 여론의 영향도 많이
받는다. 공기업 사장은 3년 임기에 1년씩 1회 연임이 가능하다. 정부의
공기업 운영규정에 그렇게 돼 있다. 공기업의 사내이사와 사외이사는
2+1, 최대 3년이다. 낙하산 시비에 거수기라는 비판이 장기 재임을 막
은 것이다.

상법 외엔 뚜렷한 기준은 없다. 그래서 정부의 뒷주먹은 어디서나 영
향이 크다. 공기업의 경영진 임기 운영도 철저히 정부 영향권 안에 있
다. 전삼현 숭실대 교수는 "한국은 상법을 통해 3년의 임기만 명시했을
뿐, 연임이나 임기 장기화 여부에 대한 연구가 별로 없었다"고 말했다.
'법엔 최대한 간단히, 운영은 쇠주먹으로!' 한국에선 이래야 정부가 힘을
쓰고 권력자가 행사한다.

미국이나 캐나다는 모범규준 성격의 모델법인 '모범사업회사법'이 있
어 이사의 임기를 1년 원칙으로 해뒀다. 매년 주총 때 이사를 선임케 하
는 식이다. 다만 의회가 제정한 강제법이 아니어서 회사가 정관으로 임
기를 정하면 법적인 제한은 받지 않는다. 그래서 GE의 20년 임기가 나

온다. 독일은 주식회사법으로 이사 임기를 최대 5년으로 제한한다. 연임도 안 된다.

경쟁 유발하는 임기제, 문화와 타협의 결과

한국 대통령의 5년 단임은 다양한 제도를 거쳐온 현대정치의 타협 결과다. 반면 미국은 4년 중임제를 오랫동안 유지해왔다. 미국식 민주주의의 전통이다. 그런데도 중앙은행 총재 임기는 4년으로 한국이나 미국이나 같다. 그러면서도 운영은 많이 다르다. 한국은 제도상 한 차례 연임이 가능한데도 실제 연임자는 11대 김성환 씨(1970~1978)뿐이다. 박정희 전 대통령이 강력한 리더십을 행사한 시기였다는 점이 주목된다. 연임은커녕 초대부터 24대 김중수 씨까지 4년 임기를 다 채운 총재는 8명뿐이다. 미국은 의장·부의장 모두 연임이 가능해 'Fed의 구원자'라는 윌리엄 맥체스니 마틴 주니어는 19년(1951~1970), 앨런 그린스펀도 18년(1987~2006) 장기 집권했다. 7명의 Fed 이사는 14년 임기의 단임이다.

정치의 영역으로 가면 임기는 한층 변화무쌍하다. 하토야마 유키오,

CEO 임기와 관련해 읽어볼 만한 논문
경영자의 임기가 기업의 성과에 미치는 영향 (김일경·이호욱, 2012)
·최고경영자의 임기와 성과의 관계는 역U자형으로 나타난다 ·사외이사의 비율이 최고경영자의 임기와 성과 관계를 강화시킨다
공기업의 임원교체와 중도퇴임이 경영성과에 미치는 영향 (유승원·김수희, 2012)
·매년 45%의 CEO가 교체, CEO의 평균 재임기간은 2년 3개월 ·매년 38%의 비상임이사가 교체, 비상임이사의 평균 재임기간은 2년 7개월 ·전년도 경영성과 부진으로 인한 임원 교체는 통계적으로 증거가 없다
공공기관 임원인사 실태 및 개선방향 (박흥엽, 2009)
·기관장·감사 선임시 정치적 네트워크보다 업무 전문성이 중시돼야 한다 ·비상임이사 추천시 공모절차 적용에 신중해야 한다

간 나오토의 일본 민주당 정권은 1년이 멀다 하고 총리를 바꿨다. 내각제에 총리는 임기가 없지만 경제 강국 일본과는 딴 모습이었다. 프랑스 대통령은 임기 5년으로 연임 제한이 없다. 7년 임기 미테랑이 연임으로 14년 집권하며 프랑스인들은 지루해했을 것이다. 최고권력자 임기로 보면 러시아는 경제만큼이나 후진국이다. 푸틴은 2000년부터 4년 재임으로 8년을 했다. 그러다 3선 연임이 법으로 금지되자 4년간 심복 아래서 총리를 하고는 2012년 다시 대통령이 됐다. 이후 법 개정으로 지금 임기는 6년, 다시 재선되면 2024년까지 그는 러시아 대통령을 한다. 완전히 고무줄 임기다. 임기의 묵살은 비민주적이고 비제도적이어서 전근대적이란 얘기가 된다.

공공의 영역에서 임기 설정은 다목적 용도다. 대법원장(6년 단임), 헌법재판소장(6년)의 임기를 선출직인 국회의원(4년)처럼 법으로 정한 것은 사법부 독립이 여기서 비롯된다고 봤기 때문일 것이다. 행정부에도 같은 취지로 많은 보직이 법으로 임기가 보장돼 있다. 감사원장(4년), 공정거래위원장(3년), 금융위원장과 금융감독원장(3년), 방송통신위원장(3년), 검찰총장(2년 단임) 등 이런 식이다. 이 임기가 과연 잘 지켜지느냐도 중요한 포인트다. 사회의 민주화와 선진성, 자율과 분권성과 직결되는 문제다.

Vitamin

가격통제,
달콤한 유혹

단순히 월급 수준의 문제만은 아니었을 것이다. 그러나 월급 270만 원으로 상징되는 낮은 업무능력의 선장에게 맡겨져서는 안 되는 세월호였다. 무게 6825t에 최대 승선 정원이 931명이나 되는 국내 최대 여객선이었다. 통상 6000t이 넘는 배의 선장이라면 월급이 400만 원 정도는 된다고 한다. 승객의 안전을 끝까지 책임져야 하는 엄중한 임무와 이를 뒷받침할 전문성에 대한 보상인 것이다.

요는 선장의 월급이든 운임 수준이든, 안전관리 수준이 모두 시장원리에 걸맞게 책정돼 있지 않았다는 점이다. 선장은 나룻배 사공 수준이었고 승무원들의 월급도 통상 급여의 60~70% 수준이었다고 한다. 승무원에게 요구되는 엄정한 책무, 비상 매뉴얼에 따른 적기 대응, 승객 안전관리 등은 처음부터 기대할 수 없었던 거다. 무엇이 악마를 만들었나.

: 싸구려 관영 해운의 귀결

세월호 여객운임은 1인당 편도기준 최저 7만 원~최고 18만 원으로, 정부 통제를 받는다. 신고제로 돼 있지만 사실상 인가제다. 문제 선사인 청해진해운은 작년에 4억 3000만 원의 당기이익을 냈지만, 화물수입이 194억 8000만 원으로 여객수입(125억 3000만 원)보다 훨씬 많았다. 영업이익은 적자였다. 선박을 무리하게 증축하고, 평형수를 빼서라도 화물을 과적하려는 유혹에 빠질 수밖에 없다. 선원 월급을 줄이고, 안전관리 비용을 한 푼이라도 덜 쓰려고 했던 이유다.

탈출용 미끄럼틀과 구명정은 제대로 작동하지 않았다. 돈만 들고 표시도 안 나는 안전 투자에 관심을 가졌을 리 없다. 세월호와 쌍둥이라는 오하마나호가 여태 무탈했던 것이 천만다행이다.

세월호에 드리웠던 가격통제의 그늘

물론 정부가 이런 사정을 몰랐다고 보지 않는다. 최대 운임수입에 대한 실제 수입비중이 25%를 넘어야 경쟁 사업자 진입을 허용하는 기형적인 면허 제도를 운영해왔던 정부다. 수입을 보장해주기 위해 독점노선을 연장해주고 각종 검사에서 특혜도 줘왔다. 이른바 해피아가 형성된 것도 이처럼 사실상 정부가 경영하는 선사들이었기 때문이다.

현재 99개 국내 연안노선 중 인천-제주를 포함한 85개가 독점노선이다. 정부로서는 수익이 안 난다고 외딴 도서를 운항하는 노선이 중단되는 것을 방치할 수는 없다고 말할 것이다. 실제 정부 보조금이 필요한 항로도 있다. 전체 선사의 3분의 2가 자본금 10억 원 미만인 영세업체다.

그러나 경쟁이 있어야 문제를 해결할 수도 있다. 여객요금 통제, 그로 인한 고질적인 저임금으로는 승무원의 사명감도, 안전도, 매뉴얼 준수도 업그레이드되지 못한다. 경쟁 선사의 진입을 막고 저가 항공사를 피하려고 요금을 마냥 누르고 있으면 안전 불감증만 커진다. 월급 270만

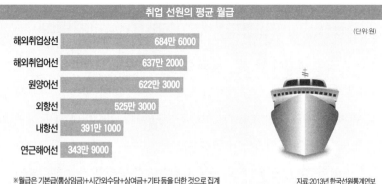

취업 선원의 평균 월급	
(단위:원)	
해외취업상선	684만 6000
해외취업어선	637만 2000
원양어선	622만 3000
외항선	525만 3000
내항선	391만 1000
연근해어선	343만 9000

※월급은 기본급(통상임금)+시간외수당+상여금+기타 등을 더한 것으로 집계

자료:2013년 한국선원통계연보

원인 선장이 모는 배와 1000만 원을 받는 선장이 키를 잡는 배는 다를 수밖에 없다.

그런 점에서도 장하준 케임브리지대 교수의 말은 틀렸다. 그는 그의 저서 《그들이 말하지 않는 23가지》에서 인도의 뉴델리 버스기사는 길로 뛰어드는 소, 달구지, 인력거 등을 피해서 어려운 곡예운전을 하고, 스웨덴의 스톡홀롬 버스기사는 대체로 똑바로 운전하기만 하는데 스웨덴 버스기사가 인도 버스기사보다 임금을 더 많이 받는 것은 문제라고 지적한다.

그러나 세월호를 보면서 우리는 그 말이 틀렸다는 것을 덤으로 이해할 수 있다. 미국 스쿨버스 기사는 학부모가 미리 지정한 정류장에서만 학생을 승·하차시킨다. 학생이 한 정거장 전에 있는 친구 집에 가려고 내려달라고 요청해도 안 들어준다. 그랬다가는 해고다. 일반버스 기사도 승객들이 안전하게 자리 잡은 것을 확인한 뒤 출발하고, 정속 주행에 교통규칙을 지켜야 하고 함부로 다른 차를 추월해서도 안 된다.

스웨덴도 상황은 다르지 않다. 운전기사가 지켜야 할 규정이 인도에 비할 게 아니다. 인도 버스기사는 스웨덴에서라면 하루를 버티기도 힘들 것이다.

작년에 있었던 원전 부품 비리 사건도 결국은 가격 문제다. 국내 시장이 너무 작아 경쟁이 안 되는 탓도 있지만, 충분히 보상받을 수 있는 가격이라면 불량부품 납품, 검사결과 위조 같은 일이 벌어질 이유가 없다. 전력 대란도 그렇다. 매년 여름과 겨울마다 블랙아웃 공포를 부르는 전력과소비는 전기요금이 원가에도 못 미치는 수준으로 통제되는 데 근본 원인이 있다. 철도 역시 공공요금으로 통제를 받지만 원가조차 계산할 수 없어 적정 가격이 얼마인지 알 수 없다.

찍어 누른 가격은 언젠가는 퉁겨나온다. 이번에는 참사였다. 시장이 요구하는 적정 대가는 지불되어야 한다. 안전, 서비스, 매뉴얼 준수 모두 요금과 비례하기 마련이다. 항공기의 퍼스트클래스와 이코노미클래스를 떠올리면 알 것이다. 일부 저가 항공사는 2시간 30분 비행하는 대만행 항공편에서 기내식을 주지 않지만, 빈 좌석을 찾기 어렵다. 오페라 같은 공연에서 VIP석과 R석, 프로야구의 내야·외야석 요금이 다른 것에 대해 이용자들의 불만은 없다. 요금이 다르면 서비스가 다르고, 만족도 역시 달라진다는 것을 모두 잘 안다.

: 가격통제는 언제나 재앙 불렀다

가격통제는 재앙을 부른다는 사실은 역사에서도 드러난다. 대실패 사례가 한둘이 아니다. 미국 독립전쟁을 이끌었던 조지 워싱턴 장군이 1777년 겨울, 밸리 포지(Valley Forge) 전투에서 엄청난 희생을 치러야했던 물가통제법 실패가 전형적이다. 워싱턴 독립군을 지원하기 위해 펜실베이니아 주 의회가 물가통제법을 만들어 정부가 정한 가격으로 군수

**"전쟁은
애국심만으로 할 수 없다."**

조지 워싱턴

1777년 '밸리 포지' 전투 때
물가통제법 폐해를 지적하며

품을 팔도록 했지만, 농부들은 오히려 영국군에 식량 등을 팔아버렸다. 물자 공급은 끊어지고 워싱턴의 군대는 괴멸적 타격을 입었다. 결국 이 듬해 6월, 13개 주의 연합 의회였던 대륙회의는 물가통제법을 폐지하면 서 "재화에 대한 가격통제는 유효하지 않을 뿐만 아니라 공공서비스 또 한 악화시키므로 다른 주에서도 이와 유사한 법령을 제정하지 말 것"이 란 결의문까지 채택했다. 이 과정에서 워싱턴 장군은 "전쟁은 애국심만 으론 할 수 없다"는 말을 남겼다.

도시 임대료 규제에 대한 경고

프랑스혁명 때의 로베스피에르 '반값 우유' 사건도 유명하다. 당시 로베 스피에르는 어린이들에게 반값 우유를 먹이겠다며 우윳값을 내리라고 했지만, 농민들은 젖소 사육을 아예 포기해버리고 말았다. 건초값이 비 싸 소를 키울 수 없다는 말에 건초값도 내리라고 명령했지만 농민들은 건초 생산 역시 중단하고 말았다. 결국 우윳값과 건초값은 거슬러가면 서 폭등했고, 대중의 불만이 폭발했다. 로베스피에르는 루이 16세를 처 형했던 그 단두대에서 1년 뒤 처형당했다.

　도시 임대료 규제에 대한 경고도 많이 인용된다. "도시를 파괴하는 가 장 확실한 방법은 공중에서 폭탄을 투하하거나 임대료를 동결하는 것"

이라는 말도 있다. 그레고리 맨큐 하버드대 교수가 자신의 《맨큐의 경제학》에서 소개했다. 이는 스웨덴 경제학자인 아사르 린드베크가 1971년에 했던 말로 알려져 있다.

맨큐 교수는 《맨큐의 경제학》에서 "임대료 규제를 지지하는 경제학자는 거의 없다"는 이코노미스트지의 보도를 다음과 같이 인용하고 있다. "임대료 규제를 아무리 정교하게 만들어도 비효율성과 공급 감소, 부작용은 불가피하게 발생한다. 암 시장과 뇌물수수가 번창하고 건물관리는 소홀해진다. 건물 주인과 임차인 간의 관계는 자발적인 계약관계가 아니라 법에 의한 의무관계로 변질되기 때문에 마찰 혹은 문제가 발생하기 쉽다."

이런 임대료 규제의 폐해는 이미 한국에서도 확인됐다. 1989년 임대차보호법 개정으로 전세기간이 2년으로 늘어나자 전세보증금이 일시에 2년 치만큼 오르고, 싼 집을 찾아 서울에서 수도권으로 빠져나갈 수밖에 없었던 전세대란이 벌어졌다. 뼈아픈 교훈을 얻었지만 지금도 툭하면 전월세 상한제, 임대차기간 연장 같은 시도가 잇따른다. 가격통제는 정치권과 정부에겐 언제나 치명적인 유혹이다. 이미 230여 년 전에 실패로 확인된 '밸리 포지' 소동은 한국에선 끝날 기미가 없다.

매뉴얼이 없어서 사고가 터지는 게 아니다. 이번에도 매뉴얼을 만들자는 소리가 무성하지만 안전매뉴얼은 이미 3200개나 된다고 한다. 전문가들은 오히려 매뉴얼이 너무 많아 정작 현장에서 모르는 게 더 문제라며 매뉴얼을 줄여야 한다고 권고한다. 대형 사고를 총괄하는 국가안전처를 신설한다고 해서 풀릴 것 같지도 않다. 가격통제 유혹을 뿌리치고 시장원리에 맞는 해법을 모색해보자.

Vitamin

중앙은행 무용론
위기 구원자? 화폐 타락 주범?

가히 중앙은행 전성시대다. 중앙은행은 더 이상 '파티 브레이커(party breaker)'나 '인플레 파이터'가 아니다. 본래 태생부터 '디플레 치유자'였던 듯, 양적 완화와 제로 금리를 마치 전가의 보도처럼 휘두른다. 모두가 중앙은행의 일거수일투족을 주목하고, 한 마디라도 놓칠세라 귀를 쫑긋 세운다.

그런데 이상하다. 중앙은행의 힘이 세질수록 역설적으로 중앙은행의 위상은 갈수록 추락하는 양상이다. 급기야 유럽중앙은행(ECB)은 금리를 더 내릴 수 없어 마이너스 금리까지 내렸다. 저축에 벌금을 물리는 셈이다. '파티 브레이커'가 아니라 '파티 호객꾼'이 됐다고 해야 할 판이다. 그럼에도 실물 경제는 꿈쩍 않고 주식, 부동산 등 자산시장만 예민하게 반응한다. 오히려 한국은행은 이런 추세를 못 따라간다고 야단을 맞는 판이다.

중앙은행은 과연 위기의 구원자인가, 새로운 리스크의 원천인가. '비전통적(unconventional)' 통화정책이라는 억지 조어(造語)는 곧 중앙은행의 자기 부정이 아닐까. 중앙은행은 유통기한이 다한 것인가. 중앙은행의 존재 이유에 대해 생각해본다.

: 인플레 파이터 vs 디플레 치유자

"사회의 기초를 전복시키는 수단 가운데 화폐를 타락시키는 것보다 교묘하고 확실한 것은 없다." 돈을 풀어 경제를 살릴 수 있다는 존 메이너드 케인스의 말이다. 통화공급을 독점하는 중앙은행은 그런 배경에서 탄생했다. 중앙은행의 최고 덕목은 화폐가치를 지키는 것이었다. 어느 나라 중앙은행이건 물가안정을 목표로 내건 이유다. 미국 중앙은행(Fed), 잉글랜드은행(BOE), 일본은행, 한국은행 등이 하나같이 견고한 화강암으로 지어진 것도 그런 단단한 의지의 표현이다.

그러나 그랬던 중앙은행들이 2008년 글로벌 금융위기 이후 돈을 비처럼 뿌려대고 있다. 화폐 타락에 정부도, 정치도 아닌 중앙은행이 앞장서고 있는 것이다.

파티 브레이커부터 헬리콥터 벤까지

'파티 브레이커!' Fed의 9대 의장을 지낸 윌리엄 마틴(1951~1967년 재임)이 일찍이 중앙은행의 역할을 규정한 말이다. 중앙은행은 '파티(경기 호황)가 한창 무르익을 때 펀치볼(punch bowl)을 치우는 불친절한 파티 주인'이란 얘기다. 트루먼 대통령은 자신이 임명한 '파티 브레이커' 탓에 재선에 실패했다. 파티의 흥을 깨는 데 좋아할 대중은 없었다.

12대 폴 볼커(1979~1987년 재임)는 '인플레이션 파이터'로 깊이 각인됐다. 그는 1980년대 미국의 물가상승률이 13%대에 이르자 금리를 무려 연 20%까지 올려 인플레를 잡았다. 금리를 인상할 때마다 볼커의 집 앞은 시위대로 북적였다. 볼커를 임명한 카터 대통령의 참모는 "볼커가 인플레의 숨통을 끊었지만 카터 정권의 숨통도 같이 끊었다"고 회고했다. 그렇게 레이건의 자유주의 전성시대가 열렸다.

그러나 80년대 후반부터 20년간 성장률, 물가 등 거시지표의 변동성이 확 줄어든 '대완화(The Great Moderation)'의 시대가 왔다. 이 시기를 이끈 13대 앨런 그린스펀(1987~2006년 재임)은 '마에스트로', '세계

의 경제대통령'으로 추앙받았다. 적어도 2008년 글로벌 금융위기가 터지기 전까진…. 그린스펀이 아버지 부시부터 클린턴, 아들 부시까지 세 명의 대통령을 거치며 건재했던 이유는 정치가 원하는 것, 즉 화수분 같은 통화팽창에 부응했기 때문이다. 그런 면에서 월가의 탐욕이 금융위기를 불러왔다는 비난은 결과와 원인을 혼동한 것이다.

뒤이은 14대 벤 버냉키(2006~2013년)는 달러를 비처럼 뿌려댄 '헬리콥터 벤'이다. 대공황 때 Fed의 긴축으로 침체의 골을 깊게 했던 전철을 다시는 밟지 않겠다고 다짐하며 '디플레이션 치유자'를 자임했다. 그리고 Fed는 100년 역사에 최초로 여성인 재닛 옐런(2013년~현재)을 새 의장으로 맞이했다.

재정정책의 시녀가 된 통화정책

대완화 시대에 선진국의 경기침체는 짧고 얕았고, 인플레는 밋밋했다. 중앙은행의 교묘한 수사(修辭)로 조절이 가능했다. 그러다 2008년 금융위기를 맞아 Fed가 푼 돈은 가히 천문학적이다. 양적 완화로 푼 돈이 4조 3500억 달러에 이른다. 파티 브레이커였던 Fed는 총부채가 18조 달러에 달하는 세계 최대 채무자(미국 정부)에게 코가 꿴 것이다. 비전통적 정책이란 곧 Fed의 금리정책 실패와 재정정책의 하수인이 됐음을 가

리는 수사(修辭)일 뿐이다. 제임스 블라드 세인트루이스 연방은행 총재가
'통화정책의 정치화, 재정정책화'를 우려한 것은 솔직한 고백이다.

Fed가 뿌린 돈은 주식과 부동산으로 달려갔고, 남은 돈은 Fed로 되돌
아왔다. 금리를 더 내릴 수 없기에 오를 일만 남았다고 경제주체들이 예
상하는 것은 합리적 기대다. 출구전략 얘기만 나오면 세계 증시가 경기
(驚氣)를 하는 이유다. 다우지수가 수시로 사상 최고치를 경신해도 실물
경제 회복세는 더디기만 하다. 중앙은행이 파티 호객꾼 노릇을 하는 것
은 진화가 아닌 타락이다.

: 돈 풀어 살아난 경제는 없다

돈을 풀면 경제가 산다는 주장은 케인스의 이론을 믿고 따르는 케인시
안의 오랜 믿음이었다. 유감스럽게도 혁신과 생산성 제고 없이 돈만으
로 경제가 되살아난 경우는 없다. 돈의 힘으로 주가는 밀어 올려도 생
산성까지 높일 순 없다. 저금리보다 규제 개혁이 더 효과적이란 얘기다.
90년대 신경제를 벤처 붐과 월마트 혁신이 만들었듯이, 현재 미국 경제
를 지탱하는 것은 셰일가스와 제조업 생산성이지 돈의 힘이 아니다.

가장 바람직한 통화정책은 필요한 만큼 화폐를 공급하는 것이다. 그
런데 시장이 필요로 하는 통화량을 중앙은행이 인위적으로 결정한다는
가설부터 타당성을 갖기 어렵다. 더구나 정치권력은 항상 화수분의 유
혹에 빠지고 유권자들도 그것을 원한다. 밀턴 프리드먼이 통화공급에
대해 인간의 판단을 배제하고 정해진 공식(준칙)에 따를 것을 권고한 이
유도 이 때문이다.

중앙은행이 통화공급을 독점한 이래 통화팽창은 늘 비생산적인 소득

불평등을 야기해왔다. 확장적 통화정책에 쌍수를 들고 환영하는 것은 증시와 부동산이지 제조업이 아니다.

부작위 함정에 빠진 한국은행

한국은행은 13개월째 기준금리를 연 2.5%에서 동결 중(2016년 현재는 연 1.25%까지 내린 상태-필자 주)이다. 올리지도 내리지도 못하는 상황의 연속이다. 통화정책 무용론까지 나온다. 한국은행은 늘 선제적 대응과 금리정책 효과의 무차별성을 강조해왔다. 물론 금리정책은 동심원과 같아 차별적, 선택적으로 작용하지 않는다. 그러나 한국은행의 금리정책으로 경기가 살아난 적이 있는지도 의문이다. 그랬을 것이란 착각은 가능하겠지만.

실질금리가 거의 바닥인데도 투자도 소비도 부동산도 주식도 모두 시들한 것을 보면 금리정책의 탄력성은 제로에 수렴되고 있다고 봐야 할 것이다. 고무줄이 늘어날 대로 늘어난 '팬티'와도 같다. 설상가상으로 환율방어를 위해 금리를 내려야 한다는 주장은 더욱 아연하게 만든다.

중앙은행이 그나마 존립 명분을 가지려면 화폐가치 안정에 최선을 다하는 길 외엔 없다. 그래야 경제주체들이 땀의 가치를 보상받고 미래를 기대할 수 있기 때문이다. 하지만 오늘날 중앙은행은 포퓰리즘 대중정치의 '수단'이 돼가고 있다. 이런 중앙은행이 계속 필요한가.

Vitamin

기업유보는
시간 선택의 예술

소니는 2014년 직원을 줄였다. 2014년 초 본사 직원만 1500명, 해외직원 1000명 등 모두 2500명을 내보냈다. 이미 수년째 지속하는 구조조정이다. 소니는 2013년 1100억 엔의 적자를 냈다. 몇 년째 불황의 늪에서 헤어나지 못하고 있다. 파나소닉도 마찬가지다. 2012~2014년까지 3년간 4만 명의 구조조정을 단행했다. 줄곧 직원을 감원해 전자왕국 일본을 놀라게 했다. 물론 일본 노동계의 반발은 크다. 무엇보다 대차대조표상 사내유보금(retained earnings)이 쌓여 있는 데 대한 불만이 거세다. 그 돈을 직원에게 푼다면 그만큼 구조조정을 하지 않아도 된다는 게 그들의 주장이다.

2013년 결산에서 소니의 사내유보금은 9402억 6200만 엔. 파나소닉도 8787억 4200엔이다. 한화 10조 원 가량의 돈으로 적자를 감당하고도 남는다. 이것을 1%만 쪼개 고용에 쓴다면 소니의 경우 무려 8639명, 파나소닉도 8500명의 일자리를 보장할 수 있어 그만큼 구조조정을 하지 않아도 된다는 주장이었다. 하지만 이 회사들은 사내유보금을 헐지 않았다. 파나소닉은 오히려 2012년보다 14.1%나 늘렸다. 사내유보를 헐어 쓴다는 것은 바로 기업의 미래를 허무는 것과 같기 때문이다.

미국의 마이크로소프트(MS)가 설립 후 2003년까지 배당을 하지 않고 현금을 쌓아둔 일화는 유명하다. 이렇듯 사내유보금은 기업환경이 급변하는 데 대한 준비금이다. 애플도 2011년까지 1000억 달러라는 천문학적 현금을 보유하고 있으면서도 주주에게 배당을 하지 않았다. 자사주매입도 없었다. 오직 사내유보만 쌓은 것이다. 2012년에 들어서야 처음으로 배당을 했다. 고속성장이 멈춘 시점과 배당을 실시한 것이 직결돼 있다고 보는 시각도 있다.

2013년 마이크로소프트에 인수된 핀란드의 휴대폰 통신기업 노키아의 사례도 재미있다. 노키아는 2010년만 해도 100억 달러 이상의 사내유보금을 자랑하고 있었다.

하지만 노키아는 사업다각화 차원에서 개인용 컴퓨터(PC)와 모바일뱅킹 등 여러 업종에 투자했다. 직원들의 복지를 위한 연금 등도 늘렸다. 시간이 갈수록 유보 자금은 줄어들어 2012년에는 40억 달러밖에 되지 않았다. 그로 인해 휴대폰이 스마트폰으로 전환되는 시대변화에 대처할 투자 여력이 부족했다. 결국 노키아는 망했다. 이처럼 사내유보금 적립 규모는 경영전략의 핵심이다.

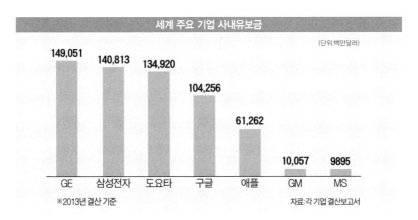

세계 주요 기업 사내유보금

(단위:백만달러)

149,051 140,813 134,920 104,256 61,262 10,057 9895

GE 삼성전자 도요타 구글 애플 GM MS

※2013년 결산 기준

자료:각 기업 결산보고서

2014년 최경환 경제부총리가 취임하면서 곧바로 기업의 사내유보금에 과세(기업소득환류세)하겠다는 방침을 밝혔다. 내수를 부양하기 위해 기업 유보자금을 활용해보겠다는 것이다. 물론 대기업과 자기자본 기준으로 400억~500억 원 이상인 중견기업이 대상이다. 대상 기업은 전국 50만 개 기업 중 1%인 5000개로 정해질 모양이다. 세율은 10~15%의 단일세율이다.

정부는 2009년 법인세를 25%에서 22%로 3%포인트 내린 만큼 그 인하폭보다 크게 부과하지는 않을 것이라고 밝혔다. 하지만 관련 기업들은 사내유보금을 왜 다시 건드리는지 이해할 수 없다며 반발하고 있다.

사내유보를 둘러싼 정부와 기업의 줄다리기는 어제오늘 일이 아니다. 정부는 기업이 탄생할 때부터 유보금에 세금을 물려야겠다는 생각을 했다고 해도 틀린 말은 아니다. 정부는 기업의 사내유보를 탈세 목적이라고 의심하고 있다. 기업 잉여는 배당을 통해 주주들에게 분배되고 그렇게 되면 당연히 배당에 대한 세금을 물어야 한다. 하지만 사내유보로 갖고 있다가 일시에 배당하면 세금을 연장한 기간만큼 세금에 대한 이자소득이 늘어난다는 논리다.

미국에서도 대공황 이후 기업의 내부유보금에 과세하는 내부유보세를 만든 적이 있다. 당시 재무장관이었던 모겐소가 입안했다고 해서 '모겐소 법안'이라고 부른다. 모겐소는 주요 대기업을 대상으로 유보금의 7~27%를 유보세로 매겼다. 기업들이 유보금을 배당으로 돌리거나 투자를 늘릴 것이라는 생각에서였다. 물론 세수도 늘릴 심산이었다. 하지만 기업들은 주주들의 배당을 늘린 게 아니라 또 다른 세금 공제 수단인 국채 투자로 자금을 전용했다. 결국 법 집행 2년 만인 1938년에 세율은 2.5%로 낮아졌고 1939년에는 법안이 완전히 폐기되고 말았다.

국내에서도 1991년 '적정유보초과소득 추가과세' 법안을 만들어 비상장 대기업의 유보금이 일정 규모를 넘으면 법인세를 더 물리는 정책을 시행했다. 비상장 대기업이 사내유보를 이용해 배당소득세를 탈세하는 것을 막기 위한 정책이었다.

하지만 이 법안은 네 차례나 개정을 거듭하다가 결국 시행 12년 만인 2001년 김대중 정부 때 폐지됐다. 정책 실효성도 없었고 세수 증대에도 큰 도움이 되지 못했다. 외환위기 당시에는 IMF(국제통화기금)가 기업 재무구조의 건전성을 확보하기 위해 이 법안의 폐지를 권고하기도 했다. 당시 국회 속기록에는 "기업 이익의 사내유보를 통한 자기자본의 확충을 저해하는 측면이 있어 이를 폐지함"이라고 분명히 나와 있다.

일본 정부도 틈만 나면 사내유보 과세 카드를 내밀지만 정작 추진하지 못하고 있다. 2008년 하토 야마(鳩山) 정권에서도 사내유보에 과세를 해야 한다는 목소리가 높았지만 기업이나 여론 반발에 유야무야됐었다. 아베 정권에서도 아소 다로 재무상이 2013년 취임하자마자 사내유보 과세를 추진해야 한다고 밝혔지만 기업들은 아예 해외로 나갈 것이라며 강력 반발하고 있다. 일본에서도 실효성 없는 정책이라는 시각이 우세하다.

: 유보냐 배당이냐, 성장이냐 안주냐

사내유보금은 얼마나 되나

2013년 국내 기업들의 유보금은 비금융업 기준으로 총 665조 8000억 원이며 이중 자본잉여금은 118조 원, 이익잉여금은 547조 원이다. 절대금액은 이익잉여금 증가에 기인한 것이다. 금융사를 제외한 10대 기업의 유보금은 2013년 3월 말 기준 479조 9000억 원에 이른다. 특히 2002년부터 급격히 상승하는 추세다. 과거 10년간 유보율을 보면 일반적 예상과는 달리 중기업이 가장 높고 대기업, 그리고 소기업 순서로 나타났다.

문제는 현금성 자산이다. 2008년 현금성 자산의 비중은 18%이던 것이 2012년에는 15.2%로 되레 줄고 있다. 미국과 영국, 일본 등 외국

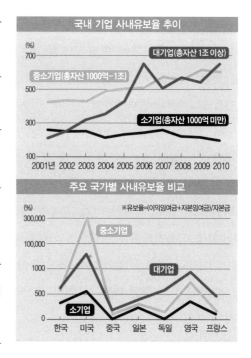

의 선진국과 비교해봐도 오히려 낮은 수치다. 이는 사내유보금의 상당 부분이 실물자산에 투입되고 있고 기업에 현금을 쌓아두고 있지 않다는 것을 의미한다.

사내유보 과세의 문제점

사내유보 과세는 당장 법인 소득에 대한 이중과세 문제로 부각된다. 사내유보금은 각 법인이 법인세를 납부한 이후에 축적한 금액이다. 사내유보금에 과세할 경우 이미 법인세를 납부한 소득에 대해 다시 한번 과세하는 결과가 된다.

기업의 재무구조도 악화시킨다. 기업은 투자에 필요한 재원을 차입이나 주식발행을 통한 외부자금, 그리고 사내유보를 통해 조달한다. 그런데 사내유보에 과세하면 내부자금 조달 비용이 높아지고 외부에서의 자

금 조달을 유인하는 결과가 초래된다. 기업이 외부차입에 의존하게 되면 부채비율이 상승해 기업 재무구조가 취약해지며 기업의 신용도와 국가 경제 신인도까지 하락할 수 있다.

무엇보다 사내유보와 배당의 선택 결정은 개별 기업의 경영적 판단이다. 기업이 사업 확대 가능성과 기업의 안전성, 향후 경기 전망 등을 종합적으로 고려해 경영자들이 결정해야 할 사항인 것이다. 현금 보유도 물론 미래에 대한 투자다. 정부가 유보보다 배당을 유도한다면 기업의 자율성을 침해하고 자원 배분의 왜곡을 초래할 수 있다. 기업들의 재무전략에 국가가 개입하는 꼴이 되고 만다.

아서 래퍼 전 시카고대 교수 역시 한국경제신문과의 인터뷰에서 기업 사내유보금 과세 도입에 대해 "정부가 기업의 경영행위에 왜곡을 불러오는 일은 하지 말아야 한다"며 "이익잉여금을 유보로 쌓든 배당하든 투자하든 전적으로 기업의 자율적 경영 판단에 의해 이뤄지는 게 바람직하다"고 설명했다.

Vitamin

원전의 경제성 논란,
진실은?

원자력 발전은 안전성만 확보되면 가장 값싸고, 경제적이고, 환경 친화적이다. 원전의 발전 단가나 탄소배출량은 다른 에너지원에 비해 가장 낮다.

문제는 안전성이다. 1979년 미국의 스리마일, 1986년 우크라이나의 체르노빌, 2011년 일본의 후쿠시마 등의 대형 원전 사고는 일반인들에게 원전이 가장 불안한 에너지원이라는 이미지를 심었다. 국내에서도 후쿠시마 원전 사고 이후 안전과 관련된 우려가 끊임없이 제기되고 있다.

일부에서는 독일처럼 원전 제로(0) 정책을 취해야 한다는 주장도 나오고 있다. 그러나 에너지에 관한 한 한국이 선택할 수 있는 선택지는 결코 많지 않다. 풍력, 수력, 태양열 등 신재생에너지를 채택하기에는 국내 환경이 열악하다. 그렇다고 미국처럼 셰일가스, 셰일오일 등 새로운 에너지가 개발되지도 않았다. 이런 상황에서 전력 수요는 매년 늘고 있다. 블랙아웃 공포도 남아 있다.

우리는 어떤 선택을 해야 하나. 원자력 외에 대안이 있기는 한 것일까. 원자력 발전의 경제성을 분석한다.

: 후쿠시마 원전 사고 후 안전성 공세 높아져

원자력 발전은 역사상 처음으로 인공적으로 만든 에너지원이다. 비교적 값싼 저농축 우라늄을 활용해 그 분열에너지로 발전하는 원전은 경제성과 연료의 안정적 공급성 등에 힘입어 화석원료인 석탄과 석유를 대체할 것으로 기대됐다. 그러나 수차례의 대형 사고가 터지면서 중심 에너지원으로 부상하지는 못했다.

우리는 현재 24기의 원전을 갖고 있다. 국내 발전 기여도로는 2013년 16만 4771GWh(기가 와트)로 전체 발전량의 31.5%를 차지하고 있다. 전통의 에너지 석탄(28.0%)을 앞서 1위다. 부존자원이 없고, 신재생에너지 입지도 좋지 않으며, 삼면이 바다로 둘러싸여 전력을 수입할 수 없는 한국으로서는 경제성이 뛰어난 원전이 큰 역할을 하고 있다.

원자력을 제대로 활용하지 못하면 비용이 훨씬 많이 드는 다른 에너지원으로 방향을 틀어야 한다. 그 사이에 대용량 전력 수요를 안정적으로 공급하지 못하면 블랙아웃(대정전)을 피하기 어렵다. 2011년 9월 15일엔 블랙아웃 직전인 전국 순환정전까지 갔다. 이때 753만 가구에 전기가 끊겼고 중소기업공단 554곳이 가동을 멈추는 피해가 있었다.

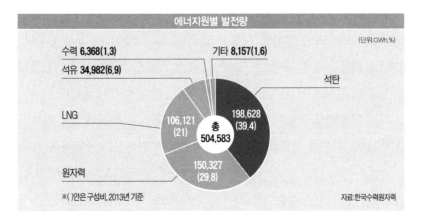

에너지원별 발전량

(단위:GWh,%)

수력 6,368(1.3)
석유 34,982(6.9)
기타 8,157(1.6)
석탄
LNG
106,121 (21)
총 504,583
198,628 (39.4)
원자력
150,327 (29.8)

※( )안은 구성비, 2013년 기준

자료:한국수력원자력

원전은 가장 경제적인 에너지원이다. 발전원별 판매단가를 비교해보면 1kWh(시간당 킬로와트)당 석유는 221.8원, 수력은 170.9원, LNG복합은 158.5원, 석탄은 58.9원이 드는 데 비해 원전은 39.1원밖에 들지 않는다. 이런 가격을 평균으로 내서 산업용, 가정용 전기를 공급한다. 원전이 전기요금을 낮게 붙잡아주는 역할을 하고 있는 것이다. 원전과 관련된 비용을 보면 50%가 건설비용이다. 사후처리비가 8~15%의 비중이고 나머지는 운영비용이다. 수명이 다한 원전의 폐쇄, 폐기물 처리 비용까지 모두 고려해서 비용을 산정해도 발전 판매단가가 낮다.

《대통령을 위한 에너지 강의》의 저자인 리처드 뮬러 UC버클리 교수는 "원자로 건설에 자본비용이 크지만 연료 및 유지·보수비용이 저렴하기 때문에 가장 싼 값의 전력을 제공한다"고 말한다. 발전소 면적을 봐도 원자력이 압도적으로 경쟁력이 있다. 1MW 생산에 필요한 면적을 비교하면 풍력(0.79㎢), 수력(0.07~0.37㎢)은 물론 태양광(0.12㎢), 석탄(0.01~0.04㎢)보다도 원자력이 가장 낮은 0.001~0.1㎢ 수준이다(김명자, 《원자력 딜레마》). 그만큼 효율이 높고 면적을 많이 차지하지 않는다는 얘기다.

원료 수급의 안정성 측면에서도 우수하다. 우라늄은 2009년 기준으로 283년 사용할 양이 매장돼 있는 것으로 알려졌고 바다에도 무한히 있어 개발기술이 발달하면 사실상 영구적으로 사용할 수 있는 원료다. 2012년 기준으로 볼 때 석유 수입이 1287억 달러, 천연가스 수입은 274억 달러에 달했지만 우라늄 수입액은 7억 달러밖에 되지 않는다.

최근 탄소배출권 문제 등으로 이슈가 되고 있는 온실가스의 경우도 원전이 가장 적게 배출하고 있다. 발전원별 이산화탄소 배출량은 1kWh당 석탄이 991g으로 가장 많고 석유도 782g으로 만만찮다. 태양광(54g), 풍력(14g) 등도 탄소배출량은 적지만 원자력(10g)에 비해서는 많다. 원전을 쓰지 않고 유연탄을 쓰면 2013년 기준으로 연 1억 1422만t의 온실가스를 배출하게 된다.

모든 숫자가 이렇게 원전의 경제성을 자세히 보여주고 있지만 워낙 반(反)원전 분위기가 강한 탓에 정부나 한국수력원자력이 내는 자료는 사람들이 잘 믿지 않는다. 이러다 보니 원전의 경제성을 주장하는 학자들도 그동안 새로운 논리를 개발하지 않았다. 그래서 1996년 출간된 줄리언 사이먼의 《근본자원》에 실린 통계는 신선하기까지 하다.

: 안전비용 감안해도 원전이 가장 싸다

예를 들면 사이먼은 원전의 안전성을 평가할 때 다른 에너지원으로 에너지를 생산하는 경로에서 발생하는 생명과 신체에 대한 위험을 똑같이 염두에 둬야 한다고 강조했다. 원전에서의 사고뿐 아니라 유정의 착정 사고, 광산 재해, 광부의 호흡기 질환 등을 같이 보아야 한다는 것이다.

그는 에너지원별 발전 과정에서 채취, 가공, 수송, 발전, 폐기물 관리 작업 중의 위험을 비교해 연간 1GW를 생산할 때 작업자가 중상 입는 경우를 비교했다. 석탄이 1.4명으로 가장 높았고 천연가스 1.2명, 석유 0.35명 순이었고 원자력의 경우는 0.2명이란 결과가 나왔다.

숨겨진 비용? 전력수요 감당할 유일한 대안

원전 반대론자들은 원전의 경제성은 드러나지 않는 비용(hidden cost)을 숨기고 있기 때문에 그렇게 보이는 것뿐이라고 지적한다. 장우석 현대경제연구원 연구위원은 "국내 원전은 사고발생 위험비용, 원전 해체 및 환경복구 비용, 사용 후 핵연료 처분 비용 등을 제대로 알리지 않고 '값

싸고 깨끗한 에너지'라는 인식을 강조하고 있다"고 지적했다.(2012. 11. '현안과 과제')

그런데 이 보고서는 논거가 다소 부족하다. 원전 해체와 핵연료 처분 비용 등은 숨겨져 있지 않고 모두 공개돼 있다. 숨긴 것이 아니라 회계 처리의 문제이고, 중요한 것은 다른 수력, 풍력, 화력 등도 이 비용까지 넣어 원가를 산정하지는 않는다는 사실을 놓치고 있다.

특히 사고발생 위험비용이라는 주장을 강조하는 데선 논리적 비약이 아주 크다. 예를 들어 연구자는 고리 원전에서 후쿠시마 원전 규모의 사고가 발생하면 320만 명 직접 피해, 국토의 11.6% 오염 등의 비유를 들었는데 후쿠시마는 원전 사고보다 쓰나미였음을 먼저 알아야 한다. 당시 사망자 1만 5000명 가운데 핵사고로 인한 사망자는 100명이었다. 지질학적으로 볼 때 한국에서는 이런 쓰나미가 일어날 가능성이 거의 없다는 게 정설이다. 이 외에도 폭발 가능성이나 방사능 유출 등은 일반인들이 원전을 잘 모르고 반대하는 대표적인 이유들이다. 폭발 가능성은 원천적으로 없다.

뮬러 교수는 "원자력 발전소는 어떠한 경우에도 핵폭탄처럼 폭발하지 않는다. 비록 핵물리학자가 테러리스트가 되어 완전한 통제권을 가진다 해도 폭발을 일으킬 수는 없다. 원자력 발전소는 저농축 우라늄을 사용하는데 이는 핵무기에 사용하는 고농축 우라늄과는 본질적으로 다르기 때문이다"라고 강조한다. 국내 원전에서 그동안 방사능 누출이나 이로 인한 인명피해는 단 한 차례도 발생하지 않았다.

징검다리 에너지(bridge energy)로 활용해야

미국은 새로운 원전을 건설하지 않고 있다. 가장 큰 이유는 셰일가스의 발견으로 천연가스가 워낙 싸졌기 때문이다. 독일의 경우는 후쿠시마

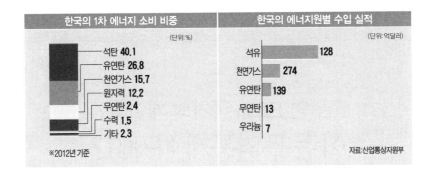

한국의 1차 에너지 소비 비중	한국의 에너지원별 수입 실적
(단위:%)	(단위:억달러)

한국의 1차 에너지 소비 비중 (단위:%)
- 석탄 40.1
- 유연탄 26.8
- 천연가스 15.7
- 원자력 12.2
- 무연탄 2.4
- 수력 1.5
- 기타 2.3

※2012년 기준

한국의 에너지원별 수입 실적 (단위:억달러)
- 석유 128
- 천연가스 274
- 유연탄 139
- 무연탄 13
- 우라늄 7

자료:산업통상자원부

사고 이후 원전 제로(0) 정책을 다시 추진하고 있다. 허나 전력 수요의 25%를 감당하는 원전을 당장 중단할 수 없어 고심 중이다. 일본은 후쿠시마 이후 52기 원전의 가동을 중단했다가 지난해 8월 규슈 전력의 센다이 원전 1호기를 시작으로 재가동에 들어갔다.

세계적으로 2014년 기준 437기의 원전이 운영되고 있고 161기가 건설되고 있으며 건설 제안 단계까지 합치면 995기에 달한다. 후쿠시마 사고 이전보다 6기가 늘었다. 김명자 전 환경부 장관은 "탈 원전 정책을 실시한 이탈리아는 전기수입국으로 전락하면서 유럽 평균에 비해 30% 비싸고 원전 국가인 프랑스에 비해선 60%나 비싼 전기를 쓰고 있다"고 설명했다. 김 전 장관은 대안을 찾기 전까지 원전을 '징검다리 에너지(bridge energy)'로 활용해야 한다며 "반핵운동도 원자력에 대한 대중적 공포만 자극할 것이 아니라 대안제시형으로 바꿀 필요가 있다"고 강조했다.

Vitamin

무역 1조弗 국가의 재인식
이런 무역통계 아세요?

대한민국은 2015년 무역 규모가 1조 달러 밑으로 다시 떨어졌다. 2011년부터 2014년까지 4년 연속 1조 달러를 돌파했던 것과 대조된다. 세계적인 교역규모 감소 속에서 수출이 부진한 데 따른 결과다. 그렇지만 2015년 수출액은 5267억 달러로 세계 6위를 기록했다. 일본과 유럽연합(EU)의 경기부진 지속, 중국의 성장 둔화 등으로 세계 경제가 저성장으로 빠져들고 있는 가운데 그래도 다른 국가들에 비해선 선방했다는 평가다. 실제 다른 무역강국과 비교해 보면 한국의 선전이 돋보인다. 2015년 기준 무역 규모 세계 10위권 국가 중 수출 감소율이 한국(-8.0%)보다 낮은 나라는 중국(1위), 미국(2위), 홍콩(7위) 등 세 나라뿐이었다.

그런데도 일각에서는 수출 무용론을 주장하고, 수출 대신 내수로 가야 한다는 등의 엉뚱한 목소리가 여전하다. 무역의존도가 국내총생산(GDP) 대비 100%를 넘는 것이 무슨 큰 문제라도 되는 듯 소란인 것도 같은 맥락이다. 전 세계가 수출 강국 한국을 부러워하는데, 정작 나라 안에서는 해괴한 소동이 벌어지고 있다. 수출은 내버려둬도 잘될 것이란 착각과 수출은 그저 남이 하는 일로 치부하는 프리라이더 병증 탓이다. 한국을 수출 강국, 대개방국가로서 재인식해야 한다.

: 한국은 광활한 네트워크 가진 大개방국가다

세계 전체 국가 수는 비독립국을 포함해 총 242개에 이른다. 한국은 2014년 기준 이들 나라 중 236곳에 '메이드 인 코리아' 상품을 수출했고, 238개 나라로부터 상품을 수입했다. 유엔 회원국(193개)이나, FIFA 가입 국가(209개)보다 많다. 코카콜라가 팔리는 나라도 200곳 정도에 불과한 점에 비하면 어마어마한 네트워크다. 지구촌 전체가 한국의 시장인 것이다. 한국이 주요 무역 강국보다 수출이 선방할 수 있는 동력은 기본적으로 수출지역 다변화였다는 평가다.

FTA로 확대되는 경제영토

한국의 경제영토는 점점 넓어지고 있다. 자유무역협정(FTA)이 확산된 결과다. 2014년 기준으로 전 세계 국내총생산(GDP)의 73% 수준에 이르는 경제영토를 확보하고 있다. 칠레(85%), 페루(78%)에 이어 세계 3위다. 한국이 FTA를 타결한 국가는 이미 협정이 발효 중인 미국, 유럽연합 (EU), 중국을 비롯 52개국에 이른다.

경제협력개발기구(OECD) 회원국 34개국 중에선 일본, 멕시코, 브라질 등 3개국을 제외한 모든 나라와 FTA를 체결했다. 한국의 수출이 선전한 데는 이런 FTA 효과가 컸다. 이에 비례해서 수출 기업과 수출 상품 수도 증가세다. 2014년 수출에 나선 기업은 8만 5654개에 이른다. 전년에는 9만 개를 넘었다. 2010년에 비해 8000곳이 늘었다. 수출하는 중소기업도 증가 추세다. 2014년 수출 기업 중 중소기업 비중은 96%를 넘는다. 한국이 수출한 품목은 9067개다. 2년 사이에 200개 넘게 증가했다. 세계 수출시장 점유율이 1위인 품목이 64개(2012년 기준)다. 화학제품, 철강, 전자기계 등이 중심이다. 중국, 독일, 미국, 일본 등과는 격차가 크지만 그래도 세계 14위였다. 세계시장 점유율 5위권에 드는 품목은 503개, 10위권은 1330개다. 10위권 품목 수는 2008년 1186개, 2010년 1266개 등으로 증가세가 이어지고 있다. 이미 한국 경제가 세계 경제와 긴밀하게 맞물려 돌아가고 있다는 얘기다. 한국의 세계화, 개방화가 그만큼 고도화돼 있다는 뜻이기도 하다.

무역의존도는 무역활용도로 바꿔 불러야 옳다

전후 독립국으로서 한국과 같은 성과를 올린 나라가 없다. 인구도 적고 자원도 턱없이 부족한 국가다. 수출이 아니었다면 1인당 국민소득이 지금(2015년 2만 7195달러)과 같은 수준으로 올라가는 것은 불가능했다고 단언할 수 있다. 한국은 선진국들조차 경계하는 세계적인 무역대국으로 자리잡았다. 소규모 개방국가가 아니라, 대개방국가다. 자부심을 갖기에 충분하다.

그런데도 우리 사회 일각에서는 수출을 정확하게 인식하지 못하고 있다. 일부에서는 폄훼하는 분위기마저 느껴진다. 수출무용론까지 나온다. 반(反)세계화, 반시장, 반기업의 연장선이다. 무역의존도가 높은 것에 대한 비판이 전형적이다. '의존(dependence)'을 '종속'으로 읽는 억지 해석이다.

무역의존도는 통상 수출과 수입 합계를 GDP로 나눠 산출한다. 한국 은행이 OECD 통계를 조사한 결과에 따르면 유럽에서 대표적인 강소 국으로 꼽히는 베네룩스 3국은 모두 한국보다 무역의존도가 높다. 한 국은 102%인데 반해 룩셈부르크는 무려 371%나 되고, 벨기에는 164%, 네덜란드는 155%다. 이들의 무역의존도는 금융위기 이전에도 비슷한 수준으로 높았다. 이들만도 아니다. OECD 회원국 34개국 중 100%를 넘는 나라가 14개이며, 이들 중 스위스, 덴마크까지 포함해 11곳은 한 국보다 높다.

물론 아무 문제도 없다. 무역을 잘하느냐가 관건이지, 무역규모 자 체가 문제될 것은 전혀 없는 것이다. 사실 매출 개념인 수출과 부가가 치 합계인 GDP는 아무 상관도 없다.

: 네덜란드 무역의존도 155% 아무 문제없다

내수를 통한 성장은 소득 2만 달러에선 안 통해

수출 대신 내수를 키워 성장하자는 소리도 나온다. 수출의 성장기여도 가 낮다는 것이다. 그러나 이는 결과가 그랬다는 얘기일 뿐이다. 2015 년 수출이 -8.0%로 추락한 탓에 성장률이 2.6% 증가에 그쳤다는 사실 을 통계로 확인하는 것에 불과하다. 결국 수출이 안 되면 성장이 안 된 다는 얘기일 뿐이다.

수출이 고용을 창출하지 못한다는 일각의 비판도 그렇다. 무역협회 산 하 국제무역연구원에 따르면 수출 기업은 내수 기업보다 훨씬 많은 양질 의 일자리를 만들어낸다. 2006~2010년 동안 상용직 일자리 창출은 수 출 대기업(11만 8000개), 내수 대기업(8만 8000개), 수출 중소기업(4만 2000개)

순이었다.

물론 미국, 일본 등 선진국 경제는 내수 비중이 높다. 그러나 인구도 많고 국민소득도 높은 나라들이다. 미국은 인구 3억 2000만 명에 소득은 5만 달러가 넘고, 일본도 인구 1억 2700만 명에 소득이 4만 6000달러(2012년)다. 반면 한국의 인구는 5164만 명(2016년 8월 현재), 소

한국의 수출기업수와 수출품목수
(단위:개)

수출기업
79,809 82,498 84,896 88,495 90,560 85,654

수출품목
8751 8862 8944 9067 9163 9067

2009년 2010 2011 2012 2013 2014
※2014년은 10월 기준
자료:한국무역협회

주요 OECD 국가의 무역의존도
(단위:%)

102.8 371.4 189.8 164.2 155.6 132.2 102.8 85.3 35.3 30.3

한국 룩셈부르크 아일랜드 벨기에 네덜란드 스위스 덴마크 독일 일본 미국
※2013년 기준
자료: OECD

득은 2만 7000달러밖에 안 된다. 이런 상황에서는 내수를 키우기도 힘들고, 키우더라도 현상 유지조차 만만치 않을 것이다.

앞으로 수출은 낙관할 수 없다. 당장 중국의 저성장은 한국 수출에 큰 타격을 줄 게 뻔하다. 여기에 선진국들조차 반덤핑관세 강화 등 보호무역주의로 한국을 견제하고 있다. 내부 과제도 많다. 10대 주력 품목의 수출 비중이 60% 수준이나 되고, 단 1달러라도 수출했던 중소기업은 전체의 고작 2%대에 불과하다.

2016년에도 무역규모는 수출 감소에 따라 1조 달러에 못 미칠 것이다. 일본은 못 따라가고 중국은 바로 뒤까지 추격해온 상황이다. 넘어야 할 산이 많다. 더구나 수출로 먹고사는 나라가 수출의 가치를 폄하한다면 결론은 뻔하다.

수출 없이 내수로 가자는 주장은 '고용없는 성장' 만큼이나 위험하다. 성장하는 방법이 문제다. 내수는 수출의 보완재이지, 대체재가 아니다. 한국은 일본의 '잃어버린 20년'이 갔던 길에 이미 들어섰다는 평

가가 나온다. 수출무용론 따위에 기웃거릴 때가 아니다. 한국 특유의
수출 DNA를 키워야 산다.

Vitamin

허무한
수도권 규제 35년

"수도권에 과도하게 집중된 인구와 산업을 적정하게 배치하도록 유도하여 수도권을 질서 있게 정비하고 균형 있게 발전시키는 것을 목적으로 한다."

1982년 제정된 수도권정비계획법(수정법) 제1조다. 이 법에 규정된 수도권 공장 총량제, 과밀부담금 부과, 인구 집중 유발시설 입지 제한 등으로 수도권에 대한 개발이 제한됐다.

35년째 이 규제가 살아 있는 이유는 국토 균형발전론 때문이다. 그런데 과연 글로벌 경쟁 시대에 균형발전론이라는 것이 맞기는 한 것인가. 세계 각국은 왜 거대한 메가시티를 만들려고 경쟁하고 있단 말인가. 35년 전 도시관리기술 발전에 대해 제대로 알지 못한 시절 만든 규제를 놓지 못하고 있는 이유는 뭔가.

수도권의 경제 성장이 이 규제로 어려워진 것은 어제오늘이 아니다. 노무현, 이명박 등 전임 대통령들도 수도권 규제 개혁 의지를 보였지만 핵심 규제는 건드리지도 못했다. 지난해 1월 박근혜 대통령이 신년 기자회견에서 "수도권 규제를 올해 안에 해결할 수 있도록 하겠다"고 강조하면서 수도권 규제 혁파에 급물살이 일어날 것으로 기대됐지만 진전은 거의 없었다. 수도권 규제, 무엇이 문제고 어떻게 개혁해야 하는지 알아본다.

: 도시의 성공을 처벌하는 악성 규제

수도권 규제는 국토 균형발전론의 산물이다. 수도권에 사람과 공장이 몰리면 다른 지역이 낙후될 것을 우려해 서울, 인천, 경기도 등을 과밀 억제권역, 성장관리권역, 자연보전권역 등 3대 권역으로 지정해 각종 제한을 가하고 있다. 수도권 규제가 적용되는 지역 면적은 1만 172.6㎢다. 남한 전체 면적의 10.2%다. 수도권을 이렇게 묶어 놓은 대신 균형발전에는 투자를 많이 했다. 2000년 이후 균형발전에 쓴 돈이 116조 원이나 된다. 세종시와 지역 혁신도시로 6만 명 이상의 공무원과 공공기관 직원이 내려갔다. 그러나 수도권 규제는 요지부동이다.

도시에 대한 이해 부족이 문제

사람을 못 오게 하고 기업들이 생산 시설을 늘리지 못하게 하는 것은 도시에 대한 이해 부족에서 나온 규제들이다. 당시 당국자들은 도시화가 이뤄질수록 쓰레기가 넘치고 환경이 오염되며 빈민가가 생기고 범죄도 늘어나는 등 비정한 사회가 될 것으로 예상했다. 도시는 '살 만한 곳이 못 된다'는 선입견이 과밀화를 막고 공장 지방 이전을 추진하게 했다는 얘기다. 도시는 혁신과 발전의 용광로다. 도시야말로 여러 사람이 모여 있기 때문에 분업이 필요하고 그 과정에서 직업이 생겨나며 기업이 늘어나는 것이다. 사람이 몰리고 지식이 넘치며 노동 조달이 가능한 것이 바로 도시다.

이전이냐 해외 탈출이냐

도시에 대한 몰이해에서 출발한 정책이다 보니 수도권 규제는 성공을 처벌하는 독소적 성격을 띠고 있다. 기업으로서는 다른 지방으로 이전하거나 해외로 나가거나 아니면 투자를 포기할 수밖에 없다. 지방으로 이전하는 기업들이 수도권에

가까운 북위 37도선 경기도 접경 지역에 몰리면서 '37벨트'라는 용어까지 나왔다. 강원 원주시 제천시, 충남 당진시 아산시, 충북 청주시 충주시 음성군 등의 지역이다.

외국계 기업들은 해외 탈출을 택하기도 한다. 영국계 다국적 백신 제조 기업인 G사는 2004년 아시아 전역에 팔기 위한 인플루엔자 및 자궁경부암 백신 제조공장을 화성 장안산업단지에 건설하기로 했지만 결국 싱가포르로 가고 말았다. 공장총량제 규제에 걸려 2010년까지 화성에서는 공장을 증설할 수 없다는 통보를 받았기 때문이다.

금융 허브도 서울에선 불가능

여의도 금융 허브 실패 사례를 보면 더 어이가 없다. 여의도는 정부가 지정한 금융 중심지로 입주 금융기업은 조세특례제한법상 조세 감면 대상이었다. 법인세와 소득세를 3년간 100%, 이후 2년간 50% 감면받을 수 있는 괜찮은 조건이었다. 그런데 수도권 규제가 발목을 잡았다. 여의도가 수도권 과밀억제권역이라는 이유로 조세 감면 대상에서 제외된

것이다. 외국계 금융사들이 여의도에 들어올 메리트가 사라져버렸다. 국가경쟁력을 갉아먹고 있는 수도권 규제를 정부 스스로 건드리지도 못하고 있는 황당한 현실이다.

수도권 규제를 풀면 경제 효과는 곧바로 나타날 것으로 기대된다. 경기개발연구원에 따르면 2011년 9월 기준으로 수도권 규제가 개선된다면 400여 개 기업이 67조 원을 투자하고 14만 개의 일자리 창출이 예상될 정도다. 30년 넘게 묶어둔 만큼 수도권 규제가 풀리면 경기 회복에 결정적인 방아쇠가 될 수도 있다. 다른 선택은 없다.

: 세계는 지금 메가시티 경쟁 중

세계 주요국도 성장기에는 수도권 규제를 시행했다. 그러나 글로벌 경쟁이 격해지고 장기 불황 등이 겹치면서 수도권 경쟁력을 높여야 한다는 인식 전환이 있었다. 규제는 과감히 풀고 수도권 발전을 지원하는 것으로 정부 정책을 바꿨다. 국가경쟁력의 핵심으로 수도권을 발전시키려는 세계의 경쟁에 불이 붙은 것이다.

英 테크시티 프로젝트 시동

영국은 1944년 '대(大)런던 계획'에 수도권 규제 정책을 포함시키며 대도시 규제 정책을 시작했다. 산업혁명 이후 비대해진 런던에 인구와 제조업이 집중되고 상대적으로 영국 북부지역이 낙후됐다는 판단에 따른 것이었다. 그린벨트제도(1944년), 산업개발허가제(1947년) 등이 대표적 규제였다. 1962년부터는 세 차례에 걸쳐 공공기관 이전 정책을 실시했고 1965년에는 사무실개발 허가제를 도입했다.

주요국의 수도권 규제 및 개혁 사례		
영국 수도권 규제	· '대 런던계획'에 수도권 규제 정책 포함(1944)	
	· 그린벨트 제도(1944)	
	· 산업 개발허가제(1947)	
	· 사무실개발허가제(1965)	
규제 혁파	· 사무실개발허가제 폐지(1979)	
	· 산업개발허가제 폐지(1979)	
수도권 발전 계획	· 테크시티 조성계획 발표(2010)	
일본 수도권 규제	· 수도권 기성시가지의 공업 등 제한에 관한 법률(1959)	
	· 공업재배치촉진법(1972)	
규제 혁파	· 공장제한법 폐지(2002)	
	· 공업재배치촉진법 폐지(2006)	
수도권 발전 계획	· 도시재생특별조치법 제정(2003)	
프랑스 수도권 규제	· 파리권 종합계획(1960)	
	· 국토균형개발청 설립(1963)	
규제 혁파	· 과밀금부담금제 폐지(1982)	
	· 점유규제 폐지(2000)	
수도권 발전 계획	· 그레이터 파리(Greater Paris) 계획 발표(2009)	

영국은 1970년대 들어 제조업이 눈에 띄게 쇠퇴하고 1976년에 외환 위기까지 겪자 수도권 개발 억제 대신 자유시장 경제의 원리를 강조하는 정책으로 돌아섰다. 사무실개발허가제를 1979년에, 산업개발허가제를 1981년 폐지했다.

영국은 한걸음 더 나아가 2010년부터 '테크시티(Tech City)' 프로젝트를 추진하고 있다. 런던 동부지역 낙후된 빈민가를 정보기술(IT) 중심지로 개발하는 계획이다. 3년 만에 구글, 페이스북, 트위터 등 세계적 기업을 비롯해 2000여 개의 IT 기업이 입주했다. 런던 전체에서 늘어난 일자리의 27%가 테크시티 지역에서 나왔다.

日 도쿄 권역 세계적 거점으로 정비

일본은 1950년대에 수도권 규제를 도입했다. '수도권 기성시가지의 공업 등 제한에 관한 법률'(1959년), '공업재배치촉진법'(1972년) 등 규제로 공장과 대학의 신설을 제한하고 낙후된 지역으로 공장을 이전하도록 유도했다. 그러나 1980년대 들면서 상황이 달라진다.

장기 불황에 따른 위기의식이 높아지면서 1983년부터 규제를 완화하기 시작했다. 2002년 3월엔 '공장 등 제한법'을, 2006년 4월엔 '공업재배치촉진법'을 폐지했다. 대신 '도시재생특별조치법'을 2003년에 제정해 대도시권의 성장과 재생을 촉진하는 지원책을 마련했다. 아베 내각은 최근 도쿄, 요코하마, 나리타공항 등 11곳을 묶어 도쿄 권역을 세계적 거점으로 정비하기로 했는데 미쓰미비, 미쓰이 등 대기업들이 대거 참여할 계획이다.

佛 '거대한 파리'로 뉴욕과 승부

프랑스도 1960년대 수도 파리의 성장을 억제하고 지방 중심도시를 중점 육성하는 정책을 추진했다. 프랑스는 1960년 파리권 종합계획을 수립하고 1963년에는 국토 균형개발청을 설립해 파리 성장 억제 정책을 폈다. 공장설립허가제, 과밀부담금제, 공공기관 지방이전 정책 등을 시행했다. 그러나 프랑스도 1970년대 경기 침체 당시 규제를 풀기 시작했다.

1982년에는 과밀부담금제를 폐지했고 1985년에는 파리 중심만 제외하고는 공장 설립허가제도 폐지했다. 프랑스는 2022년까지 350억 유로를 투입해 파리를 미국 뉴욕을 능가하는 거대도시로 재탄생시킨다는 '그레이터 파리(Greater Paris)' 정책을 추진하고 있다.

Vitamin

저출산!
재앙인가, 축복인가

한국 사회에 인구론이 화두다. 《인구론》(1798년)의 우울한 예언가 토머스 맬서스가 마치 한국에서 부활한 듯하다. 2015년 초 출간된 두 권의 책이 논쟁에 불을 붙였다. 경영컨설턴트 해리 덴트의 《2018, 인구절벽이 온다》와 저널리스트 겸 애리조나대 교수 앨런 와이즈먼의 《인구쇼크》가 그것이다.

덴트는 인구 감소로 소비·투자·노동하는 사람이 사라지는 파국 상태인 '인구절벽(demographic cliff)'을 예언한다. 반면 와이즈먼은 4.5일마다 100만 명씩 불어나는 인구 폭발이 자원, 환경, 식량 등 세계적 쇼크를 몰고 올 것이라고 단언한다. 덴트가 저출산의 재앙적 측면을 강조했다면, 와이즈먼은 거꾸로 만원이 된 세계에 저출산이 해법이라고 주장한다. 개별 국가 차원에서는 출산율 제고가 과제여도, 지구 차원에선 저출산이 되레 축복이 될 수도 있다는 것이다.

세계 최저 수준의 저출산과 초고속 고령화를 경험하고 있는 한국인에게 와이즈먼의 주장은 솔깃한 얘기다. 그러나 인구가 줄어도 걱정, 늘어도 걱정이라면 도대체 어쩌란 말인가. 인구 문제의 여러 측면을 생각해본다.

: 종말론 닮은 인구폭탄론 vs 인구절벽론

출산율을 소재로 한 두 편의 코미디 영화가 있다. 임창정, 김정은 주연의 〈잘 살아보세〉(2006년)는 1970년대 출산율이 전국 1위로 높은 마을에서 주민의 밤일(?)까지 통제하며 벌어지는 해프닝을 그렸다. 1970년 당시 합계출산율은 4.53명에 달했다. 이와 반대로 크로아티아 영화인 〈신부의 아이들〉(2013년)은 출생률 제로(0%)인 작은 섬에 부임한 신부가 피임을 막으려고 콘돔에 구멍을 내는 출산 장려 프로젝트(?)를 펼쳐 출생률(인구대비 출산아 비율)을 70%까지 끌어올린다는 얘기다.

  영화는 비록 허구지만 현실과 완전히 동떨어진 것은 아니다. 세계적으로 과잉 인구에 의한 '인구폭탄' 우려가 여전하다. 동시에 수많은 나라들이 저출산이란 고민에 빠져 있다. 인구가 늘어 재앙이라는 인구폭탄론, 인구가 줄어 파국이라는 인구절벽론이나 비관론 일색이다. 미래는 암울하기만 한 것일까.

여전히 파괴력 강한 인구폭탄론

한 세대 전만 해도 인구폭발은 세계 공통의 걱정거리였다. 1970년대 암울한 경제상황 속에 비극적 인구론 예언서들이 잇따랐다. 폴 얼릭의 《인구폭탄》(1968)과, 로마클럽의 《성장의 한계》(1972년)는 맬서스 《인구론》의 현대 개정판이라고 할 만하다. 과잉 인구로 인류가 종말을 맞을 것이란 내용이다.

  실제로 세계 인구는 1900년 15억 명에서 1960년 30억 명, 1999년 60억 명이 됐다. 수만 년 동안 게걸음이던 인류가 20세기 불과 100년 사이에 '따따블(4배)'이 된 것이다. 질소비료에 의한 식량혁명, 백신을 통한 질병으로부터의 해방이 가져온 결과다. 미국 통계국의 '인구시계'를 보면 지금은 약 73억 4000만 명이다. 4.5일마다 100만 명, 해마다 남북한 총인구에 해당하는 8000만 명이 불어난다. 유엔은 2025년엔 81억 명, 2050년엔 96억 명, 2100년엔 109억 명에 이를 것으로 전망하고 있다.

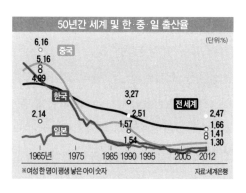

너무 많지 않나! 유한한 지구에 인구가 무한정으로 늘어날 수 있을까. 이런 의문은 영화, 소설의 중요한 모티브를 제공했다. 봉준호의 영화 〈설국열차〉(2013년)는 춥고 배고픈 사람들로 빼곡한 꼬리칸을 보여준다. 댄 브라운의 소설 《인페르노》(2013년)에서는 "단테의 《신곡》에서 묘사한 지옥은 허구가 아니라 예언이며, 인류는 그냥 방치하면 전염병이나 암세포와도 같은 속성을 발휘한다"고 썼다. 하지만 영화와 소설 속 해법은 파멸적이었다. 〈설국열차〉는 꼬리칸의 주기적 폭동과 몰살, 《인페르노》는 수돗물에 화학물질을 섞어 불임을 유도하는 현대판 흑사병을 퍼뜨리는 것이다.

인구폭발 뒤에 저출산은 인류의 본능

작용이 있으면 반작용이 있게 마련이다. 기아와 질병의 위험에서 벗어난 인류는 보다 나은 삶을 위해 피임을 선택했다. 여성의 교육과 사회 진출도 한몫했다. 어느덧 저출산은 변경 가능한 '변수'가 아니라 불변의 '상수'가 됐다. 전쟁 직후 베이비붐과 현대의 출산 기피는 인류의 본능적 대응이란 측면에서 닮은꼴이다.

출산율의 추세적 하락은 세계적 현상이다. 세계은행에 따르면 전

세계 출산율은 1965년 4.99명에서 2012년 2.47명으로 내려갔다. 사하라 이남 아프리카는 5.11명(2012년)으로 여전히 높지만 중동·북아프리카(2.75명), 남아시아(2.59명)도 세계 평균에 근접했다. 낙태, 피임을 금하는 가톨릭 영향권인 중남미조차 2.18명으로 낮아졌다. 인구대국 중국은 '한 자녀 정책'의 영향으로 1965년 6.16명에서 2012년 1.66명으로 떨어졌다. 아라파트가 "우리의 무기는 자궁"이라고 했던 팔레스타인조차 1990년 6.54명에서 2012년 4.09명으로 줄었다.

: '상수'가 된 저출산, 사회 구조 개혁이 해법

저출산이 인구절벽 초래할까, 인구쇼크 해법될까

한국(2015년 1.24명)을 비롯해 선진국들은 대부분 저출산이 고민이다. 20세기 인구증가를 전제로 설계한 경제, 연금, 교육, 부동산 등의 제도들이 모두 삐걱대고 있다. 양적 완화도 부양책도 경제회복의 약발이 없는 이유다. 모든 나라들이 일본처럼 되어가는 판이다. 저출산으로 인한 생산가능인구(15~64세)의 감소와 고령화에 따른 '인구절벽'이 피할 수 없는 경제위기를 초래한다는 게 덴트의 《2018, 인구절벽이 온다》의 논지다.

이에 반해 와이즈먼은 《인구쇼크》에서 지구가 감당할 인구 수준을 넘어 다시 1900년 수준(15억 명)으로 되돌려야 한다고 주장했다. 그는 '저출산=망국'이라는 인구절벽론의 반대편에 섰다. 출산율 하락이 소비인구와 노동인구를 감소시켜 성장 둔화, 복지 부담으로 이어진다는 경제학자들의 분석을 뒤집었다. 와이즈먼은 인구가 줄어 국내총생산(GDP)이 감소하더라도 사람 몸값이 비싸져 1인당 소득은 줄지 않는다고 주장한다. 부족한 인력은 여성으로 채우고, 연금문제도 예산과 기반시설

투자 축소로 해소할 수 있다는 것이다. 이른바 '성장 없는 번영'이다.

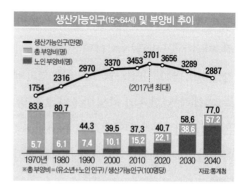

종말론이 들어맞은 적은 없다

인구절벽론은 당장 2018년 생산인구 감소가 시작될 한국에는 코앞의 과제다. 정부가 수시로 경제회생의 골든타임을 주장해 온 이유이기도 하다. 와이즈먼의 저출산 해법도 출산율이 224개국 중 끝에서 다섯 번째인 한국에는 고무적이다.

인구를 토대로 한 예언은 늘 그렇듯이 종말론의 성격을 띤다. 인간의 타고난 비관주의 탓에 종말론은 언제나 흥행이 잘된다. 하지만 여태껏 종말론이 적중한 적은 없었다. 위기가 닥쳤을 때 사람들은 놀라우리만치 문제에 집중해 해결책을 찾아온 과정이 바로 인류의 역사다. 소위 '이대로 가면 큰일 난다'는 인구 종말론의 기저에는 상황 불변의 논리가 숨어 있다. 현재 정보의 조각들로 미래를 예단하고, 세상의 진화를 부정한다. 사고의 폐쇄성으로 제로섬 게임에서 벗어나지 못한다. 그래서 틀리는 것이다.

저출산으로 파생될 인구절벽은 여성과 고령인력 활용으로 완화할 수 있다. 지금 60대는 건강과 체력이 과거 40대에 못지않다. 노련한 현장 지식도 겸비했다. 더구나 늘어나는 고령인구에 필요한 새 수요와 서비스는 산업을 자극할 것이다.

인구구조 변화에 걸맞은 사회 구조개혁도 필수다. 인구쇼크도 과장돼 있기는 마찬가지다. 보츠와나는 민주적 제도와 교육 덕에 1인당 GDP가 1만 달러에 육박한다. 1967년 독립 직후 6.7명이던 출산율은

2012년 2.67명으로 아프리카 최저다. 인구재앙의 진앙인 아프리카도 사람이 하기 나름이란 얘기다.

인위적 인구조절 시도가 더 큰 문제 야기

인구 종말론을 경계하는 것은 이를 근거로 자행될 인위적 시도가 더 큰 문제를 낳기 때문이다. 루마니아의 '차우세스쿠의 아이들'은 독재자 차우세스쿠가 1966년 한 가정이 넷 이상 낳도록 강요해 생긴 아이들이다. 그 결과 1966년 1.90명이던 출산율은 수년간 3~4명대로 뛰었다. 아이들은 방치된 채 자랐고 성인이 되어서는 실업자로 전락했다. 이들의 분노는 결국 차우세스쿠 정권을 붕괴시켰다.

물론 한국과 중국도 1970~80년대 강력한 인위적 산아제한을 폈다. 그럼에도 경제발전에 성공한 것은 적절한 교육훈련과 경쟁을 통해 두터운 인적자원을 창출해냈기 때문이다. 곧 인간만이 궁극적인 자원이라는 줄리언 사이먼의 《근본자원》(1981년)에서 입증한 그대로다. 인간의 성취욕과 상상력은 인구절벽도, 인구쇼크도 극복해낼 것이다. 인간은 파괴자가 아닌 창조자였기에 살아남았다.

Vitamin

사물인터넷이라는
멋없는 말

인간은 자신의 자연적 능력을 확장하기 위해 도구를 사용한다. 도구를 쓰는 동물이 바로 인간이다. 직립의 결과로 주어진 자유로운 손의 예민한 동작들은 인간에게 새로운 세계를 열어주었다.

사실 인간은 자연 상태에서도 그다지 나약한 존재는 아니다. 인간은 신체적 특성을 측정하는 개별 과목에서는 낙제일지 몰라도 모든 신체적 능력을 유기적으로 연결하는 종합 점수에서는 아마도 최상위권일 것이다. 자신의 몸을 스스로 창조적으로 지배하는 도구적 존재라는 특성은 인간만이 향유하는 것이다.

인간은 두뇌로 세계를 지배한 것이 아니라 타고난 신체적 우월성으로 다른 동물을 지배하고 있는 것인지도 모른다. 도구는 인간의 기능을 확장 혹은 연장한다. 익스텐션(extension)이다.

인간은 자신의 외부에 자신의 기능을 대체하거나 보완해줄 무언가를 갖고 있다. 이제 사물인터넷 시대가 되면서 인간은 자신의 외부에 자신의 감각과 감정까지 만들어내고 있다. 오래전에는 신의 영역이었으나 이제 인간의 대체물로서 사물인터넷 세계가 구축되는 것이다. 그 이야기다.

: 車와 TV의 대결 혹은 男 VS 女

현대인은 두 가지 사물에 집착한다. 하나는 집 거실에 안주인처럼 앉아 있는 TV다. 다른 하나는 자동차다. 자동차는 인간이 그것을 타고 직접 작동하는 기계장치다. TV를 여성과 주부가 지배하고 있다면 자동차는 남성과 남편이 지배하는 물건이다. 지금 이 두 가지 물건을 장악하려는 산업계의 치열한 전쟁이 벌어지고 있는 중이다. 우선 공세를 펴고 있는 것은 자동차다. 벤츠는 아직 드라이빙을 강조하는 광고 카피를 쓰고 있다. 아마 아직도 운전기술에 집착하고 있을 것이다. 포드와 BMW는 사물인터넷을 잘 이해하고 있다.

그들은 자동차를 진정한 장난감으로 만들려고 애쓰는 중이다. 현대차도 결코 뒤지지 않는다. 이들은 자동차에서 구현되는 드라이빙 기술뿐만 아니라 자동차를 사물인터넷 시대의 허브로 만들어간다는 야심을 갖고 있다. 아마도 게임과, 게임보다 더 재미있는 각종 소프트가 창조될 것이다. 자동차는 이미 드라이빙 자체를 위해서만 봉사하지 않는다. 운전할 필요가 없는 자동차는 재미있는 놀이공간으로 변할 수도 있다. 예를 들어 자동차 앞유리는 최고의 디스플레이로 변할 것이다. 그것에 우리는 무엇을 띄워 놓고 시간을 보내게 될 것인가. 물론 자동차의 머리는 여전히 스마트폰이 잡고 있다는 약점이 있다. 자동차는 스마트폰의 지휘 아래 놓이게 된다. 그 점에서 자동차 회사들이 사물인터넷 시대의 주인이 되지는 못할 것 같다.

무인운전이 일차적인 목표지만 사회적 장애물도 많다. 사고가 났을 경우 보험은 어떻게 처리되나. 지금은 보험사의 금융영역이지만 이것이 제조물 책임배상보험으로 바뀔 수도 있다. 그렇게 되면 자동차는 차와 보험을 같이 팔아야 한다. 물론 사고는 현저히 줄어들겠지만 자동차 금융은 획기적인 변신이 불가피하다.

TV는 집안에 있다. 삼성 전자의 야망은 TV를 사물 인터넷 시대의 플랫폼으로 만들어 구글을 따라잡는 것이다. 스마트 TV는 당신이 집에 있는 동안 무엇을 하는지 가장 잘 안다. 방송채널들은 완전히 기득권을 놓아야 한다. 스마트 TV에서 KBS와 유튜브는 차이가 없다. 클릭 하나로 모든 것이 동등해진다. 방송사의 위기

가 올 것이고 방송 산업의 부침은 극적이다. 정규재TV가 화끈하게 시청자를 끌어당길 가능성도 있다. 만일 스마트 TV 시대가 온다면 삼성 전자의 빅 데이터는 구글을 확실히 뛰어넘는다. 시청자의 기호와 습관까지 TV는 알게 된다. 실제로 사물인터넷 시대가 되면 구글이 망할 지도 모른다.

자동차와 TV의 전쟁은 누가 더 오래 주인의 시간을 잡는가에 따라 결판날 것이라고 본다면 TV가 결코 불리하지 않다. 인터넷 망의 시대는 이미 끝났다는 때이른 전망도 있다. 어쩌면 인공지능 로봇에 TV가 장착될 수도 있다. 그리되면 사물인터넷의 통제 본부는 로봇이다. 로봇은 인간을 대리하여 새로운 습관들을 만들어 낸다. 로봇은 인간을 학습할 것이다.

: 센서산업이 사물인터넷 핵심이다

사물인터넷은 연결이다. 네트워킹을 위한 센서는 현재 전 세계적으로 10억~20억 개 정도로 파악된다. 그러나 2020년에는 1000억 개, 아니 1조 단위로 필요할 것이다. 시장 규모는 짐작할 수조차 없다. 촉각, 후각 등 인간의 오감을 몇 백배 뛰어넘는 각종 예민한 센서들이 필요할 것이다. 바이오센서 등은 말그대로 폭발하게 된다. 사물인터넷은 알고 보면 센서가 만들어내는 신기루 같은 세상이다. 센싱하고 스스로 그 자료를 교환하는 거대한 망의 형성을 우리는 사물인터넷이라고 부른다. 뉴스는 편집되고 정보들은 가공된다. 쇼핑과 건강, 의료, 헬스 지원은 두말할 필요도 없다. 돌연사 이런 것은 옛날이야기가 된다. 아마 남녀 간 혹은 인간 간 접촉에 의한 섹스도 오래전의 미숙하고 불결한 경험처럼 기억될지도 모른다. 언어를 학습하는 인간 복제 로봇들이 인간에게 봉사할 것이다. 그런 전혀 새로운 시대가 바로 지금 막 출발하고 있다.

그러나 이런 산업에서 누가 주도권을 쥘 것인지는 명확하지 않다. 고도화된 상상력이 산업의 주도권을 쥘 것이다. 기계를 만드는 기계는 아주 오래전부터 잘 알려진 개념이다. 센서 기술력이 사물인터넷 시대의 명암을 결정한다. 그 점에서 한국은 아주 불리하다.

그러나 기발한 연결이라는 면에서는 한국인의 '별 잡스러운' 기호들이 빛을 발할 수도 있다. 웨어러블로 가면 더욱 그렇다. 안경을 끼고 다른 사람을 보면 가물가물한 이름을 기억해주거나 지난번 만났을 때의 대화 장면들을 동영상으로 보여줄 수도 있다. 안구와 동영상이 일체화되면 세상의 풍경은 지금과는 완전히 달라질 것이다. 세상은 그렇게 만화처럼, 그리고 장난감 세계처럼 변하게 된다. 연성화, 감성화가 산업의 주류가 된다.

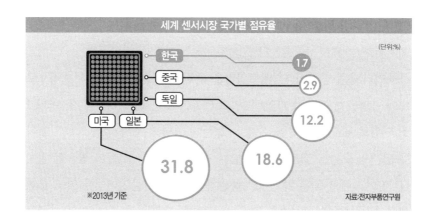

세계 센서시장 국가별 점유율

(단위:%)

한국 — 1.7
중국 — 2.9
독일 — 12.2
미국 — 31.8
일본 — 18.6

※2013년 기준

자료:전자부품연구원

그러나 정신은 느리게 달려간다

인간의 정신과 제도는 잘 바뀌지 않는다. 산업을 지배하는 법률들은 한참 지체 현상을 보일 것이다. 예를 들어 의료계는 스마트폰의 센서에 대해 여전히 신뢰하지 않게 된다. 인간을 대체하는 또는 보완하는 기계의 정밀도에 대해서는 강한 저항이 생겨날 것이다. 기계를 거부하거나 센서들의 출현에 심리적 저항을 갖는 사람도 적지 않다. 특히 기존의 산업계에 포획된 규제권자들은 새로운 흐름을 방해하거나, 이해를 거부하거나, 최소한의 관심조차 포기하는 등의 행동을 보일 수도 있다. 법률과 제도의 기존 틀들은 새로운 시대의 도래를 당연히 거부하려는 속성을 갖게 된다.

자동차 보험 문제도 그렇지만 앞서 말한 7대 사물인터넷 영역에서 기존 질서의 저항이 매우 심각할 것이다. 윤리적 논란도 거세게 일어날 것이다. 아마도 이 새로운 세계는, 인간 감정의 외부화라는 철학적 사건에 대한 논란을 증폭시킬 수도 있다. 독신자들이 로봇을 데리고 산다고 생각해보라. 노동에서 해방된 일부 인간들은 이제 무엇을 하면서 삶을 채워나갈 것인가.

물론 이런 고뇌는 언제나 틀려왔던 전망들이다. 인간은 새로운 환경에 적응하고 언제나 스스로의 과업을 만들어낸다. 아니 과업은 더 늘어나 그것에 끌려다니며 산다. 존 메이너드 케인스가 수십 년 후 사람들은 거의 하루 종일 빈둥거리며, 노동하지 않게 될 것이라고 예언한 것은 틀린 말이다. 사람에게는 더 많은 일감들이 생겨났다. 지금 사물인터넷 세계를 구축하는 것만 해도 거대 기업들이 총동원되어 자원을 투입하는 거대한 일감이다. 그러나 분명 새로운 사태의 전개는 기득권적 사고와 갈등을 만들어낸다. 따라서 탐색 기간은 어느 날의 만개를 기다리면서 의외로 오래 지속될 수도 있다. 로봇시대가 의외로 오랫동안 제자리걸음을 하고 있는 것과 같다. 기술은 이미 한참을 앞서 가고 있지만 인간은 천천히 따라갈 뿐이다.

Vitamin

IT 강국이라는
신기루

한국은 과연 정보기술(IT) 강국인가? 한국 IT 경쟁력이 각종 평가에서 줄줄이 하락 중이다. 경제 패러다임을 통째로 바꿀 것이라는 사물인터넷(IoT)은 물론이고 클라우드 컴퓨팅, 빅데이터 등 IT의 미래 먹거리 분야에서 한국은 한낱 추격국에 불과한 것으로 나타났다. 정부가 소프트웨어(SW) 육성을 외치지만 내세울 만한 글로벌 SW 기업이 하나도 없다.

그나마 한국이 자랑하던 속도 등 IT 인프라도 경고등이 켜졌다. 인터넷 최대 접속속도에서 한국을 치고 올라가는 나라들이 속속 등장하기 시작했다. 유엔 산하 국제전기통신연합(ITU)이 발표하는 정보기술 'ICT 발전지수'에서도 1위 자리를 내주는 일이 발생했다.

그렇다면 우리는 그동안 뭘 보고 한국은 IT 강국이라고 믿어왔던 것일까. 누구는 반도체가 있지 않느냐고 하지만 핵심 IT 부품·소재의 해외 의존도는 여전히 높다. 세계 1위라는 TV만 해도 스마트홈, 사물인터넷이라는 훨씬 큰 경쟁무대에서 새로운 경쟁자들과 부딪혀야 한다. 믿었던 스마트폰도 애플과 중국 기업 사이에서 샌드위치 신세다. 이쯤 되면 한국은 IT 강국이라는 말을 더는 할 수 없다.

어쩌면 우리는 소셜네트워크서비스(SNS)나 온라인 게임 등에 광적으로 열을 올리는 IT 소비 강국에 불과했는지 모른다. 루머와 허위정보, 거짓말의 유통에서는 세계 1위일 것이다. 한국 IT가 자만심에서 벗어나 경쟁력을 갖추기 위한 새판을 짜려면 IT 강국이라는 착각부터 빨리 걷어내야 한다.

: 줄줄이 하락하는 한국 IT 경쟁력

경제 패러다임까지 통째로 바꿀지 모른다는 사물인터넷(IoT)에서 한국의 경쟁력이 여실히 드러났다. 컨설팅 전문기업 액센츄어가 '산업 사물 인터넷(IoT)으로 승리하는 법'이라는 보고서에서 한국은 52.2점으로 주요 20개국 중 12위에 그쳤다. 미국(64점)이 가장 높았고 스위스(63.9), 핀란드(63.2), 스웨덴(62.4), 노르웨이(61.8점) 등 북유럽 국가들이 그 뒤를 이었다. 네덜란드(59점), 덴마크(58.8점), 영국(55점), 일본(54.4점), 독일(54.3점)은 물론 호주(54.1점)도 한국을 앞섰다.

클라우드 컴퓨팅도 선진국에 밀리는 것으로 평가됐다. 소프트웨어연합(BSA)이 2013년 12월 주요 24개국을 대상으로 조사한 결과에서도 한국은 76.2점으로 8위였다. 1위는 일본(84.1점)이었다. 호주(79.7점), 미국(79.7점), 독일(79.1점), 싱가포르(78.5점), 프랑스(78.3점), 영국 (76.9점) 등도 우리를 앞섰다.

IT 인프라에서도 경쟁국에 밀리기 시작

더 충격적인 것은 우리가 경쟁국들보다 앞섰다고 자랑해온 인터넷 속도 등 정보기술(IT) 인프라에서조차 밀리기 시작했다는 점이다. 클라우드 기업 아카마이 보고서에 따르면 2014년 3분기 한국은 인터넷 평균 최대

접속속도가 74.2Mbps로 1
위 홍콩(84.6Mbps), 2위 싱가
포르(83Mbps)에 이어 3위를
기록했다. 2014년 1분기에
1위를 차지했던 한국이 2분
기에 홍콩에 다시 1위 자리

한국의 IT 경쟁력 평가		
기준	한국	비고
인터넷 평균 최대 접속 속도	3위	1위:홍콩/2위:싱가포르
ICT 발전지수	2위	1위:덴마크
사물인터넷 구현	12위	1위:미국
클라우드 컴퓨팅	8위	1위:일본
기타	※EIU, IT 산업경쟁력지수:한국 19위(2011년) WEF, 네트워크 준비지수:한국 10위(2014년) 日 와세다대 세계전자정부 순위:한국 3위(2014년)	

를 내주더니 3분기에는 싱가포르에까지 밀린 것이다.

유엔 산하 국제전기통신연합(ITU)이 발표하는 'ICT 발전지수'에서도
한국은 덴마크에 1위 자리를 내주었다. 한국은 이 지수가 처음 발표된
2009년 2위에 오른 뒤 2010년부터 2013년까지 줄곧 1위였다. 하지만
2014년 다시 2위로 내려앉은 것이다. 덴마크는 국내 인터넷 이용률이
한국보다 무려 9배 가까이 높은 인터넷 이용자당 국제 인터넷 대역폭을
기록했다.

세계경제포럼(WEF)의 네트워크 준비지수에서도 한국은 지난 5년간
10~15위 사이를 맴돌고 있다. EIU(Economist Intelligence Unit)는 2011년 한국
IT산업 경쟁력 지수를 19위로 평가한 바 있다. 정부는 유엔이 2년마다
평가하는 전자정부 발전지수에서 한국이 세 번 연속 1위였다는 점을
자랑하지만 일본 와세다대가 발표하는 세계 전자정부 순위에서 한국은
3위로 나타났다.

물론 반도체, LCD, 스마트폰, TV 등 하드웨어는 그래도 앞서지 않
느냐는 반문이 나올지 모르겠다. 그러나 한국의 반도체, LCD만 해
도 전자재료는 대부분 일본에 의존한다. 일본 의존도가 TAC 필름은
99.5%, 액정은 98%다. 스마트폰은 애플과 중국 기업 사이에서 샌드위
치 신세다. TV도 스마트홈, 사물인터넷 시대에서는 누가 승리자가 될
지 모른다.

취약한 IT 보완 시스템, IT 융합·핀테크는 '제자리걸음'

소프트웨어는 더 열악하다. 세계 100대 패키지 소프트웨어 기업 리스트에 한국 기업은 단 하나도 없다. 운영체계(OS)만 해도 그렇다. 구글과 애플의 양강 구도에서 삼성이 타이젠으로 비집고 들어가려 하지만 힘겨운 게임이 되고 있다.

   IT 보안은 취약하기 이를 데 없고, IT와 타 분야의 융합도 원점에서 맴돌 뿐이다. 원격진료 등 의료와 IT 융합, 스마트팜 등 농업의 IT 융합, 핀테크 등 금융과 IT 융합 등이 다 그렇다. 자, 이쯤에서 다시 질문을 던져보자. 한국은 과연 IT 강국인가.

: 세계 100대 패키지SW 기업에 한국은 없다

전 세계 정보통신기술(ICT)시장에서 소프트웨어(SW)가 하드웨어(HW)를 앞지른 것은 2002년이다. 그렇다면 한국 SW 산업은 과연 어느 수준에 있는가. 국제적 비교로는 2011년 한국이 경제협력개발기구(OECD) 19개국 가운데 SW 경쟁력이 14위였다는 평가다. 그러나 SW 경쟁력은 시장을 보면 더 적나라하게 드러난다.

한국 SW시장 규모 104억 달러, 전 세계 비중 1%

시장조사기업 IDC에 따르면 2013년 세계 SW시장 규모는 1조 291억 달러에 달했다. 패키지SW 3949억 달러, 정보기술(IT) 서비스 6342억 달러였다. 과연 어느 기업이 이들 시장을 차지했을까. 먼저 세계 100대 패키지SW 기업을 보면 미국이 74개로 독보적 위치를 차지한다. 그 뒤는 독일(5개), 일본(4개), 영국(4개), 이스라엘 (3개), 프랑스(2개), 네덜란드(2개),

캐나다(2개) 등이다. 국내 기업은 100위권에 하나도 없다. 안랩 317위, 티맥스소프트 331위가 고작이다.

세계 100대 IT 서비스 기업에서도 미국은 49개로 단연 1위다. 그 다음은 일본으로 17개 기업이 들어가 있다. 그래도 다행인 건 인도(6개), 영국(6개), 프랑스(5개) 등에 이어 한국도 3개 기업이 있다는 점이다. 삼성 SDS(31위), LG CNS(50위), SK C&C(73위)가 그나마 선방한 결과다.

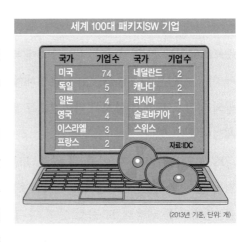

세계 100대 패키지SW 기업

국가	기업수	국가	기업수
미국	74	네덜란드	2
독일	5	캐나다	2
일본	4	러시아	1
영국	4	슬로바키아	1
이스라엘	3	스위스	1
프랑스	2		

자료:IDC
(2013년 기준, 단위: 개)

한국 SW시장은 2013년 104억 4000만 달러로 전 세계 비중이 1% 남짓에 불과하다. 미국의 SW시장이 4154억 3000만 달러로 40.4%에 달하는 것과 비교하면 엄청난 격차다. 결국 한국에서 글로벌 SW 기업이 나오려면 SW 내수시장을 키우고, 해외 시장 진출도 적극적으로 해야 한다는 결론이 나온다.

그러나 과연 그 방향으로 가고 있는지 의문이다. SW 조달시장만 해도 정부는 대기업과 중소기업 간 공정경쟁을 이유로 대기업의 참여를 제한했다. 중소기업은 경쟁력이 없다 보니 국내 조달시장은 외국 기업의 잔치가 될 판이고, 대기업은 대기업대로 국내 조달시장 실적이 없으니 해외에서 밀려날 처지다. 세계 100대 IT 서비스 기업에 들어간 3개 국내 대기업이 언제까지 그 자리를 지킬지 장담하기 어렵다.

한국 SW 인력 배출 연 3만 명, 중국·인도는 연 30만 명

한편 SW 인력은 어떤가. 국내 SW 인력은 전문대학, 일반대학, 산업대학, 기능대학, 일반대학원 등을 다 합쳐봐야 연간 3만 명대다. 그것도 2011년 3만 6010명, 2012년 3만 4743명, 2013년 3만 3464명 등 내리막 길이다. 특히 명문대일수록 SW 인력 배출이 확 줄었다. 여기에 인력의 질 문제까지 겹쳤다. 매년 30만 명씩 SW 인력을 쏟아내는 중국, 인도는 물론 미국과 경쟁이 될 리 없다. 지식산업이라면서 SW를 무슨 건설공사처럼 투입된 인력 수로 비용 산정을 하거나 SW를 공짜로 여기는 풍토도 우수한 인력 유입을 가로막는다.

정부는 SW 중심 사회를 외친다. 그러나 장기적이고 치밀한 준비 없이는 또다시 실패의 반복이 될 가능성이 높다. 미국의 SW 경쟁력이 어느 날 갑자기 생겨났다고 생각하면 오산이다. 1970~1980년대 미국 제조업이 일본에 밀리기 시작할 때 20~30년 앞을 내다보고 SW를 전략 산업으로 키워왔던 미국이다.

김진형 소프트웨어정책연구소 소장은 SW로 한국 제조업도 살려내고, 새로운 일자리도 만들자고 한다. 문제는 시장의 변화 속도를 따라가지 못하거나 번지수를 잘못 맞히기 일쑤인 정부 정책이다. 사물인터넷이든 빅데이터든 더 근본적인 건 SW라는 그의 말이 귓전을 때린다. 한국 SW는 지금 어디로 가고 있는가.

Vitamin

미친 전셋값?
그 오류와 억측

전셋값이 미쳤다고들 아우성이다. 집값은 게걸음인데 전셋값은 수년째 황소걸음이다. 그러다 보니 집값 대비 전셋값 비율(전세가율)이 90%를 웃도는 아파트가 속출하고 있다. 2021년이면 전세가율이 100%를 돌파할 것이란 예측(주택산업연구원)까지 나왔다. 언론과 정치권은 연일 '미친 전셋값'을 성토하며 대책을 내놓으라고 정부를 채근한다.

하지만 전셋값은 전혀 미치지 않았다. 저성장·저금리 시대가 가져온 필연적 결과다. 오를 만한 요인은 산더미 같다. 그래서 끊임없이 밀려 올라가는 것이다. 전세가율 90%가 넘는 전세에 들어가는 세입자들도 멀쩡히 제정신이다. 집을 사는 것보다 전세가 이득이라고 판단했기 때문이다. 전셋값 상승은 집값이나 주가 상승과는 다른 차원의 현상이다.

무엇보다 가장 큰 문제는 향후 갑작스러운 대내외 충격으로 집값이 급락할 경우다. 집값에 수렴하는 전세금을 제대로 건지지 못할 위험이 생긴다. 그럼에도 사람들은 여전히 전세를 선호하고 전셋값은 계속해서 오르고 있다. 소위 '미친 전셋값'에 대한 오해와 억측을 한번 따져 보자.

: 뛰는 전셋값, 저금리가 만든 정상적 반응

언론에 '미친 전셋값'이란 타이틀이 등장한 지 오래다. 2009년부터 뛰기 시작한 서울 아파트 전세는 2014년까지 53.7% 올랐다. 예컨대 3억 원 짜리 전세가 6년 만에 4억 6000만 원이 됐다는 얘기다. 그럼에도 집을 살 여력이 있는 이들조차 전세를 선호한다. 비교적 싼 연립, 빌라, 주거용 오피스텔까지 덩달아 뛰고 있다. 그나마도 전세 물건이 씨가 말라간다. 전세가율 90%대 아파트까지 등장한 것은 분명 비정상이다. 전셋값을 돌려받지 못하는 깡통전세 위험이 커져서다. 하지만 집값 상승에 대한 기대를 접은 마당이다. 전셋값은 과연 미친 것일까.

고성장·고금리 시대의 총아였던 전세제도

전세(傳貰)는 한국에만 있는 독특한 제도다. 조선시대에 일부 존재했고 6·25전쟁 이후 주택 부족이란 여건에서 임대차 방식으로 자리 잡았다. 특히 급속한 산업화·도시화가 진행된 1960~1970년대부턴 대세가 됐다. 법적으로 전세는 임대차와 금전소비대차를 결합한 혼합 계약이다. 집을 빌려 쓰면서 현금으로 임차료(월세)를 내는 대신 일정 기간 집주인에게 집값의 50% 안팎의 돈을 맡기는 게 전세다. 집주인 입장에선 전세금에서 발생하는 이자수익이 임대료인 셈이다.

　예전에 집값이 빠르게 오를 때는 전셋값에 크게 신경 쓰지도 않았다. 전세를 끼고 집을 사서 시세차익을 올리는 게 관심사였다. 세입자도 집값에 비해 상대적으로 저렴한 전세보증금으로 살 집을 마련하고 계약 만기 때 보증금을 돌려받으니 누이 좋고 매부 좋은 방식이었다. 빠른 주택 보급, 부동산 활황에 힘입어 전세는 50여 년간 각광받아왔다. 이제 그 수명을 다해가는 중이다.

저성장, 저금리, 저물가의 3저 시대에 들어서면서 전세제도에 심각한 균열이 생겼다. 집값 상승은커녕 하락 예상이 확산되면서 부동산 불패 (不敗) 신화도 빛이 바랬다. 시세차익을 기대할 수 없으니 자연스레 전세 수요가 커진 반면 공급은 줄고 있다. 전세도 시장 상품이고 초과수요는 곧 가격 상승으로 귀결된다. 지난 6년간 전셋값이 53.7% 오르는 동안 서울 아파트 가격은 5.3% 떨어졌다.

저금리가 결정타였다. 은행 저축성예금(신규취급액 기준) 금리는 2008년 12월 연 5.58%에서 2014년 12월엔 연 2.16% (2016년 7월은 연 1.32%-필자 주)로 내려갔다. 전세보증금 3억 원을 은행에 맡길 때 이자가 세금 떼고 1414만 원에서

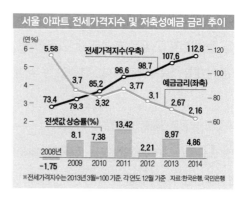

547만 원으로 줄어든다. 집주인으로선 전세금의 기대수익이 형편없이 낮아진 것이다. 전세를 월세나 반전세로 돌리거나 전셋값을 올려 대응할 수밖에 없다.

그 결과 2015년 1월 아파트 전세가율은 전국 평균 70.2%, 서울은 66.1%로 1998년 통계 작성 이래 최고치다. 하지만 이는 평균치일 뿐, 전세가율이 90%를 웃도는 아파트 단지가 서울에만 30곳이 넘고 지방 도시에는 훨씬 많다. 전셋값 급등은 저금리가 만들어낸 뉴노멀인 셈이다.

인구·성장률 감안할 때 전세수요는 당연

과거 전세가율이 60%를 넘어가면 대개 주택 매수 수요로 전환됐다. 그

러나 이런 통념은 여지없이 깨졌다. 전셋값에 1000만~2000만 원만 보태면 집을 살 수 있는데도 사지 않는다. 무엇보다 집값 상승에 대한 확신이 사라진 탓이다.

2018년부턴 생산가능인구(15~64세)가 줄어드는 소위 인구절벽이 온다고 한다. 1인 가구는 어느덧 네 가구 중 하나(27.1%, 511만 가구)다. 당장 취업이 걱정인 20대에게 결혼은 언감생심이다. 주택 수요가 지속적으로 줄어들 수밖에 없다.

: 합리적 기대 반영. 전세가율 100% 수렴할 것

최근 4년째 경제성장률이 2~3%에 불과한 저성장의 고착화다. 디플레이션 우려까지 더해졌는데 집값만 오를 순 없다. 인구·경제구조가 유사한 일본의 전철을 고스란히 밟아가는 인상이다. 일본이 '잃어버린 20년' 동안 부동산이 붕괴하며 빈집이 속출한 선례를 모르는 사람은 없다. 결국 전셋값 급등은 미친 게 아니라 경제주체들의 합리적 기대를 반영한 것이다.

게다가 집을 사면 취득세, 중개수수료, 이사비용에다 매년 재산세를 내고 집의 감가상각을 고려해야 한다. 집을 사면서 대출을 받았다면 이자도 부담해야 한다. 집값이 해마다 5% 이상 올라준다면 이를 상쇄하고도 남겠지만 오르기는커녕 떨어지지 않으면 다행이다. 이에 반해 전세는 보증금을 떼일 염려만 없다면 사는 동안 원금이 고스란히 보존된다. 전세보증보험, 전세 등기 등 보증금 반환을 위한 안전장치도 있다. 이런 조건이라면 집을 사는 것보다 전세가 훨씬 유리하게 마련이다.

집값 20~30% 급락사태 온다면

서로 윈윈했던 전세가 저금
리로 세입자에게 유리한 구
조로 바뀐 이상 전세제도는
서서히 퇴장할 수밖에 없다
는 게 전문가들의 공통된 지
적이다. 물론 50년 관행이

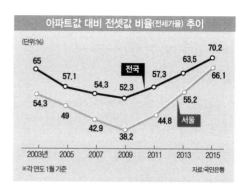

하루아침에 사라지진 않을 것이다. 서울 아파트 전세가율은 지금 66%
에서 점차 100%(집값)에 수렴할 것이란 예상이다. 중장기적으론 100%를
넘길 수 있다는 전망도 있다. 집을 살 여력이 없는 세입자는 더 변두리,
외곽으로 밀려나거나 월세를 감수해야 한다. 소비 위축과도 직결되는
문제다. 반면 여력이 있는 세입자는 선택의 기로에 서게 된다. 매수전
환의 임계점은 개인마다 다르겠지만 전세가율이 오를수록 앞당겨질 것
이다.

　이런 전망은 다른 특별한 변수가 없을 때의 가정이다. 외환위기, 금융
위기 같은 급변사태가 터져 집값이 20~30%쯤 급락한다면 모든 전제가
뒤바뀐다. 전세가율 70%가 넘는 주택은 전세금을 제대로 뺄 수 없는
재앙이 벌어지게 된다. 전셋값이 올라서가 아니라 집값이 떨어져 전세
가율 100%에 도달하는 것이다. '뛰는 전셋값, 기는 집값'에 내포된 리스
크다.

몽둥이 대책은 없는 게 낫다

언론들은 '미친 전셋값' 보도를 쏟아내며 하나같이 정부에 대책을 촉구
한다. "손 놓고 있을 건가." "특단의 대책 필요하다." "공격적인 대책을
강구하라." 이와 같은 요구에도 저금리와 집값 전망, 전세 수급의 연관

성을 고려하면 뾰족한 대책이 있을 수 없다. 물론 무주택 서민들의 고충은 임대주택 건설을 서둘러 해소해야 할 것이다. 그러나 가격규제 방식의 시장 개입은 자제해야 마땅하다.

정치권에서 거론되는 대책이 전세 계약갱신청구권, 전·월세 전환율 인하 등이다. 갱신청구권은 세입자가 1회에 한해 전세계약 갱신을 요구할 권리를 주는 것이다. 이럴 경우 전셋값은 갱신 기간까지 미리 반영해 뛸 공산이 크다. 전·월세 전환율 규제도 마찬가지다. 현재 8% 수준인 전환율을 4%까지 낮추자는 게 야당의 주장이다. 전환율 산식은 '월세 ÷(전세금−월세보증금)×100×12개월'이다. 전환율을 강제로 낮추면 월세가 낮아질 것 같지만 현실에선 월세보증금을 올리는 방식으로 전환율을 낮출 것이다.

정치인들은 전·월세가 문제되면 대개 오버액션을 한다. 서민 이슈를 선점하면 표에 도움이 된다고 여기기 때문이다. '미친 전셋값'이란 표현은 정치인들에게 몽둥이를 들게끔 자극한다. 전·월세 같은 가격을 찍어 누르면 잡힌다는 게 한국 정치권의 인식 수준이다. 정치권이 몽둥이를 휘두르면 시장은 더 큰 칼로 보복한다.

Vitamin

대형마트 규제,
그 끝은?

처음부터 단순하고 무지한 발상이었다. 대형마트의 영업시간을 규제하면 골목상권과 전통시장을 지킬 수 있다는 것 자체가 억지 논리다. 그런데도 정부와 국회는 그렇게 해야 유통산업이 발전한다고 믿었다. 그렇게 유통산업발전법은 2012년 11월 국회를 통과하고 2013년 1월부터 시행됐다.

하지만 시행된 지 2년 3개월이 지난 지금 유통업은 후퇴하고 있다. 기존 유통조직은 파괴되고 마트에 물품을 대던 농민과 중소 업체들은 궁지에 몰리고 있다. 마트 매출이 줄어든 만큼 고용도 줄고 있다. 소비자들 역시 피해가 크다. 아예 장보기를 그만두는 정도다. 대형마트와 유통생태계의 본질을 알지 못하고 덥석 만든 유통산업발전법이 유통업을 망치고 있는 것이다. 대형마트 규제가 국내총생산(GDP)을 최소 0.1~0.2%까지 뒷걸음질시켰다는 평가까지 나온다.

정부는 애써 대형마트 폐해를 감추려 하지만 이미 학계에선 비판 관련 논문들이 쏟아지고 있다. 기업들도 한 번 빠져나간 소비자들이 돌아오지 않아 당혹감을 느끼고 있다. 정부의 실패가 경제를 무너뜨리고 있다.

: 유통산업발전법이 유통업 발전을 막는다

대형마트(할인점)는 1996년 한국 유통시장 개방과 맞물려 성장해왔다. 유통시장 개방으로 까르푸, 월마트 등 글로벌 강자들이 들어오자 국내 유통업계에서 일대 혁신이 시작된 것이다. 때맞춰 국내 소비자들의 전반적인 소득도 올랐으며 소득 증가와 함께 그들의 기호에 맞는 고가 상품이 소매시장을 다변화하고 늘려나갔다. 1인 가구와 맞벌이 가구의 증가도 마트 성장에 한몫했다. 이런 인구 구조 변화는 이전 선호 상품과 쇼핑 이동거리, 시간에 영향을 줘 유통시장에 큰 변화를 가져왔다. 자동차의 급속한 확대는 이런 변화를 촉진시키는 촉매제 역할을 했다.

대형마트는 지속적인 혁신을 통해 달라진 환경에 빠르게 적응해갔다. 저가 정책을 펴고 물류 효율화를 통해 물류비용을 줄였다. 이에 반해 전통시장은 자생적 노력이 부족했다. 대형마트와 전통시장의 격차는 벌어질 수밖에 없었다. 이런 대형마트의 성장은 정부 규제로 멈춰 서고 말았다. 골목상권을 보호하고 영세 상인을 보호한다는 명분을 내건 유통산업발전법이 족쇄를 채운 것이다. 유통산업발전법은 마트의 일요 휴무를 강제화했고, 영업시간을 단축시켰다. 2014년 롯데마트의 경우 매출액이 8조 5700억 원으로 전년 대비 7.7%나 감소했으며 영업이익은 불과 830억 원에 그쳐 64.3%나 급감했다. 다른 대형마트 사정도 비슷하다.

문제는 여기서 그치지 않는다. 대형마트는 생산자와 소비자를 직접 연결시키는 최대의 물류 플랫폼이다. 대형마트가 위축되면서 생태계를 구성하는 생산자와 소비자, 그리고 주변 환경이 동반 위축되고 있는 것이다. 유통업만이 아니라, 국가 경제의 근간이 무너지는 소리가 들린다.

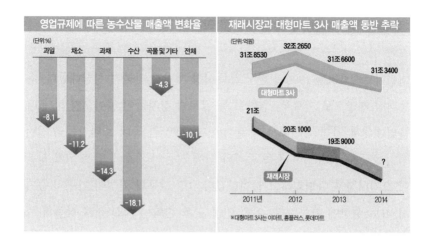

| 영업규제에 따른 농수산물 매출액 변화율 | 재래시장과 대형마트 3사 매출액 동반 추락 |

(단위:%)

| 과일 | 채소 | 과채 | 수산 | 곡물및기타 | 전체 |

-8.1 / -11.2 / -14.3 / -18.1 / -4.3 / -10.1

(단위:억원)

31조8530 / 32조2650 / 31조6600 / 31조3400
대형마트 3사

21조 / 20조1000 / 19조9000 / ?
재래시장

2011년 2012 2013 2014

※대형마트 3사는 이마트, 홈플러스, 롯데마트

생산·소비 연결시키는 '물류 플랫폼' 붕괴

소비자 후생이 후퇴한 것은 당연한 귀결이다. 특히 주말과 휴일에 맞춰 쇼핑을 해왔던 소비자들의 피해가 크다. 그렇다고 전통시장으로 소비가 이전한 것도 아니다. 한 조사에 따르면 휴일을 대신해 다른 요일에 대형마트에 간다는 응답자가 60.3%인데 반해 전통시장 등 다른 상권을 찾는 사람들은 27.4%에 불과했다. 심지어 12.3%는 아예 쇼핑을 포기한다고 응답했다.

결국 대형마트 영업규제가 당초 목표로 했던 전통시장 등 골목상권 살리기가 아니라 소비 행위를 왜곡하거나 아예 소비를 위축시키는 결과를 만들어내고 있는 셈이다.

연세대 경제학과 정진욱·최윤정 교수팀의 논문 '대형 소매점 영업제한의 경제적 효과'에서도 대형마트의 영업규제가 전통시장 활성화로 이어지지 않았다는 비슷한 분석 결과가 나타난다. 대형마트에서 소비액은 영업제한으로 총 2조 7678억 원이 감소했지만, 재래시장 소비 증가는 연간 5000억 원에 그쳤다. 나머지 2조 2000억 원 가량의 소비는 사라졌다는 결론이다.

"미국 경제가 성장해도 인플레이션에 휘말리지 않은 것은 월마트 덕분."

포천지가 해마다 선정하는 글로벌 500대 기업에서 월마트는 2014년 매출액 4760억 달러로 1위를 차지했다. 소매업 전체 매출액의 약 13%에 이르는 액수다. 미국 소비자가 100달러 중 13달러를 월마트에서 쓰고 있다는 얘기다. 이런 월마트 효과에 대해 미국 컨설팅 업체인 맥킨지가 2002년에 재미있는 분석을 내놓았다. '미국 경제에서 무엇이 옳은가What's right with the US economy'라는 보고서다.

맥킨지는 이 보고서를 통해 미국에서 1995~1999년에 이뤄졌던 생산성 증가는 부의 효과나 정보기술에 의한 것이 아니라, 도소매 분야에서의 물류 혁명이 큰 원인이라고 분석했다. 계량적으로 도소매 분야의 생산성 향상이 전체의 50% 이상을 차지했다는 것이다. 이 보고서는 월마트 혁신으로 대규모 배열체제Large-scale format, 물류 및 구매의 규모경제, 저가정책, 전자문서 교환edit-Electronic Data Interchange 등을 꼽

았다. 이 같은 경영 혁신이 다른 경쟁 업체를 자극했다고 한다.

월마트는 또 소비자들에게 개인 기준으로 연간 895달러나 비용을 아꼈다고 밝혔다. '월마트 이펙트'의 저자 찰스 피시먼은 미국 경제가 고도성장하고서도 소비자들이 인플레이션에 시달리지 않았던 데는 월마트가 큰 몫을 했다고 평가했다.

: 소비자·중소업체·농민 모두가 피해자다

규제는 '경제적 자살' 재확인

대형마트 규제는 당장 마트 매출 감소를 가져왔다. 대형마트 3사의 경우 2011년 매출이 31조 8530억 원에서 2014년 31조 3400억 원으로 떨어졌다. 이 같은 매출 감소로 농민도 큰 타격을 받았다. 농산물 유통에서 대형마트를 포함한 대형 유통업체 비중은 40% 정도나 된다. 대형마트의 농산물 비중도 20~30%에 이른다. 대형마트의 매출이 줄면 농산물 생산도 위축될 수밖에 없다는 얘기다.

대형 유통업체에 납품하던 중소업체들의 피해도 상당하다. 산지 유통

조직 매출은 평균 연 10.1%나 줄었다고 한다. 특히 신선도 유지가 중요하지만 저장성이 약한 품목인 수산물(-18.1%), 과채류(-14.3%) 등의 매출 감소가 두드러진다.

여기서 끝나지 않는다. 농업 분야의 매출이 줄면서 포장·출하 등 인력도 감소하고 있다. 영업규제에 따른 고용 감소가 15.1%나 된다는 분석도 있다. 월 2회 휴무에 따른 감소분이 12%, 영업시간 제한으로 인한 감소분이 3.1%로 조사됐다. 골목상권을 보호한다고 만든 규제법이 한국 경제의 뿌리를 뒤흔들고 있다.

골목상권을 살리는 길은 자생력을 길러 경쟁력을 키우는 수밖에 없다. 유통산업발전법이 유통업을 망치고 있다. 소비자도 중소업체도 농민도 모두 피해자가 됐다. 규제는 경제적 자살일 뿐이다.

Vitamin

거래 실종된
배출권거래

정부가 강행한 온실가스 배출권거래제의 부작용이 곳곳에서 나타나고 있다. 정부가 배정한 온실가스 배출권 할당량이 부족하다며 행정소송을 제기한 기업만 45개에 이른다. 이미 산업경쟁력에 심각한 타격을 받고 있는 기업이 적지 않다. 국내 외국인 투자기업조차 선진국보다 더 엄격한 온실가스 규제 때문에 줄줄이 투자를 철회하는 상황이다. 1900년 이후 온실가스 배출량이 세계 배출량의 1% 수준에 불과한 한국이 누구를 위한 배출권거래제를 하느냐는 말이 나오는 것도 당연하다.

과소 할당으로 배출권 공급량이 절대적으로 부족하다 보니 거래시장이 정상적으로 작동할 리도 없다. 2015년 1월 초 4거래일을 제외하면 할당배출권의 거래가 전무하다시피한 상황이다. 배출권거래제가 국제사회 합의로 도출된 글로벌 스탠더드인 것도 아니다. 중국, 미국, 인도, 러시아, 일본 등 온실가스 배출 상위국 대부분이 자국 산업의 경쟁력을 감안해 국가 단위 배출권거래제는 시행하지 않고 있다.

도대체 한국은 뭘 믿고 강제적으로, 그것도 국가 전체에서 배출권거래제를 밀어붙이는 것인가. 2015년 1월부터 시행된 배출권거래제의 부작용은 이미 예견된 결과다.

: 日·中도 안 하는데 한국만 배출권거래 강제

정부가 기업에 온실가스 배출량을 정해준 뒤 초과 배출한 기업에 과징금을 물리거나 할당량보다 적게 배출하는 기업으로부터 배출권을 사도록 한다는 배출권거래제는 과연 잘 작동하고 있을까.

배출권 거래시장은 2015년 1월 12일 개장됐지만 시장 참여 미흡으로 할당배출권 거래가 거의 없다. 1월 초 4거래일을 제외하고는 거래가 전무하다. 거래량 1389t, 거래대금 1155만 원이 이를 말해준다.

정부가 과소 추정한 온실가스 배출전망치(BAU)를 기준으로 비현실적인 과소 할당을 고집하면서 야기된 결과다. 정부가 2009년 추정한 전망치가 적었다는 것은 2010~2012년 실적치가 전망치를 연속으로 웃돌고 있고, 2011년 배출 실적이 2014년 전망치를 이미 초과한 데서도 그대로 드러난다. 그러니 이에 근거한 배출권 할당이 제대로 이뤄졌을 리 없다.

실제로 업계가 추산한 배출권 할당 대상 전체 23개 업종 중 발전, 철강 등 17개 업종 대상 업체의 할당 신청량만 20억 2100만t에 달하지만 정부 할당량은 15억 9800만t에 불과하다. 4억 2300만t(20.9%) 이상 부족하다. 과소 할당으로 공급량이 절대적으로 달리니 거래가 제대로 이뤄질 리 만무하다.

거래가 미진함에도 배출권 거래가격이 개장일 시초가(t당 7860원) 대비 31% 급등(2015년 4월 28일 종가 1만 300원 기준)해 시장안정화 기준가격(1만 원)을 초과한 것도 수요·공급 간 심각한 불균형 때문이다.

정부가 내놓은 기준가격 1만 원 설정 등 시장안정화 제도 역시 유명무실하다. 업계 추산 배출권 부족분이 4억 2300만t에 달하지만 정작 시장안정화 예비분은 1400만t에 불과하다. 정부는 조기 감축 실적 인정,

신증설 추가 할당, 상쇄 등 이른바 '유연성 보장 수단'을 활용하라고 말하지만 이들 역시 각종 제한에 묶여 있긴 마찬가지다.

대상 업체 중 243개사(46%)가 할당량에 이의를 제기했을 정도다. 비철금속 업종 기업(17개), 석유화학 업종 기업(16개), 폐기물 업종 기업(12개)은 아예 행정소송까지 제기한 상황이다. 기업들이 이럴 수밖에 없는 것은

한·중·일 2020년 온실가스 감축목표 비교

	2012년대비 2020년 배출목표	2020년 감축목표
한국	89.1%	BAU 대비 30%
중국	147.0%	2005년의 40~45% (GDP 대비 배출량 기준)
일본	96.8%	2005년 배출량의 3.8%

떠안아야 할 부담이 너무 크기 때문이다. 정부가 약속한 시장가격 t당 1만 원이 유지되더라도 과징금은 t당 3만 원(시장가격의 3배)이 부과돼 3년간(2015~2017년) 산업계 추산 부담액만 12조 7000억 원이 넘는다. 이대로 가면 국내 기업의 산업경쟁력 약화는 불 보듯 뻔한 것이다.

한·중·일 3국만 놓고 봐도 금방 알 수 있다. 2020년 온실가스 감축목표를 2012년 배출실적과 비교하면 일본은 3.2% 감축이 필요하지만, 중국은 오히려 47% 초과 배출이 가능한 상황이다. 이에 반해 한국은 2012년 배출실적에 비해 무려 10.1%나 감축이 필요하다(표 참조). 여기에다 일부 지역에서 배출권거래제를 시범적으로 시행하는 중국, 일본과 달리 한국은 국가 단위의 강제적 배출권거래제다. 과징금 수준도 제일 높다. 가뜩이나 버거운 상대들과 경쟁해야 하는 국내 기업들이 배출권거래제로 직격탄을 맞았다.

: 결국 죽어나는 건 기업들이다

'저탄소 녹색성장 기본법'(제46조)과 '온실가스 배출권 할당 및 거래에 관한 법률'(제3조)은 "배출권거래제를 실시할 경우 기후변화 관련 국제협상을 고려해야 한다"고 돼 있다. 정부 역시 국제협상 진행 경과 등을 감안하여 배출권거래제를 시행하겠다고 수차례 언급했다.

특히 윤성규 전 환경부 장관은 2014년 3월 20일 주요 기업 경영자 조찬간담회에서 "글로벌 스탠더드에 맞게 배출권거래제를 설계해 시행할 예정이며 세부 기준을 제정하면서 산업계의 의견을 충분히 수렴할 것"이라고 말한 바 있다. 그렇다면 정부의 배출권거래제 시행은 과연 국제적 흐름에 부합하는 것일까. 전혀 그렇지 않다. 2009년 미국, 일본 등이 배출권거래제 도입 계획을 발표해 국제적 분위기가 고조된 적도 있으나 지금은 온실가스 의무 감축을 다루는 교토의정서 체제 자체가 유명무실화되는 등 상황이 크게 달라졌다.

중국, 미국, 인도, 러시아, 일본 등 주요국이 모두 참여를 거부한 결과다. 2020년 이후 모든 당사국이 참여하는 신(新)기후체제 논의가 진행 중이지만 각국의 이해관계가 엇갈려 합의 도출이 쉽지 않을 전망이다. 게다가 최근 호주는 2015년 7월 1일부터 배출권거래제로 전환할 계획이었던 고정 탄소가격제를 2014년 7월 17일 아예 폐지했다. 하지만 우리 정부는 이런 국제동향과 보조를 맞추기는커녕 배출권거래제를 강행한 것이다. 온실가스를 많이 배출하는 국가

국가별 이산화탄소 배출 비중 및 국가단위 배출권거래제 시행 현황			
순위 국가	2012년 CO_2 배출량(억t)	비율 (%)	국가단위 배출권거래제 시행 여부
1 중국	98.64	28.6	미시행
2 미국	51.94	15.1	미시행
3 인도	19.67	5.7	미시행
4 러시아	17.74	5.1	미시행
5 일본	13.24	3.8	미시행
6 독일	8.07	2.3	시행
7 한국	6.35	1.8	2015년 시행 예정
8 캐나다	5.59	1.6	미시행
9 인도네시아	4.94	1.4	미시행
10 멕시코	4.87	1.4	미시행

자료: JRC유러피언커미션(Trends in Global CO_2 emissions, 2013

들이 배출권거래제를 시행하고 있다면 또 모르겠다.

2012년 탄소배출량 기준 상위 5개국(중국, 미국, 인도, 러시아, 일본) 대부분이 자국 산업의 경쟁력 악화를 우려해 국가 단위 배출권거래제는 시행하지 않고 있다(표 참조). 일본만 해도 도쿄 배출권거래제(도쿄지역, 발전을 제외한 산업·건물·상업만을 대상) 등은 지역 단위에서 자발적으로 이뤄진다. 중국도 베이징 등 7개 지역에서 시범적으로 시행하고 있을 뿐이다. 국가 전체에서 강제적으로 배출권거래제를 추진하는 우리와는 다르다. 1900년 이후 이산화탄소 배출량이 전 세계 배출량의 고작 1.0% 수준에 불과한 한국이 11.1%인 중국, 3.9%인 일본도 안 하는 국가 단위 배출권거래제를 밀어붙인 것이다.

이것만이 아니다. 국내 배출권거래제는 실제 온실가스 배출이 없는 전기, 스팀 사용자도 '간접 배출'이라는 이름으로 규제한다. 다른 사람으로부터 공급된 전기 또는 열을 사용할 뿐인데도 그렇다. 실제로 글로벌 기업의 한국지사인 A사는 본사로부터 9000억 원 규모의 신제품 프로젝트 유치에 나섰다가 간접 배출 규제로 인한 부담 때문에 포기한 것으로 알려졌다. 한 마디로 간접 배출은 불합리한 이중규제다. 심지어 환경부가 벤치마킹 대상으로 삼고 있는 유럽연합(EU)도 간접 배출 규제는 하지 않는다. 산업부문 '직접 배출'만 규제 대상이다.

최근 온실가스 배출 정의를 직접 배출로 한정한다는 개정 법률안이 국회에서 발의된 것도 바로 그래서다. 결론적으로 국내에서 시행되고 있는 배출권거래제는 국제 흐름에도 맞지 않을뿐더러 글로벌 스탠더드도 아니다.

Vitamin

최저임금,
알고 보니 큰일

최저임금제는 근로자의 최저생계비를 보장해주는 것이 근본적인 취지였다. 1986년 최저임금법이 제정됐고 1987년 최저임금심의위원회(현 최저임금위원회)가 출범해 매년 최저임금을 결정, 고시하고 있다. 목표는 이미 달성했다.

올해 적용되고 있는 최저임금은 시간당 6030원으로 월급(주 40시간 기준)으로 환산하면 126만 270원이다. 국민기초생활보장법상 1인 최저생계비인 월 61만 7281원(2015년)의 2배다.

그런데 왜 매년 노사는 밀고 당기기를 계속하고 있는 것인가. 파행을 불사하고 노조가 이를 요구하는 데는 숨어 있는 다른 이유가 있다. 최저임금은 어느덧 전국 각 사업장의 최저기본급을 결정하는 기준으로 변했다.

최저임금 인상률에 따라 최저기본급이 결정되면 도미노처럼 임금이 밀려 올라가게 된다. 사실상 1880만 근로자의 임금에 엄청난 영향을 미치고 있는 것이다.

악마는 눈에 보이지 않을 뿐 어디에도 숨어 있다. 과연 최저임금제의 문제는 무엇인가.

: 최저임금 흔들어 현장임금 흔들겠다는 전략

최저임금 인상을 주장하는 사람들은 스스로 도덕적 당위를 얘기하는 것으로 착각들 한다. 특히 정치인들이 그렇다. 정부 각료 가운데도 관련 부처를 제외하고는 대부분 마찬가지다. "이렇게 어렵게들 사니 다른 건 몰라도 최저임금은 좀 많이 올려야 하는 것 아닌가?" 하는 식이다.

최저임금이 처음 도입될 때만 해도 이런 얘기가 가능했다. 그런데 이미 생계비 보장 수준은 넘어섰기 때문에 이제는 이런 순진한 생각으로 최저임금 문제를 보면 안 된다. 최저임금은 어느덧 다음해 우리나라 전체 임금 수준을 결정짓는 기준으로 변해버렸기 때문이다.

영향률 18.2% 세계 최고 수준

최저임금에 영향을 받는 근로자의 비율을 최저임금 영향률이라고 한다. 올해 우리나라의 최저임금 영향률은 18.2%다. 1880만여 근로자 가운데 342만 명이 여기에 해당된다. 이들의 기본급이 최저임금 인상률에 따라 결정된다.

이들의 임금이 오르면 계열 내 다른 사업장이나 사내 상위계층 임금에도 영향을 주게 된다. 사정이 나은 기업은 최저임금 인상률과 연동해 다른 계층 직원에게도 임금 인상률을 적용하게 된다. 각사마다 임금체계라는 것이 있어 밑에서 올라가면 연쇄적인 인상을 피하기 어렵다. 형편이 어려운 기업은 최저임금 적용을 받는 1년차나, 고참 7~8년차의 임금이 거의 비슷한 수준이 되는 경우도 적지 않다. 최저임금 위반 단속은 피해야 하는데, 더 올려줄 재원은 없다. 급여가 최저임금 부근을 맴도는 근로자도 딱하지만 이나마도 여유 있게 줄 수 없는 기업도 딱하다.

이렇게 된 이유는 지난 16년간 최저임금이 지나칠 정도로 가파르게 올랐기 때문이다. 2001년 최저임금 영향률은 2.1%에 불과했다. 이 영향률이 2003년 6.4%로 치솟은 뒤 2010년 15.9%가

될 때까지 매년 가파르게 높아졌다. 이후엔 14%대로 내려왔지만 여전히 세계 최고 수준이다.

전통적으로 높은 최저임금 정책을 고수하고 있는 프랑스의 경우도 10.8%로 우리보다 낮다. 일본(7.3%)은 우리의 절반 수준, 영국(5.3%), 미국(3.9%)은 우리의 3분의 1 수준이다. 전문가들은 현재보다 3분의 1 수준인 5%대로 낮추지 않으면 기업이나 근로자나 생존을 보장받기 어렵다고 보고 있다.

매년 평균 8.8% 치솟은 최저임금

영향률이 이만큼 높다는 것은 생산성이나 경제 수준 등 여건을 고려하지 않고 최저임금을 과도하게 인상했기 때문이다. 대통령을 비롯한 정부 각료나 정치인들이 최저임금을 최저생계비 보장 임금으로 착각하고 있었던 탓이 크다. 그저 당위처럼 최저임금은 올려야 한다고, 그래서 이왕이면 두 자릿수로 올리자고 주장한 데 있다. 최근 15년간만 봐도 두 자릿수 인상이 2001년(16.6%), 2002년(12.6%), 2004년(10.3%), 2005년(13.1%), 2007년(12.3%) 등 다섯 차례나 있었다. 친 노동계 성향이 강했던 김대중, 노무현 정부 당시다. 2001~2015년 연평균 최저임금 인상률은 8.8%로 이 기간 동안의 국민 경제 생산성증가율(4.8%)의 2배에 가까웠다.

문제는 이 모든 비용을 사용자가 지게 된다는 것이다. "쥐꼬리만한 최저임금을 주면서 무슨 엄살이냐?" 하는 사람도 있겠지만 실제 기업이 근로자에게 주는 임금은 최저임금보다 훨씬 많다.

생산직 근로자가 최저임금 인상률을 적용받아 시급이 6030원으로 결정되고 주 40시간씩 1개월간 근무하면 126만 270원을 월급으로 받아간다. 여기에 정기상여금, 성과급, 기타수당 등을 포함할 경우 최저임금 대상 근로자가 실제 수령하는 급여는 평균 월 145만 원이 된다. 여기에 초과근무 수당까지 합하면 평균 153만 원이 넘는다. 노동조합이 강한 대형 사업장의 경우는 최저임금을 기본급으로 받으면서도 각종 수당 등을 합해 연봉이 3000만 원이 넘는 경우도 적지 않다.

: 근로자 18%가 최저임금 영향권, 세계 최고 수준

최저임금법은 기업으로선 엄청난 규제다. 최저임금 위반으로 적발되면 3년 이하의 징역이나 2000만 원 이하의 벌금형에 처해진다. 이런 상황이니 기업들은 최저임금 준수에 신경을 쓰지 않을 수 없다. 문제는 최저임금을 따질 때 상여금 등을 포함하지 않기 때문에 기업들은 실제 최저임금 이상을 주면서도 최저임금 위반으로 적발될 가능성이 크다는 사실이다.

우리나라는 실제 지급하는 임금 가운데 상여금, 근속수당 등을 최저임금에 넣지 않는다. 연장근로, 휴일근로, 야간근로에 따른 임금 및 가산임금 등도, 또 가족수당, 급식수당, 주택수당, 통근수당 등이나 식사, 기숙사, 주택 제공, 통근차 운행 등 현물이나 이와 유사한 형태로 지급되는 급여 등 복리후생에 관한 것들도 최저임금에 산입하지 않는다. 이런 것들은 예전부터 관행적으로 있어왔던 부가수당이거나, 또는 노조가 사측과의 임금협약과 단체협약에서 얻어낸 것들이다. 실제로 임금을 주는 것인데도, 최저임금 계산에 포함되지 않으니 영세기업들로서는 더욱 부담이 커지는 것이다.

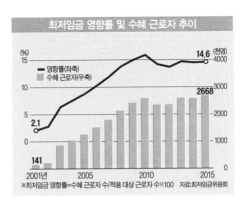

여기에 기업을 옥죄는 규제로서 최저임금제의 진면목이 있다. 최저임금 산입 범위가 선진국에 비해 지나치게 협소한 것이다. 프랑스, 영국, 아일랜드 등은 상여금과 숙박비 등을 포함시키고 있다. 미국과 일본은 상여금은 제외하고 있지만 숙식비는 계산에 넣어준다. 미국은 팁도 포함시키고 있다.

누구를 위한 최저임금인가

이렇게 되면 최저임금은 사실상 우리나라 1880만여 근로자 전체가 영향받고 있다고 봐야 한다. 노동계가 '시급 1만 원 쟁취' 등의 구호를 내걸고 있는 건 사실 최저임금선상에 있는 저임근로자를 위한다는 명분만 있을 뿐 실제로는 전체 임금협상에서 우위를 점하고, 과실도 얻으려는 고도의 전략이다.

〈비타민〉과 한국경제신문 사설을 통해 여러 차례 강조한 대로 최저임금이 올라가면 최저임금선상에 있는 저임근로자의 고용이 위협을 받는다. 특별히 교섭력도 없고, 그렇다고 특기도 없기 때문에 오히려 실직의 위험이 훨씬 높아진다. 실제로 시급이 1만 원으로 올라가면, 지금

6030원을 받는 사람이 더 많이 받게 되는 것이 아니라 그나마 그 일자리까지 잃을 가능성이 훨씬 높아진다. 이건 경제학 교과서에도 나오는 내용이다. 위로는 국민 경제 전체에 막대한 악영향을 미치고 아래로는 최저임금선상의 근로자들을 오히려 궁지로 몰고 있는 것이 우리의 최저임금제다.

최저임금제도는 1986년 '임금의 최저수준을 보장하여 근로자의 생활 안정과 노동력의 질적 향상을 꾀함으로써 국민 경제의 건전한 발전에 이바지하는 것을 목적'으로 최저임금법이 제정되면서 시작됐다. 임금의 최저 수준을 보장하는 목표는 이미 달성됐다. 그러나 국민 경제의 건전한 발전에 이바지한다는 목적은 오히려 잊혔고 부정됐다. 정치권의 잘못된 관용과 노동계의 전술 등이 복합적으로 작용해 고공인상 행진이 계속되면서, 최저임금제는 이제 그 존재 자체가 나라 경제와 청년, 중장년, 여성 저임금 근로자를 위협하는 괴물로 변했다. 나라 경제 경쟁력의 뿌리를 뒤흔드는 부메랑으로 돌아왔다는 얘기다.

최저임금위원회 근로자위원 9명도 법에 따라 고용노동부 장관의 추천으로 대통령으로부터 임명장을 받는다. 그런 그들 가운데 회의 때마다 국민의례를 거부하는 위원들이 있다. 국가를 부정하는 이런 사람들에게 나라 경제를 좌우하는 중차대한 결정을 맡길 수는 없는 일이다.

최저임금제에 관한 한, 정부는 사용자의 비용으로 근로자들의 복지를 책임지게 하는 방식에 안주해 있다는 비난을 받아 마땅하다. 괴물로 변한 최저임금제 근본부터 다시 손볼 때가 왔다.

Vitamin

무상 원조에서
조건부 원조로

국제사회의 원조는 지난 세기 두 차례 세계대전 이후 박애주의 차원에서 시작됐다. 사정이 나은 선진국들이 전쟁 피해국과 신생 독립국을 도왔다. 선진국들은 공여(供與)국이 돼 수원(受援)국이 발전할 수 있도록 무상으로 자금을 증여하기도 하고, 초저리 장기 차관을 빌려주기도 했다. 이런 재원을 공적개발원조(ODA·Official Development Assistance)라고 부른다. 그러나 1990년대 이후 선진국도 ODA를 늘리는 데 어려움을 겪고 있다.

선진국들은 이제 원조를 하더라도 자국 경제에 실질적 도움이 되는 투자를 하겠다고 방향을 전환했다. 시혜적인 무상 원조가 오히려 수원국의 성장과 발전을 저해한다는 '원조무용론'을 이미 경험한 터다. 시혜적인 무상 원조 시대가 끝나고 투자 대비 효과를 극대화하려는 '스마트 원조' 시대가 열리고 있다.

: "퍼주는 원조는 아무에게도 도움 안돼" 정책 전환

2000년 이전까지는 국제적으로 공적개발원조(ODA) 규모를 어떻게 늘릴 것이냐에 논의가 집중됐다. 그러나 글로벌 경제위기를 겪으며 선진국조차 지원이 여의치 않은 형편이 되면서 ODA는 좀체 늘어나지 않고 있다. 지난 15년여 동안 국제 개발 아젠다는 '새천년개발목표(MDGs·Millennium Development Goals)'였다. 빈곤 퇴치, 의료, 교육 등이 주요 목표였던 사회개발은 각국 정부가 내는 ODA 재원에 전적으로 의존해 왔다. 그러나 이런 방식의 지원은 절대빈곤을 줄인 것 외에는 큰 성과가 없었다는 평가다.

2016~2030 새 목표 SDGs

이런 평가를 바탕으로 지난해 이후 과제를 준비하는 국제회의가 그 어느 때보다 많이 열렸다. 국제사회는 지난해 7월 에티오피아 아디스아바바에서 열린 제3차 개발재원총회에서 아디스아바바행동계획(AAAA·Addis Ababa Action Agenda)을 채택했다. 이어 지난해 9월 열린 UN개발정상회의에선 2016~2030년 적용될 '지속가능개발목표(SDGs·Sustainable Development Goals)'를 채택했다.

사회 개발이 아니라 경제 개발을 새로운 목표로 정하고, 정부뿐만 아니라 시민사회와 민간 기업까지 끌어 들여 민간 재원을 확보해 실질적인 개발과 발전이 이뤄지게 한다는 게 SDGs의 골자다. 자연히 소요재원도 늘게 돼 있다. UN은 이 목표를 달성하려면 매년 3조 5000억~5조 달러가 소요될 것으로 추정하고 있다.

각국은 늘어나는 개발 협력 사업의 수요에 맞춰 어떻게 재원을 조달할 수 있을지 의견을 짜냈다. 민간 재원을 효과적으로 유인하는 혼합금융(공적개발금융+민간금융) 등 혁신적인 개발금융 모델을 도입해야 한다는 데 의견이 모아졌다.

세계은행은 국제통화기금(IMF) 및 다국적개발은행(MDB)들과 함께

2016~2018년 3년간 4000억 달러 규모의 재원을 조성하기로 합의했다. 이 돈을 직접 원조 자금이 아니라, 민간 재원을 더 많이 끌어들이는 마중물로 쓰겠다는 것이다. 아디스아바바 회의에

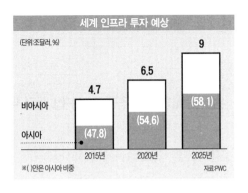

선 '빌리언(billion=수십억)을 넘어 트릴리언(trillion=수조)으로'라는 슬로건이 제시됐다. MDGs 체제에선 수십억 달러 수준의 공적개발원조뿐이었지만, SDGs에선 이를 수조 달러 수준의 스마트 투자로 확대하자는 뜻이다. OECD는 선진 공여국의 부담을 덜어주기 위해 개도국 민간부문 개발을 위한 민간기업 대출, 지분 투자, 보증 등 민간금융수단(PSI·private sector investments)을 ODA로 인정해주기로 했다.

스마트 원조로 방향 트는 선진국

최근 '서울 공적개발원조 국제회의'에 참석한 마크로 우코크 영국 국제개발부 차관은 "최근 수년간 세계 ODA 규모가 연 1조 3000억 달러 수준에 머물고 있다"고 지적했다. 유럽 국가를 포함한 상당수 나라가 재정적 어려움 때문에 ODA 지원을 전혀 늘리지 못하고 있다는 설명이다.

이런 상황이다 보니 선진국들도 개도국 지원을 예전처럼 사회개발과 빈곤퇴치가 아니라 궁극적인 수단인 경제개발로 바꿔야한다는 데 공감하고 있다. 개발과 지속적인 사업이 있어야 민간이 들어올 수 있고, 그 과정에서 실제적인 발전도 있을 수 있다는 것이다. 대표적인 것이 바로 인프라 사업이다.

유엔에 따르면 글로벌 인프라 개발수요는 2013년 기준 4조 2000억

달러에 달하고 2025년엔 9조 달러가 증가할 것으로 추산된다.

: 원조도 사업성 갖추게 EDCF법 개정 필요

전문가들은 중국이 아시아인프라투자은행(AIIB) 설립을 주도한 것은 신흥개발국들이 개발협력 사업의 판도 변화를 시도하는 것으로 해석하고 있다. 실제 AIIB의 지분율은 중국(29.8%), 인도(8.4%), 러시아(6.5%)가 1~3위이고, 여기에 브라질(3.18%, 9위)까지 적극 참여하고 있는 등 BRICs 국가들이 주도하고 있다. 미국, 일본 등 선진국과 중국, 인도 등 신흥국들이 새로운 국제 개발협력을 통해 지구촌 곳곳에 영향력을 높이면서 자국 비즈니스 기회를 잡으려고 치열하게 경쟁하고 있는 것이 최근 상황이다.

"성장만이 빈곤 탈출을 가능케 한다"

무상 원조에서 스마트 원조로 바뀌는 것은 단지 자금 부족 때문만은 아니다. 무상 원조 자체가 오히려 수원국의 발전을 지체시키기도 한다는 지적과 반성의 결과이기도 하다. 외국의 원조만으로 경제사정이 개선된 나라는 없다. 수원국의 적극적인 노력을 조건으로 하지 않는 원조는 부패구조만 확산시킬 가능성도 크다.

올해 노벨경제학상 수상자인 앵거스 디턴은 바로 이 같은 무상 원조의 폐해를 지적하고 있다. 디턴은 빈곤국이 빈곤에서 벗어나는 방법은 성장이라고 보고 있다. 경제성장을 촉진하는 정책이 빈곤과 불평등을 해결하는 데 더 효과적이라는 것이다. 디턴은 시혜적인 원조는 오히려 각국 정부들이 자국민의 삶의 질을 스스로 개선하겠다는 노력을

국제 개발협력 목표 변화		
구분	새천년개발목표(MDGs) (2001~2015)	지속가능개발목표(SDGs) (2016~2030)
개발 목표	8대 목표 (21개 세부목표) ① 절대빈곤퇴치 ② 초등교육 달성 ③ 양성평등 ④ 아동사망률 감소 ⑤ 모성보건 증진 ⑥ 질병퇴치 ⑦ 지속가능 환경확보 ⑧ 파트너십	17대 목표(169개 세부목표) ① 빈곤 종식 ② 기아종식과 지속가능 농업 ③ 보건과 복지 ④ 양질의 교육 ⑤ 양성평등 ⑥ 물과 위생 ⑦ 에너지 ⑧ 경제성장과 고용창출 ⑨ 인프라 개발과 산업화 ⑩ 불평등 완화 ⑪ 지속가능한 도시 ⑫ 지속가능한 소비·생산 ⑬ 기후변화 대응 ⑭ 해양 생태계 ⑮ 육상 생태계 ⑯ 평화와 정의·제도 ⑰ 파트너십
주요 분야	빈곤해결·의료·교육 등 사회개발 중심	경제·사회·환경보존 등 개발 목표 확대
이행 대상	개도국	개도국+선진국
참여자	정부 중심	정부, 시민사회, 민간기업 등
개발재원	공적개발원조(ODA)	ODA+기타공적재원(OOF)+ 민간재원(PF)

떨어뜨린다고 지적한다. 특히 병원이나 학교 건설에 의지가 없는 상황에서 직접적인 자금 지원은 해당 정부의 부패를 더 악화시킬 뿐이란 것이다. 시혜성 원조의 이런 한계를 공여국들이 경험하면서 무상 원조에 대한 환상은 사라졌다.

한국의 준비는?

올해 우리나라의 ODA 예산은 2조 4394억 원이나 된다. 적지 않은 금액이지만 여전히 순진한 지원 방식에서 탈피하지 못하고 있다. 수원국을 도와주고 거기에서 개발 사업을 연결해야 하는데 그런 사례를 만들어내지 못하고 있다. ODA를 마중물로 해서 대형 원조사업을 벌여야 하는데, 국회가 이를 막아 왔다. 개발도상국 대형 개발 프로젝트에 우리 기업의 참여를 늘리기 위한 대외경제협력기금(EDCF)법 개정안은 1년 반이넘도록 처리되지 않다가 지난해 12월 겨우 통과됐다.

EDCF는 1987년 우리나라가 개도국을 지원하기 위해 설립한 유상원

조기금이다. 재원을 국가재정에만 의존해야 하는 데다 지원 방식도 초장기 저금리 차관 위주여서 건당 500억 원 이하의 ODA에만 집중됐다. 그러다 보니 중진국 등이 추진하는 수천억 원짜리 대형 프로젝트는 중국 등 외국 기업들에 뺏길 수밖에 없었다.

지난해 말 통과된 개정안은 기금 운용 기관인 수출입은행이 국제시장에서 자금을 조달해 대형 원조사업을 할 수 있게 하고 이를 통해 우리 기업들의 참여를 늘리자는 게 골자다. 그러나 야당은 해외사업이 많은 대기업이 결국 혜택을 볼 것이라며 반대해왔다.

한국은 2015년 기준 GNI의 0.25%를 ODA로 쓰겠다고 국제사회에 약속했었지만 아직 0.15%를 밑돌고 있는 상태다. 수원국에서 공여국으로 바뀐 한국이 스마트 원조에선 한발 앞서 갈 수 있어야 한다.

Vitamin

법인세의 진실

또 법인세 논란이다. 세법 개정 이야기가 나올 때마다 야권에서는 단골 메뉴처럼 법인세 인상을 들고 나온다. 늘어나는 복지비용 충당을 위해 증세가 불가피하다는 인식이 확산되면서 소득세보다는 조세 저항이 덜한 법인세를 올리자는 주장이 제기되고 있는 것이다. 여기에는 기업은 규모가 클수록 돈이 많으니 세금을 좀 더 내도 괜찮지 않으냐는 생각이 깔려 있다. 2008년 법인세율 인하를 부자감세로 부르는 것도 같은 맥락이다.

　하지만 법인세를 올리는 것은 그렇게 단순하게 볼 일이 아니다. 기업의 세 부담은 명목 세율만의 문제가 아니다. 법인세 인상으로 세수가 오히려 줄어드는 경우도 많다. 자칫하다간 황금 거위의 배를 가르는 꼴이 될 수 있다. 법인세라는 세금 자체가 필요한 것인지에 대한 논란도 있다. 법인세를 둘러싼 진실을 알아본다.

: 법인세율은 내렸지만 실효세율은 급등

법인세의 기원은 소득세와 달리 그리 오래되지 않았다. 미국에서는

1913년 지금과 같은 법인세가 만들어졌는데, 부자들이 기업을 만들어 소득세를 탈세하는 것을 막기 위해서였다고 한다. 영국에서는 과거 법인에도 소득세를 부과했다가, 1965년부터 법인세를 소득세와 별도로 걷기 시작했다.

하지만 사람도 아닌 법인에 세금을 매기는 게 옳은지에 대해서는 논란이 계속되고 있다. 법인이 이익을 낸다고 해도 이는 결국 사람에게 귀속되기 마련이다. 주주의 배당이나 경영자 또는 종업원의 임금으로 귀착되는 것이다. 법인이 이익을 투자하거나 사내에 유보하더라도 시차가 있을 뿐, 종국에 이익은 사람에게 돌아간다. 법인세가 일종의 이중과세라는 주장이 나오는 것도 그래서다. 법인의 이익에 이미 세금을 물렸는데, 주주의 배당 소득과 종업원의 임금소득에 다시 소득세를 물리기 때문이다. 법인세 폐지론이 제기되는 배경이다.

이런 오랫동안의 논쟁이 있는 것이지만, 국내에선 법인세 폐지 문제는 입도 뻥끗하기 힘들다. 법인 하면 곧 재벌이나 대기업을 떠올리고, 법인세를 폐지하자면 재벌 앞잡이라는 낙인이 찍히기 십상이다. 야권이 2008년 MB정부 때 취해진 법인세율 인하(3% 포인트)를 이제까지 두고두고 '부자감세'라고 부르는 것만 봐도 그렇다. 그러나 법인세가 인하된 기업 중에는 과표가 1억 원도 안 되는 중소기업이 훨씬 많았는데, 이들을 모두 부자로 매도하는 것은 말이 안 된다.

〈그림1〉에서 보듯 법인세율은 지난 20여 년간 지속적으로 낮아졌다. 김영삼, 김대중 정부도 세율을 낮췄고 노무현 정부 때인 2004년에도 2%포인트 인하됐다. 문재인 전 더불어민주당 대표가 민정수석이었을 때다. 문 전 대표는 "재벌에 대한 법인세 특혜를 바로잡아 법인세를 정상화해야 한다"고 말한다. 이 말대로 '법인세 인하=재벌 특혜'라면 노무현 정부 역시 재벌에 특혜를 준 셈이다.

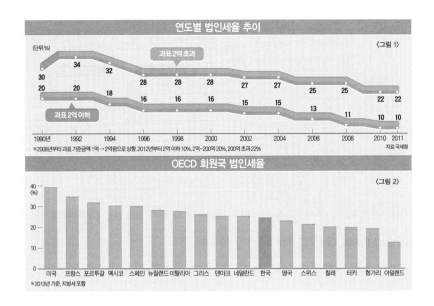

연도별 법인세율 추이

(단위:%) 〈그림 1〉

과표 2억 초과

30　　34　　32　　28　　28　　28　　27　　27　　25　　25　　22　　22

20　　20　　18　　16　　16　　16　　15　　15　　13　　11　　10　　10

과표 2억 이하

1990년　1992　1994　1996　1998　2000　2002　2004　2006　2008　2010 2011

※2008년부터 과표 기준금액 1억→2억원으로 상향. 2012년부터 2억 이하 10%, 2억~200억 20%, 200억 초과 22%

자료:국세청

OECD 회원국 법인세율

40(%)　　　　　　　　　　　　　　　　　　　　　　〈그림 2〉

30

20

10

0

미국　프랑스　포르투갈　멕시코　스페인　뉴질랜드　이탈리아　그리스　덴마크　네덜란드　한국　영국　스위스　칠레　터키　헝가리　아일랜드

※2013년 기준, 지방세 포함

법인세를 올리자고 주장하는 이들은 세율이 너무 낮다는 점을 든다. 한국의 법인세 최고세율(22%)은 OECD 평균(23.4%)에 비해 다소 낮은 것은 사실이다〈그림2〉. 한국은 OECD 국가들 중 일본, 미국, 프랑스, 독일보다는 낮고 영국, 스웨덴, 스위스보다는 높다. 비OECD 회원국에서 중국(25%)은 우리보다 높은 반면, 대만(17%), 싱가포르(17%)는 낮다. 그러나 이런 명목 세율만 갖고 한국 세율이 낮다고 단정하는 것은 옳지 않다.

: 증세 아닌 감세라야 세수 늘어난다

명목 세율이 아니라, 각종 감면·공제 등을 빼고 과표 대비 실제 세금을 얼마나 내느냐를 나타내는 실효세율에 더 주목해야 한다는 견해도 많다. 〈그림3〉에서 보듯 법인세 실효세율은 2008년 세율인하 후 종전 19~20%대에서 16%대로 떨어졌지만, 지난해 다시 19.5%까지 올랐다.

| 법인세 실효세율 추이 〈그림 3〉 | 2013년 OECD 국가별 총 조세 대비 법인세·GDP 대비 법인세 〈그림 4〉 |

총 조세 대비 법인세		GDP 대비 법인세	
1위 노르웨이	20.9	1위 노르웨이	8.5
2위 한국	14.0	2위 룩셈부르크	4.9
3위 뉴질랜드	13.8	3위 뉴질랜드	4.4
4위 룩셈부르크	12.4	4위 일본	3.9
5위 이스라엘	11.1	5위 한국	3.4
OECD 평균	8.3	OECD 평균	2.9

(단위:%) 2007년 20.5 2008 19.6 2009 16.6 2010 16.6 2011 16.6 2012 16.8 2013 16.0 2014 19.5
자료:기획재정부, 국세청
(단위:%) 자료:OECD

각종 공제와 감면이 축소된 데다, 최저한세율이 2012년 14%에서 16%로, 2013년엔 다시 17%로 올라간 탓이다.

법인세율 변화가 없어도 최저한세율이 오르면 실효세율은 급속히 올라갈 수밖에 없다. 법인세율 대비 최저한세율 비율은 한국이 77%로, 미국(51%), 캐나다(52%), 대만(40%)에 비해 월등히 높다. 일각에서는 아직도 국내 법인세 실효세율이 일본, 독일, 미국 등 선진국(25~35%)에 비하면 낮다는 점을 들며 법인세 인상 필요성을 제기한다. 하지만 실효세율 산출에는 통일된 방식이 없어 국가 간 직접 비교는 큰 의미가 없다.

실효세율의 객관적 비교가 어렵기 때문에 법인세 국제 비교에는 보통 GDP 대비 법인세 비중을 이용한다. 한국은 3.4%(2013년 기준)로 OECD 회원국 중 다섯 번째로 높다. 총조세에서 법인세가 차지하는 비중을 봐도 한국은 14.0%(2013년 기준)로, 노르웨이(20.9%)에 이어 OECD 2위다. 미국(9.0%), 영국(7.7%), 독일(5.0%) 등 웬만한 선진국보다 높다〈그림4〉. 이런 기준들을 종합해보면 국내 기업들이 외국에 비해 법인세를 적게 내고 있다고 보기는 힘들다.

법인세 인상 논란과 관련해 또 다른 쟁점은 세율과 세수 간 관계다. 법인세를 내리면 얼핏 세수가 줄어들 것 같지만 실증적인 데이터 분석 결과는 이와 반대다. 지난 20년간 한국은 지속적으로 법인세율을 내려

연도별 법인세 세수

〈그림 5〉

| 1990년 | 1992 | 1994 | 1995 | 1996 | 1998 | 2000 | 2002 | 2004 | 2005 | 2008 | 2009 | 2011 |
| 3.2 | 5.9 | 7.4 | 8.7 | 9.4 | 10.8 | 17.9 | 19.2 | 24.7 | 29.8 | 39.2 | 35.3 | 44.9 |

매년 2%씩 인하   1% 인하   2% 인하   3% 인하

(단위:조원)   자료:국세청

왔다. 그런데 법인세 세수는 거의 매번 증가했다.

김영삼 정부 때인 1994~1996년 법인세율은 34%에서 28%로 매년 2%포인트씩 인하됐다. 법인세 세수는 1993년 5조 9000억 원에서 1994년 7조 4000억 원, 1995년 8조 7000억 원, 1996년 9조 4000억 원으로 계속 늘어났다. 김대중 정부 때인 2002년에는 28%에서 27%로 내렸는데 2002년 19조 2000억 원이던 법인세수가 다음해 25조 6000억 원으로 급증했다. 노무현 정부 때인 2004년에도 27%에서 25%로 법인세 최고세율이 내려갔지만 그 다음해인 2005년 29조 8000억 원의 법인세가 걷혔다. 전년(24조 7000억 원)보다 20% 넘게 늘어난 것이다. 이명박 정부 시기인 2008년 법인세 인하(25%→22%) 때는 2009년 법인세 세수는 줄었지만 이후 2년 연속 크게 증가해 세율 인하 전 수준을 훨씬 뛰어넘었다. 물론 경제규모가 계속 확대됨에 따라 법인세 세수 역시 점차 늘어나게 마련이다. 하지만 법인세 인하로 인한 세수 증대 효과 역시 부인하기 어렵다.

: 남들은 다 내리는데 우리만 올리자는 법인세 역주행

현재 세계에는 법인세 인하 열풍이 불고 있다. 회계법인 딜로이트의 2011~2015년 법인세 보고서에 따르면 최근 5년간 미국과 영국 등 36개국이 법인세를 내렸다. 미국은 35%를 유지하고 있지만 해외 생산기지를 국내로 이전하는 기업에 대해서는 28%를 적용한다. 일본은 2008년 30%였던 세율을 2014년 25.5%로 내렸고 지금은 23.9%다. 이를 20%로 끌어내린다는 목표도 이미 제시돼 있다.

영국은 2011년에 최고세율(28%)을 26%로 낮춘 뒤 올해까지 매년 1~2%포인트씩 5단계로 낮춰 현재 20%의 단일 세제를 정착시켰다. 북유럽 복지국가들도 법인세 인하 경쟁에 가세했다. 핀란드는 26%였던 법인세율을 2012년에는 24.5%로, 2014년에는 20%로 각각 내렸다. 스웨덴은 2013년 법인세율을 26.3%에서 22%로, 덴마크는 같은 해 25%에서 23.5%로 낮췄다. 아시아 신흥국 중 베트남(25%→22%)과 태국(30%→20%)도 법인세 인하에 동참했다. 반면 법인세를 올린 나라는 그리스, 키프로스 같이 재정위기에 처한 국가나 제조업이 발달하지 않은 국가 정도다. 그리스는 재정위기 극복을 위해 20%였던 법인세율을 26%까지 올렸고 키프로스는 10%에서 12.5%로 인상했다.

각국이 앞다퉈 법인세 인하에 나서고 있는 것은 모두 경제를 살려내기 위해서다. 법인들의 세 부담이 줄어야 기업들의 세후 순이익도 늘어나고 그만큼 투자여력도 커질 수밖에 없다. 이는 고용 확대와 소비지출 확대로 이어지며 경제 전체에 활력을 불어넣는다.

그런데도 우리사회 일각에서는 경제 전반에 미치는 부정적 영향은 도외시한 채 '대기업 벌주기' 식 내지는 징벌적 사고에서 법인세를 올리자는 주장이 끊이지 않고 있다. 참으로 답답한 노릇이다.

법인세를 둘러싼 진실을 파헤칠수록, 인상론자들의 주장 대부분이 사실과 다른 것으로 드러난다는 점은 흥미롭다. 그런데도 대중이나 언론은 사실과 다른 목소리에 더 귀를 기울인다. 심지어 정부마저도 흔들린다. 황금 거위의 배를 가른 뒤에는 후회해봐야 아무 소용없다.

Vitamin

경제 전망은
왜 항상 틀리나

2016년 새해가 밝았지만 경제 전망은 그리 밝지 못하다. 올해도 2%대 저성장 가능성이 농후해서다. 수출도 내수도 현상 유지면 다행이다. '일자리 절벽'도 걱정이다. 살림살이가 나아질 기미도 별로 안 보인다. 경제 전망이 어두우면 사람들은 더욱 움츠러 든다. '비관─위축─침체─더욱 비관'의 악순환으로 이어지는 것이다.

하지만 다행스런(?)점은 경제 전망이 대개는 틀린다는 사실이다. 일기예보는 하루 이틀 뒤 날씨라도 맞히지만, 경제 전망은 미래는커녕 지금 경기도 제대로 못 짚을 때가 많다. 500여 명의 경제학자가 모인 집단이라는 한국은행부터 가장 자주 틀린다. 한국개발연구원(KDI)이나 민간 경제연구소들, 해외 투자은행들의 경제 전망도 틀리긴 오십보백보 마찬가지다. 천하의 국제통화기금(IMF)도 미래 전망에 관한 한 용빼는 재주가 없다.

경제 전망은 대개 수십 수백 가지 변수를 대입해 푸는 복잡한 복합 연립방정식이다. 그렇기에 유가 환율 등 핵심변수 중 한두 개만 삐끗해도 애초의 전망이 틀어진다. 또한 경제 전망은 경제주체들의 심리와 행동에 영향을 미친다. 예상과 다른 결과가 나올 수밖에 없다. 그런 점에서 경제 전망은 틀리기 위해 한다는 얘기가 전혀 일리 없는 게 아니다. 정확한 전망일수록 오히려 틀릴 가능성이 높아진다.

왜 매번 틀리는 경제 전망을 예측 기관들은 연말, 연초만 되면 쏟아내는 걸까. 경제 전망은 과연 무용지물인가. 그렇지는 않다. 미래에 놓인 기회와 위험 요인을 철저히 살펴, 기회를 잡고 위험에 대비하는 데 필요하다. 참고는 하되 판단은 각자의 몫이다.

: 낙관편향·최근효과가 전망 오류를 낳는다

"경제학자란 어제 예견한 일이 오늘 왜 일어나지 않는지 내일 알게 되는 전문가다." '피터의 원리'로 유명한 로런스 피터 미국 컬럼비아대 교수가 경제학자의 속성을 예리하게 꼬집은 말이다. 여기에 들어맞는 사례가 계량경제학의 창시자 중 하나인 어빙 피셔 예일대 교수다. 그는 1929년 10월 미국 증시의 대폭락 직전 "주가가 영원한 고원(高原)에 도달했다"고 장담했다가 평생 오점을 남겼다. 사실 주식 투자로 큰돈을 번 경제학자는 케인스 빼고는 없다.

경제학자들이 가장 힘겨워하는 게 앞날을 전망하는 것이다. 대개 과거는 잘 설명해도 미래는 깜깜이다. 그런 점에서 경제 전망은 운수풀이와 닮았다. 일기예보는 내일 날씨를 곧잘 맞히지만 경제학은 오늘의 경제상황도 잘 모른다. 그런데도 연말, 연초면 예측기관마다 수십 명의 이코노미스트들이 달려들어 경제 전망을 생산해낸다. 성장률 숫자가 제대로 맞은 적이 없고, 경기 방향조차 반대로 예측하기 일쑤다. 하지만 다들 경제 전망을 궁금해한다. 점집에 사람이 몰리듯 경제 전망 수요가 넘쳐난다. 불확실한 미래는 늘 두렵기 때문일까.

해마다 한국은행 국정감사에서 의원들의 단골 질타 대상이 경제 전망 오류다. 틀려도 너무 틀린다는 얘기다. 한국은행의 2015년 경제 전망 변천과정을 보면 황당할 정도다.

먼저 한국은행은 2014년 10월에 새해(2015년) 성장률을 3.9%로 예상했다. 석 달 뒤인 2015년 1월 3.4%로 대폭 낮추더니 4월 3.1%, 7월 2.8%, 10월 2.7%로 매번 수정했다. 메르스 충격이 있었다 해도 최초 전망치보다 1.2%포인트나 내려갔다. 전망이라고 부르기도 민망하다.

한국은행만 그런 게 아니다. 국내외 예측기관들은 시기와 폭에서 차이가 있을 뿐, 최초 내놓은 전망을 수시로 고치기 바쁘다. IMF, OECD, 세계은행이 내놓는 세계 경제 성장률 전망도 다를 게 없다. 이들은 2015년 평균 3.8% 성장을 예상했지만 상반기 3.3%, 하반기 수정 전망에선 3.0%로 낮췄다. 국제기구가 내놓는 한국 경제 전망은 한국은행, KDI 등의 전망을 참고한 것이니 대단한 것도 아니다. 민간 금융회사는 경제나 주가 전망이 틀리면 고객을 잃지만 국제기구나 한국은행 KDI의 전망은 틀려도 그만이다. 틀렸다고 짤릴 염려도 없고 그만한 대체재도 별로 없어서다.

금융위기 이후 두드러진 상향편향

경제 전망은 예전에도 많이 틀렸다. 그러나 글로벌 금융위기 이후엔 '잘될 거야'라는 낙관편향(optimism bias), '나아질 거야'라는 상향편향(upward bias)이 두드러진다. LG경제연구원이 고해성사하듯 내놓은 '낙관적 경제 전망을 경계해야 하는 이유'란 보고서에 따르면 한국은행, KDI, 산업연구원, LG경제연구원, 현대경제연구원 등 5개 전망기관의 2011~2014년 성장률 전망치는 평균 3.7%였다. 그러나 실제 성장률은 평균 3.0%로 0.7%포인트 낮았다. 심지어 전망치가 실제 성장률보다 1.9%포인트나 높은 경우도 있었다.

예측기관들이 매년 상저하고(상반기 낮고 하반기 높음), 올해보다 내년, 내년보다 후년이 나아질 것이란 전망을 내놨지만 실상은 그 반대였다. 물론 일본 대지진, 세월호, 메르스 등 돌발 변수가 전망 오차를 키운 면도 있다. 그러나 일관된 상향편향을 보이는 것은 심각한 착각이 내포돼 있다는 증거다. 보고서를 쓴 이근태 LG경제연구원 수석연구위원은 "지금의 낮은 성장이 일시 현상이 아니라 한 단계 낮아진 균형성장 수준일 수도 있다"며 "냉혹한 현실에 대한 직시와 인정이 필요하다"고 지적했다.

: 경제는 변화무쌍한 유기체. 미래는 인간이 결정한다

왜 이렇게 자주 틀릴까

틀리는 이유는 다양하다. 예상치 못한 외부충격, 환율 유가 등 핵심변수의 급변은 경제 전망을 송두리째 뒤흔든다. 하지만 경제 전망 도출 과정을 보면 구조적으로 오류 요인들이 도사리고 있다.

경제성장률은 GDP 증가율로 표시된다. GDP는 '소비(C)+투자(I)+정부지출(G)+순수출(수출-수입)'의 합계다. 각 요소마다 무수하게 많은 변수가 대입된다. 환율, 세계경기 등 외생변수와 금리 등 정책변수도 고려해

경제 전망이 틀리는 요인들		
오류 요인	내용	이유
낙관 편향	해마다 상저하고 예상, 내년보다 2~3년 뒤를 더 낙관	미래 기대는 인간 본성, 자기실현적 경제 심리를 반영
최근효과	침체-회복, 호황-불황 교차할 때 전망이 가장 크게 어긋나	예측 시점의 안팎 경제 상황이 관성으로 작용
핵심 변수 변동	유가 환율 등 경제 전망의 기본 전제부터 예측 빗나가	통계 부정확, 데이터 오류, 모형의 한계, 타 기관 예측치 인용시 부조화
돌발 외부충격	아랍의 봄, 일본 대지진, 세월호, 메르스 등 예상 밖 변수 잦아	오차 확대 요인이지만 지속적인 경제 전망 오류를 설명 못해
주관적 요인	마이너스 전망 기피, 정책 의지 감안한 상향 편향	지식 경험 부족, 틀릴 경우 리스크 의식(컨센서스에 안주)

야 한다. 전망 모형에 넣을 변수가 100개를 훌쩍 넘긴다. 한국은행은 총 250여 가지 변수를 들여다본다고 한다. 250차 복합방정식을 푸는 셈이다.

기초가 되는 통계나 데이터 자체의 부정확성, 해석 오류도 무시할 수 없다. 최근효과(recent effect)도 작용한다. 전망 시점의 경제 상황이 관성처럼 영향을 미치는 것이다. 호황기에 경기 급랭을, 불황기에 경기 활황을 장담할 '간 큰' 전망기관도 없다. 또 주관적 요인으로 마이너스 성장 전망을 기피한다. 맞아도 문제, 틀려도 문제이기 때문이다.

최종 발표에 앞서 다른 기관들의 전망치도 중요한 고려 대상이다. 혼자 튀는 전망을 했다가 틀릴 경우 위험 부담 탓에 예측기관들의 컨센서스 뒤에 숨는다. 틀려도 같이 틀리자는 '무능의 연대'인 셈이다.

경제는 부단한 상호작용

물리, 화학 등의 자연법칙은 예측 가능하다. 주어진 조건에 예상되는 결과가 나온다. 반면 사회나 경제현상은 관찰·실험 대상이 되기 어렵다. 유기체처럼 끊임없이 변화하기 때문이다. 경제는 스틸사진이 아닌 초고속 동영상이다. 하나의 현상이 무수한 상호작용을 유발하고 다시 영향받는다. 그렇기에 1년 뒤 경제를 정확히 맞혔다면 그게 더 이상한 일이다.

경제학은 과학을 자부하지만 경제 전망이 과학이 될 수는 없다. 예측하는 지금 이 순간에도 경제는 변하고 있다. 인간은 환경에 적응하면서 그것을 재구성하는 존재다. 맬서스의 인구론, 마르크스의 공산혁명론이 치명적 오류로 귀착된 것도 변화가 멈춘 종말론적 관점으로 세상을 바라본 탓이다.

'닥터 둠(Dr. Doom)'이라는 누리엘 루비니 미국 뉴욕대 교수가 금융위기를 사전에 예측했다지만 늘 비관론에만 베팅하면 고장난 시계처럼 어쩌다 한 번은 맞는다. 진정한 경제학자라면 그에 대한 대비책과 해법도 함께 내놔야 한다. 그렇지 못하면 점쟁이와 뭐가 다른가. 미래가 불안할수록 예언과 도참설이 판친다. '미네르바 현상'도 그랬다.

경제 전망이든 주가든 미래 예측은 신의 영역에 속한다. 틀릴 개연성을 내포한 경제 전망은 무의미해 보이기조차 한다. 하지만 불확실한 미래를 살아가려면 위험에 대비하고 기회를 포착할 수 있어야 한다. 그런 갈증을 푸는 데 경제 전망은 한 모금의 물은 될 수 있다. 스티브 잡스가 갈파했듯이 미래는 주어진 것이 아니라 만들어가는 것이다. 물론 올해 경제 전망도 틀릴 게 확실하다.

Vitamin

비대칭 규제가
방송·통신 망친다

미국 월스트리트저널은 최근 호주 미디어업계의 재편이 임박했다고 보도했다. 호주 정부가 인수합병(M&A) 규제를 대거 푸는 법안을 발표할 예정이라며, 케이블 사업자가 호주 인구의 최대 75%까지만 가입자로 받을 수 있다는 제한도 폐지할 것이라는 내용을 소개했다. 이 기사에 따르면 호주 총리는 "경쟁을 유도하기 위해 미디어의 규모를 제한하는 건 옛날에나 통하던 방식"이라고 말했다. 지금 세계는 방송과 통신의 융합 속에 칸막이가 급속히 붕괴되고 있다.

국내외 시장 구분도 무의미해지는 추세다. 국내 시장이나 전통적 칸막이를 기준으로 각종 규제가 완화되는 건 바로 이런 흐름 때문이다. 하지만 한국은 전혀 딴판이다. SKT–CJ헬로비전 합병에 대한 정부 인허가 심사가 다가오면서 찬반 논란이 격화되고 있다. 사업자 간 치열한 공방은 말할 것도 없고, 일부 시민단체는 이번 합병을 대기업의 방송 장악이라며 정치적 쟁점으로 몰고 가고 있다. 왜 한국에서는 '방송 장악' 같은 험악한 단어들이 등장하는가.

국내 방송·통신시장은 언제부터인가 시장에서의 경쟁이나 혁신은 뒷전인 채 온통 '규제 게임'에 함몰돼 있다. 선발 사업자에는 시장 점유율 등 각종 규제를 들이대고, 후발자에는 생존을 보장하는 온갖 혜택을 보장하는 이른바 '비대칭 규제'가 난무한다. 이러다 보니 무슨 M&A 건만 터지면 선발자를 어떻게 견제하고 후발자를 어떻게 보호할지가 이슈로 떠오른다. 이번 합병 건도 예외가 아니다. 정작 소비자는 뒷전이 돼버린 이런 비대칭 규제는 과연 누구를 위한 것인가.

: 논란 커지는 SKT – CJ헬로비전 합병

"성장이 정체된 통신회사들이 인수합병(M&A) 등을 통해 사업영역을 확장해나가는 것을 막아서는 안 된다. 오히려 소비자는 서비스의 선택폭이 넓어질 가능성이 있다." 모바일월드콩그레스(MWC) 참석 중에 양현미 세계이동통신협회(GSMA) 최고전략책임자가 SK텔레콤의 CJ헬로비전 인수와 관련해 한 말이다.

통신사의 미디어기업 인수

글로벌 통신회사들의 방송 등 미디어기업 인수는 더 이상 낯설지 않다. 미국 최대 이동통신업체 버라이즌의 AOL 인수, 미국 2위 이동통신업체 AT&T의 위성방송 디렉TV 인수, 영국 보다폰의 네덜란드 케이블TV업체 리버티글로벌 인수 등이 그렇다. 하지만 국내에서는 SK텔레콤의 CJ헬로비전 인수를 두고 찬반 논란이 치열하다. 이해당사자별 주장도 각양각색이다. SK텔레콤은 이번 합병을 통해 침체한 방송·통신시장에서 활로를 찾겠다며, 이는 산업 발전과 소비자 편익에도 도움이 될 것이라고 주장한다. 해외 방송·통신업체들이 융복합 및 규모의 경제로 경쟁력을 강화하고 있다는 점도 덧붙였다.

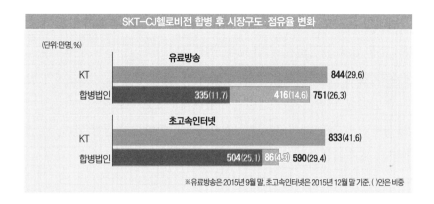

SKT-CJ헬로비전 합병 후 시장구도·점유율 변화

(단위:만명, %)

유료방송
KT 844(29.6)
합병법인 335(11.7) 416(14.6) 751(26.3)

초고속인터넷
KT 833(41.6)
합병법인 504(25.1) 86(4.3) 590(29.4)

※유료방송은 2015년 9월 말, 초고속인터넷은 2015년 12월 말 기준. ( )안은 비중

경쟁 통신사들은 결사반대다. KT는 SK텔레콤이 이동통신시장 영업이익 중 80%를 차지하는데 이번 M&A로 이동통신시장과 결합판매 등에서 그 지배력이 더 고착화되고, 초고속인터넷·유료방송시장까지 지배력이 전이될 것을 우려한다. 과거 SK텔레콤의 신세기통신 합병도 이동통신시장 독과점을 심화하지 않았느냐는 주장도 빼놓지 않았다. LG유플러스 역시 SK텔레콤의 독점적 지배력이 더 강화될 것이라며, 이번 합병 건을 통합방송법 제정 이후에 논의할 것을 요구하고 있다. KT, LG유플러스는 또 해외에서 승인이 부결된 합병 사례도 적지 않다고 지적했다.

SK텔레콤은 경쟁사들의 이런 반대는 근거가 없다고 반박한다. 합병 이후에도 KT가 여전히 유료방송, 초고속인터넷에서 1위라며 지배력 전이보다 오히려 경쟁을 활성화할 것이라는 주장을 펴고 있다. 여기에 LG유플러스는 규제이익만 추구하려 든다는 비판도 내놓았다. 이번 합병 논란에는 통신사만 뛰어든 게 아니다. 지상파 방송사는 콘텐츠 가격 저가화가 우려된다며 합병에 반대하고 있다. 여기에 정치권, 시민단체도 뛰어들었다. 이들은 합병이 지역채널을 통한 여론 장악 가능성 등 방송의 공공성을 위협한다며 정치 쟁점으로 몰아간다.

법적인 논쟁도 치열하다. 방송법과 관련해 KT, LG유플러스 등이 소유·겸영 규제 관점에서 이번 합병 건을 심각하게 문제 삼아야 한다고 주장한 반면, SK텔레콤은 소유·겸영 규제 완화 관점에서 접근해야 한다고 반박했다. 또 공정거래법과 관련해서도 KT, LG유플러스 등은 이번 합병이 경쟁을 제한하는 기업결합에 해당한다고 주장한 반면, SK텔레콤은 경쟁제한성 판단 기준에 해당하지 않는다고 응수했다.

규제로 둘러싸인 방송·통신

마지막 판단은 정부 몫이다. 이번 합병 건과 관련해 토론회, 공청회, 대(對)국민 의견 수렴 절차는 마무리됐다. 최종 인허가 주체인 미래창조과학부가 공정거래위원회의 기업 결합 판단, 방송통신위원회의 사전 동의를 받아 결론을 내릴 것이다.

이번 합병 논란은 한국 방송·통신의 민낯을 그대로 보여주고 있다. 말로는 방송·통신 융합을 외치지만 정작 이 분야에서 기업이 합병을 하려고 해도 넘어야 할 벽이 적지 않은 것이다. 규모의 경제를 추구하는 경우는 더 그렇다. 그만큼 방송·통신 분야가 규제로 둘러싸였다는 증거일 것이다.

: 후발 사업자 보호보다 규제 완화를

SKT-CJ헬로비전 합병 논란을 들여다보면 결국은 선발자에 대한 규제, 후발자에 대한 정책적 배려라는 뿌리 깊은 규제가 문제라는 점을 발견하게 된다. 이른바 '비대칭 규제'다. 통신시장도, 방송시장도 다 마찬가지다.

경쟁 대신 규제게임 속으로

1997년 통신시장은 5사 경쟁 체제였다. 이후 1999년 SKT의 신세기통신 인수, 2000년 KTF의 한솔PCS 인수 등을 거쳐 지금의 3사 체제가 됐다. 하지만 선발 사업자와 3위 사업자의 격차가 확대되면서 2000년대 초부터 강도 높은 비대칭 규제가 시행되기에 이른다. 기존의 요금인가제에 더해 상호 접속료 차등, 번호이동 시차제 도입, 010 번호통합, 과징금·출연금·전파사용료 차등 등이 다 여기에 해당한다. 이런 과정을 거치며 한국의 통신사업자들은 시장에서 제대로 된 경쟁을 하기보다 규제게임으로 깊숙이 빨려 들어가고 만다.

하지만 해외에서는 후발 사업자에 대한 보호보다 규제 완화를 통해 자유로운 경쟁을 장려하는 추세다. 통신 요금 규제만 하더라도 한국 말고는 세계적으로 그 사례를 찾기 어려울 정도다. 문제는 이런 비대칭 규제 논리가 지금까지도 통신 시장에서 통용되고 있다는 점이다.

SKT-CJ헬로비전 합병 건만 해도 그렇다. 경쟁 사업자나 후발 사업자가 SKT의 통신시장 지배력이 더 강화되고, 또 그 지배력이 방송시장으로 전이될 것이라고 우려하지만 그 밑바탕에는 비대칭 규제 논리가 숨어 있다. 정부가 나서서 합병을 막아 주든가, 그게 안 되면 합병 기업에 대한 다른 강력한 규제를 도입해달라는 주문인 것이다.

그러나 스마트폰 탄생 이후 모바일 생태계는 플랫폼, 디바이스 중심으로 급변하고 있다. 더 이상 통신사업자가 주도하는 시장이 아니다. 더구나 이동통신시장은 정체기에 접어들었다는 진단이 나오는 마당이다. 이런 상황에서 비대칭 규제를 여전히 고집한다는 게 과연 사업자 간 경쟁이나 소비자 후생 측면에서 옳은 것인지 냉정히 생각해볼 때다.

방송시장 사정도 별반 다르지 않다. 툭하면 방송의 공공성 등을 내세운 규제가 끊임없이 이어진다. 사업자의 전체 SO권역 및 SO권역별

해외통신·방송 업계 주요 M&A 사례				
분야	대상기업	국가	계약규모	승인시기
통신·방송	AT&T : DirecTV	미국	**485**억 달러	2015년 7월
	Telefonica : Canal+	스페인	**7.25**억 유로	2015년 4월
	Vodafone : Ono	스페인	**72**억 유로	2014년 7월
	Numericable : SFR	프랑스	**177**억 유로	2014년 11월
	Vodafone : Kabel	독일	**77**억 유로	2013년 9월
	KDDI : J.com	일본	**3617**억 엔	2010년 2월

가입자 제한 규제, 위성 사업자에 대한 지분 제한 등 이른바 소유·겸영 규제가 그런 것이다. 이런 서비스별 소유·겸영 규제를 시장 점유율 규제로 통합한다고 나온 게 2015년의 이른바 '합산 규제'다. 취지는 동일 서비스-동일규제라지만 결국 전체 유료방송 가입자의 3분의 1 초과를 금지한다는 내용이 핵심이다. 미국, 유럽, 일본은 유료방송시장에서 우리처럼 소유·겸영을 제한하지 않는다.

규제완화가 세계적 흐름

방송시장 역시 플랫폼이 급속히 변화하는 중이다. 이에 따라 규제완화 추세로 가는 게 세계적 흐름이다. 더구나 넷플릭스의 국내 진입 등 방송시장의 국내외 구분조차 무의미해지는 마당이다. 하지만 국내 방송시장은 '규제 함정'에서 헤어나지 못하고 있다. 결국 통신시장도, 방송시장도 새로운 탈출구를 찾아야 한다. 이런 점을 인정한다면 방송과 통신의 경계를 넘나드는 인수합병(M&A) 등 사업재편은 하나의 자극제가 될 수 있다. 그러나 이를 통해 방송·통신시장의 혁신이 가능하려면 선발자에 대한 규제, 후발자에 대한 특혜라는 비대칭 규제부터 시급히 걷어내야 한다. 이대로 가면 방송·통신사업자 전체가 공멸하지 말라는 법도 없다. 딜레마다.

Vitamin

금통위원의 자격

금통위원은 한국은행 총재와 함께 금융통화위원회를 구성한다. 금통위는 통화정책에 관한 한 대한민국의 최고의사결정기구로 7명으로 구성된다. 미국 중앙은행(Fed)의 연방공개시장위원회(FOMC: Federal Open Market Commitee)와 구성은 차이가 나지만 기능은 비슷하다. 중앙은행은 금리를 조정하거나 기타 다양한 방법으로 시중 통화량을 적정 수준으로 조정하는데, 이 문제를 결정하는 최고위원회가 바로 금통위다. 이 때문에 금통위원에게는 고도의 전문적 지식이 요구된다.

중앙은행은 △기준금리를 조정하거나 △상업은행에 대한 대출 금리(재할인 금리)를 결정하고 △예금에 대한 한국은행 예치금의 비율, 즉 지급준비율을 조정하는 등의 방법으로 통화정책을 편다.

중앙은행의 정책 목표에 대해서는 여러 가지 주장이 대립하고 있다. 가장 본질적인 임무는 거시경제 안정이다. 물가와 통화가치를 안정시키는 것이 제1의 목표다. 최근 들어서는 경제 성장과 고용 증진도 중앙은행의 중심적 목표가 되고 있다. 무엇을 목표로 삼는가에 따라 정책 수단이 달라지고 그것에 따라 금통위의 성격이나 일하는 방법도 영향을 받을 수밖에 없다.

경험 많은 전문가에게도 통화정책은 쉽지 않은 일이다. 4년간의 금통위원직을 마친 최도성 가천대 교수는 "전공자인 나도 첫 1년은 업무를 배우는 시간으로 흘려보냈다"고 회고했다. 또 다른 금통위원은 "힘든 적응기를 끝내고 자리 좀 잡나 했더니 나갈 때가 됐더라"고 말할 정도다. 7명의 금통위원 중 4명이 올 4월에 한꺼번에 교체됐다. 금통위원은 어떤 자격을 갖춰야 할까.

: 정부·시장에 휘둘리지 않는 중립성·전문성 요구

금융통화위원회는 통화정책을 결정하는 최고의사 결정기구다. 금통위원은 당연히 통화정책에 관한 전문적 식견이 있어야 한다. 예민한 문제를 다루고 이해관계를 초월해 객관적 판단을 내려줄 것이라는 믿음이 있어야 한다.

7명의 금통위원 중 절반이 넘는 4명이 올 4월 일시에 물갈이 됐다. 당연직인 한국은행 총재와 부총재를 제외하면 사실상 전면적인 교체다. 금통위원은 업무의 전문성과 복잡성 때문에 적응기간이 보통 1년은 걸린다는 게 경험자들의 전언이다. 대거 입성한 초보 금통위원들이 4년 임기 동안 자신에게 요구되는 과업을 잘 처리해낼 것을 기대해본다.

정부의 깊숙한 개입

금통위원 7명에는 한국은행 총재와 부총재가 당연직으로 포함된다. 나머지 5명은 기획재정부 장관, 한국은행 총재, 금융위원장, 대한상의 회장, 은행연합회장이 추천하고 대통령이 임명한다. 이들 5명은 임기를 달리해 3명과 2명으로 묶어서 교체한다.

4명 동시 교체사건(?)은 지난 2010년에 임기를 마친 박봉흠 금통위원의 후임 인선이 22개월이나 늦춰진 데서 촉발됐다. 정부가 내정한 후보를 당시 김중수 한국은행 총재가 탐탁지 않게 여겨 반려하면서 늦어졌다는 풍문이 돌았다. 후임이 다른 3명의 금통위원 임기 만료

명칭	구성	임기	임명방법	국회 청문 여부
미 Fed 연방공개시장 위원회 (FOMC)	의장, 부의장, 이사5인	14년	상원의 인준을 받아 대통령이 임명	O
	뉴욕연방은행 총재	5년		X
	지역연방은행총재 4인(총12인)	1년	지역연방은행 이사회에서 선출	X
잉글랜드은행 통화정책 위원회 (MPC)	총재, 부총재 2인	5년	총리 추천 따라 국왕이 임명	O
	이사 2인	3년	총재가 재무부 장관과 협의해 임명	X
	외부위원 4인 (총9인)	3년	재무부 장관이 임명	X
일본은행 정책위원회 (Policy Board)	총재, 부총재 2인, 심의위원 6인 (총9인)	5년	의회 양원의 동의를 얻어 내각이 임명	O
유럽중앙은행 정책위원회 (Governing Council)	총재, 부총재, 이사 4인	8년	유로지역 각료이사회가 추천하고, 유럽이사회 (European Council)가 임명	O
	회원국 중앙은행 총재 17인 (총23인)	5년 이상		X
한국은행 금융통화 위원회	총재	4년	국회 인사 청문 거쳐 대통령이 임명	O
	부총재	3년	총재 추천으로 대통령이 임명	X
	임명위원 5인 (총7인)	4년	기재부 장관·한은 총재·금융위 위원장·대한상의 회장·은행연합회장의 추천을 받아 대통령이 임명	X

시점인 2012년 4월에 정해졌고 결과적으로 임기가 일치되면서 사달이 났다. 뿐만 아니라 2020년은 당연직 금통위원인 한국은행 부총재의 임기 만료일이 겹쳐 5명이 한꺼번에 물갈이될 가능성이 높아 대책 마련이 필요하다.

퇴임 시기 분산 조정이 일단은 해결책으로 꼽힌다. 추후 임명되는 일부 위원의 임기를 1~2년 단축해 만료 시점을 달리하는 안이다. 미국, 유럽, 일본의 금통위는 임기가 겹치지 않도록 별도의 교차 임명 규정을 두고 있다. 그러나 이는 부수적인 문제다.

이번 금통위원 교체로 정부의 입김이 강해졌다는 비판을 받을 만하다. 새 금통위원 4명 중 3명이 국책기관인 한국개발연구원(KDI)과 공무원 출신이어서다. 금통위원직 수행에 필요한 소위 '전문적 지식'에는 특정 이익집단이나 정파적 이해관계로부터 독립 혹은 중립이어야 한다는 의미가 포함돼 있다.

금통위원은 7인의 현자라고 부르기도 한다. 직급은 차관급이지만 명예만큼은 장관 부럽지 않다. 일의 강도가 빡빡한 것도 아니다. 금융안정 관련 회의를 포함해 연 24회 정기회의에 참석하는 일이 핵심 업무다. 기준금리 등 통화정책 방향을 결정하는 회의는 매달 두 번째 목요일에, 연 12차례 연다. 이 회의는 내년부터 연 8회로 줄어든다. 현안을 토의하는 위원 협의회도 주 1~3회 열리지만 업무가 부담되는 것은 아니다.

연봉은 2억 8000만 원대다. 대통령(2억 1000만 원)보다 많다. 여비서와 기사 딸린 대형 승용차도 배정된다. 금통위원으로 들어가겠다는 사람이 늘 넘쳐난다. 관련 분야 교수에게는 더할 나위 없는 명예직이다. 경제분야 공직자들에게는 잠시 거쳐 가기에 이만큼 좋은 자리도 없다.

: 금통위원은 '경제지력 9단' 대통령보다 연봉 많아

자천타천의 지원자를 줄 세우면 한국은행 정문에서 이순신 동상까지 이어진다는 우스개가 나온다. 전두환에서 노무현까지 5명의 대통령이 임명한 금통위원 82명의 경력을 보면 교수가 37명으로 가장 많다. 관료와 금융인이 23명과 21명이다.

금통위원의 중립성 혹은 한국은행의 중립성을 말하는 것은 그 업무의 고유 특성 때문이다. 한국은행은 물가안정의 책임을 지고 있고, 미국 등에서는 고용 증진을 추구하도록 의무화돼 있다. 그러나 이것이 물가도 잡고, 고용도 늘리라는 것은 아니다. '물가와 고용'은 상호 모순 혹은 상쇄관계(trade-off)에 있으니 균형적인 그리고 중립적인 정책을 취해야 한다는 뜻이다. 한국은행 중립성의 이론적 근거가 바로 이것이다.

금통위는 1950년 6월 출범했다. 초대 위원장은 한국은행 총재가 아니라 재무부 장관이었다. 중립적 의사결정은 당연히 힘들었다. 7명의 위원 중 외부 추천 5명은 비상근 자문 위원 성격이었다. 1962년 한국은행법 1차 개정 후 금통위의 역할과 위상은 더 축소됐다. 외환업무가 재무부로 넘어갔고, 재무부 장관에게 금통위 결정에 대한 재의(再議)요구권이 주어졌다. 간판도 금융통화운영위원회로 바뀌었다. 통화정책 '결정'보다 '운영'에 방점을 둔 개명이다.

하지만 1997년 외환위기를 거치면서 큰 변화를 맞았다. 한국은행법이 개정돼 1998년부터 한국은행 총재가 금통위원장을 맡게 됐다. 통화정책 결

금융통화위원회 관련 한은법 규정			
1950.5.5 (제정)	1962.5.24. (일부개정)	1997.12.31. (전부개정)	2011.9.16 (일부개정)
위원장 재무부 장관	재무부 장관	한국은행 총재	한국은행 총재
위원 재무부 장관(당연직) 한은 총재(당연직) 금융기관 선출(2인) 대한상의 추천(1인) 농림부 장관 추천(1인) 기획처경제위원 추천(1인)	재무부 장관(당연직) 한은 총재(당연직) 금융기관 추천(2인) 상공부 장관 추천(2인) 농림부 장관 추천(2인) 경제기획원 장관	한은 총재(당연직) 한은 총재 추천(1인) 재경원장관 추천(1인) 금감위원장 추천(1인) 대한상의 회장 추천(1인) 은행연합회장 추천(1인) 증권업회장 추천(1인)	한은 부총재(당연직) 기재부 장관 추천(1인) 한은 총재 추천(1인) 금융위원장 추천(1인) 대한상의 회장 추천(1인) 은행연합회장 추천(1인)
위원수 7인	9인	7인	7인

정권을 정부에서 넘겨 받고, 금융통화위원회라는 이름도 되찾았다. 외부 금통위원들은 이때부터 임기 4년의 상근직이 됐다.

2003년 한국은행법 추가 개정 때는 증권업협회 추천 몫이 없어지고 그 자리를 한국은행 부총재가 당연직으로 대체했다. 총재 추천 몫을 포함해 3명의 위원이 한국은행 측 입장을 대변한다고 보는 지금의 틀이 갖춰졌다. 하지만 기재부 장관, 금융위원장, 대한상의 회장, 은행연합회장 추천을 받은 4명은 정부의 영향력 아래에 있다고 볼 수도 있다. 금통위 의사록을 분석해봐도 정부 4명, 한국은행 3명의 구도가 자연스레 나타난다. 추천기관의 뜻과 일치하는 표결 양태가 뚜렷하다.

한국은행법은 제3조에서 한국은행 중립성의 의무를 지고 있다. 금통위원과 관련해서는 정치활동과 겸직을 금지하고 있다. '통화정책 독립'

이라는 거창한 명제는 금통위원 스스로가 추천자의 대리인이 아니라는 점을 자각하는 데서 출발해야 한다.

FOMC, MPC, 유럽 정책위원회

미국 통화정책의 최고의사결정기관은 연방공개시장위원회(FOMC)다. 12명의 위원을 두고 있다. 우선 대통령이 지명하고 상원이 승인한 7명의 Fed(중앙은행) 이사가 FOMC의 기본 구성원이 된다. Fed 이사의 임기는 14년으로 정말 길다. 나머지 5명은 지역 연방은행 총재 12명 중에서 뽑는다. 특이한 점은 뉴욕연방은행 총재가 5년 임기의 FOMC 상임부의장으로 고정적으로 참여한다는 점이다. 나머지 네 자리는 뉴욕을 제외한 11개 지역 연방은행 총재가 그룹을 나눠 1년씩 맡는다. 뉴욕연방은행은 중앙은행이면서 동시에 정부의 대리인이라는 이중적 지위를 갖는다.

잉글랜드은행은 약칭 MPC로 불리는 통화정책위원회를 두고 있다. 잉글랜드 은행 이사진 5명, 외부위원 4명 등 9명의 위원이 있다. 유럽중앙은행 ECB의 정책위원회는 은행 이사진 6명과 회원국 중앙은행 총재 17명 등 23명이 참여하는 거대 조직이다. 일본은 일본은행 측 3명과 심의위원으로 불리는 6명의 외부인사가 참여하는 정책위원회를 운영 중이다. 금융시장의 역사와 전통이 다른 만큼 스스로의 사정에 맞는 금통위 조직과 운영 노하우를 축적하는 것이 각국의 숙제다.

Vitamin

해운동맹,
그 명암

2016년 4월 20일 중국 상하이에선 새로운 해운동맹이 맺어졌다. 중국, 대만, 홍콩, 싱가포르 해운사들이 참여하는 범㈜중국판 대형 동맹이다. 세계 1위 해운사인 머스크와 MSC가 맺은 2M동맹에 맞서는 모습이다. 이 동맹이 현실화되는 2017년부터는 2M동맹의 시장 점유율을 오히려 능가할 것으로 업계는 예상하고 있다. 해운동맹 '빅2'의 탄생이다. 국내 해운사들은 빅2에 끼지 못했다. 일본과 독일 기업들과 함께 제3의 해운동맹을 맺으려 하고 있지만 여의치 않은 실정이다.

해운사들이 해운동맹에 가입해야 하는 이유는 간단하다. 각 해운사들은 운항 노선을 단독으로 전개할 수도 있지만 해운의 특성상 다양한 목적지를 갖는 수많은 화물을 싣고 모든 항구를 다 커버할 수는 없다. 수많은 화주들의 다양한 행선지를 만족시키려면 거대한 동맹 네트워크를 타야 한다.

해운동맹은 카르텔의 성격도 갖는다. 해운동맹이 운임 담합으로 각국에서 문제를 일으킨 적은 한두 번이 아니다. 하지만 대부분의 국가에선 해운동맹의 카르텔을 문제 삼지 못한다. 그만큼 국가의 이해득실이 걸려 있기 때문이다. 전 세계적인 해운업계 합종연횡의 '새판 짜기'

가 국내 해운업에 새로운 과제로 부상했다. 구조조정을 하고 재무건전성도 키워야 한다. 강한 자가 살아남는 게 아니라 살아남는 자가 강하다.

: 해운동맹 '빅2'에 끼지 못한 한국

1869년 지중해와 홍해를 연결하는 수에즈운하가 개통된 것은 영국과 인도 항로를 왕래하는 선박들 입장에선 코페르니쿠스적 대사건이었다. 인도로 가는 모든 선박은 엄청난 비용과 시간을 절감할 수 있었다. 더구나 증기선 기술도 나날이 발전했다. 피스톤과 증기엔진을 함께 사용하는 복합엔진은 기존의 실린더 방식보다 연료 소비가 3분의 1로 줄었다. 1860년대 영국은 선박에 투자하고 해운 사업에 뛰어들면 돈을 버는 그런 시대였다. 인도에서는 원면을 실어 날랐고 이를 이용해 만든 직물류 등은 다시 인도에 팔았다. 수많은 해운회사들이 앞다퉈 생겼으며 경쟁적으로 화물을 운송했다. 대영제국의 깃발을 단 영국 배들은 자랑스럽게 지중해와 인도양을 넘나들었다.

하지만 1873년 빈의 주식시장이 폭락하면서 촉발된 유럽 불황은 영국에 엄청난 영향을 미쳤다. 당시 영국은 유럽 화물의 집산지였다. 영국의 수출 물동량이 줄어들고 해운사들의 저가 경쟁은 극에 치달았다. 해운시장이 공멸할 것이라는 공포가 엄습했다. 런던과 인도 캘커타(현 콜카타)를 잇는 대형 해운사 4개를 포함한 12개의 모든 선사(船社)들이 카르텔로 뭉쳤다. 적정 가격을 만들고 서로의 선박을 공유하며 이윤도 차등해 배분하자는 것이었다. 그렇게 해서 첫 해운동맹인 캘커타동맹(Calcutta Conference)이 생겼다. 이 같은 해운동맹은 미국이나 아시아를 잇는 선사들에까지 퍼져 갔다.

19세기만 하더라도 해운은 식민지와 지배국을 연결하는 것이 일반적이었다. 하지만 20세기 들어 사정은 달라졌다. 1차 세계대전과 2차 세계대전을 거치면서 미국과 일본이 해운 국가로 변신했다. 이들은 전시 병력과 물자수송을 위해 건조했던 배들을 상선으로 돌려 해운업에 뛰어들었다. 세계 대부분의 항로가 이런 해운 동맹에 의해 개척됐다.

1970년대 최고 성장기에는 이 같은 카르텔이 100개도 넘을 정도였다. 물론 동맹선사들 간의 경쟁도 치열해졌다. 20세기 후반 들어선 운임 가격을 임의로 결정하는 카르텔의 폐해도 눈에 띄게 증가했다.

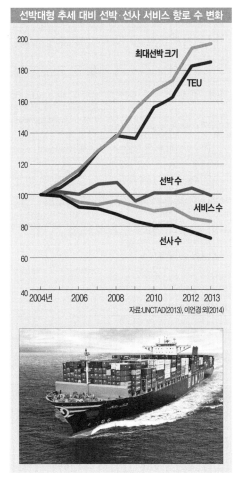

선박대형 추세 대비 선박·선사 서비스 항로 수 변화

최대선박 크기

TEU

선박수

서비스수

선사수

자료:UNCTAD(2013), 이언경 외(2014)

레이건 대통령의 자유화정책

1980년 당선된 로널드 레이건 미국 대통령은 미국을 운항하는 해운사들의 폐해를 눈여겨봤다. 미국 업체들이 유럽의 해운동맹들에 의해 겪는 고충도 들었다. 자유주의 시장경제를 강조하는 레이건으로선 있을 수 없는 일이었다.

　레이건은 1984년 해운법을 제정하면서 어떤 해운사라도 규칙만 준수하면 동맹에 자유롭게 가입할 수 있게 했다. 독점을 금지해 자유롭고 공정한 경쟁체제를 확립한다는 게 그의 입장이었다. 이 해운법은 1998년 개정을 통해 동맹의 입지를 약화시켰다. 유럽연합(EU)도 유럽 항로를 연결하는 해운동맹들에 대해 독과점 지정을 면제하는 조항을 폐지했다.

　싱가포르나 일본에서도 해운동맹의 독과점 여부에 논란이 있었지만 현재는 면제를 인정하는 분위기다. 해운동맹은 이런 과정을 거치면서 운임 담합의 성격은 희석된 반면 다양한 서비스를 제공하는 긍정적 동맹으로 변신했다.

머스크의 출현

머스크는 2009년 글로벌 금융위기 이후 경쟁 선사의 경쟁적인 선박 투입으로 시장을 잠식당한 뼈아픈 경험을 했다. 2011년 머스크는 1만 8000TEU(컨테이너 적재용량)급 컨테이너선 20척을 발주했다. 1만TEU도 상당한 규모였던 당시로써는 상상을 넘어선 대형 컨테이너선이었다. 원가경쟁력이 다른 선사보다 월등히 유리했다. 머스크는 이런 수송 능력 및 초대형선을 바탕으로 다른 선사가 따라오지 못할 서비스를 제공했다. 하루 안에 수송할 수 있다는 데일리 서비스도 내세웠다. 이렇게 해서 2015년 순이익은 13억 달러에 달했다. 머스크가 소유한 배만 285척이고 용선도 305척이나 된다.

　머스크는 2014년 업계 2위인 스위스의 MSC와 해운동맹을 맺고 2M이라는 이름의 동맹을 출범시켰다. 현재 전 세계 해운 수주량의 35~40%를 확보하고 있다. 이렇게 해운사들끼리 동맹을 맺으면 세계 모든 항구마다 화물을 운반할 수 있게 되는 것이 장점이다.

: 汎중국판 대형 해운동맹 탄생

올해 4월 20일 중국 COSCO
를 비롯 홍콩의 OOCL, 싱
가포르의 NOL, 대만의 에
버그린 등 범(汎)중국 해운기
업들과 프랑스의 CGM사들
이 계약을 맺고 새로운 동맹
(CCEO)을 시작한 것은 이런

4대 해운동맹 시장 점유율					
(단위:%)					
2M (27.8)	머스크	14.8	CKYHE (19.4)	COSCO	7.5
	MSC	13.0		에버그린	4.5
G6 (17.0)	하파그로이드	4.5		한진해운	3.0
	OOCL	2.9		양밍	2.5
	MOL	2.6		K라인	1.9
	APL	2.6	O3 (11.4)	CMG CGM	8.8
	NYK	2.4		UASC	2.6
	현대상선	2.0		CSCL COSCO와 합병	

머스크의 독주체제에 반발했기 때문이다. 이들은 2017년부터 세계 시
장 점유율 37% 이상을 목표로 하고 있다. 2M과 CCEO가 경쟁하는 해
운동맹 '빅2'가 시장을 독점할 것으로 보인다.

이렇게 되자 일본의 NYK, K라인과 한국의 한진해운, 현대상선 및
독일의 하파그로이드 등 다른 선사들도 새로운 해운동맹을 추진하려
하고 있다. 하지만 초대형 선박을 운항하는 동맹에 비해 선박 수가 적
어 가격경쟁력이 떨어지는 것은 물론 항로 개척에도 불편이 따른다.

업계에서는 구조조정과 재무건전성 확보를 통해 신뢰성을 쌓아야 하
며 또한 극초대형선을 많이 확보하고, 가격경쟁력이 있으며, 새로운
시장을 적기에 개척하는 선사만이 살아남을 수 있을 것이라고 주장한
다. 더욱이 화물별로 국가 간 교역패턴이나 수급변화, 해상 루트의 변
화 등을 지속적으로 모니터링하는 정보시스템 구축도 필요하다고 역설
한다.

Vitamin

한국에서만 안 되는 35가지 산업

해를 넘긴 논란 끝에 지난 2016년 5월 드론(무인항공기)택배에 대한 정부 방침이 허용으로 정해졌다. 신산업 발전을 가로막는 대표적인 규제로 지적되자 대통령이 관계 부처에 허용 지시를 내린 것이다. 국토교통부, 국방부, 미래창조과학부 등 3개 부처가 쥐고 있는 드론 관련 9개 행정 규제는 이렇게 해서 이보다 두 달 뒤인 2016년 7월부터 없어진다는 결정이 어렵게 내려졌다. 국토부는 항공법 시행규칙, 국방부는 항공촬영 지침, 미래부는 주파수 고시를 고치는 식이다. 하지만 너무 늦었다.

국내 드론업체들은 이미 중국에서 사업을 추진 중이다. 선두 업체 바이로봇이 그런 경우다. 지난해 격추 게임용 드론 1만 7000대를 국내에서 판매한 이 회사는 산업용 드론 신모델을 올 연말 중국에서 날리기로 했다. 이 분야에서 애초 규제가 없는 중국을 택한 것이다.

중국에서는 이미 유통회사들이 드론택배 사업을 선점하기 위해 경쟁적으로 드론 제조업체와 짝짓기에 나섰다. 정부의 규제가 신산업 발전을 가로막고 있음을 보여주는 생생한 사례다. 드론만도 아니다. 신산업·서비스업 부문에서 일본, 중국에는 없고 유독 한국에만 있는 규제를 3국 비교로 점검해본다.

: 드론택배·원격진료, 신산업 꽁꽁 막아놓고 창조?

정부는 입만 열면 신(新)산업 발전, 서비스업 육성을 강조해왔다. 경제 살리기, 일자리 창출을 염두에 둔 규제혁파도 외환위기 이후 모든 정권이 예외 없이 외쳐온 구호다. 하지만 현실은 어떤가. 대통령의 말만 '규제 전봇대(이명박)—손톱 밑 가시(박근혜)—암 덩어리—원수'로 계속 다급해지고 거칠어졌을 뿐이다. 관료사회에는 근본적인 변화가 없다. 한국경제신문 분석에 따르면 신산업, 서비스업, 기업경영 등 세 부문의 대표적인 국내 규제행정 75개 중 35개가 중국과 일본에는 존재하지 않고 한국에만 있는 규제다. 한·중·일 3국에서 모두 시행하는 규제는 20개에 그쳤다. 나머지 20개 규제는 한·중, 또는 한·일에만 있는 규제다.

모두가 빅데이터 시대라고 한다. 박근혜 정부도 '정부 3.0'이란 슬로건으로 정보 공개를 역설해왔다. 하지만 국내에서는 익명으로 된 위치 정보도 쓸 수 없다. 일본에선 스마트폰 자동차와 같은 물건의 위치 정보에는 아무런 규제가 없다. 한국에선 우버택시도 금지돼 있고 버스공유서비스인 콜버스도 몇 달째 표류 중이다. 전기자전거도 모터가 달렸다는 이유로 오토바이 면허증이 있어야 탈 수 있다. 중국에선 시속 20㎞, 무게 40㎏ 이하에는 면허증이 필요 없다.

수소연료전기차(수소자동차)는 전기차와 더불어 대표적인 미래형 자동차다. 현대자동차, 도요타, 혼다만이 개발했을 정도로 한국이 앞선 신산업이다. 하지만 국내에서는 신규 수소충전소를 세우기가 쉽지 않다. 관련 법규가 없다. 한국에서는 법에 없으면 사실상 무조건 불법이다. 법률들의 입법구조가 가능한 것만 나열하는 '포지티브 규제'인 탓이다.

한·일 간에 수소차 선점 경쟁이 치열하지만 충전 인프라에서 한국은 일본에 크게 밀릴 수밖에 없다. 한국의 수소충전소는 10곳인데 반해 일본은 80곳에 달한다. 일본은 기존의 주유소나 액화석유가스(LPG) 충전소에 병설이 가능하다. 중국도 전기차 충전소가 기존의 주유소에 함께 설치된다. 그러나 한국에서는 별도로 설치해야 한다.

헬스케어 등 건강·의료산업도 묶여 있다. '공공의료' 구호에 갇힌 의료 부문은 규제투성이다. 정부가 원격진료와 병원의 자회사를 통한 영리활동 등을 제한적으로 허용키로 했으나 근 3년째 국회의 높은 장벽에 가

한국만 규제하는 신산업	중국	일본	한국	비고
건강·의료 (규제 항목)				
원격진료	O	O	X	
의료정보 공유(의료기관 간)	O	O	X	
배아줄기세포 연구개발	O	O	△	
비의료인의 헬스케어서비스제공	O	O	X	
의료용 앱 개발판매	O	O	O	한국, 작년 말 허용
의용기기로서 3D프린터 사용	O	O	△	
IT·통신·교통				
익명정보(사물) 활용 위치정보서비스	△	O	X	중국은 구글만 제한
드론택배	O	△	X	한국, 허용 예정
전기자동차용 수소충전소 설치기준	△	O	X	
통신사업자 사물인터넷(IoT) 설비 제조	O		X	
전기자전거 무면허	O		X	한국, 오토바이면 필요
환경·에너지				
공장내 신규 화학물질의 자유로운 사용	X	△	X	
전력·가스시장 민간 참여	O	O	△	
에너지저장장치(ESS) 비상전원 인정	△	O		한국, 허용 예정
히트펌프 신재생에너지 인정		O	△	한국, 인정 안함
온실가스 관리지표 축소	O	O	X	중국 2개, 한국 5개

O 허용   △ 일부 허용·허용 추진   X 금지·제한   파악 안됨

로막혀버렸다. 물론 그 뒤에는 의사와 약사들의 기득권이 철옹성처럼 버티고 있다.

1988년 이래 한국이 28년째 시범사업에서 벗어나지 못하는 것과 대조적으로 일본은 2016년 4월부터 전 국민 원격진료 서비스 시대를 열었다. 서구 국가들처럼 의약품 택배까지 허용했다. 이것은 아베노믹스의 일자리 확충 정책의 하나였다. 규제를 풀자마자 일본에선 다양한 서비스가 나오고 관련 일자리도 새롭게 창출되고 있다. 2020년 세계 원격의료 시장은 40조 원에 달할 전망이지만 우리는 스스로 손발을 묶어둔 격이다.

: 성장엔진 식은 뒤 규제개혁 소용없다

의료관광도 구호에 그치고 있다. 한국의 첫 영리병원(투자개방형 병원)을 중국의 뤼디국제병원이 제주에서 추진해온 것은 의료산업에 대한 양국의 인식차와 규제의 실상을 그대로 보여준다. 전 세계적으로 3차원(3D) 프린터 혁신 시대에 들어섰지만 이 기술을 의수, 의족, 인공장기에 적용할 수도 없다. 3D프린터의 성능과 출력물에 대한 인증기준이 없어 의료용으로는 쓰이질 못한다.

박근혜 정부가 출범하면서 규제를 풀어 일자리 60만 개를 창출하겠다고 했지만 서비스산업의 대표적인 규제 30개 중 16개가 중국과 일본에는 없는 규제다. 물론 정부도 서비스산업발전기본법 제정에 나서기는 했다. 하지만 이 법도 19대 국회에서 장기간 계류되다 폐기되고 말았다. 20대 국회에선 과연 어떻게 될까.

금융서비스 쪽에선 대표적인 것이 핀테크(금융+기술) 규제다. 중국에서 개인 간

규제로 점철된 한국의 서비스업

규제 항목	중국	일본	한국	비고
금융				
비트코인 화폐 인정	△	○	✕	일본, 정식화폐 인정
독립투자자문업자(IFA) 도입	△	○	△	한국, 도입 계획
단기보험 온라인 가입	○		△	한국, 전자서명 필수
P2P대출업체 설립	○		△	한국, 대부업등록 요구
보험 가입을 통한 재산 상속	○		△	한국, 상속세 부과
산업자본의 금융자본 소유	○	○	✕	
보험업에 국제회계기준(IFRS4) 1단계만 도입	○	○	△	한국, 2020년 2단계 도입
일반 서비스				
대형마트 휴일 영업	○	○	✕	
공공 시스템통합(SI)사업의 대기업 참여	○	○	✕	
학교 주변 호텔(非유흥호텔) 입지	○	○	✕	
대중음식점 도시락제조 판매	○	○	✕	
맞춤양복업 대기업 진입	○	○	✕	
통신				
휴대전화 보조금	○	○	✕	한국, 상한 규제
건강·의료				
간병·요양 관련 서비스규정 유무		○	△	한국, 불명확
일반의약품 인터넷 의약품 판매	○	○	✕	
영리의료법인 설립	○	△	✕	한국, 제한적 허용
주택·건설				
대기업의 아파트 관리업 참여	○	○	✕	
개발권 양도제(TDR)	○	○	✕	
사후 환경영향 조사 의무	✕	○	✕	
종합건설업 겸업	○	○	✕	
프로젝트파이낸싱(PF) 지급보증 손실 손비 인정	○	○		

○ 허용　△ 일부 허용·허용 추진　✕ 금지·제한　▨ 파악 안됨

거래(P2P) 대출업은 등록만으로도 가능하다. 최저 자본금 요건도 없다. 최대 P2P 대출업체인 루진쉬안은 등록 고객이 2000만 명에 달하고, 이런다이는 뉴욕증시에 상장했다. 한국에선 기본적으로 대부업자로 등록돼 많은 규제를 받는다. 독립투자자문업(IFA)도 중국, 일본과 달리 한국에선 허용이 안 된다. 일반음식점이 도시락을 팔 수 없는 것이나, 대형마트가 의무 휴일을 해야 하는 것도 한국형 규제다. 학교 주변의 호텔 건설, 대기업의 공공입찰, 건설개발사업 등에서도 한국만의 소위 '갈라파고스 규제'들이 적지 않다.

내막을 들여다보면 그럴듯한 이유나 명분이 하나쯤 없는 규제가 없다. 기존의 산업 및 직업과 권력이 문제다. 관료들의 '완장문화'와 '보신주의'도 얽혀 있다. 의사 같은 전문 자격사 집단의 강고한 기득권 체제도 규제로 형상화된다. 2016년 정부 예산 중 60조 3000억 원에 달하는 과도한 국고보조금이 집행되는 과정에도 규제는 끼어든다.

결국 정부의 의지가 중요하다. 중앙정부부터 각급 지방자치단체까지 책임감과 용기를 갖고 실질적인 규제혁파에 나서야 투자가 이뤄진다. 일자리도 그렇게 생긴다. 모두가 경제 살리기를 외치지만 규제개혁이라는 쉬운 길을 두고 어려운 길을 가려 한다. 연간 성장률 2%대를 겨우 유지하는 저성장의 엔진이 더 식어버린 뒤에는 규제의 개선도 혁파도 다 소용이 없어진다. 고르디우스의 매듭을 끊듯 접근할 수밖에 없는 게 규제개혁이다. 신산업 분야는 아예 시장 생태계에 맡기고 정부는 간섭 자체를 배제해야 한다.

Vitamin

공유경제는
시장의 진화

최근 세간에 회자되는 대표적 용어 중 하나가 공유경제다. 21세기를 대표하는 이념적 슬로건이라고도 한다. 하지만 보통사람들이 공유경제를 이해하는 과정에서 크나큰 오류가 나타나고 있다. 공유경제는 마치 모든 것을 공유하고 나눠 쓰며 평등하게 분배하고 공동체적으로 살아가는 경제로 오인하고 있다. 일부 정치인이 자주 쓰는 사회적 경제도 이런 공유경제에 대한 오해를 바탕으로 하고 있다.

그러나 공유경제는 자본주의의 축적된 경험과 진화 과정에서 나온 개념이다. 제조원가나 서비스원가를 줄이기 위해 모바일을 통해 서비스 생산자와 소비자를 맞대면시킨 것이 공유경제다. 우버(Uber)나 에어비앤비(Airbnb)도 영리를 목적으로 하는 엄연한 기업이다. 이를 통해 소비자 후생이나 생산자 이익은 극대화한다. IT에 힘입어 광역적인 수요공급망을 새로 창출한 것이 공유경제다.

비상업적으로 나눠 쓰고 공유하며 분배하는 건 사회적 자선이요, 기부이지 공유경제가 아니다. 밀턴 프리드먼이 지적하듯 기업은 결코 자선단체가 아니다. 수익을 창출하는 게 지상 최고의 목표다. 거래비용을 절감하고 수익 극대화를 위해 나온 혁신이 바로 공유경제다.

그런데 지금 한국에선 이 공유경제를 잘못 읽고 있다. 사회주의 경제에 매몰된 이들의 착각이 만들어낸 구도다.

: 공유경제 상징된 우버, 에어비앤비

미국 샌프란시스코에서 작은 벤처를 운영하던 개릿 캠프는 하루에 콜택시를 몇 번씩 부르는 게 힘들었다. 비용도 많이 들었다. 어떻게 하면 손쉽고 값싸게 택시를 활용할 수 있을지 고민하다 모바일폰을 이용한 유휴차 아이디어가 떠올랐다. 차를 소유한 유휴 운전자를 찾아주는 모바일 앱(응용프로그램)이 있다면 훌륭한 비즈니스 모델이 될 수 있을 거라고 생각했다. 사용자가 호출하면 GPS 정보를 이용해 등록 차량이 연결됐다. 그는 친구이자 사업파트너인 트래비스 캘러닉과 상의했다. 두 사람은 2009년 사업을 시작했다. 우버는 그렇게 탄생했다.

우버는 출시되자마자 폭발적인 호응을 얻었다. 2014년 말 기준 계약직 기사가 16만 명을 넘어섰다. 우버를 부르면 평균 2분 4초 안에 도착한다. 현재 세계 100개국 370여 도시에서 서비스하고 있다. 비단 우버만이 아니다. 숙박 공유시스템 에어비앤비도 대표적인 공유경제의 상징이다. 미국 샌프란시스코에서 2008년 설립된 에어비앤비는 개인 주택 등 사람이 지닐 수 있는 모든 공간의 공급자와 수요자를 인터넷상에서 서로 중개하는 앱이다. 에어비앤비의 등장으로 미국 호텔 수익은 평균 10% 줄어들었지만 여행자의 60%는 이득을 얻고 있다. 법률 전문 앱 서비스인 액시엄은 창업한 지 불과 5년 새 변호사 1500명을 확보했다. 고객은 로펌에 비해 싼값으로 이들을 활용하고 변호사도 수익을 많이 챙기는 '윈윈'이다. 사무실 운영비가 그만큼 줄어들었다. 의료 서비스 메디캐스트도 인기다. 환자가 앱에 증상을 기록하면 두 시간 내에 의사가 달려온다. 의료보험 등도 모바일에서 처리한다.

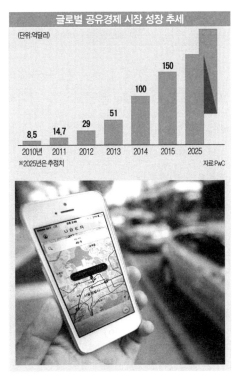

미국의 모든 서비스산업이 공유경제로 빨려들고 있다. 모든 서비스의 공급과 소비가 모바일을 통해 이뤄진다. 공유경제에 종사하는 이들이 미국 전체 고용시장에서 차지하는 비중도 더욱 커지고 있다.

미국 프리랜서연합은 미국 고용 인력 전체의 34%가 이런 공유경제 직종에 종사한다는 추정까지 내놓았다. 카츠 하버드대 교수와 크루거 프린스턴대 교수팀은 최근 논문에서 이를 18.5%로 추정했다. 10년 뒤엔 40%가 넘을 것이라는 관측이 지배적이다. 특히 고학력 업종이 공유경제로 바뀌고 있다. 서비스업 발달과 함께 전통적인 근로형태가 축소되고 자영업자나 프리랜서, 계약직 노동자 등이 노동시장에서 차지하는 비중이 높아지고 있다.

거래비용의 절감

공유경제는 기본적으로 모바일을 통해 자생한 경제 형태로 비상업적 거래를 근간으로 하는 사회적 경제와 근본적으로 다르다. 공유 경제의 이점은 뭐니해도 거래비용의 절감이다. 그동안 재화와 서비스의 공급자와 생산자들이 시장으로 상품을 팔기까지 들어가는 비용, 즉 제조원가나 서비스원가를 줄이는 건 기업경쟁력의 핵심이었다.

하지만 공유 경제시대는 생산자와 소비자가 인터넷을 통해 직접 연결되는 형태다. 우버 운전자들은 택시회사를 위해 일하지 않고 앱을 통해 고객을 직접 만난다. 원가가 거의 들어가지 않는 구조다.

시장 진입 시 직면하는 수많은 규제나 장애물도 제거된다. 정부에서 내주는 허가나 면허에 신경 쓰지 않아도 된다. 그만큼의 이익은 물론 소비자에게로 돌아간다. 소비자는 낮은 가격으로 손쉽게 서비스를 받을 수 있다. 가격과 품질 등에서 소비자 후생이 늘어나는 건 당연한 이치다. 이는 해당 공유경제 이용자에게 국한되지 않고 산업 전반에 영향을 미칠 수 있다. 소비자는 돈을 절약하게 되고 그 돈을 소비에 지출하거나 투자하게 돼 경제 성장에 도움이 된다.

미국은 공유경제 체질로 진화

이미 미국의 서비스산업은 공유경제로 접어들었다. 조사기관인 캘리서비스에 따르면 미국 노동자 10명 중 3명이 자유계약직이라고 한다. 자유계약직에서 신기술에 친숙한 밀레니얼 세대(1982~2000년 출생)가 26%를 차지했다. 파이낸셜타임스는 "밀레니얼 세대는 기업에서 임원을 꿈꾸는 것이 아니라 페이스북의 마크 저커버그나 구글의 래리 페이지와 같은 CEO를 꿈꾸고 있다"고 분석했다. 안정된 직장보다 자신들의 직업을 훨씬 즐기고 가꿔간다는 것이다. 장래에는 이들이 만드는 다른 형태의 경제체제가 출현할 것이라고 미래학자들은 내다보고 있다. 디지털 네트워크와 인터넷 플랫폼 기반 아래 자신의 역량을 보다 가치 있게 평가받는 시대가 될 것이라는 얘기다. 사회 전체의 효용도 극대화되기 마련이다. 이런 시대에는 노동조합도 바뀔 것으로 예상된다.

한국은 어떤가

한국에서 우버는 아직 불법이다. 택시는 위험한 수단으로 인식되면서 영업용으로 등록된 차만 허가를 내준다. 택시뿐만이 아니다. 서비스업의 규제가 유독 심한 나라다. 온갖 서비스 업종이 면허나 허가제로 묶여 있다.

2016년 7월 서비스를 시작한 콜버스는 법인 설립 후 1년이 돼서야 허가를 받았

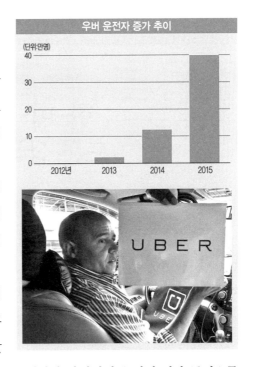

우버 운전자 증가 추이

(단위:만명)

다. 그것도 기존 택시·버스 면허업자만 한정면허를 얻어 심야 콜버스를 운행할 수 있도록 했다. 일일 관광가이드도 면허제도가 없다는 이유로 하지 못한다.

지식서비스업은 더욱 그렇다. 1만 6000개 업소가 등록된 에어비앤비는 유독 한국에서만 조용하게 사업을 운영하고 있다. 규제가 극성인 나라다. 문제는 이런 규제를 어떻게 해결하는가다. 이병태 KAIST 교수는 "무엇보다 소비자 후생을 최우선으로 생각하는 자세가 필요하다. 규제개혁이 가장 먼저 이뤄져야 세계적 공유경제 흐름에 뒤처지지 않을 것"이라고 밝혔다. 하지만 공유경제 구호는 오히려 외국에 비해 요란하다. 물품과 서비스를 개인이 소비할 필요 없이 빌려 쓰고, 필요 없는 경우 다른 사람에게 빌려주는 캠페인마저 벌이고 있다. 한국은 이런 나라다.

Vitamin

한·미·중
드론 삼국지

2016년 8월 29일은 세계 드론 업계에 역사적인 날이었다. 2년여 간 끌어온 미국의 '상업용 드론 운항 규정'이 이날 발효됐다. 그동안 미국 내에서 운항 허가를 기다려온 드론 1만 8940대가 이날부터 날아오를 수 있게 됐다. 허가 등록을 받기 위해 대기하고 있는 드론이 미국에서만 60만 대라고 한다.

미국은 그동안 드론을 군사산업의 한 분야로 인식하고 진흥보다는 규제정책을 펴왔다. 그런 미국의 방향 선회는 여러가지로 큰 의미를 갖는다. 세계 최대 시장에서 상업운항이 허용된다는 것은 하늘에 '돈 길'이 열린다는 뜻이고, 드론이 자동차나 스마트폰 못지않은 거대한 비즈니스 영역으로 커간다는 얘기다. 이날을 '드론 혁명'의 시작일로 부르는 건 이 때문이다.

드론을 단순한 비행기 장난감 정도로 인식하는 분위기였던 우리나라엔 적잖은 충격이다. 더구나 중국이 우리보다 10년 앞선 기술로 세계 드론시장을 선도하고 있다는 사실은 많은 반성을 하게 한다. 새로운 성장산업으로 급부상한 드론산업. 세계의 경쟁 현황, 한국의 현 위치를 점검해본다.

: 드론을 상품으로 인식한 중국이 시장 선도

드론 이전에도 무인항공기는 있었다. UAV(Unmanned Aerial Vehicle)라고 불린 무인항공기 개발 역사는 제1차 세계대전으로까지 거슬러 올라간다. 1918년께 미국이 만든 '버그'가 최초라는 설이 있고, 1930년대 초 영국이 만든 '여왕벌'이라는 무인기가 처음이라는 주장도 있다. 전투기나 방공포 훈련 때 공격하는 가상 적기로 쓰이던 이 무인기가 군사적 가치를 인정받은 것은 20세기 후반이다.

미국은 고(高)고도 정찰기인 U2기가 1962년 소련에 의해 격추되자 무인 정찰기를 개발하기 시작했다. 이스라엘은 1982년 '스카우트'라는 무인기를 날려 시리아가 발사하는 미사일을 역추적해 레이더 기지 위치를 파악하는 데 활용했다. 미국과 이스라엘은 군사 목적의 무인기 개발에서는 세계 최고의 경쟁력을 지니고 있다.

상업용 드론 시장 '빅3'

드론(drone)은 '벌이 웅웅거리다'라는 뜻인데 초기에는 군사용 무인기를 부르는 데도 쓰였으나 민간용 개발이 본궤도에 오르면서 상업용 또는 취미용 무인항공기를 지칭하게 됐다. 세계 상업용 드론시장은 2025년께 연 127억 달러(시장조사 업체 트랙티카 추산)로, 취미용까지 포함하면 820억 달러(미국 국제무인기협회·AUVSI 추산) 규모로 성장할 것으로 예상되고 있다.

미연방항공국(FAA)에 따르면 세계 드론 연간 판매 대수는 올해 취미용 190만 대, 상업용 60만 대 등 250만 대 규모이고, 2020년께는 취미용 430만 대, 상업용 270만 대 등 연간 700만 대에 이를 전망이다. 이렇게 유망한 시장인데도 한국은 최근에야 드론 바람이 불었고, 그만큼 뒤처져 있다.

세계 상업용 드론시장은 '빅3'가 주도하고 있다. 세계 1위 기업은 중국의 DJI(다쟝 창신커지:大彊創新科技)다. 혁신적 모델로 세계 상업용 드론시장의 70%를 점유하고 있어 드론업계의 '애플'로

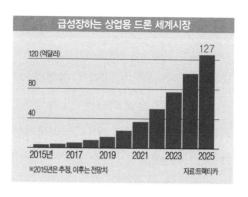

불린다. 모형 비행기광인 프랭크 왕(36)이 2006년 홍콩과기대 졸업과 동시에 창업했는데, 자본금 3억 원은 그가 홍콩로봇경진대회에서 1등을 해서 받은 상금이었다. 왕의 혁신 포인트는 수준 높은 기술이 아니었다. 대신 그는 조립이 거의 필요 없고, 쉽게 뜨고 내리는 '나는 카메라'를 제작하는 데 주력했다. 2013년 내놓은 '팬텀'시리즈가 초대형 히트 상품이 됐다. 소니와 협력해 개발한 일체형 카메라를 장착한 팬텀시리즈는 46만~200만 원의 가격은 물론 기술 디자인 기능 등 모든 측면에서 발군이었다. DJI의 2014년 매출은 5000억 원이었지만 지난해에는 1조 1000억 원을 넘긴 것으로 알려졌다. 지난달에는 용인에 세계 최초의 실내 드론 비행장도 개설했다.

세계 2위 기업은 프랑스의 패럿(Parrot)이다. 1994년 창립된 자동차 부품 제조사로 2010년께부터 100~150달러짜리 'AR드론' 등을 150만 대 이상 판매하면서 급성장했다. 조정기 없이 스마트폰 앱으로 드론을 조정하는 게 특징이다. 2014년 1370억 원이었던 매출이 지난해에는 4350억 원으로 세 배 가까이 뛰었다.

세계 3위 업체는 미국의 3D로보틱스(또는 3DR)로 미국에서 소비자 드론 시장을 처음 개척했다. 창업자인 크리스 앤더스는 2007년께 드론 관련 공개기술을 활용해 대당 300달러짜리 드론을 제작하는 데 성공했

다. 지난해 2월 퀄컴의 5000만 달러 등의 투자를 유치해 성장기반을 마련했다. 지난해 매출은 500억 원 수준이다.

: 스마트폰 이을 거대 시장, 한국 新시장 놓칠 위기

미국, 상업용 드론 진흥 시동

중국은 정부가 진흥책으로 드론산업을 키웠고, 프랑스를 포함한 유럽연합(EU)은 상업적 가치를 높게 봐 규제를 가능한 한 없애려고 노력했다. 이에 비하면 군사용 무인기 선도 국가인 미국은 상업용에 관해선 규제의 끈을 계속 잡고 있었다.

중국이 상업용 드론 세계 1등이 되는 데는 정부의 진흥책이 중요한 역할을 했다. 중국이 드론 운항의 안정성과 산업적 개발을 고려한 각종 법률 규정을 '민용항공법'으로 통합한 것이 1996년이다. 이를 통해 드론 전용비행구역을 신설했고, 7kg 이하 무인기는 조종사 자격증명이 필요 없도록 했다. 최근 들어 안전과 보안 문제 등으로 드론 규제를 강화하기까지 사실상 20년 가까이 드론산업을 '건드리지' 않았다.

여기에 비하면 미국은 아마존 등 배송 업체들이 드론배달을 허용해 달라고 줄기차게 요청해도 한동안 규제를 유지해왔다. 그러다 2년여 준비 기간을 거쳐 이번에 상업용 드론 운항을 허용하는 운항 규정을 발효시킴으로써 드론산업이 비상할 발판을 마련해준 것이다. 앞으로 추가 규제완화책을 계속 내놓겠다고 하니 이제 드론 진흥책이 가동된 셈이다.

한가한 한국, 드론 후발국 됐다

드론산업에 관한 한 한국은 이미 10여 년을 허송했다. 정부는 지난 5월

제5차 규제장관회의를 갖고서야 그나마 선진국 수준으로 드론 관련 규제를 완화하겠다고 발표했을 정도다. 중국에 비하면 산업은 10년, 정부정책은 20년 늦었다.

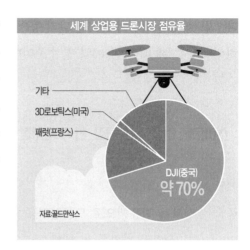

세계 상업용 드론시장 점유율

기타
3D로보틱스(미국)
패럿(프랑스)

DJI(중국)
약70%

자료:골드만삭스

신산업은 대부분 이전에는 없던 새 상품이어서 기존 규제를 갖다 대는 게 맞지 않을 때가 많다. 한국의 경우 드론을 새로운 상품이나 비즈니스로 보려하지 않고 '작은 비행기'라는 기기로만 본 것이 문제였다. 상업적 성공보다는 국방과 안보문제라는 틀에서 제약을 가할 수밖에 없었다. 일부 도시만 드론 특구로 정하는 정부의 '진흥' 방식도 문제다. 다른 도시에서는 드론을 만들지 말라는 얘기와 같기 때문이다. 국내 드론업체는 약 1200개가 등록돼 있으나 제대로 매출을 내는 곳은 20~30곳에 불과하다.

: 드론산업에 기회는 있는가

드론은 핵심기술력보다는 시장에 맞는 혁신적인 비즈니스 모델로 승부할 수 있는 아이템이다. 스마트폰에서 세계적인 경쟁력을 자랑하고 있는 국내 업체들이 충분히 경쟁해볼 수 있는 산업이라는 얘기다. 아이폰을 내세운 애플이 노키아를 침몰시켰던 것은 기기 경쟁력이 아니라 생태계 경쟁력이었다. 아이폰 같은 스마트폰에서 가동되는 각종 앱(App)을 개발하거나 카메라 같은 핵심부품을 공급하는 회사들이 같이 커간 것이다.

드론산업에서도 스마트폰 못지않은 산업 생태계가 형성될 것이다. 각종 고기능 센서, 추락에 대비한 드론용 에어백 또는 낙하산, 비행금지 자동설정 장치, 충돌방지 기능, 고성능 카메라 및 사생활 보호 소프트웨어 등 기기 외에도 많은 기업이 새로운 혁신으로 승부할 것들은 여전히 많다. 최근에는 드론 운행 보험 등도 논의되고 있고, 드론이 수집하는 데이터를 쉽게 저장하고 처리하는 데이터 플랫폼의 중요성도 논의되고 있다.

이제라도 정부가 규제 일변도에서 손을 떼고 대기업을 포함한 새로운 혁신 기업들이 드론산업에 뛰어들어야 한다. 그렇지 않으면 막 시작된 글로벌 드론 혁명에서 한국은 아주 눈에 띄는 낙오자가 되고 말 것이다.

PART 2

개인과 집단, 그 이해의 실마리는 무엇인가

Vitamin

콩도르세의 저주
부정되는 민주주의

선거철만 되면 후보자들은 민주주의를 얘기하고 칭송한다. 다수의 승리라면 환영할 일인 것인지. 하지만 민주주의는 삐꺽거리고 있다. 시민들은 분열되고 의회 독재는 강화된다. 무엇이 잘못되었는가.

사실 민주주의는 하나가 아니다. 여러 개다. 표결방법에 따라 의사를 결집하는 방법이 다르다. 아니 국민 다수대중의 집단의사라는 것을 우리는 어떻게 알게 되는가. 표결은 진정 믿을 만한 것인가. '다수결 원칙'은 어느 정도 정당성을 갖는가.

개인이 합리적 선택을 하더라도 집단의 의사결정은 합리적일 수 없다는 콩도르세와 애로의 지적만 돋보인다. 민주주의의 구조적 모순이다. 확률론이나 구조방정식 등 온갖 방법론을 동원해 표결의 문제를 해결하려 하지만 뾰족한 방법이 없다. 민주주의의 덫에 빠진 현대 사회다.

: 콩도르세 "투표 결과는 당신을 속인다"

고대 아테네에서 가장 중요한 정치 기능은 불레(boule·평의회)라는 기구가 수행했다. 일종의 대의원회다. 대의원들을 선택하는 데 사용한 방법은 놀랍게도 제비뽑기였다. 아테네 시민들은 공직을 하나의 사회적 공공재로 여겼다. 모든 자유 시민들 사이에 이 재화는 동등하게 배분되어야 했다. 시민들이 통치권에 대해 동등한 몫(1/n)을 갖는 게 바로 평등이며 민주주의고 제비뽑기가 이를 보장해준다고 생각했던 것이다. 이런 믿음의 근간에는 30세 이상 시민이라면 일생 동안 적어도 한 번은 관직을 가질 것이라는 기대가 있었다.

아리스토텔레스는 '통치와 복종을 번갈아 하는 것을 시민의 덕'이라고까지 표현했다. 하지만 이런 전통은 제대로 전승되지 못했고 차츰 사라져갔다. 봉건제와 절대왕정 시기를 지나 근대적 시민혁명이 탄생하면서 민주주의는 대의제 형태로 발전되어 갔다. 투표권은 당연히 다수결이 지배했다. 하지만 다수결은 간단치 않은 문제를 낳고 있다. 다수결은 필요악일 수도 있다. 다수의 횡포와 소수 의견의 묵살, 선동적 결정에 취약하며 그것이 대중의 집합적 의견인지도 불명이다.

'다수결의 모순' 지적한 콩도르세

18세기 공리주의자들은 개인이 합리적으로 행동하면 사회도 효율적일 것이라고 생각했다. 다수결 원칙도 그런 연장에서 이해됐다. 하지만 프랑스의 수학자이면서 사상가 마르퀴 드 콩도르세(1743~1794)는 개인의 선호가 집단의 선호와 반드시 일치하지는 않는다는 사실을 발견했다.

그는 A를 B보다 좋아하고 B를 C보다 좋아하면 반드시 A가 C보다 선호돼야 하는데도 사회적으로 그렇지 않은 결과가 나온다는 사실을 입증했다. 어떤 선거구에 출마한 세 후보에 대해 사전조사를 한 결과 3분의 1은 A〉B〉C, 3분의 1은 B〉C〉A, 3분의 1은 C〉A〉B라는 선호도를 보였다고 할 경우 대개 A 대 B에서는 A가 과반득표를 하고, B 대 C에서는

B가 과반 득표를 한다.

하지만 A 대 C가 대결하면 당연히 A > C이어야 맞는다. 그러나 실제로는 A 대 C에서는 C가 과반을 득표한다. 이를 '콩도르세의 역설'이라고 부른다. 그는 프랑스 혁명기 헌법 초안을 만들면서 다수결 원칙의 부당성과 소수 의견의 중요성을 줄곧 강조했다.

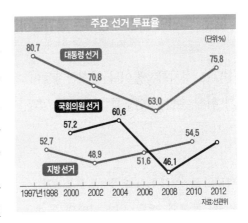

선거가 사회적 합리성을 가지려면

1972년 노벨경제학상을 받은 케네스 애로(1921~)는 콩도르세에서 한 걸음 더 나아가 다수결에 따른 합리적 의사결정은 아예 불가능하다는 사실을 밝혀냈다. 그는 1951년 '사회적 선택과 개인의 가치'라는 논평에서 투표제도가 사회적 결정 수단이 될 수 없음을 수학적으로 증명해냈다. 이를 '애로의 불가능성 정리'라고 부른다.

애로는 투표제도인 선거가 사회적 합리성을 가지려면 △만장일치의 원칙(모든 사람이 A를 B보다 좋아하면 선거에서 A가 B를 이겨야 한다) △이행성의 원칙(A가 B를 이기고 B가 C를 이기면 A가 C를 이겨야 한다) △독립의 원칙(A와 B의 우선순위는 무관한 제3의 대안 C에 의해 영향을 받아선 안된다)△독재자부재의 원칙(다른 사람의 선호와 무관하게 항상 자기의 뜻대로 결정을 내리는 사람이 없어야 한다) 등의 속성을 지니고 있어야 하지만 어떤 투표제도도 이와 같은 속성을 모두 만족시킬 수 없다는 것이다. 민주주의에 대한 믿음에 못을 박아버린 것이다.

: 애로 "집단의 합리적 선택은 불가능하다"

수많은 정치학자들이나 경제학자들이 애로의 불가능성 정리를 극복하기 위해 수많은 연구를 거듭하고 있다. 학자들의 연구 방향은 크게 두 가지다.

'애로의 불가능성 정리'는 극복할 수 있는가

첫째, 투표와 같은 집단 선택의 문제를 개인 선택의 분석 도구인 선호 관계를 이용해 분석하려는 애로의 시도는 애초부터 전제가 잘못된 것이라고 비판하는 흐름이다. 이들은 사회적 합리나 사회적 후생은 주어진 제약 하에서 극대화될 수 있는 성질의 것이 아니며 사회는 그 자체로 개인과는 다른 차원의 특성을 갖는 존재로 해석해야 한다는 입장이다. 이런 흐름의 대표적인 학자가 공공선택이론을 주창한 뷰캐넌이다. 그는 제비뽑기와 같은 무작위 선택법이 임의적이긴 하지만 다수결 투표의 대안으로 별 저항 없이 받아들여질 수 있는 것도 사회의 특수성이라고 설명했다.

둘째는 애로의 분석의 틀은 인정하는 대신 애로의 결론을 반박하려고 애쓰는 흐름이다. 이들은 애로가 요구한 공리나 조건들이 너무 제약적이므로 이 조건들을 완화하면 불가능성 정리를 극복하는 결과를 얻을 수 있다고 생각했다.

블랙과 다운즈 등은 다수결 투표 아래에서 중위의 대안이 선택될 가능성이 크다

마르퀴 드 콩도르세

케네스 애로

는 사실을 발견해냈다. 이를 '중위투표자의 정리'라고 한다. 중위투표자는 선호 분포에서 중앙 부위를 차지하는 유권자를 가리킨다. 이 이론도 선호 분포가 흩어져 있는 경우에는 제대로 설명해내지 못한다는 점에서 비판을 받았다. 결국 다수결 원칙은 문제투성이요, 허점이 많은 것이라는 게 일반적인 견해다. 이 이론을 깨뜨리고 다수결을 옹호하는 석학이 과연 나올 수 있을 것인지.

다수결 정치가 탄생시킨 법칙 '정족수'

다수결 정치에도 기준이 필요하다. 그게 정족수다. 대부분의 정치적 의사결정은 미리 정해진 정족수를 따르게 된다. 회의 성립 기준인 의사정족수와 의안을 결정하게 되는 의결정족수가 있다. 보통의 경우 참석자의 과반수가 일반적이다. 한국 대통령 선거가 대표적이다. 국회는 좀 다르다. "국회는 헌법이나 법률에 특별한 규정이 없는 한 재적의원 과반수의 출석과 출석의원 과반수의 찬성으로 의결한다"고 규정해놓았다.

프랑스 대통령 선거는 과반수 규칙을 적용해 1차 투표에서 유효표의 과반수 득표자가 없는 경우 다득표자 2인을 대상으로 2차 결선투표를 한다. 과반수가 아닌 3분의 2나 4분의 3과 같은 중(重)다수결로 결정되는 사례도 많다. 국무회의 의결정족수는 3분의 2다. 헌법개정안도 재적의원 3분의 2 이상의 동의가 필요하고 법률안 재의도 의원 3분의 2 이상의 찬성이 있어야 한다. 위헌 결정도 헌법재판관 9명 중 6명의 결정에 따른다.

중다수결은 그 존재만으로 다수 측의 횡포를 억제할 수 있다고 하지만 오히려 그 제도로 인해 소수의 힘이 강화돼 다수에 대항하는 무기가 되기도 한다. 국회선진화법의 의결정족수는 5분의 3이다. 정족수를 맞추기 위한 협상이 바로 정치다. 링컨 대통령은 노예해방법 통과 과정에서 모자라는 20명을 채우기 위해 야당 의원들을 설득하고 협박해야 했다.

Vitamin

의사결정
저질화의 법칙

어쩌다 벌어지는 일일까, 체화된 습관일까. 토론이 실종된 한국 사회의 '깽판' 문화 얘기다. 토론을 막말 인신공격과 구분 못하고, 협상은 배신과 동의어로 치부된다. 맘에 안 들면 판을 깨는 일도 다반사다. 다수결도 무의미하다. 자제와 승복이 존재하지 않기 때문이다. 그럼에도 우리 편이면 다 용서된다.

한국인은 애당초 합리적 의사결정이 불가능한 DNA를 가지고 태어났을까. 그런 풍경들이 한두 가지가 아니다. 세월호특별법 협상은 여야가 두 차례나 합의하고도 없던 일이 됐다. 의욕적으로 출발한 노사정위원회는 첫날부터 파장이다. 공무원연금 개혁 공청회, 쌀 관세화 당정협의는 고함과 계란 세례로 얼룩졌다. 목소리가 커야 이긴다는 '데시벨 원칙'만 남았다.

정치권만의 문제도 아니다. 가벼운 접촉사고에도 목청부터 높이는 게 한국인에겐 생활의 지혜라는 식이다. 만인에 대한 만인의 투쟁이다. 정치학에서 아나키(anarchy), 사회학에서 아노미(anomie), 물리학에서 카오스(chaos)라고 부르는 상태다. 니체는 "광기 어린 개인은 드물지만, 집단에는 그런 분위기가 항상 존재한다"고 했다.

민주주의의 실패인가, 아니면 민주주의의 본질인가. 혼돈의 한국 사회에 드리운 '의사결정 저질화의 법칙'을 공공선택론의 관점에서 생각해보자.

: 독재에의 유혹, 만장일치 사회의 약점

새누리당과 새정치민주연합(현 더불어민주당)의 공통점이 있다. 둘 다 '새'자 돌림이고, 시도 때도 없이 '혁신'을 내세운다. 하지만 드러난 행태는 구태 그 자체여서 새롭다고 봐줄 사람도 없다. 혁신은커녕 퇴보를 거듭하니, 혁신이란 말의 무게만 한없이 가벼워졌다. 그럼에도 정치권은 틈만 나면 혁신을 강조한다. 이유가 뭘까. 여기엔 의사결정 저질화의 법칙이 숨어 있다.

제1야당이 거리로 뛰쳐나가는 메커니즘

다수를 만족시킬 아젠다는 추상화될 수밖에 없다. '착하게 살자'는 말에 반대할 사람은 없다. 하지만 각론에 들어가면 다르다. 무엇이 착한 것인가에 대해선 제각각이다. 각론적 합의는 불가능하다. 추상적 총론 합의, 각론 분열이라는 저질화의 메커니즘으로 가는 것이다. 따라서 누구나 동의할 만한 두루뭉술한 구호를 내걸고, 구체적 사항은 사무국에 위임한다. '사무국 독재'라는 기묘한 의사결정 구조가 나타난다. 소련 등 공산독재가 바로 그런 경우였다.

하지만 민주국가에선 공산국가와 같은 독재기구를 둘 수 없다. 따라서 의사결정 저질화의 단계에 접어들면 어떤 결정도 내리지 못하는 '무결정의 결정' 상태가 된다. 국가가 결정하는 것을 줄이는, 즉 작은 정부여야만 하는 이유다. 정부가 결정하는 것이 많아질수록 특수이익집단들에 편익이 집중되고 비용은 분산된 정책, 다시 말해 입법 로비가 성행하게 된다.

정당도 마찬가지다. 야당은 지리멸렬할 때마다 거리로 뛰쳐나갔다. 혁신이란 총론에는 동의하지만, '어떻게'로 들어가면 복잡한 계파 간에 각론 합의가 불가능했기 때문이다. 전체를 하나로 묶기 위해서는 강경한 총론적 구호가 필요해지는 것이다. 지난 11년간 당 대표가 28명이나 바뀐 이유다.

집단이기주의는 대개 공익으로 포장된다

정치인들이 '국민의 뜻'을 외치듯, 이익집단들은 '공익'을 입에 달고 산다. 철도노조가 파업 당시 내건 명분은 국민 안전과 요금폭탄 등 소위 '공공성 훼손'을 막겠다는 것이었다. 농민단체의 농산물 개방 반대 명분은 식량주권과 먹거리 안전이고, 의사·약사 단체는 무엇을 반대하든지 '국민 건강'을 내건다. 집단이기주의가 정치와 만나 화학반응을 일으키면 의사결정 불능 상태로 치닫게 된다. 이들이 말하는 국민과 공익이 무엇인지는 한 꺼풀 들춰 보면 금방 알게 된다. 철도노조는 경쟁 회피, 농민단체는 더 많은 보상, 의사·약사들은 수입 보장에 다름 아니다. 사익을 공익으로 보기 좋게 포장한 것이다. 일찍이 "공익을 외치는 사람 치고 진정 공익을 위해 일하는 사람을 못 봤다"던 애덤 스미스의 말이 연상된다.

저질일수록 대표로 선출된다

2013년 12월 전국의사궐기대회 도중 의사협회장이 자해를 시도하는 사건이 벌어졌다. 이후에도 돌출행동을 거듭하던 회장은 결국 불신임으로 물러났다. 의사들은 왜 이런 사람을 대표로 뽑았을까. 건강보험 수가 인상, 영리병원 저지 등을 관철하는 데는 품위 있고 합리적인 후보가 뽑히기 어렵다. 어쩌면 자해공갈도 서슴지 않을 수준이었기에 선출됐을지도 모른다.

헨리 폰다 주연의 1957년 영화 〈12인의 성난 사람들〉의 한 장면. 12명의 배심원이 살인사건을 놓고 합리적 의심이 사라질 때까지 치열하게 토론하고 논쟁하는 과정은 의사결정의 진수를 보여준다.

대표적 선출직인 국회의원은 집합명사로는 늘 개탄의 대상이다. 그 수준은 대리기사 집단폭행의 빌미가 된 "내가 누군지 알아!"로 알 수 있다.

하지만 선거철 각론에 들어가면 달라진다. 국민 대표라는 역할보다는 당장 지역구에 '예산폭탄'을 터트려줄 후보에 표심이 움직인다. 청문회장에선 정의의 사도를 자처하던 의원들이 뒷구멍으로 쪽지예산을 들이미는 이유다. 그렇게 낯이 두꺼워야 당선 확률이 높아진다. 선거가 거듭될수록 정치의 저질화는 가속화된다.

: 法과 소시지 만드는 과정은 안 보는 게 낫다

서양에선 "소시지와 법률을 좋아한다면 만드는 과정은 안 보는 게 낫다"는 말이 있다. 그만큼 지저분하다는 얘기다. 정치인과 관료는 입으로는 공익을 말하지만 그들도 사적 이익의 동기를 갖는다. 그런 점에서 공공선택론은 정치와 행정을 경제학적 방법으로 분석해 의사결정의 본질에 대해 통찰력을 제공한다. 이헌재 전 부총리의 저서 제목이 《경제는 정치다》인 것도 의미심장하다.

정부 실패는 교정할 기회가 적다

가치 다원화시대에 개인 간, 집단 간 이해관계는 끊임없이 충돌한다. 에이먼 버틀러 애덤스미스연구소장은 "다수결의 민주주의는 한 마리 양과 두 마리 늑대가 저녁식사를 위해 누가 누구를 먹을 것인가를 결정하는 것과 같다"고 지적했다.

어느 사회든 단일한 공익은 존재할 수 없다. 정치적 과정은 경쟁하는 욕구들을 조율하고 해결해가는 과정이다. 이는 투표와 입법을 통해 나타난다.

그러나 천양지차인 개인들의 선호를 제대로 반영하는 투표제도는 불가능하다. 이 때문에 공공선택론은 18세기 투표제도를 연구했던 프랑스 귀족 보르다와 콩도르세까지 그 기원을 거슬러 올라간다. 현대의 공공선택론은 제임스 뷰캐넌(1986년 노벨경제학상 수상)과 고든 털럭의 기념비적 저서 《국민합의의 분석》(1962)을 출발점으로 본다. 뷰캐넌과 털럭은 시장 실패 못지않게 정부 실패도 있다는 점을 환기시켰다. 선거가 본질적으로 임기 동안 독점권을 갖는 승자독식이기에, 정부는 시장보다 실패를 교정할 기회가 훨씬 적다는 것이다.

다수가 소수 착취하거나, 소수가 다수 착취하거나

개인들의 천차만별인 선호를 반영하는 투표제도는 없다. 그렇기에 다수결, 중(重)다수결, 만장일치 등 투표 규칙을 고민하게 된다. 문제는 투표가 비용을 유발한다는 점이다. 다수결의 '다수'가 커질수록 소수의 착취 위험(외부비용)은 낮아지지만, 합의 도달(의사결정비용)은 더 어려워진다. 반대로 다수가 작을수록 합의는 쉬워도 착취 위험이 커진다. 그런 점에서 의사결정비용과 외부비용을 합친 총 비용이 최소화되도록 제도를 설계해야 할 것이다.

공공선택론의 주요 개념		
제안자	개념(연도)	내용
보르다	보르다 투표법(1781)	단순과반 대신 항목별로 가중치를 달리 부여한 투표법
콩도르세	콩도르세의 역설(1785)	단순 다수결에선 A〉B, B〉C여도 A〈C 처럼 일관성 없는 결과를 보인다는 역설
덩컨 블랙	중간투표자 정리(1948)	선호체계의 중간에 위치한 투표자의 선호가 선택된다는 원리
케네스 애로	불가능성 정리(1951)	어떤 투표제도도 콩도르세의 역설을 극복할 수 없음을 증명
앤서니 다운스	합리적 무지(1957)	복잡한 정보수집에 드는 비용이 편익보다 클 때 유권자가 무지 상태로 남으려는 경향
제임스 뷰캐넌, 고든 털럭	정부실패 및 로그롤링 (1962)	독점, 외부성, 제한된 정보 등으로 인한 정부의 비효율, 로그롤링은 정치세력 간 투표거래(담합)
윌리엄 라이커	최소승리 연합(1962)	이익집단들은 승리하기에 충분히 크고, 유지하기에 너무 크지 않은 동맹 전략을 구사
맨슈어 올슨	무임승차 (1965)	공공재의 편익은 집단 구성원의 공헌도에 관계없이 제공돼 개인이 부담을 회피하는 현상
고든 털럭	지대 추구 (1967)	이익집단이 독점권 특권을 얻기 위해 정치과정에서 벌이는 로비 등 광범위한 낭비적 활동
윌리엄 니스캐넌	니스캐넌 모형(1971)	관료들이 자신의 이익(권력, 지위 등)을 위해 예산을 극대화하려는 경향
조지 스티글러	관료제 비판(1971)	규제는 일반 대중보다 특수 이해관계자들에 봉사

대개 다수결은 다수가 소수를 착취하게 마련이다. 늑대 두 마리가 양한 마리를 저녁감으로 잡아먹는 것이다. 따라서 뷰캐넌과 털럭은 축구룰처럼 투표 규칙을 정하는 헌법적 단계에선 만장일치가 필요하다고 주장했다.

반면 소수가 다수를 착취하는 경우도 존재한다. 집중된 이익을 가진소규모 특수이익집단은 분산된 이익을 가진 대규모 집단(소비자, 납세자 등)보다 훨씬 능동적으로 큰 목소리를 낸다. 예컨대 특정 사업자조합은 보조금이 지급되면 상당한 이득을 보지만 다수의 납세자들은 세금청구서에 미미한 몇 푼만 추가될 뿐이다.

그렇기에 이익집단들은 지대 추구(rent seeking)를 위해 값비싼 입법 로비에 치중하고 정치인들은 표를 얻고 관료들은 '관피아'로 퇴직 후 일자리를 얻는다. 공익을 강조하는 정치와 행정에도 물밑에서는 강한 사익 동기가 움직인다는 것이다.

Vitamin

법의 타락

'그랬으면 좋겠다'는 법이 판친다. 법은 흔히 '도덕의 최소한'이라고 한다. 그러나 한국에선 지금 도덕의 법제화가 한창이다. 정치인과 관료들이 머릿속에 그려낸 어설픈 도덕심을 법으로 강제하면서 스스로 정의롭다는 착각에 빠지는 것이다. 일찍이 루이스 브랜다이스 미국 연방대법관은 "경제학을 공부하지 않은 법률가는 종종 공공의 적이 되기 쉽다"고 지적했다. 지금 한국의 상황이 그렇다. 결과를 생각하지 않는 동기의 순수함만으로 법을 만들려는 자들이 넘쳐난다. 그렇게 입법도 사회도 만신창이가 된다.

누구나 '착하게 살자'는 것을 반대하진 않는다. 하지만 무엇이 착한 것이고, 어떻게 사는 것이 착한지는 모두 다르다. 착하게 살자는 당위와 어떻게 사느냐는 현실의 차이를 간과할 때 흔히 법을 도덕과 동일시하는 오류에 빠진다. '그랬으면 좋겠다' 법이 생겨나는 원천이다. 권유와 희망사항(도덕)이 강제와 처벌(법)로 둔갑해 정부의 무제한 개입과 가격통제의 근거가 되기도 한다. 법이 '도덕의 최소한'이 아닌 '도덕의 최대한'이 될 때 경제도 죽고 시장도 죽는다. '희망을 찍어내는 절망의 입법 공장'이 된 국회가 초래한 법의 타락을 짚어보자.

: '일드'만도 못한 한국 사회의 법의식

국내 케이블TV에서도 방영된 일본 드라마 〈리갈 하이〉(Legal High)는 승소율 100%를 자랑하는 변호사의 이야기다. 주인공 고미카도(사카이 마사토 분)는 돈만 밝히는 악덕 변호사지만, 그가 내뱉는 대사들에는 두고두고 곱씹게 만드는 무엇이 있다. 몇 가지만 들어보자.

"진짜 악마는 거대하게 부풀어 올랐을 때의 민의(民意)다." "아무리 수상쩍고, 아무리 미워도 일체의 감정을 배제하고 법과 증거에 의해서만 사람을 심판한다. 이것이야말로 인류가 긴 역사 속에서 손에 넣은 법치국가라는 귀중한 재산이다." "재판에 민주주의를 가져오면 사법은 끝이다."

그는 인간이 입으로 말하는 정의, '다수는 옳다'는 명제를 끊임없이 의심한다. "미소로 세상이 바뀌진 않는다"는 극중 대사 그대로다. 대중의 통념과 달리 인간은 오히려 더럽고 욕심 많고 추악한 존재라고 전제한다. 그런 합리적 의심이 어쩌면 '법(法)이란 무엇인가'란 질문에 답을 해줄 수 있다. 문제는 한국 사회의 법의식이 일본 드라마에 한참 못 미친다는 데 있다.

"그랬으면 좋겠다" vs "그래야만 한다"

법과 도덕은 모두 사회 구성원이 지켜야 할 행위의 준칙, 즉 사회규범이다. 그러나 개념과 영역은 차원이 다르다. 도덕은 양심에 따라 선을 실현할 목적으로 각자 자신에게 명하는 윤리적이며 자율적인 규범이다. 이에 반해 법은 경험적 사실에 입각해 정의를 실현하기 위해 국가권력에 의해 승인·집행되는 타율적이며 강제적인 규범이다. 도덕은 '그랬으면 좋겠다'는 장려와 권유, 즉 희망사항의 영역인 반면, 법은 '그래

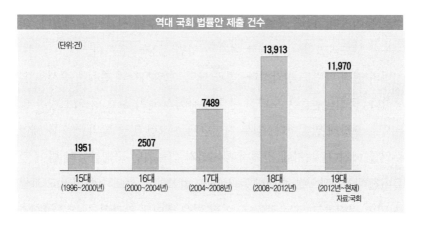

야만 한다'는 강제와 처벌의 영역이다. 법이 도덕의 최소한이어야만 하는 이유다.

프랑스 사상가 몽테스키외는 《법의 정신》(1748)에서 법을 '사물의 본성에서 유래하는 필연적인 관계'로 정의했다. 모든 법 이전에 인간의 존재 구조에서 유래한 자연법이 있다고 봤다. 생명, 생존, 평화, 안전 등 인간 본성에 기초해 시공을 초월한 보편타당한 규율로, 예컨대 '살인하지 말라' 같은 것이다. 국가권력이 만드는 실정법(實定法)은 현실에서 실제로 행해지는 법이다. 과거엔 왕의 말이 곧 실정법이었지만, 현대 민주사회에서 실정법은 다수결로 제정되더라도 보편성, 타당성이란 입법 원리에 부합해야만 한다. 즉, 자연법에 합치돼야 정당성이 부여되는 것이다.

법의 정신 사라진 '입법 공장'

한국의 입법기관은 수시로 정의의 실현자인 양 행세하지만 입법원칙, 법의 정신에 대한 공부는 거의 안 돼 있는 것 같다. 그 대신 법을 찍어내는 제조기술에 관한 한 독보적이다. 16대 국회(2000~2004년)에서 국회 제출 법안이 2507건이었지만 17대 7489건, 18대 1만 3913건 등 기하급

수로 불어났다. 19대 국회는 1만 7822건이 접수돼 신기록을 세웠다. 의사봉만 두드리면 법이 된다고 여기는 '입법 공장' 수준이다.

법의 질적 타락도 심각하다. 법과 도덕, 희망사항과 현실을 수시로 혼동한다. 국회의원들은 도덕적 구호와 사회적 약자 보호 등 그럴싸한 명분으로 포장해 발의한다. 일부 시민단체는 그런 입법 발의 건수를 세어 순위를 매긴다. 여기에 경제적 무지까지 더해지면 구제불능의 법이 만들어진다. '그랬으면 좋겠다'는 상태를 법이라고 선포하면 현실도 그렇게 변할 것이라고 믿는 것이다. 이런 법을 찍어낼 거라면 차라리 국회가 노는 게 국가나 국민에게 훨씬 이롭다.

: 희망사항을 법으로 만들 때 '입법 타락'은 필연

단통법, 도서정가제, 상속법, 제7홈쇼핑 등

대표적인 사례가 만장일치로 통과된 단말기유통구조개선법이다. 휴대폰 단말기의 유통구조 정상화와 통신요금 인하라는 취지는 누구도 반대할 이유가 없다. 그러나 보조금 상한선만 정해놓고 단속하면 정상화될 것이라는 발상은 심각한 오류로 나타나고 있다. 가격이 시장에서 결정된다는 시장경제의 기본원칙조차 망각한 결과다. 새 도서정가제를 담은 출판문화산업진흥법도 마찬가지다. '영세 서점·출판사가 잘 됐으면 좋겠다'는 측은지심으로 출발했지만, 성인 독서량이 한 달에 0.8권에 불과한 만큼 책을 안 읽는다는 근본 문제를 간과했다. 책도 가격에 따라 수요가 변동하는 재화인데 싸게 파는 것만 막았으니 결과는 불 보듯 뻔하다.

법무부가 느닷없이 들고 나온 민법 상속편 개정안도 마찬가지였다.

홀로된 어머니가 노후에 편히 살고, 자녀들이 효도하면 좋겠다는 '아름다운 의도'였다. 문제는 상속재산의 50%를 무조건 배우자에게 우선배분토록 강제할 경우 벌어질 부작용을 고려치 않은 점이다. 이대로 통과됐다면 기업들 대다수는 창업주 사망 이후 경영권이 배우자로 넘어가는 등 허다한 문제를 낳았을 것이다.

중소기업을 위한 공영방식의 제7홈쇼핑 역시 '그랬으면 좋겠다'식 정책의 전형이다. 2001년 제5홈쇼핑(우리홈쇼핑, 현 롯데홈쇼핑), 2011년 제6홈쇼핑(홈앤쇼핑)을 허가할 때도 똑같이 중소기업 판로 확대를 내걸었다. 이미 두 번이나 실패한 것을 똑같은 명분으로 밀어붙이는 것이 건망증인지 뻔뻔함인지 구분이 안 간다.

시장원리와 가격에 무지한 입법 공장 기술자들이 시장을 망치고 경제회생을 방해한다. 소위 '개선법'은 개선은커녕 개악하지 않는 경우를 못 봤다. '발전법'은 산업발전을 가로막아 되레 퇴보시키고, '보호·육성법'은 특정 이익집단에게 이권을 안겨주기 일쑤다. '법도 아닌 법'을 용인한 대가다.

보편타당한 입법원리 바로 세워야

그리스신화에서 법을 상징하는 '정의의 여신' 디케(Dike, 로마신화의 유스티치아)는 눈을 가린 채 양손에 칼과 저울을 들고 있는 모습이다. 저울은 죄의 경중을 재는 것이고, 칼은 처벌을 의미한다. 눈을 가린 것은 치우침 없는 공정함의 상징이다.(우리나라 대법원의 정의의 여신상은 칼 대신 법전을 들었고, 눈을 뜨고 있다.)

디케의 모습처럼 법은 공정하고 보편타당한 입법 원리에 부합되게 제정되고 집행되고 판결의 근거가 돼야 한다. 만약 법을 현 시점에 표결에 참여한 다수가 선택한 것이라고 정의한다면 법의 타락은 필연이다. 지

'그랬으면 좋겠다' 법과 제도들		
관련법과 제도	의도 및 명분	문제점과 부작용
단통법	휴대폰 유통질서 개선 및 통신비 인하	경쟁 막아 단말기, 통신비 되레 상승
출판문화산업진흥법 (새 도서정가제)	할인 경쟁 막아 영세 서점·출판사 보호	책값 상승으로 독서량 감소 부채질 어린이, 청소년, 도서관 직접 피해
자본시장법 (섀도보팅 폐지)	주주의 주총참여율 제고	150개 상장사, 내년 주총서 감사 선임 못할 판
민법 상속편 개정안 (배우자에 50% 우선 배정)	홀로된 배우자의 안정적인 노후생활 유지	대부분 기업 경영권이 배우자로 넘어갈 수도
기업소득환류세제	사내유보금으로 투자 배당 임금인상 유도	기업 수익성 악화 일로, 회계 계정인 사내유보를 보유현금으로 오도
제7홈쇼핑	중소기업 제품 판로 확대	제5(우리홈쇼핑), 제6홈쇼핑(홈앤쇼핑) 허가 때와 같은 논리

금은 말이 없는 미래 유권자에게도 고스란히 영향을 미치기 때문이다. "대중의 일시적 감정에 따라 그저 다수결로 통과된 것을 법이라고 부른 다면 그것은 쓰레기통에 들어가야 한다"고 프리드리히 하이에크는 일갈 했다. 다수결을 곧 법이라고 부른다면 다수를 얻기 위한 투쟁과 정치가 곧 법이라고 부르는 것과 다를 바가 없다는 것이다.

'그랬으면 좋겠다'는 법이 만연할수록 법의 타락은 필연이다. 게다가 도덕적 구호나 대중의 질투와 증오까지 서슴없이 입법화한다면 상황은 걷잡을 수 없다. 그렇게 만들어진 법들은 준법이 투쟁이 되고, 위법이 미 덕이 되는 기묘한 사회를 만들었다. 이에 대해 일본 드라마 〈리갈 하이〉 의 주인공은 한국의 입법 기술자들에게 깊이 생각할 숙제를 던져준다.

Vitamin

삼권분립(三權分立)

19대 국회는 사고를 많이 쳤다. 빠뜨릴 수 없는 것이 지난해 5월 29일 새벽 공무원연금법 개정안을 처리하면서 '정부 시행령을 수정·변경할 권한'을 골자로 하는 국회법 개정안을 슬쩍 통과시킨 것이다. 대통령령 총리령, 부령 등 시행령을 만드는 것은 엄연히 행정부의 권한이다. 법령과 시행령이 충돌할 경우는 사법부가 판단하게 돼 있다. 그런 견제와 균형이 대의민주주의의 근간이요, 3권분립 정신이다. 그런데 행정부의 권한을 결정적으로 제한하는 권리를 국회 스스로 갖게 된 것이다. 3권분립의 헌법정신을 무너뜨린 '월경 사건'이다. 강력한 대통령 아래에서는 오히려 '거수기'란 비아냥을 듣기도 했던 국회가 어느새 권력을 잡아 '의회 독재'를 공고히 하는 모양새다.

: 3권분립은 국민 自由 보장 장치

3권분립을 주장한 프랑스의 몽테스키외(1689~1755)는 법치주의를 강조한 사람이다. 그는 영국에서 의회정치를 관찰하면서 정치적 자유를 실현할 수 있는 구조를 찾아냈다. 입법권, 행정권, 사법권이 각각 독립기관에 의해 행사돼야 하고 그 기관 간에는 권력 균형이 이뤄져야 한다는 3권분립론이다. 그는 "공권력의 상호 견제는 공권력이 법의 정신에 따라 균형적으로 작용하게 하는 것으로 이는 재량이 아니라 의무"라고 주장했다.

몽테스키외는 프랑스혁명 이전, 즉 절대왕정 시대의 인물이다. 그래서 그가 말한 자유는 소극적 의미다. 공포로부터 시민의 생명과 재산을 보호하는 안전의 수준이었다. 그가 3권분립을 말했지만 시대는 아직 준비되지 않았다. 그의 3권분립론은 1787년 미국 헌법에서 구체화됐다. 미국은 연방헌법을 만들면서 과거 유럽에서 있었던 전제정을 막는 데 많은 신경을 썼다. 어떤 세력에 의해서도 국가가 독점돼서는 안 된다는 생각이 대전제였다. 몽테스키외의 3권분립론이 선택된 이유다. 1791년 프랑스 헌법에서도 3권분립이 확고한 원칙으로 담겼다.

국회 독주와 3권분립의 균열

우리의 경우도 3권분립은 헌법에 명시돼 있다. 입법권은 국회에(40조), 행정권은 대통령을 수반으로 하는 정부에(66조 4항), 사법권은 법관으로 구성된 법원에(101조) 속한다고 하여 3권분립주의를 규정하고 있다. 입법부, 행정부, 사법부가 엄격하게 분리돼 있고 힘의 우위를 가리기 어려우나 5공화국 때까지만 해도 대통령이 철권통치를 하는 행정부가 절대 우위에 있었다. 그러나 문민정부 이후에는 국회의 권한이 강화되는 추세다.

국회는 △국무위원 인사청문회 △대통령 탄핵권 △국무위원 해임 건의권 △입법권 △국정조사권 △예산안 심의 의결권 등으로 행정부를 견제한다. 이에 반해 행정부가 국회를 견제할 수 있는 권한은 법률안 거부권 정도에 불과하다.

국회가 3권분립을 넘어 지배적 힘을 갖게 된 것은 김대중 정부 당시(2000년) 인사청문회가 도입되면서부터라고 보는 시각이 많다. 인사청문회는 국회가 공직 후보자를 검증하고, 임명 동의권을 행사하자는 취지에서 출발했지만 그 사이 행정부와 사법부에 대한 입법부의 '길들이기' 수단으로 변질됐다. 인사청문회로 입법부와 행정부가 상하관계처럼 재정립됐고 이것이 결국 정책 결정 과정에도 영향을 미치게 됐다는 얘기다. 대법원장과 대법관을 임명할 때 인사청문회를 거쳐야 하는 사법부도 국회의 눈치를 볼 수밖에 없다. 현재 법에 따라 인사청문회를 받아야 할 대상은 행정부와 사법부를 망라해 57명이나 된다.

국회는 인사청문회에 더해 국정감사, 국정조사, 예산안 심의의결권 등의 권리로 행정부에 막강한 영향력을 행사하게 됐다. 오죽하면 행정부처 공무원들이 절차가 까다로운 정부 입법 대신 국회의원들에게 부탁해 법을 만드는 '청부 입법' '대리 입법'이라는 꼼수까지 생겼을까. 이런

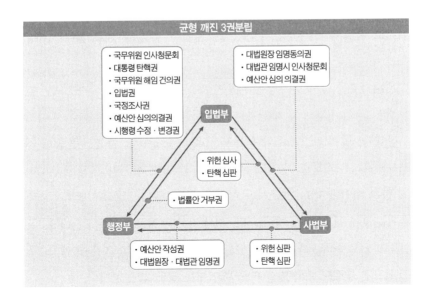

균형 깨진 3권분립

· 국무위원 인사청문회
· 대통령 탄핵권
· 국무위원 해임 건의권
· 입법권
· 국정조사권
· 예산안 심의의결권
· 시행령 수정 · 변경권

· 대법원장 임명동의권
· 대법관 임명시 인사청문회
· 예산안 심의 의결권

입법부

· 위헌 심사
· 탄핵 심판

· 법률안 거부권

행정부

사법부

· 예산안 작성권
· 대법원장 · 대법관 임명권

· 위헌 심판
· 탄핵 심판

협조 과정에서 국회의원들의 파워는 더욱 높아간다.

여기다 최근에는 소위 '관피아'가 논란이 되면서 고위공직자들이 갈 수 없게 된 공기업이나 공공기관 대표, 감사 자리에 '정피아' 출신이 가는 경우도 늘어나고 있다. 전직 국회의원을 비롯하여 정권 창출에 기여한 당원, 당직자들이 바로 정피아요, 이들은 범국회 권력을 향유한다.

: 의회 독재. 인민위원회 만들자는 건가

국회 권력은 사법권도 침탈하고 있다. 국회는 원래 대법원장 임명동의권, 대법관임명 인사청문회, 예산안 심의의결권 등으로 사법부를 견제할 수 있다. 그런데 국정감사권, 입법권 등의 권한을 무기로 사법권까지 흔들고 있다. 지난해 말 대법원에 대한 국정감사에서 임내현 새정치민주연합(현 국민의당) 의원은 국가정보원 댓글사건에서 원세훈 전 국정원장이 무죄판결을 받은 데 대해 "판결이 잘못됐으니 바로잡아야 한다"는 취지로 박병대 법원행정 처장을 몰아세웠다. 특검 역시 사법부 지배용으로 동원된다.

2014년 2월 당시 민주당은 김용판 전 서울경찰청장이 국가정보원 대선개입 의혹 사건 1심 재판에서 무죄판결을 받자 특검을 해야 한다고 주장했다. 법원 판결조차 수용하지 않겠다는 것이다. 특별법을 통해 재조사키로 한 '세월호 사건'도 본질은 같다. 이미 법원이 재판을 진행하고 있는 사안에 대한 재조사는 무엇을 의미하는가. 일사부재리의 법리 따위는 안중에도 없는 게 국회다. 사법권 침해에는 입법권도 남용된다. 국회가 엄벌주의 유혹에서 벗어나지 못하고 도덕과 법을 혼동하는 소위 '그랬으면 좋겠다'류의 법을 마구 찍어내는 것도 그중 하나다.

기업 활동의 자유, 사적 자치 등은 아예 모르쇠다. 개인끼리 민사로 다툴 사법(私法)의 영역을, 국가가 개입하는 공법(公法)의 영역으로 전환하는 과잉범죄화도 다반사다. 사법부 침탈 작업은 입법 과정에서 더 은밀하게 진행된다. 아예 양형 규정까지 법에 넣고 있다. 새누리당 경제민주화실천모임 소속 의원들은 횡령, 배임액 규모가 5억 원 이상일 때 7년 이상의 유기징역에 처하도록 해 원천적으로 집행유예를 차단하는 '특정경제범죄 가중처벌 등에 관한 법률' 개정안을 2012년에 발의했다.

무소불위 대한민국 국회

국회가 이렇게 독주하다보니 국회의원들도 그 권한을 다하기 위해 법안을 쏟아내고 있다. 입법권의 남용은 견제장치도 없다. 많아도 너무 많은 법이 쏟아진다. 19대에서만 의원 발의 법안이 1만 5429건이었다.

이 과정에서 국회가 정하면 다 바꿀 수 있다는 왜곡된 입법관까지 생겨 스스로 법을 우습게 안다. 대표적인 전횡이 정부예산 심의다. 헌법에는 "국회는 국가의 예산안을 심의·확정한다(제54조)"고 돼 있을 뿐 편성권은 정부에 있다. 나아가 "국회는 정부의 동의 없이 정부가 제출한 지출예산 각 항의 금액을 증가하거나 새 비목을 설치할 수 없다(제57조)"고도 명시돼 있다. 하지만 국회는 언제나 월권적 편성권을 휘두르고 있다. 지역구 사업이나 이권과 관련된 소위 '쪽지예산'이 난무할 수밖에 없다. 월권 정도가 아니라 명백한 위헌이다.

국정감사장의 진풍경도 그 연장이다. 기업인을 필두로 수많은 민간인이 증인이나 참고인으로 불려나간다. 여야 간에 입씨름이라도 벌어지면 종일 증언 차례를 기다리다 돌아간다. 그리고 무언의 청구서, 하다못해 출판기념회 초청장이라도 받아든다. 국회야말로 '갑질'이다. 의원의 과잉권한은 곳곳에 제도적으로 확보돼 있다.

마구잡이 입법권, 예산의 편성권, 과도한 인사 견제권에 온갖 특혜적 권한까지 넘친다. 면책특권만이 아니다. 의원들의 출판기념회만 해도 선거법을 무시하는 현금모금의 공공연한 창구지만 누구도 손을 못 댄다.

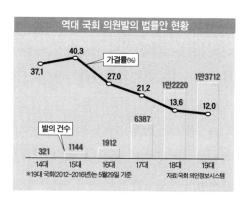

역대 국회 의원발의 법률안 현황

가결률(%)
37.1
40.3
27.0
21.2
13.6
12.0

발의 건수
321
1144
1912
6387
1만2220
1만3712

14대 15대 16대 17대 18대 19대
※19대 국회(2012~2016년)는 5월29일 기준
자료:국회 의안정보시스템

대한민국 국회는 이제 입법, 사법, 행정권을 모두 갖는 인민위원회처럼 변했다. 정상적인 국회가 아니다. 3권분립의 근간이 깨진 지 오래다. 몽테스키외는 "권력 이외의 어떤 것도 권력을 억제할 수 없으며, 권력을 억제하지 못하면 전제주의가 뒤따르게 된다"고 강조했다. 250년 전 전제왕정 시대에 살던 몽테스키외는 그 전제정이 국민 자유를 말살할까 봐 3권분립론을 만들었다. 민주주의는 도전받고 있다.

Vitamin

국회의원 특권이
뭐길래

2014년 자유경제원 자유기업센터는 국회의원이 누리는 특권이 무려 200개에 달한다고 발표해 화제가 됐다. 국회의원의 특권이 많다는 것은 알려졌지만 이 정도일지는 상상하지 못했기 때문이다.

실제로 특권 개수가 200개나 되는지는 논란이 있다. 그중엔 특권이라기보다는 국회의원의 직무수행상 당연히 필요한 권한과 역할도 상당수 포함됐다는 주장도 있다. 각종 자료를 요구할 권한이라든가 국정조사권 등을 특권으로 볼 것인지도 모호하다. 물론 다른 쪽에선 국회의원만이 행사할 수 있으니 특권이 아니면 무엇이냐는 반론도 나온다.

국회의원이 많은 권한을 가진 것만은 분명하다. 그 혜택이 지나쳐 말 그대로 '특권'에 해당하는 것도 적지 않다. 20대 국회가 시작되면서 여야 3당이 정세균 국회의장과의 회동에서 '국회의원 특권 내려놓기' 자문기구 설치에 합의한 것도 '불필요한 특권 축소' 압력이 사회적으로 그만큼 높아지고 있기 때문이다.

최근 논란이 일고 있는 면책특권을 비롯해 국회의원의 특권에는 어떤 것들이 있고 그것이 과연 필요한 것인지, 한계는 어디까지인지 등을 알아본다.

: 면책특권·불체포특권은 절대권력 시대 잔재

국회의원에게 일반인과 다른 특권을 부여하는 것은 나라에 따라 정도의 차이는 있지만 세계적으로 어느 정도 공통된 현상이다. 국민을 대표하는 의원들이 권력자나 집권세력이 장악한 정부로부터 독립해 소신 있게 업무를 수행하도록 하기 위한 최소한의 장치이기 때문이다. 가장 보편적이면서도 대표적인 특권은 '불체포특권'과 '면책특권'이다.

불체포특권은 1603년 영국 의회특권법에서 처음 명문화됐다. 국회의원에게 신체의 자유를 보장해 행정부로부터 자유로운 국회 기능을 보장하기 위해서였다. 다만 처벌을 완전히 면하는 것은 아니고 회기 중 체포되거나 구금되지 않을 권리를 부여한다. 우리 헌법 44조의 1항은 "국회의원은 현행범인인 경우를 제외하고는 회기 중 국회의 동의 없이 체포 또는 구금되지 아니한다"라고 규정하고 있다. 같은 조 2항은 "국회의원이 회기 전에 체포 또는 구금된 때에는 현행범인이 아닌 한 국회의 요구가 있으면 회기 중 석방된다"고 돼 있다.

면책특권은 더 강력하다. 1689년 영국 권리장전에서 최초로 명문화된 권리다. 우리 헌법 45조도 "국회의원은 국회에서 직무상 행한 발언과 표결에 관하여 국회 외에서 책임을 지지 아니한다"고 규정하고 있다. 임기만료 후에도 민형사상 책임을 물을 수 없다는 점에서 일시적 특권인 불체포특권과 비교된다. 이는 대부분의 나라에서 국회의원에게 부여하고 있다.

문제는 불체포특권이나 면책특권이 모두 민주주의가 제대로 성숙하지 못하고 언론 자유가 위축돼 있던 과거의 유산이라는 점이다. 국민 대표자인 국회의원에게 언론의 자유를 보장해줘 절대권력의 횡포를 어느 정도 견제할 수 있도록 고안된 장치였다. 하지만 세월이 흘러 상황은 많이 달라졌다. 민주화가 이뤄지고 언론의 자유가 보장되는 대다수 자유민주국가에서는 존재 근거가 상당히 미미해졌다. 국내에서뿐 아니라 해외에서도 폐지 내지는 제한 논의가 나오는 것도 그래서다.

선진국 의원 세비는 1인당 GDP의 2~3배, 한국은 5배 넘어

한국에서 소위 '금배지'를 달면 도대체 어떤 특권이 생기는가는 늘 관심사다. 특권이 200개나 된다는 말도 있었지만 국회의원이라는 직무수행상 당연한 대정부 질문권 등을 빼고 나면 실제로는 100여 개에 달한다고 한다. 우선 보좌진을 최대 7명까지 채용할 수 있는 임면권을 가진다. 보좌관(4급 상당 별정직) 두 명, 비서관(5급) 두 명에 각각 6·7·9급 비서를 세 명까지 둘 수 있다. 최대 연 3억 6795만 원에 이르는 이들의 급여는 물론 국민 세금으로 충당한다. 이와 별도로 의원실 운영, 출장, 입법·정책개발 등의 지원비로 연평균 9100만 원을 받을 수 있다. 서울 여의도 국회 내 의원회관에 149~163㎡의 의원실이 배정된다. 행정부 장관실(165㎡)과 비슷한 규모다. 사무실 운영비, 통신요금, 사무기기 소모품 등이 지원된다.

공무상 이용하는 차량유지비, 유류비, 철도·항공요금과 입법·정책개발을 위한 정책자료 발간비, 발송료 등도 지원 대상이다. 공항에서 귀빈실을 이용하고 보좌진이 미리 체크인 등 출국 수속을 마칠 수 있는 데다 전용 통로로 탑승, 출국 수속 시간이 일반인에 비해 훨씬 짧다.

: 특권 없이 주 80시간 일하는 스웨덴 의원

"단 하루만 국회의원을 해도 월 120만 원씩 평생 나온다"던 헌정회 연로

국회의원이 되면 주어지는 것들	
세비	1억 3796만 원(월평균 1150만 원·상여금 포함)
의원회관 사무실	의원회관 148.76㎡(약 45평)
보좌직원	4급 보좌관 2명, 5급 비서관 2명, 6·7·9급 비서 각 1명, 인턴 2명 등 총 9명(연간 총 인건비 약 4억 원)
의정활동 지원비	연 9251만 원(공무수행 출장비, 세미나 토론회 등 입법 및 정책 개발비 등)
정책자료발간·정책홍보비	연 1300만 원
사무실 운영비	월 50만 원(전기·전화·팩스 요금 등)
차량 유지비	월 145만 원(차량은 주로 장기 렌털 또는 리스)
정치자금	연 1억 5000만 원(선거가 있는 해는 3억 원) 모금 가능
민방위대 및 예비군 훈련	민방위대 및 예비군 동원 훈련 제외
공항이용	의전 주차장 이용, 간편 출입국 수속 및 약식 보안 검색, 귀빈실 무료 이용
국회 기자회견장 이용 및 주선	국내외 470개 언론사, 1700여 기자들을 상대로 직접 기자회견 및 제3자 기자회견 주선 가능
국회도서관 이용	의원열람실·의원연구실 이용, 평생 열람증 발급
선거 출마	선거 90일 전에 사퇴해야 하는 지자체장. 일반 공무원과 달리 의원직 유지한 채 출마 가능
면책특권	국회에서 직무상 행한 발언과 표결에 관해 국회 외에서 책임지지 않음
불체포특권	현행범인 경우를 제외하고 회기 중 국회 동의 없이 체포·구금되지 않음

회원 지원금은 지난 19대 국회에서 폐지됐다. 이에 따라 18대 이전 의원들은 종전대로 받지만 19대 이후 국회의원들은 연로연금을 받을 수 없게 됐다. 폐지 이전에도 의원 재직기간이 1년 미만이면 지급되지 않았다는 게 국회사무처 설명이다. 이 밖에 예비군 훈련과 민방위 훈련도 면제된다. 의원전용 승강기는 없어졌다. 하지만 20대 국회 초선의원 연찬회 때 의원회관 로비(2층)에서 3층 연찬회장으로 올라가는 승강기 3대를 정지시켜 의원들만 타도록 해 논란이 일기도 했다.

국회의원들의 보수는 대중의 관심사일 수밖에 없다. 국회사무처에 따르면 국회의원은 한 해 '1억 3796만 원+α'의 세비를 받는다. 매달 일반수당, 급식비, 입법활동비 등 명목으로 1031만 1760원을 받고, 회기 중에는 하루 3만 1360원의 특별활동비가 더해진다. 노회찬 정의당 원내대표는 "2012년 기준 한국 국회의원들의 세비가 OECD 주요 국가 중 일본, 미국에 이어 3위"라며 "세비를 절반으로 줄이자"고 제안하기도 했다. 선진국 의원들의 세비가 그 나라 1인당 GDP의 2~3배 수준인 데 비해 우리나라는 5배가 넘는다는 점도 삭감 주장에 힘을 실어주고 있다.

독일, 국회의원이 회의 불참 땐 지원금 감액

스웨덴 국회의원은 세계에서 가장 열심히 공부하고 일하는 정치인으로 유명하다. 아침 9시에 출근해 밤 9시가 넘어도 퇴근하지 않을 정도라고 한다. 노동시간은 주당 평균 80시간으로 일반 국민의 두 배 이상으로 알려져 있다. 면책특권과 불체포특권도 없다. 세비는 스웨덴 1인당 GDP의 2.4배 정도다. 무노동 무임금 원칙이 적용돼 회기 중 결근하면 그만큼 세비가 삭감된다. 개인보좌관도 없고 사무실에 전화받는 직원조차 없는 경우도 많으며 스케줄 관리도 본인 스스로 한다. 관용차 지원도 없고 비행기는 이코노미석을 타야만 비용으로 인정받아 사후에 보전을 받는다. 의원직이라고 하지만 평범한 직장 중 하나 정도인 셈이다. 한국과는 너무나도 다르다.

국내에서는 지켜지지 않는 무노동 무임금 원칙은 많은 나라에서 제도화돼 있다. 독일은 의정활동 관련 비용을 일괄 지급한 뒤 의원이 회의에 불참하면 그때마다 일정 금액을 지원금에서 감액하도록 하고 있다. 프랑스는 국회의원이 회기의 3분의 2 이상 출석하지 않으면 세비의 3분의 1을 받을 수 없고 상임위에 세 번 이상 결석하면 다음해까지 상임위원직을 가질 수 없다. 벨기에는 본회의 투표에 불출석하면 벌금을 부과한다.

면책특권의 인정범위 역시 나라마다 조금씩 차이가 있다. 미국에서는 의원뿐 아니라 때로는 의원 보조자에게도 이를 인정한다. 의원에 의해 수행됐다면 면책조항으로 보호될 만한 행위일 경우 의원 보좌관에게도 인정하는 식이다. 다만 의원의 행위도 입법적 행위, 정치적 행위로 나눠 후자에는 인정하지 않는 판례가 많다.

명예훼손이 면책특권에 포함되는지도 국가마다 다르다. 독일은 특이하게 비방적 모욕행위에는 이를 적용하지 않는다고 명문화하고 있다. 미국과 프랑스는 명문 조항은 없지만 명예훼손도 면책특권 대상으로 인정한다. 일본에서는 학설과 판례가 나뉘어 있으며 국내에서는 중대한 명예훼손이 아닌 한 면책대상이라고 보는 게 다수설이다.

말뿐이었던 특권 내려놓기

총선을 거쳐 새 국회가 구성될 때마다 정치권에서 단골 메뉴처럼 들고 나오는 것이 바로 '국회의원 특권 내려놓기'다. 20대 국회도 예외가 아니다. 여야는 소위 '방탄국회'의 빌미가 돼온 불체포특권을 없애자는 데 원칙적으로 합의했다. 헌법 개정에 시간이 걸리는 만큼 국회법 등 관련 규정부터 고쳐 실천해나가겠다는 것이다.

면책특권도 조응천 더민주 의원의 허위 폭로 사건을 계기로 명예훼손 등에는 인정하지 않는 등 그 범위를 축소하자는 움직임이 일고 있다. 무노동 무임금 원칙 역시 국민의당이 개원 전 부분적으로 이를 실천하는 등 의지를 보이고 있다.

세비 삭감 주장도 나온다. 문제는 과거에도 이와 비슷한 시도가 수도 없이 반복됐지만 모두 유야무야되고 말았다는 것이다. 의원들이 새 국회 초기 시늉만 하다 세간의 관심이 잦아들면 슬며시 꼬리를 내리기 때문이다. 자신들의 권한을 축소하는 데 적극 나서는 의원이 없다. 과연 이번에는 국회의 '셀프 개혁'이 가능할지 한번 지켜보자.

Vitamin

지식인들은 왜 가짜 통계를 만들어내나

숫자는 거짓말을 안 한다? 아니 자주 한다. 누군가가 통계로 포장한 숫자를 악용하는 것이다. 통계를 마사지하는 것은 기본이고 화장발, 조명발로 치장하면 미궁에 빠진다. 통계를 새빨간 거짓말과 동급으로 본 마크 트웨인의 독설이 요즘도 수시로 인용되는 이유다.

그러나 모든 통계가 거짓말이라고 하면 통계가 섭섭해 할 것이다. 통계 없는 세상은 상상하기 어렵다. 국의 간을 보려고 국물을 다 먹어볼 수는 없지 않은가. 스웨덴 수학자 안드레예스 둥켈스는 "통계로 거짓말하기는 쉬워도, 통계 없이 진실을 말하기는 어렵다"고 갈파했다. 통계는 알지 못하는 세상을 알려진 데이터로 추론한다. 단, 통계의 탈을 쓴 거짓말에 속지 않을 지력(知力)이 필요하다. 합리적 의심도 필수다. 거짓 선지자들이 난무한다. 통계맹(盲)은 문맹만큼이나 치명적이다.

: 통계를 내세운 가짜 주장들의 시리즈

"철도노조가 귀족이라면 국민 절대다수는 양민이 아니라 천민이 될 것이다." 보건복지부 장관을 지낸 유시민 씨가 자신의 팬 카페 '시민광장'에 올린 글이다. 비슷한 얘기를 Jtbc 뉴스 토론에서도 늘어났다.

그는 "1인당 국민소득 2만 4000달러를 4인 가족으로 단순계산하면 약 10만 달러(1억 1000만 원)인데, 코레일 직원 평균연봉 6300만 원을 두고 귀족노조라는 게 타당한가"라고 주장했다. 당장 '무림의 고수', '역시 유시민', '지혜가 담긴 탁견' 등의 찬사가 쏟아졌다.

지식소매상을 자처하는 유 씨는 경제학 석사이자 베스트셀러《경제학 카페》의 저자다. 그런 그가 GDP와 GNI에는 가계 외에 기업과 정부 몫까지 포함돼 있음을 몰랐을까. 혹시 그럴까 봐 한국은행은 기업과 정부 몫을 뺀 가계총처분가능소득(PGDI)을 함께 발표한다. 2012년 1인당 PGDI는 1367만 원이고 가구당 평균 구성원 수 2.71명을 곱하면 3704만 원(4인 5468만 원)이 나온다. 유 씨는 아시는지.

통계로 거짓말하는 사람들의 전형적인 수법은 부적절한 비교로 진실을 호도하는 것이다. 많은 사람이 속된 말로 그런 유 씨에게 낚였다. 유감스럽게도 이것이 우리나라 통계 이용자와 수용자의 현실이다.

부적절한 비교로 진실을 호도하는 사람들

정운찬 전 총리는 언론 인터뷰마다 "4대 그룹 매출이 GDP에서 차지하는 비중이 8~9년 전만 해도 40%였지만 지금은 50%가 넘는다"고 비난했다. 100%의 총량 속에서 대기업이 차지하는 비중이 커지면서 중소기업은 갈수록 쪼그라든다는 느낌을 준다. 그는 경제학 교수 출신이다. 국내에서 생산된 부가가치의 합인 GDP를 해외매출이 80%에 달하는 4대 그룹의 매출과 비교하는 것 자체가 난센스임을 모르지 않을 것이다. 그의 계산법대로라면 중소기업의 GDP 비중은 무려 120%다. 제대로 공부한 경제학자라면 오히려 대기업들이 해외에서 돈을 잘 번다고 칭찬했어야 마땅하다.

부가가치의 합인 GDP
와 기업 매출을 비교하는
것은 불가능한 일이다.
마치 높이와 길이를 비교
하는 것과 같다. 군이 비
교하자면 기업 영업이익

유시민 씨가 4인 가족 소득이 10만 달러에 달해 철도 노조가 귀족 노조가
아니라고 주장했던 JTBC 뉴스 토론 안내 화면.

을 비교하면 최소한의 근사치라도 얻을 수 있다. 그런데 매출이라니!

조국 서울대 교수가 한 강연에서 양극화를 강조하면서 연합뉴스의 틀
린 그래픽을 인용한 것을 보면 안쓰러울 정도다. 그래픽은 종합소득세
신고자 중 상위 20%의 소득이 1999년 5800만 원에서 2009년 9000만 원
으로 늘고, 하위 80%는 306만 원에서 199만 원으로 줄었다는 것이다.
얼핏 보면 20 대 80이 더 악화된 것 같다.

하지만 그래픽부터 오류였고, 통계 해석은 지식인이 맞나 싶을 정도
로 엉성했다. 그래픽에서 하위 80%는 하위 20%의 잘못이다. 하위 20%
라고 고쳐놓고 봐도, 10년간 종소세 신고자가 200만 명 이상 늘었기에
완전히 딴 그룹이라고 봐야 정상이다. 틀린 통계를 더 틀리게 해석해 빈
익빈 부익부의 근거로 삼는 일이 허다하다.

통계 오독(誤讀)의 의도는 쉽게 짐작할 수 있다. 잘난 소수(20%)를 공격
할수록 다수(80%)의 지지를 얻는다고 여기는 탓이다. 정치와 이념이 이
렇게 통계를 오염시킨다.

노련한 의원, 황당한 정부, 무식한 언론

2009년 5월 김정훈 당시 한나라당 의원은 그 이전 4년간 대형마트 매출
이 9조 2000억 원 늘어나는 동안 전통시장은 9조 3000억 원 줄었다는

보도자료를 냈다. 파장은 컸다. 인터넷에선 "재벌 마트가 재래시장 매출 9조 빨아먹었다"는 반응까지 올라왔다. 정치권은 대형마트 강제휴무의 근거로 삼았다. 언론은 받아쓰는 데 급급했다.

하지만 유통시장은 대형마트와 전통시장의 제로섬 게임이 아니다. 온라인쇼핑몰과 홈쇼핑은 더 빠르게 컸다. 소득 수준 향상과 소비패턴 변화를 고려한 종합분석 기사는 한 건도 없었다. 김 의원은 국회 정무위원장, 새누리당 정책위원회 의장을 지낸 4선 의원이 됐다. "정치가는 숫자로 무엇이든 증명할 수 있다"는 토머스 칼라일의 말이 떠오른다.

: '배운 무식자'들이 오류를 부추긴다

국토교통부가 2013년 11월 발표한 '전국 토지소유 현황을 한눈에'라는 통계도 언론의 수준을 새삼 확인케 한다. "인구 5000만 명 중 30.1%가 전국의 개인 토지 소유"라는 보도자료 내용을 대다수 언론이 '땅 한 평이라도 가진 사람, 국민 10명 중 3명' 식으로 보도했다. 나머지 7명은 땅을 치고 억울해할 만하다.

그러나 찬찬히 들여다보면 이 통계는 하나마나 한 얘기였지만, 토지 불평등의 근거로 악용하기 딱 좋게 돼 있다. 한 가정에서 땅(아파트 지분 포함)은 대개 가장이 소유한다. 4인 가구라면 25%(가장 혼자)가 독식한다고 할 것인가. 그 통계에 그 언론이다.

통계 暗數가 오판하게 만든다

2010년 한국형사정책원 학술대회에서 발표된 논문에 따르면 성범죄 피해자의 공식 범죄율은 10만 명당 58.3명이지만 실제 범죄율은 467.7명으로 8배 더 많았다. 성범죄가 주로 이웃, 친척 등에 의해 저질러져 신고하지 않고 은폐되는 경향이 강하다는 것이다.

범죄학자들은 범죄통계와 실제 범죄 건수의 차이를 암수(暗數·dark figure)라고 부른다. 사회통계에서 이런 암수를 걸러내지 못하면 실상을 과대포장하거나 과소평가하기 쉽다. 물론 실제 성범죄가 8배라는 것도 여성 5559명의 설문조사 결과인데, 대면조사냐 아니냐에 따라서도 또 달라질 수 있다. 암수는 도덕적 구호가 내포된 질문에서 더욱 커진다. 복지수요에 대한 조사나 이타심을 요구하는 통계에는 거대한 암수가 만들어져 부풀려진다.

설문조사는 '누가' 했느냐에 따라 종종 하늘과 땅 차이가 난다. 대체휴일제 도입을 놓고 문화체육관광부 산하 문화관광연구원 조사에선 찬성이 76.7%, 경영자총협회 조사에선 반대가 85.3%였다. 정반대 결과가 나온 이유는 단순했다. 문관연은 휴일이 많을수록 좋은 직장인에게 물었고, 경총은 휴일이 달갑지 않은 자영업자와 임시직에게 물어본 것이다. 이런 설문은 차라리 없는 게 낫다.

통계 바보가 되지 않으려면

프랑스 경제학자 토마 피케티의 《21세기 자본》이 세계적인 선풍을 일으켰지만 '통계자료 보정'이냐 '임의 조작'이냐의 논쟁을 초래했다. 영국 파이낸셜타임스(FT)는 피케티의 조사방법론에 근본적인 의문을 던졌고, 미국 기업연구소(AEI)는 미국 내 양극화가 심해졌을지 몰라도 지난 30년간 세계 중산층은 크게 늘었다고 비판했다. 피케티의 통계 마사지가 학계에서 용인된 수준인지는 지속적인 검증이 필요하다.

통계의 함정에 빠지지 않으려면 어떻게 해야 할까. 대럴 허프는 《새빨간 거짓말, 통계》라는 저서에서 통계 속임수를 피하는 방법으로 △누

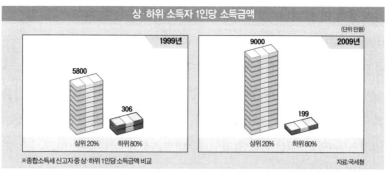

상·하위 소득자 1인당 소득금액

(단위:만원)

1999년

2009년

5800

9000

306

199

상위 20%   하위 80%

상위 20%   하위 80%

※종합소득세 신고자 중 상·하위 1인당 소득금액 비교

자료:국세청

조국 교수가 소득 양극화 근거로 인용한 연합뉴스의 그래픽.

가 발표했는가 △어떤 방법으로 조사했는가 △빠진 데이터나 숨겨진 자료는 없는가 △데이터와 결론 사이에 쟁점 바꿔치기는 없었는가 △상식적으로 말이 되는가 등 5가지를 제시했다.

한국에선 추가로 주의해야 할 점이 있다. 정부기관들조차 입맛에 맞는 통계를 인용하는 데 익숙하다는 점이다. 보건복지부는 담뱃값 인상 이후 흡연율이 13%포인트나 급락했다는 자체 통계를 내놓더니, 담뱃값을 다시 올릴 때가 되자 예전엔 무시하던 통계청의 흡연율 통계를 내세워 졸지에 흡연율이 4%포인트 오른 적도 있다.

특히 인용자의 정치색이 강할수록 엉터리 통계일 공산이 크다. 그들은 자신의 주장에 필요한 통계만 인용하고 때로는 왜곡, 오독한다. TV 토론은 일단 질러보고 '아니면 말고'인 경우가 허다하다. 2012년 대선 TV 토론 때 이정희 후보는 한국의 최저임금이 OECD의 최저라고 주장했고 그냥 그대로 넘어갔다. 실제 한국의 최저임금은 OECD의 중간 수준인데, 많은 사람이 지금도 최저인 줄 안다. 한 번 속으면 속인 사람이 나쁘지만, 두 번 속으면 내가 바보다.

Vitamin

영혼을 파는 뇌물

성완종 메모가 정가에 태풍을 몰아왔다. 리스트에 오른 정치권 인사들은 여론의 따가운 눈총을 받고 있다. 정치자금이었다면 공소시효가 지난 것이 많고, 뇌물이라고 보면 공소시효가 여전히 남아 있으니 진실공방 다음엔 정치자금이냐 뇌물이냐를 놓고 법리공방이 이어질 것이다. 그것이 무엇이든 현금이 오간 것 자체가 문제다. 여론은 돈, 특히 뇌물에 민감하다.

예전엔 떡값, 선물이라고 해서 대가성이 없으면 무죄로 선고되는 경우가 많았지만 소위 김영란법에선 대가성에 상관없이 처벌받는다. 뇌물은 누구나 공평하게 받게 돼 있는 행정서비스의 분배를 왜곡시킨다. 그러나 뇌물과 선물의 경계를 가르기가 말처럼 쉽지만은 않다.

: "국민들은 공직자의 순결을 원한다"

미국 연방 순회법원 판사를 지낸 존 누난은 '뇌물의 역사'에서 미국에서 1970년대 뇌물수수를 단죄하는 반부패법이 강화된 이유를 이렇게 설명

한다. "정절을 강조하
는 성윤리와 충성을 강
조하는 공직윤리라는
두 기둥이 사회를 떠받
쳐왔다. 현대에 들어와
성윤리가 무너지면서

공직윤리에 대한 기대감이 높아졌다. 간통, 간음, 피임, 유산, 동성연애
등을 금지하고 결혼을 장려하고 이혼을 죄악시하던 성윤리가 서서히 퇴
조하면서, 그 자리에 공직자들이 직무상의 결백을 지켜야 한다는 논리
가 대두된 것이다."

어쩌면 우리 상황과 이렇게 절묘하게 중첩될 수가 있나. 헌법재판소
가 간통죄를 위헌으로 판결하고, 반부패법인 소위 김영란법이 국회에서
통과된 것은 사실상 동시에 벌어진 일이다. 우리 사회도 이미 실효성을
상실한 성윤리의 현실을 인정해주고, 공직자에게는 더욱 엄격한 청렴을
요구하는 방향으로 가게 된 것이니 이를 현대사회의 특징이라고 본 누
난의 통찰력은 한국에서 다시 그 증거를 찾게 됐다.

김영란법이 공직자가 아닌 기자, 교사까지 포함해 과잉 입법 논란
이 한창 벌어지고 있는 상황에서 성완종 리스트가 튀어나왔다. 망해
가는 회사가 수십억 원대의 돈을 뿌렸다는 것만으로도 반부패법은 더
욱 힘을 얻게 됐다. 실제 1970년 닉슨 행정부가 '사기 및 부패금지법
(RICO:Racketeering Influenced and Corrupt Organization Act)'을 제정한 이후 8년 사
이 시장 43명, 주 판사 44명, 주의회의원 60명, 경관 260명, 기타 관리
1290명 등이 뇌물죄로 기소돼 대부분 유죄 판결을 받았다. 누난은 이런
변혁이 "특정 개인의 힘이 아니라 사회 전반을 주도하는 도덕관과 가치
관이 그렇게 시킨 것"이라고 강조하고 있다.

법으로 다스리기 어려웠던 뇌물

뇌물은 한 사회를 멍들게 하는 악이다. 그러나 가치관은 시대에 따라 변할 수 있다. 그래서 뇌물의 역사는 유구하지만 시대에 따라 부패의 정도와 처벌의 수위가 모두 큰 차이가 있다. 어느 시대엔 뇌물이 만연하고 또 어느 시기엔 뇌물풍조가 자연히 줄어드는 일도 있었다. 뇌물의 역사가 곧 인류 역사다. 함무라비 법전에도, 구약성경에도 뇌물을 문제삼는 대목이 나온다.

기원전 15세기 고대 이집트 기록에도 뇌물이 공정한 사법질서를 어지럽힌다며 단속을 강조하는 얘기가 나올 정도다. 고대 중국에서 뇌물 관행이 있었던 것을 보여주는 청동기 그릇 2개가 10여 년 전 출토됐는데, 그릇에 당시 뇌물을 주고받은 정황이 자세하게 기록돼 있다.

서주 시대인 기원전 873년께의 일이다. 한 귀족이 국법을 어겼다가 문왕의 아들이자 무왕의 동생인 소백호가 조사를 시작하자, 소백호의 어머니에게 청동단지를, 문왕에게 옥홀(玉笏)을 보내며 일을 잘 처리해달라고 부탁한 내용이다. 지금 시각으로 보면 특별검사에게 뇌물을 준 것인데 당시에도 불법 뇌물로 봤을까. 기록에는 소백호가 그를 불러 "이번 송사는 잘 처리됐다"고 통보해주는 대목이 나온다. 성의표시 정도로 본 것이다.

주고받은 물품을 가지고 그 양이나 횟수, 액수로 뇌물여부를 판정하기도 쉽지 않다. 조선 선조 때 대사헌까지 지낸 유희춘의 경우를 보자. 그는 재직 중이던 8년 동안(1568~1575) 공식적인 보수, 즉 녹봉을 17회 지급 받았다. 1년에 2회 정도다. 그런데 이 기간 동안 그가 지방관을 비롯한 관원, 친인척, 문도, 지인으로부터 물품을 받은 것은 무려 2855회나 된다. 유희춘은 청탁성이 있는 경우 딱 잘라 거절했다.

또 지방관을 포함해 물건을 보낸 사람 대부분이 혈연, 지연, 학연으로 연결돼 있었다. 당시 사람들이 그를 청렴하다고 평가한 것을 보면 이것은 일반화된 양반사회의 관행이었다.(차미희 '우리나라 인사행정제도사 연구') 이 시기는 뇌물에 관한한 사림(士林)들의 '자율 기준'이 있었을 때였다. 도를 넘지 않았다는 얘기다.

: 국가 기강 무너지면 부패가 창궐

조선은 초기부터 뇌물에 아주 엄격했다. '경국대전'과 '대명률직해'에는 장리(贓吏), 즉 부패관리에 대해서는 단호한 규정을 담고 있다. 처벌은 최고형을 참형(斬刑)으로 하고 죄명을 몸에 새기는 자자형(刺字刑)도 있었다. 일단 장리로 처벌된 자는 평생토록 다시 임용하지 않고 그 자식들도 관직 진출길이 막혔다. 이 법 규정은 조선 후기까지 지속됐지만 실제 처벌 내용은 많은 변화를 보였다. 부패관리 연좌제도 16세기 후반 이후 유명무실화됐다. 이때가 바로 사림파가 정치주도권을 행사할 때다. 한 번 장리로 낙인찍히면 재기 가능성이 없어지는 만큼 지방 수령으로 나가더라도 부정부패 행위를 하지 않는 성숙한 관행이 생겼다.

그러나 이 자율적인 질서는 17세기 말 이후 점차 무너져 갔다. 당파 간 정쟁이 격화되면서 부정부패 배격이라는 원칙도 무너졌다. 19세기에는 수령이 오히려 중앙의 비변사를 장악한 세도가문과 연결돼 부정부패를 자행하는 하나의 고리 역할을 했다. 이런 것이 정비되지 못하고 외세에 휘둘리다 20세기를 맞았으니 극심한 혼란 속에서 뇌물이 오가는 부정부패는 개혁될 기회 자체를 놓쳤던 것이다.

뇌물은 국가기강과 밀접한 관련이 있다. 그 기강은 권력자 한 명이 쉽게 무너뜨리기도 한다. 중국의 화신이 그랬다. 화신은 청나라 건륭제 때

순위	국가	점수	순위	국가	점수
1위	덴마크	92점	15위	일본	76점
2위	뉴질랜드	91점	17위	미국	74점
3위	핀란드	89점	35위	대만	61점
4위	스웨덴	87점	43위	한국	55점
5위	노르웨이	86점	100위	중국	36점
7위	싱가포르	84점	174위	북한	8점

자료:국제투명성기구

의 권신이다. 뇌물수수로 모은 재산이 지난 1000년간 중국 부자 순위 2위에 오를 정도(2006년 인민일보 발표)였다. '20년간 80억 냥 뇌물 갈취, 집 2000여 채, 논밭 1억 6000만 평, 개인 금고 10곳, 전당포 10곳'이 재산명세서였다. 오죽하면 화신이 죽고 재산을 몰수했더니 다음 황제인 가경제(嘉慶帝)가 배불리 먹고 살았다는 얘기가 나돌 정도였다.

한국의 '뇌물왕'은 고려시대 이자겸이다. 둘째 딸을 예종과 결혼시켰고 예종이 죽고 아들 인종이 왕이 되자 셋째 딸과 넷째 딸을 시집보냈다. 사실상 왕권을 장악한 이자겸은 숭덕부라는 개인 관청을 설치해 뇌물을 받았다. 숭덕부는 매일 장사진을 이뤘고 쌓인 뇌물을 제때 처리하지 못해 곳곳에서 고기 썩는 냄새가 진동했을 정도였다.

중국 시진핑 주석이 벌이고 있는 부패와의 전쟁에서 드러나는 부패권력자들의 뇌물 수수도 이에 못지않다. 그동안 뇌물 수수로 잡혀간 네 명의 '호랑이'(저우융캉, 쉬차이 허우, 보시라이, 링지화) 가운데 저우융캉이 받은 뇌물은 1000억 위안(약 18조 원)이 넘는다. 이런 부침을 겪으며 동서양을 막론하고 뇌물의 역사는 줄곧 계속됐다. 법치가 강화된 현대에 와서도 나라 수준에 따라 또 정치적 상황에 따라 후진적 뇌물 관행은 끊이질 않고 있다.

한국의 경우는 여전히 그 관행이 남아 있는 상태다. 정태수의 한보비리 (1997), 이석희 세풍 사건(1999), 진승현 게이트(2001), 한국마사회 임원 수뢰(2005), 현영희 공천헌금 사건(2012), 모뉴엘 사기대출 사건(2014)까지 현금으로 거액의 뇌물이 오간 사건들이 심심하면 터져나온다.

그 사이 현금을 전달하는 방법도 다양해졌다. 사과 상자, 여행캐리어, 골프백, 안동간고등어 상자, 상주곶감 상자, 명품가방, 담뱃갑 등을 통해 뇌물이 전달됐다는 뉴스가 나오면서 국제적인 웃음거리가 되기도 했다.

성완종은 비타500 상자에 넣어 돈을 전달했다고 주장했는데 5만 원권을 가득 채우면 6000만 원이 들어가는 것으로 알려졌다. 수사가 본격화됐으니 얼마나 놀랄 만한 뇌물 사례가 나올지 모르겠다. 공무원들의 권한이 많을수록, 규제가 많을수록 뇌물수수에 대한 검은 유혹은 언제나 있게 돼 있다. 뇌물 사건이 터질 때마다 국민들은 순결을 잃은 듯한 허탈감에 빠지게 된다. 이 또한 좋은 나라로 가는 과정이라고 보고 싶을 뿐이다.

Vitamin

공무원연금
개혁? 개악?

국회의 공무원연금 제도 개편안은 개혁과는 거리가 먼 것이었다. 개혁 한다며 시작했지만 느슨한 야합으로 결말지어진 정치쇼였다. 공무원노 조만 뒤에서 웃게 만들었다.

2015년 4월 국회의 마지막 날이었던 5월 6일에 법 개정이 무산된 건 너무도 당연한 결과였다. 잘못된 개정안은 대못이 될 수 있다. 공무원 연금법에 연금 재정은 5년마다 재계산하게 명시돼 있다. 찔끔 개혁안에 20년 시행(현행 1.9%인 지급률을 연간 0.01%포인트씩 인하해 2035년 1.7%로) 일정표 넣기를 앞으로도 고수하면 5년 뒤에라도 제대로 개혁하자고 하기가 어 려워진다. 개혁이 아니라 조기에 손도 못 대게끔 족쇄를 씌우는 개악이 된다.

김무성 전 새누리당 대표와 문재인 전 더불어민주당 대표가 직접 발 표했던 공무원연금 개편안은 크게 두 가지 근본적인 문제점을 안고 있 다. 무엇보다 재정절감 효과가 별로 없다는 지적이다. 합의안의 기본 틀 이 불신받는 것이다. 무엇보다 더 큰 문제는 성격이 다른 국민연금을 끌 어들인 꼼수다. 국회의원 몇 명이면 무슨 일이든 마음대로 할 수 있다는 입법독재의 결과다.

: 이 정도를 개혁이라고 말하는 국회

공무원연금 개혁 논의는 한마디로 줘야 할 돈은 기하급수로 증가하는 데 줄 돈이 없다는 현실에서 시작됐다. 국가가 공무원연금법에서 20년 이상 일하면 연금을 지급하기로 약속했으니, 부족분은 세금에서 메워줘야만 한다. 정부의 적자보전금은 매년 늘어나 2016년 올해엔 3조 6575억 원에 달할 지경이다. 하루에 100억 원 꼴이다.

두 가지 큰 요인이 있다. 공무원이 급증한 데다 평균 수명 또한 급격히 연장됐기 때문이다. 1960년 공무원연금 도입 당시 52세였던 한국인의 평균 수명이 지금은 82세다. 안정된 생활을 하는 공무원 그룹은 아마도 이 평균치보다 더 높을 것이다. 30만 명을 밑돌았던 공무원 숫자도 지금은 107만 명에 달한다.

1982년 연금 수급자가 처음 나왔을 때 3742명이었으나 지금은 30만 명을 넘어선다. 이러니 공무원연금을 유지하기 위해 세금에서 메워야 할 적자보전금이 2020년 6조 3650억 원, 2025년 10조 4398억 원, 2030년 14조 3136억 원으로 늘게 돼 있는 것이다. 고령화의 덫에 빠진 공무원연금의 파산은 진작 예고돼 있던 것이다. 더 내고 덜 받는 개혁이 몇 년 전부터 논의된 배경이다.

공무원들이 재직 중에 매달 내는 연금보험료(기여율)를 올리는 방안과 은퇴 후 받는 연금을 결정하는 지급률 낮추기가 개혁의 핵심이었다. 이 비율을 중심으로 2014년부터 새누리당안, 정부(인사혁신처)안, 김용하(순천향대 교수)안, 김태일(고려대 교수)안이 나왔다. 연금지급 개시 연령, 최소가입기간, 기존수령자 동결문제, 보험료부과 소득의 상한선 등 부대적인 조건도 빼놓을 수 없는 이슈였다.

일단 불발됐지만 국회의 소위 합의안대로라면 세금으로 메울 적자보

전이 약 5년 정도만 줄어든
다. 2016~2020년까지만 2
조 원대로 줄어들었다가 다
시 급격히 늘어 2025년 6
조 1144억 원, 2030년 8조
2011억 원으로 급증한다.
기여율이 5년간 2%포인트
(7%→9%)로 올라가는 데다 연
금지급액은 5년간 동결되면
서 생기는 반짝 효과다.

그러나 6년 뒤부터는 정
부가 메워야 할 적자 보전
규모가 다시 급증하는 구조
다. 합의안의 재정절감 효과
가 불신받는 이유다. 2085년
까지 향후 70년간 총재정 부
담(적자보전금+공무원 개인의 보
험료에 맞춘 정상적인 국가부담분+
퇴직수당)이 333조 원(1987조 원

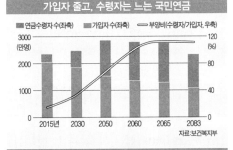

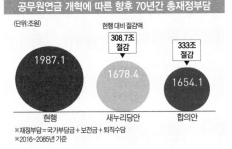

→1654조 원) 줄어든다는 추계 자체를 못 믿게 돼버렸다.

예를 들어 구간별로 볼 때 7년 뒤인 차차기 정부(2023~2027년) 5년간
148조 원의 총재정 부담이 발생한다는데 이는 당초 새누리당안보다도
약 25조 원가량 많다. 찔끔 개혁을 하면서 그나마 공무원 수 증가와 평
균 수명 연장은 제대로 반영하지도 못했다는 게 합의안의 근본적인 취
약점이다.

: 국민연금으로 물타기 하는 '꼼수 정치'

지급률을 연간 0.01%포인트씩 내리는 것도 너무 느리다. 더 큰 문제는 20년 일정표를 찔끔 개혁의 시행프로그램에 포함한 점이다. 향후 논의 재개를 막는 쐐기가 될 수 있다. 재정절감의 취지를 무력화시키는 꼼수들도 많다. 실무논의기구에 개혁 대상자인 노조가 끼어들면서 개선안이 곳곳에서 후퇴했다. 국민연금과 단순 비교해 연금지급 개시를 65세로 늦추기로 하면서 2022년부터 시작해 2033년에야 65세로 늦추기로 했다.

하지만 국민연금은 이미 2013년부터 지급을 늦추고 있다. 공무원들이 내는 보험료(기여금) 납부기간도 33년에서 3년만 더 연장했다. 새누리안·김용하안이 40년간 내도록 했고 정부안·김태일안은 아예 기한 없이 퇴직 때까지 내자는 것이었는데 막바지에 어물쩍 36년으로 줄었다.

기존 수령자 연금이 평균의 2배가 넘을 경우 이를 동결하는 방안도 논의과정에선 2016년부터 10년간이었으나 합의문에는 5년간으로 줄었다. 연금보험료를 책정하는 상한소득도 당초 평균소득의 1.5배를 적용키로 했으나 1.6배로 해서 정부 부담이 늘었다. 최소가입기간 역시 20년에서 10년으로 줄었다. 이런 가려진 꼼수들로 인한 재정부담은 계산도 안 될 정도다.

공무원연금 정부 보전금 6년 뒤엔 다시 급증

여기에 국민연금을 끌어들여 소득대체율을 10%포인트(40%→50%) 더 올리겠다는 게 국민들을 폭발시켰다. 2000만 명 이상 가입한 국민연금의 운영 골격을 뒤흔드는 일이다. 국회의원 몇몇이면 어떤 국가적 중대사도 제멋대로 결정할 수 있다는 무책임과 오만이다. 물론 그들은 공무원

연금 개혁을 국민연금과 비교해 맞추어나가는 것이라고 해명할 것이다.

하지만 이 전제부터 틀렸다. 공무원연금은 국가가 직업공무원 제도를 유지하기 위해 도입한 말 그대로 연금이다. 반면 국민연금은 사회

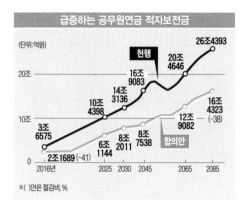

적 부조시스템이다. 단지 법으로 가입을 강제했을 뿐이다. 공무원연금은 제도를 바꾸지 않는 한 국가가 지급 의무를 지는 것이지만, 국민연금은 가입자들끼리의 부조다. 연금이란 이름이 나란히 붙었을 뿐 제도의 태생도, 법적 성격도 완전히 다르다. 엄밀한 의미에서 기초연금이 서구적 개념의 국민연금에 가깝다. 물론 국민연금이 언제든지 찾을 수 있는 적금인 것처럼 홍보해온 당국의 작태는 그것대로 두고두고 심판받을 것이다.

생애 평균소득에 대비한 수령 연금 비율인 소득대체율을 50%로 올리는 것은 사실 간단하다. 기금을 즉각 고갈시키기로 작정하면 내년부터라도 못할 게 없다. 그러나 지금대로라도 2060년엔 국민연금 고갈이 예고돼 있는 터다. 그 전에 기금을 다 털어먹자고 들면 그다음엔 가입자들이 획기적으로 연금보험료를 더 내야 한다. 그것도 아니라면 공무원연금처럼 정부 재정에서 국민연금을 무한정 적자보전하는 길뿐이다. 어느 것도 쉽게 할 수가 없다. 노무현 정부 때 그 숱한 반대를 무릅쓰고 국민연금의 소득대체율을 20%포인트(60%→40%)나 인하했지만 지금도 제도유지를 위해 고심하고 있다. 그런데도 김무성·문재인 전 대표는 역주행을 극적인 합의라며 자랑했다.

국민연금 소득대체율을 50%로 높이려면 보험료율은 두 배(9%→18%)로 올려야 한다. 그렇게 하지 않으면 2060년인 국민연금 고갈시기가 2056년으로 앞당겨진다. 공무원연금 개선에 따른 절약분 중 20%를 여기에 쓴다는 게 국회 개편안이지만, 코끼리 비스킷일 뿐이다. 보험료 올리기나 세금 지원이나 근로자, 납세자 입장에선 바로 가느냐, 반 바퀴 뒤에서 가느냐 하는 차이에 불과하다.

늘어날 국민연금 보험료는 '월권 국회'가 낼 건가

보건복지부 추계에 따르면 보험료율을 손대지 않은 채 소득대체율을 50%로 올리기 위해선 2060년 보험료율을 25.3%로, 2083년엔 28.4%로 올려야 한다. 자식세대와 손자세대에 연금 폭탄을 돌리게 된다는 것이다. 세대 착취도 이런 착취가 없다. 그러고도 한국에 일할 젊은이들이 남아 있을 것이며, 어떤 기업인들 지속될 수 있을 것인가.

일본에서 20~24세의 젊은층 국민연금 납부율이 25%(2011년)에 불과하다는 사실도 우리에게 시사점이 크다. "내봤자 부모세대만 득볼 뿐, 우리세대에겐 지급될 돈이 없다"는 불안과 불신의 반영이다. 올해 일본이 복지 부문 31조 5297억 엔 등 총 96조 3420억 엔(약 877조 원)의 예산 중 절반을 빚으로 꾸렸다. 예산에서 국민연금을 지원할 여력이 없다는 의미다. 국민연금의 장래에 관한 한 우리도 이와 다르지 않다. 이미 지역가입자의 납부율은 72%선에 그친다. 실직자 400만명 등 보험료를 못 내는 계

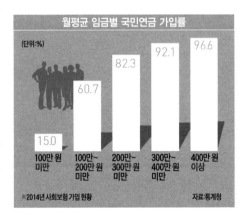

월평균 임금별 국민연금 가입률

(단위:%)

100만 원 미만 15.0
100만~200만 원 미만 60.7
200만~300만 원 미만 82.3
300만~400만 원 미만 92.1
400만 원 이상 96.6

※2014년 사회보험 가입 현황
자료:통계청

층이 적지 않다. 국민연금의 제도 유지 자체가 살얼음판이다.

국회가 아무 준비도 없이 책임도 못 질 판도라 상자에 손을 대려는 형국이다. 진작부터 공무원연금을 진짜 개혁하지 못하면 다음 과제인 군인연금과 사학연금은 보나 마나라는 평가가 지배적이었다. 이런 판에 국민연금이라는 공룡의 코털을 당겼다. 여야는 '공적 연금 강화와 노후 빈곤 해소를 위한 사회적 기구'란 것을 또 만들어 2015년 8월 말까지 국민연금을 고치겠다고 큰소리쳤다. 2007년 이후 8년 동안 언급도 못했던 국민연금 문제를 정기국회 때까지 넉 달 만에 해결하겠다는 것이었다. 누가 어떻게 뒷감당을 하겠다는 것인지 국회 규칙에라도 명시해야 하는지….

아우구스투스, 찰스 2세, 비스마르크, 처칠

연금이란 형태는 고대 로마제국 때 등장했다. 로마가 힘을 키우던 BC201년 지중해의 도시국가 미르토스가 시민에게 군사비용을 강제로 징수하고 종신연금 형태로 갚았다. 이후 로마 황제 아우구스투스가 군인금고를 만들어 퇴직 수당을 지급했다. 20년 현역과 예비역 5년을 마치면 연금이 지급됐다.

중세에도 신부, 군인, 왕의 측근 등 일부 계층을 대상으로 제한된 연금이 있었다는 기록이 있다. 신부의 경우 재직 시의 3분의 1만큼 급여가 연금으로 지급됐다. 근대적 형태의 연금은 1667년 영국에서 등장한다. 영국 왕 찰스 2세는 퇴역 해군에게 퇴직 시 기본급의 50%를 종신연금으로 지급했다. 네덜란드와의 해전에서 패한 뒤 해군의 중요성을 깨닫고 한 조치였다.

미국 연방정부는 1789년 독립전쟁의 상이군인에게 연금을 지급했다. 이후 미국 지방정부들은 소방관, 경찰, 교원들을 대상으로 연금을 앞다퉈 도입했다.

국민연금은 1889년 독일의 비스마르크가 고안했다. 1866년 오스트리아와의 전쟁, 1870년 프랑스와의 전쟁에서 이긴 뒤 국가의 내부 통합을 목표로 한 것이었다. 처칠이 2차대전 중 영국 노동자들의 지지를 얻기 위해 '요람에서 무덤까지'라는 복지 구호를 내걸면서 공적연금은 국가적 사업으로 본격 자리 잡기 시작했다.

한국에서 국민연금은 1973년 법이 제정됐으나 석유파동으로 연기됐다가 1988년 1월 국민연금법이 시행됐다.

Vitamin

'양날의 칼'
상가 권리금 법제화

상가 권리금은 양날의 칼이다. 상인들은 권리금을 벌충할 수 있을지 걱정하지만 정작 권리금이 없는 상가는 장사가 안 될 위험성이 높아진다. 권리금을 둘러싼 분쟁이 끊이지 않는다. 급기야 음성적으로 주고받던 권리금을 개정 상가임대차보호법(이하 상임법)을 통해 보호하겠다고 정부와 국회가 나섰다. 관행의 법제화지만 여러 가지 새로운 분쟁을 초래할 수도 있다.

2015년 6월 초 개정 상임법 시행을 앞두고 논란이 분분했다. 효과와 부작용이 뒤섞여 나타날 공산이 컸기 때문이다. 이 법에 따라 상가 임차인은 건물주가 바뀌어도 5년간 계속 영업할 수 있고, 가게를 그만둘 때 새 임차인을 정해 권리금을 회수할 수 있게 된다. 만약 건물주가 권리금 회수를 방해하거나 직접 영업하겠다며 쫓아내면 손해배상을 청구할 수 있다. 정부의 기대대로 소위 '권리금 약탈'은 줄어들 수 있다.

그러나 또 다른 분쟁의 씨앗이 될 가능성도 크다. 권리금은 임차 상인끼리 주고받는 것이다. 이런 권리금의 회수 책임을 건물주에게 지운다면 상가 투자의 매력은 뚝 떨어지게 마련이다. 지역에 따라 임대료 상승을 불러올 수도 있다. 아울러 상권, 업종, 점포마다 천차만별인 권리금을 어떻게 산정할지도 숙제다. 권리금 법제화가 임차인에게 복음이 될까, 아니면 임대인의 소유권을 침해하는 결과만 초래할 것인가.

: 권리금 법제화, 영업권 보호인가 재산권 침해인가

상가 권리금은 현실에는 존재하는데 법에서는 인정하지 않는 관행이다. 명칭은 권리금인데 권리 보장이 안 되니 아이러니였다. 권리금 산정 공식도 없고 계약서에 명시하지도 않는다. 상권, 입지, 영업 노하우 등에 따라 천차만별이다. 보증금보다 권리금이 더 큰 경우도 많다.

상임법 개정에 따라 권리금이 법의 보호 대상이 됐다. 임차인이 권리금을 회수할 때 건물주(임대인)에게 협력 의무를 부과한 것이다. 만약 회수를 방해하면 손해를 배상해야 하고, 세입자가 데려온 새 임차인을 이유 없이 거부할 수도 없다. 임차인의 영업권을 임대인의 재산권보다 우위에 둔 것이다. 재산권 침해 논란도 있다. 과연 권리금 법제화는 제대로 작동할 수 있을까.

자릿세 또는 점포 프리미엄

권리금의 유래는 뚜렷하지 않다. 일제 때도 있었고, 6·25전쟁 이후 상가 공급 부족에 따라 웃돈으로 관행화한 것으로 추정될 뿐이다. 어쨌거나 권리금은 법 바깥에 있음에도 실제 주고받고 점차 고액화돼온 게 엄연한 현실이다. 권리금이란 '점포 임차인이 특별하게 누리게 될 장소나 영업상의 이익에 대한 금전적 대가'를 가리킨다. 유형별로는 바닥권리금, 시설권리금, 영업권리금으로 구분된다. 바닥권리금(자릿세, 지역권리금)은 점포의 입지, 상권 등 장소적 이익에 대한 대가다. 시설권리금은 점포의 시설, 비품 등 유형자산의 대가다. 새 임차인에게 넘길 때 감가상 각을 적용해 회수한다. 영업권리금은 임차 상인이 쌓은 영업 노하우, 단골, 명성, 신용 등 무형자산의 대가로 점포가 지닌 프리미엄이다. 개정 상임법에서는 권리금을 "영업시설·비품, 거래처, 신용, 영업상의 노하우, 상가 건물 위치에 따른 영업상의 이점 등 유·무형 재산적 가치의 양도 또는 이용대가(제10조의 3)"라고 정의했다. 바닥·시설·영업권리금을 모두 인정한 것이다.

건물주와 임차인의 동상이몽

권리금 분쟁은 건물주와 임차인의 이해관계가 다른 데서 비롯된다. 임차인끼리 주고받는 권리금을 건물주는 인정하지 않으려 하고, 임차인은 인정받고 싶어 한다. 계약이 끝날 때 건물주는 임대료를 많이 낼 세입자를 원하고, 기존 임차인은 권리금을 지급할 세입자를 원하게 마련이다. 투자 회수기간이 길고 계약기간은 짧은 점도 분쟁의 원인이다. 건물주가 계약 갱신을 거부하거나 직접 영업하려 할 때가 그런 경우다. 정부의 권리금 실태조사(2013년) 결과 전국 292만 개 사업체 중 74.8%가 임차 상인으로 권리금이 있는 점포가 55.1%, 금액은 평균 2748만 원이었다. 김정욱 한국개발연구원(KDI) 연구위원은 임대인이 권리금을 받아 분쟁 소지가 있는 경우를 4% 정도로 추정했다. 이를 토대로 정부는 총 33조 원의 권리금 중 1조 3000억 원이 분쟁 가능성이 있다고 봤다.

개정 상임법에선 건물주가 바뀌어도 5년간 임차인의 영업을 보장했다. 임차인이 새 세입자를 정할 수 있으며, 건물주가 권리금 회수를 방해하는 것도 금지했다. 다만 임차인이 3개월 이상 월세를 밀렸거나 안전 등으로 재건축할 경우 백화점, 대형마트 등 3000㎡ 이상 대규모 점포는 예외로 뒀다. 개정 상임법 시행으로 임대인의 악덕에 의한 권리금 분

상가권리금의 유형		
구분	내용	비고
바닥권리금	점포의 상권, 입지 등 장소적 이익에 대한 대가	• 정부, 임차인 몫으로 간주 (역세권 형성 등 외부요인은 임대료에 반영) • 임대인의 노력과 노하우 간과
영업권리금	점포 무형자산 (영업노하우, 단골, 명성, 신용 등)의 대가	• 임차인의 노력과 비용 (거래 대상) • 천차만별, 기준 산정의 어려움
시설권리금	점포 유형자산 (시설, 비품, 인테리어 등)의 대가	• 기간별 감가상각 통해 산정 가능 • 투자 회수기간과의 괴리가 문제

쟁은 많이 줄어들 전망이다. 김재광 선문대 교수는 "임대인의 부당한 간섭을 막고 임대차 기간 보장을 통해 임차인의 노력에 따른 이익 보호와 투자금 회수 문제는 상당 부분 해결될 것"으로 내다봤다. 허점으로 지적된 전통시장 권리금은 국회가 추가 법 개정을 추진할 것이라고 한다.

: 분쟁 줄겠지만 월세 오르고 상가 투자 기피할 듯

바닥권리금은 누가 노력한 결과인가

임차인의 노력과 비용으로 형성된 유·무형자산이라면 보호받을 명분이 충분하다. 영업 안정성이 보장되면 권리금 보호의 실효성을 기대할 수 있다. 그러나 장소적 이점인 바닥권리금은 또 다른 문제다. 정부는 2014년 9월 상임법 개정 방침을 밝히면서 바닥권리금이 임차인에게 귀속된다고 봤다. 임차인의 노력·비용으로 상권이 활성화돼 장소적 이익이 증가했다면 영업권리금과 밀접해 임차인 몫이라는 얘기다. 역세권 형성 등 외부 요인에 의한 장소적 이익은 건물주가 임대료(월세)에 반영한다는 것이다.

하지만 이런 해석은 임대인의 재산권 침해 소지 논란을 낳는다. 점포 가치는 위치뿐 아니라 세입자들을 어떻게 구성하느냐에 따라서도 크게 달라진다. 건물주가 입지에 대한 안목에다 은행, 병원, 학원 등 핵심 세입자를 유치해 장소적 이점을 늘렸다면 그 노력을 인정해야 맞다. 이는 부동산의 '업(業)의 본질'이기도 하다.

선진국에선 권리금 분쟁이 드문 까닭

미국, 영국, 프랑스, 호주 등에도 한국의 권리금과 유사한 개념이 있다. 미국에서는 '키 머니(key money)', 영국에선 '굿 윌(good will)'로 불린다. 뉴욕 센트럴파크의 노점상 중 노른자 20여 곳은 자릿세가 20만 달러(약 2억 2000만 원)를 웃돌 정도다. 그럼에도 선진국에는 분쟁이 별로 없고 한국에만 유독 분쟁이 잦은 이유는 뭘까.

권리금은 고정자산과 무형자산 가치의 결합이다. 서구에서는 무형자산의 가치가 80%인 반면 국내에선 목 좋은 곳(위치)에 대한 가치가 권리금의 70~80%를 차지한다. 임차인의 노력보다는 바닥권리금이 훨씬 중요한 것이다. 또한 서구의 권리금은 임대인과 임차인이 주고받는다. 따라서 임차인을 내보낼 때 퇴거 보상비를 주고, 새 임차인의 임대료에 얹어 받으면 그만이다. 반면 한국에선 임차인끼리 음성적으로 수수하고 계약서에 시설 양도내역 정도만 명시할 뿐 세금 신고도 하지 않는다. 불투명한 상가 거래에 분쟁의 씨앗이 잠재돼 있는 것이다.

권리금 법제화의 빛과 그림자

상임법으로 임차 상인들의 권리금을 보호한다는 취지를 부정할 사람은 없을 것이다. 그러나 현실에서 제대로 작동할지는 미지수다. 임차인은 재건축, 전통시장 등의 예외를 못마땅해 하고, 임대인은 5년간 계약 유

지나 권리금 회수 협력 의무
가 불만이다.

건물주가 받는 임대료와
임차인이 받는 권리금은 상
충관계다. 그런 점에서 임대
인들은 말썽 많은 권리금은
줄이고 월세를 올리는 쪽으
로 움직일 공산이 크다. 정

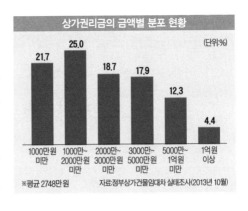

부는 상가 공실률이 9%에 달해 임대료가 안 오를 것으로 보지만 시장에
선 임차인 보호 정책이 임대료 상승을 유발할 것으로 보고 있다. 정승영
김포대 교수는 "개정 상임법 시행 이후 임대인의 월세 인상을 통한 위험
전가 현상이 예상된다"고 지적했다.

또한 임차인들이 권리금 극대화에 주력하는 모럴 해저드도 불가피하
다. 그럴수록 상가 투자는 골치 아픈 기피 대상이 돼 시장에 과소 공급
되는 문제가 생긴다. 가뜩이나 불투명한 권리금을 법제화하면서 정부는
정작 신고 의무를 두지 않았다. '신고=세금 납부'인데 봐준다는 얘기다.
감정평가사의 권리금 평가도 결코 간단치 않다. 권리금은 곧 매출액 추
정과 연계되는데 건물주나 상인들이 공개하기 꺼리는 게 권리금, 매출
액, 월세다. 평가 결과에 대한 이의신청도 쇄도할 것이다. 권리금 법제
화가 제대로 작동하려면 상가 거래부터 투명해져야 한다. 그렇지 못하
면 의도는 좋으나 나쁜 결과를 빚을 수 있다. 갈 길이 요원하다.

Vitamin

영어 공용화

한국인에게 영어는 무엇인가. 기성세대들에게 영어란 평생 다 못한 숙제와도 같다. 중학교에 들어가 처음 접했지만 아무리 세월이 흘러도 어렵고 늘 부족하고 공부를 해도 해도 끝이 없는, 만만치 않은 상대다. 외국인 앞에만 서면 왠지 자신 없어 쭈뼛거리게 되고 그런 자신을 괜히 부끄럽게 여기게 만드는 것도 영어다. 등짐처럼 늘 따라다니는 영어 콤플렉스는 급기야 가장들을 외로운 기러기의 삶으로 내몬다.

"다른 건 몰라도 영어 하나라도 건지면 된다"는 심정에 '묻지마 유학'일지라도 자식을 보내고 싶은 것이다. 영어를 공용화하면 이런 문제들이 풀릴까. 아니면 우리 문화와 민족혼을 위협할지도 모를, 입에 담아서도 안될 불경스런 주제일까.

: 영어 공용화에 대한 복거일의 '경제적 접근'

한국에서 영어 공용화를 처음 화두로 들고 나온 사람은 소설가 복거일 씨다. 그는 2003년 저서 《영어를 공용어로 삼자》에서 세계화를 위해서는 민족주의와 민족의 언어에 대한 집착을 버려야 한다면서 대표적 국제어인 영어를 공용어로 채택해야 한다고 주장해 큰 파문을 일으켰다. 복거일 작가는 영어 공용화를 주장하는 이유를 영어문제에 대한 '경제적 접근(economic approach)'이라는 측면에서 풀어내고 있다. 영어가 국제어이고 따라서 사용하는 데 편익이 크니 자연스레 영어를 쓰도록 유도하면 된다는 것이다.

인간 활동의 모든 영역에 걸친 중요한 정보들이 대부분 영어로 된 세상에서 우리 사회에 들어오지 않는 정보들이 얼마나 많은지 추산하기조차 어렵다는 게 그의 주장이다. 그런 정보 부재 때문에 우리가 모르고 입는 손해가 엄청난데 그런 손해에 대해 걱정하는 사람들이 드물다는 게 더욱 걱정스럽다는 것이다. 언어 장벽은 우리 사회에서 생산된 정보와 지식이 밖으로 나가는 것 역시 막는다고 지적한다.

인터넷 정보의 80%가 영어

새삼 강조할 필요도 없이 영어는 오늘날 세계적으로 다양한 분야에서 널리 사용되는 가장 중요한 의사소통 수단이다. 물론 단순히 모국어로 사용되는 인구수로 보면 영어는 3억 2000만~3억 4000만 명가량이 쓰고 있어 중국어, 스페인어에 이어 3위에 그친다. 하지만 제2의 언어로 쓰고 있는 인구까지 합하면 약 5억 명, 그리고 소속 국가의 공용어와 무관하게 사실상 영어를 쓰는 사람은 10억 명에 달하는 것으로 추산된다. 세계 인구 일곱 명 중 한 명꼴로 영어를 쓰고 있는 셈이다. 2050년쯤에는 전 세계 인구의 절반 이상이 영어를 사용하게 될 것이라는 예측도 있다.

뿐만 아니라 거의 모든 중요한 지적 산물들이 영어로 쓰이거나 번역되고 있다. 또한 전 세계 우편물의 4분의 3, 컴퓨터에 저장된 정보의

80%가 영어로 돼 있다고 한
다. 인터넷으로 전파되는 정
보의 70~80% 역시 영어다.
특히 주목할 부분은 인터넷
으로 전파되는 정보들 가운
데 과학적 주제들은 거의 모
두 영어로 표현됐다는 사실
이다.

주요국 평균 토플점수	
네덜란드	100
오스트리아	99
싱가포르	98
스위스	97
독일	96
포르투갈	95
스웨덴	93
인도	91
이탈리아	90
스페인	89
프랑스	88
한국	84
중국	77
일본	70

※120점 만점 기준, 2012년 (단위:점)

　현대사회에서 과학과 기술의 중요성을 감안하면 영어의 영향력은 상
상 이상이다. 영국 BBC 뉴스가 인터브랜드 자료를 인용해 보도한 내용
을 보면 영어의 가치는 약 78억 1500만 달러로 일본어(42억 4000만 달러) 독
일어(25억 5500만 달러)와 비교할 수 없을 정도로 높다. 그나마 10여 년 전
자료인 만큼 현재 가치는 이보다 훨씬 커졌을 것이다.

영어 공용화로 이끌어낸 싱가포르의 번영

대표적 영어 공용화의 성공 사례로 꼽히는 나라는 인도, 싱가포르, 필
리핀, 홍콩 등이다. 인도에는 100개가 넘는 언어가 있지만 국민 통합을
위해 정치, 비즈니스 등에서 영어를 공용어로 쓰고 있으며 전체 인구의
약 10%인 1억여 명이 영어를 쓴다. 인도가 최근 정보통신산업의 새로
운 강자로 급부상하고 있는 것도 바로 충분한 영어 사용 인력 덕분이라
는 것은 잘 알려진 대로다.

　싱가포르의 놀랄 만한 번영 역시 영어 공용화를 포함한 개방 정책 때
문이라는 분석이 적지 않다. 1956년부터 영어와 함께 만다린어, 말레이
어, 타밀어를 공용어로 지정한 싱가포르는 시행착오도 있었지만 정부의
일방적 강요가 아닌 융통성 있는 다국어 학습기회 제공을 통해 영어 공

용화에 성공한 것으로 평가된다. 국제학업성취도 평가(1999년)에서 38개국 중 싱가포르 학생들이 수학에서 1위, 과학에서 2위를 차지한 것도 영어 공용화의 힘이 컸다.

: 영어문제 앞에선 모두가 이중 잣대

영어 공용화에 대한 반론들

공용화에 반대하는 대표적 목소리는 민족 문화 내지는 민족 정체성과 주체성이 상실될 우려가 있다는 것이다. 한국어만을 모국어로 써야 민족 주체성이 유지된다는 주장이다. 이런 주장에 대한 복거일 작가의 반론은 매우 흥미롭다.

그는 "영어 공용이 한글의 위축을 부르고, 이것이 다시 전통문화 위축으로 이어진다는 주장은 15세기 훈민정음이 처음 보급되기 시작했을 때 이를 반대한 사람들의 논리를 그대로 쓰는 것"이라고 반박한다. 과거 오랫동안 한자 생활권이던 우리 문화와 지적유산 상당 부분은 한자로 돼 있었는데, 한글이 도입되면서 전통문화가 상당히 위축됐고 한글 전용은 이를 더욱 가속화시켰다는 것이다. 따라서 우리말 사용을 금지시키는 것도 아닌 영어 공용화가 전통문화를 위축시킨다는 주장은 설득력이 없다는 얘기다.

영어 공용화와 국가경쟁력 간에는 직접적 인과관계가 없다며 반대하는 견해도 있다. 박영준 부경대 교수는 필리핀, 말레이시아, 싱가포르 등에 대한 조사 결과 아무런 역사적 배경 없이 영어를 공용화할 경우 얻을 수 있는 불확실한 경제적 이득보다 사회 운영의 체계를 개편하는 데 들게 될 비용이 훨씬 많을 것"이라고 주장한다. 그는 영어를 모국어가 아닌 공용어로 택한 47개국 중 3개국 정도만 경제력에서 한국을 앞섰다는 점을 강조한다. 또 싱가포르를 제외하고는 영어 공용화로 국제 비즈니스의 중심축이 된 국가가 없다는 지적도 한다. 한때 영어 공용화론이 제기됐던 일본에서 유야무야된 것도 바로 이런 한계를 인식했기 때문이라는 것이다. 이 밖에 시기상조론, 사교육비 급증, 영어 사용 여부에 따른 계층 갈등 등도 반대 이유로 종종 제기된다.

한국인 토플점수 여전히 중하위권

영어 공용화 이야기가 나오면 이를 영어 전용으로 오해하는 경우가 적지 않다. 마치 한글과 한국말을 못 쓰게 하고 정부가 영어만 쓰도록 강제라도 하는 식으로 이해하는 것이다. 하지만 영어 공용화는 전혀 그런 것이 아니다. 한글과 영어를 모두 공식 언어로 인정해 정부 문서 등에 병기하고 학교에서도 두 가지를 함께 가르치자는 것이다.

영어 잘하는 사람이 많이 늘었는데 굳이 영어 공용화까지 필요하냐며 의문을 제기하는 경우도 많다. 하지만 해외 유학이라도 다녀올 형편이 안 되는 사람이 독학으로 유창하게 영어를 구사하기란 여간 어려운 일이 아니다. 한국인의 토플 평균 점수가 65개국 중 46위권으로 여전히 중하위권을 맴돌고 있다는 것만 봐도 그렇다.

매년 영어교육에 들어가는 천문학적 비용, 점점 심화되는 영어교육 불평등과 그에 따른 잉글리시 디바이

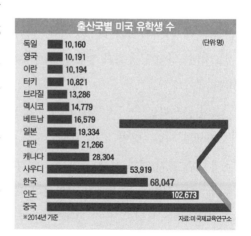

출신국별 미국 유학생 수

(단위:명)

독일	10,160
영국	10,191
이란	10,194
터키	10,821
브라질	13,286
멕시코	14,779
베트남	16,579
일본	19,334
대만	21,266
캐나다	28,304
사우디	53,919
한국	68,047
인도	102,673
중국	

*2014년 기준

자료:미 국제교육연구소

드, 가속화되는 일상용어 속의 영어 침투 등을 감안하면 이제는 정부 차원에서 영어 공용화를 공론화시킬 때가 된 것 아닌가 싶기도 하다. 미국 내 해외 유학생 중 한국인은 6만 8000여 명으로 중국, 인도에 이어 3위다. 순수 학문 탐구를 위한 유학도 많겠지만 영어 하나만이라도 건지려는 유학도 적지 않을 것이다. 영어 발음을 위해 혀를 자르는 수술까지 하는 경우도 있다고 할 정도다.

물론 영어 공용화가 만병통치약은 될 수 없다. 정착될 때까지 부작용도 꽤 있을 것이다. 하지만 영어를 둘러싸고 벌어지는 이 모든 낭비와 해프닝, 부작용, 비효율을 감안하면 한번 시도해볼 만하지 않을까.

Vitamin

언론전쟁

삼성물산과 제일모직의 합병은 한국 M&A 역사에 한 페이지로 남을 것이다. 미국계 헤지펀드 엘리엇매니지먼트의 공격으로 더욱 드라마틱해졌다. 이면에서는 또 하나의 전쟁이 치러졌다. 서방 언론들의 '한국 때리기(Korea bashing)'다. 월스트리트저널(WSJ)과 파이낸셜타임스(FT)의 한국 때리기는 이번이 처음도 아니다. 묘한 우월주의가 깔려 있다. '재벌(chaebol)'이라는 표현 아래 노골적인 한국 기업 폄하 시도가 드러난다. '정실주의' '정경유착' '가족상속' 등 가학적 언어들이 넘친다. 이번에도 엘리엇을 대변하는 사설들이 버젓이 실렸다. 합병 주총은 끝났지만 골리앗 신문전쟁은 끝나지 않았다. 일본 닛케이가 인수하면 FT는 변할까. 닛케이가 1조 5300억 원을 기꺼이 지불하겠다는 것은 '언어'다. 영어는 패권언어다. 언론들의 전쟁을 살펴보자.

: WSJ·FT의 삼성 공격, 또 도진 '한국 때리기'

2015년 7월, 삼성물산·제일모직의 합병 결의 닷새 만에 월스트리트저널(WSJ)은 사설을 통해 다시 삼성 때리기에 나섰다. "분수령에 처한 한국의 삼성"(7월 21일자)이라는 제목 아래 "소수주주(엘리엇)들이 패했지만, 재벌체제는 새로운 검증에 놓였다"며 삼성을 공박했다. 한국의 기업지배구조에도 문제가 있다고 비난했다. 국민연금이 찬성표를 던진 게 '경제민주화'를 내건 정부의 약속과 상반된다고도 몰아세웠다. 그러면서 "표결과 관계없이 엘리엇의 행위는 아시아 기업 개혁을 향한 전진"이라는 제멋대로 주장도 내놨다.

WSJ는 앞서 7월 13일자에서도 "한국에서 반(反)유대 정서가 있다"는 사설로 본질을 호도했다. 삼성 공격에 나선 헤지펀드 엘리엇매니지먼트의 법적·비법적·초법적 공격에 대한 국내 여론의 비판을 반유대 정서라고 몰아세운 것이다. 사설뿐 아니라 일반 기사에서도 WSJ는 "주총에서 삼성이 근소한 차로 이겼다"(찬성 69.53%, 대부분 한국 언론은 삼성의 완승 또는 압승이라고 보도) "이재용 부회장이 원하는 것은 얻었지만 앞으로 험로가 예상된다", "엘리엇은 합병법인의 핵심주주가 됐다", "앞으로 삼성 계열사를 상대로 법적 대응을 해나갈 것"이라는 제목으로 엘리엇을 대변하는 듯한 기사를 계속해 내보냈다.

삼성 때리기는 파이낸셜타임스(FT)도 마찬가지였다. FT는 간판 칼럼 격인 렉스칼럼(6월 12일자)을 통해 "내부거래와 계열사 간 순환출자로 점철된 재벌이 지배하는 시대는 유통기한이 지났으며, 합병은 총수 일가의 지배력을 강화하기 위한 위장"이라고 폄하했다. 엘리엇에 대해서는 "소액주주들의 공정한 대접을 받을 수 있는 신기원을 열기 위해 노력하고 있다"고 치켜세웠다.

FT는 주총 직후에도 같은 칼럼을 통해 "한국에서는 늘 거인(삼성)이 이긴다. 한국에서 용사는 짓밟힌다"며 얼토당토않은 주장을 계속했다. "삼성과 엘리엇의 법적 분쟁 불씨는 여전히 남아 있다"는 전망을 하는

가 하면, 누군지도 모를 익명의 '한 개인'을 인용하는 형식으로 "오로지 이재용을 위한 합병"이라고 직설적인 비난도 했다. 이런 주장은 사실과 다른 것으로 엘리엇조차 합병비율을 문제 삼았을 뿐 지배구조 개편을 지지

FT와 WSJ의 삼성 때리기

FT

내부 거래와 계열사 간 순환출자로 점철된 재벌이 지배하는 시대는 유통기한이 지났으며, 합병은 총수일가의 지배력을 강화하기 위한 위장이다.(6월 12일자 칼럼)
한국에서는 늘 거인(삼성)이 이긴다. 한국에서 용사는 짓밟힌다.(7월 12일자 칼럼)

WSJ

엘리엇이 패했지만 재벌체제는 새로운 검증에 놓였다. (7월 12일자 칼럼)
이재용 부회장이 원하는 것은 얻었지만 앞으로 험로가 예상된다. (7월 13일자 칼럼)

한다는 성명을 발표했다는 점을 간과한 것이다. FT의 한국 기업 때리기는 2009년 대우로지스틱스의 마다가스카르 농업 투자 진출 때를 떠올리게 한다.

당시 대우로지스틱스는 130만ha(경상남도의 1.3배)의 현지 농지를 99년간 빌려 옥수수를 재배하고 학교와 병원을 세우는 야심 찬 프로젝트를 수립했다. 60억 달러 규모의 이 개발 사업에 마다가스카르 대통령이 직접 서명했다. 하지만 FT는 이를 '신식민주의(neocolonialism)', '해적(pirates)'이라는 살벌한 말로 맹공격했다. 식민지 시대부터 자신들의 놀이터였던 곳에 신흥국 한국의 기업이 진출하는 게 못마땅했던 것이다. 한국의 식량 문제를 획기적으로 풀 수도 있었던 이 사업은 결국 없던 일이 되고 말았다. 엘리엇을 감싸는 월가의 시각이, 대우로지스틱스를 못마땅하게 여기는 런던 시티금융권의 입장이 그런 기사로 반영됐다고 볼 수밖에 없다.

FT와 WSJ의 편파적인 보도는 언제나 끝날까. 좀체 변하지 않는 패권적 보도에 한국 기업은 어떻게 대응해야 할까. 개방정책을 세일즈해야 하는 정부는 또 어떻게 대처해야 하나. 엘리엇의 재공격이나 제2, 제3 엘리엇의 상륙만이 문제가 아니다. 어쩌면 그보다 더 집요하고 더 강고한 언론전쟁이다.

: 그렉시트·中 증시, 굵직한 이슈마다 여론주도 전쟁

한국 때리기에서는 상의라도 한 듯 비슷한 모습이지만, 이들 공룡은 사 안별로 치열한 여론선점 전쟁을 벌인다. 보수·진보라는 구도로 나뉘는 미국 신문엔 당파성도 수시로 나타난다. WSJ와 FT 사이에는 세계 경제 의 흐름에서 주도권을 쥐겠다는 의지도 엿보인다.

○ 그리스 부채 협상

그렉시트 문제에서 FT와 WSJ는 확연히 강온 양파로 나뉘었다. FT는 사설(7월 12일자)을 통해 "그리스의 제안이 거절돼선 안 된다"는 제목 아래 "치프라스 총리는 이미 손을 들었다. 채권자들은 관용을 보여줘야만 한 다"며 그리스를 수용하라고 촉구했다. FT는 이틀 뒤에도 톱 사설을 통 해 '(타결된) 협상의 내용들이 그리스나 유럽에나 너무 과도하다"는 제목 아래 '독일의 터프한 조건이 그리스인들에게는 너무 가혹하다"고 독일 을 몰아세웠다. 거듭된 그리스 옹호였다.

　반면 WSJ는 일련의 기사를 통해 그리스가 채권단의 요구조건을 수용 하라고 은근히 압박했다. 구제금융 3차 협상을 전후한 며칠간의 1면 기 사 제목만 봐도 그런 분위기는 바로 보였다. "그리스 구제에 시간이 얼 마 남지 않았다"(8일자) "유럽, 그리스에 계속 압력"(10일자) "그리스 협상 여전히 불확실"(13일자) 등의 기사가 그러했다.

○ 폭락 중국증시 해법

WSJ와 FT는 폭락한 중국의 6월 증시에 대한 평가나 해법에서도 분명 하게 갈렸다. 3주 새 상하이증시가 30% 폭락한 상황이었다. WSJ는 "중 국 정부의 개입은 시장상황을 악화시킬 뿐"이라고 논평했다.(6월 8일자 사설) 한발 더 나아가 증시 상황이 악화한 게 당국의 시장 개입 때문이라고 규정했다. 반면 FT는 1998년 홍콩증시에 당국의 개입이 시장상황을 반전시켰다며 정부 개입의 필요성을 강조했다.(7일자 사설) 그러면서 "중국은 서방국가들과 달리 시장을 띄우는 데 필요한 조치를 취하는 상황을 머뭇거리지 않을 것 같다"며 개입의 정당성을 설파했다.

○ 이란 핵협상에 대한 정반대 평가

미국과 이란이 13년 만에 핵협상을 타결한 것은 21세기 인류사에 기록될 만한 사건이었다. 호메이니 주도의 회교혁명 36년 만에 중동의 강국 이란이 국제사회로 재등장한 것을 의미하기도 했다. 한국 신문들도 빠짐없이 사설로 짚은 사안이다.("혁명은 끝나고, 상업의 시대가 온다"는 한국경제신문을 제외하고는, 모두 한결같이 "이젠 북한이 변할 차례다" 아니면 "한국 기업들, 이 호기를 놓치지 말라"는 틀에 박힌 사설만 쓰긴 했지만….)

　역사적 협상에 대해 WSJ와 NYT의 평가가 반대로 갈렸다. WSJ는 "오바마의 잘못된 이란 핵협상 선택"이란 제목의 사설에서 "오바마 정부가 보다 강경한 외교정책을 펼쳤다면 더 나은 협상 결과를 얻을 수 있었을 것"이라고 깎아내렸다. 공화당의 반대 논리 그대로였다. 반면 NYT는 "전쟁의 위협을 줄여주는 이란 핵협상"이란 제목 아래 "가장 중요한 협상으로 역사에 남을 것"이라고 완전 지지했다. 전통적으로 NYT는 친민주당이긴 했다.

○ 극명하게 엇갈린 일본 신문들

아베의 자민당 정부가 자위대법 등 11개 안보관련법을 힘으로 몰아붙여 강행처리한 것에 대한 평가에서였다. 아사히신문은 "국민, 헌법학자, 변호사, 전직 내각법제 국장 등 여러 전문가가 위헌이라고 지적하는 법안을 밀어붙인 것은 다수의 오만함과 무책임함이 극에 달한 폭거"라며 "입헌주의에 대한 반역"이라고 강한 톤으로 비판했다. 마이니치도 "심의가 불충분한 상태로 표결을 강행한 것을 강하

그렉시트에 대한 FT와 WSJ의 대립

FT

그리스의 제안(국민투표 이후 860억 유로 규모 3차 협상)은 받아들여져야 한다. 치프라스는 이미 손들었다.
채권단이 관용을 보여야 한다. 독일의 가혹한 조건은 그리스인들에게 너무 과하다.(7월 11일자 사설)

WSJ

그리스가 당연히 어렵게 될 것이라는,
그리스가 채권단의 요구조건을 받아들이지 않으면 어렵게 될 것이라는 예상 기사들이 많음. 채권단 시각 반영.

게 비난한다"며 "집단자위권 행사 용인으로 억지력이 높아진다지만 오히려 지역의 긴장을 키울 수 있다"고 반대했다.

반면 요미우리는 "정부 여당은 온갖 기회를 이용해 국민이 알기 쉽도록 정중하게 계속 설명할 필요가 있다"며 참의원도 거치지 않은 법안을 기정사실화했다. 산케이도 "여당 단독 가결은 타당하다"며 분명하게 지지했다.

Vitamin

노동조합이
쇠락하고 있다

자유주의 경제학자 프리드리히 하이에크는 누구보다 노조의 해악에 대해 우려하고 걱정했던 인물이었다. 그는 틈만 나면 "우리가 자유경제로 회귀하려는 일말의 희망을 갖고 있다면 노조 권력을 규제하는 게 가장 중요하다"고 역설했다. 그는 각국 정부가 다른 독점을 억제하면서 노조의 독점을 조장하는 것을 항상 개탄해왔다. 하이에크의 예감대로 20세기 후반 노조는 각국마다 막강한 파워를 행사해왔다.

GM과 같은 거대 기업을 쓰러뜨리는 데 한몫했으며 각종 정치에도 깊숙이 간여해 권력을 농단해왔다. 마거릿 대처나 로널드 레이건처럼 노조에 대항해 승리한 정치가도 있었지만 노조의 눈치를 보기에 급급한 정치가가 많았다. 실로 노조의 세기였다. 하지만 21세기를 넘기면서 노조는 퇴조하고 있다. 나라마다 노조가입률이 현저히 떨어지고 노사분규는 줄고 있다. 전 세계 노조는 오히려 노동시간 연장을 시도하고 있고 고용의 유연성을 확보하려 안간힘이다. 그만큼 생존에 필사적이다. 글로벌화와 기술 혁신이 만든 성과다. 노조 스스로 자초한 쇠락이기도 하다. 하지만 한국은 아직도 1987년 체제에서 벗어나지 못한다. 자신들의 기득권만 요구하는 구시대적 발상에서 벗어나지 못하고 있다.

: 한국의 노조 가입률 19.8%(1989년) → 10.3%(2013년)

노동운동이 쇠퇴하고 노동조합이 퇴조하고 있다. 물론 전 세계적 현상이다. 한때 최대 진보세력으로 군림하며 정부 정책을 좌지우지해왔던 선진국의 노조가 설 땅을 잃어가고 있다. 심지어 노조의 종주국으로 불리고 있는 독일이나 영국에서도 찬밥신세다. 노조들은 경기침체의 주범으로 몰려 비판받기 일쑤고 기업들도 더 이상 노조 눈치를 보지 않고 인력 감축이나 노동시간 연장 등 구조조정에 박차를 가하고 있다.

노조가 이직률을 낮추고 기업 생산성을 높여 경제를 효율적으로 작동시키는 긍정적 효과는 온데간데없이 사라졌다. 오로지 기업 운영에 제약을 가해 기업생산성과 수익성을 악화시키고 경제발전과 사회발전을 저해하는 주범으로 낙인찍힌 상황이다. 일부에선 더 이상 노조에 기댈 수 없다며 근로자 대표권 운동을 벌이기도 한다. 다른 조직적 운동을 찾기도 한다. 노조의 종말이 차츰 현실화되고 있는 것이다.

떨어지는 노조 가입률

노조의 쇠락은 노조조직률 통계에서 쉽게 발견된다. 노조조직률은 전 노동인구에서 노조 가입자 수가 차지하는 비중이다. 노조조직률이 가장 극적인 변화를 보이는 나라는 바로 미국이다. 미국은 1950년대 35% 대의 높은 노조조직률을 기록할 만큼 노조의 세력이 강했다. 하지만 지난해 노조조직률은 11.1%로 겨우 두 자릿수를 유지하고 있다. 공공노조의 노조조직률(35~40%)을 제외하면 순수 기업의 노조조직률은 불과 6.6%밖에 되지 않는다. 영국이나 일본, 네덜란드 등도 50년 동안 20% 이상 조직률이 하락세다. 한국도 못지않다. 노사분규가 가장 많이 일어났던 때인 1989년 노조조직률은 19.8%였지만 2013년 기준 10.3%에 그치고 있다. 노조가입률이 줄면서 자연스레 노사분규도 줄고 있다.

미국은 1952년 470건의 파업을 기록하는 등 1950년대 초반 극심한 분규를 겪었다. 하지만 2000년대 들어 노사분규는 거의 사라져 2014년 기업 파업은 불과 11건에 그치고 있다. 한국도 마찬가지다. 1987년 체제가 만든 갈등적 노사관계는 기업별 전투적 투쟁을 자극시

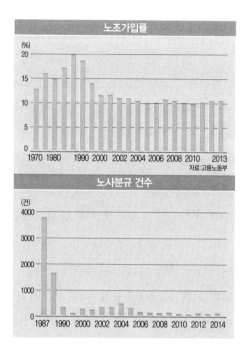

컸다. 그 결과 1987년 노사분규 건수는 3749건에 이르렀다. 근로손실일도 6947일이나 됐다. 하지만 2014년 노사분규 건수는 111건에 머무르고 근로손실일도 651건에 그치고 있다. 무엇보다 2004~2005년에 중요한 몇 개의 파업에서 노조가 패배하면서 노동조합의 파업 조직력이 약화되고 있으며 파업에 대한 일반 국민의 공감대도 많이 줄어들고 있음이 확인되고 있다.

임금 프리미엄 낮아져

노조가 약화되면서 가장 두드러진 현상은 임금 프리미엄(노조 가입자와 비가입자의 임금 격차)이 낮아지고 임금이 현실화되고 있다는 점이다. 노조가 강성할 때 노조는 임금 인상을 주도적으로 끌어올렸고 기업들은 고임금 부담에 허덕였다. 노조가 부추긴 임금 상승은 기업에선 원가비용을 늘

리면서 기업 경쟁력을 갉아먹는 요소로 작용했다. 국가에서도 인플레이션을 유발하고 경제를 불안하게 만드는 요인이 돼왔다.

: '노조 철밥통' 사라져가는 유럽

임금 프리미엄이 가장 심했던 곳은 미국이었다. 미국 노조들은 GM 등 대규모 노사분규 과정을 겪으면서 강성으로 변했다. 노조원들이 이탈하자 노조의 세력을 유지하기 위해 이들은 더욱 임금 인상에 매달렸다. 1990년대에는 비노조원보다 30% 더 많이 받은 임금 거품이 만들어졌다. 하지만 갈수록 노조원이 빠져나가고 노조 파워가 약해지면서 임금 프리미엄은 약해져 지금은 18% 정도에 머물고 있다.

공기업 등 공공부문에서는 임금 프리미엄이 10% 미만이다. 한국에서 노조로 인한 임금 프리미엄은 학자마다 격차가 커 5~20%까지 계산하고 있다. 더욱 재미있는 현상은 노조가 있는 기업들이 노조가 없는 기업들보다 오히려 임금 인상률이 낮아지고 있다는 점이다.

노조 스스로 만든 쇠락

노조가 추락하고 있는 것은 무엇보다 노조의 책임이 크다. 즉 기업 생산성을 갉아먹고 경쟁력을 약화시키는 주범이라는 사실을 근로자들이 알아차린 것이다. 국내 연구에서도 노조의 해악에 대한 류재우의 연구(2007) 추정 결과에 따르면 노조는 기업 종업원 1인당 수익성을 20~40% 정도 낮추는 역할을 한다. 이제민·조준모의 연구(2007)에서도 노조는 경영자본이익률(영업이익/경영자본)을 2.7~4.7% 정도 낮추는 역할을 한다.

이런 경향은 1987년 이전보다 그 이후시기에 명확하게 나타난다. 김

동배·이인재(2009)는 노동조합이 기업의 기술혁신 정도에 부정적 영향을 미친다고 보고한다. 노조가 있는 기업에선 무노조 기업에 비해 연구개발 강도가 낮고 특허출원 건수도 적다. 노조가 결국 기업을 죽이고 일자리를 빼앗아간다는 인식이 팽배해지면서 노조를 떠나고 있다. 자본의 자유스러운 이동 또한 노조의 힘을 약화시키는 요소다.

노조 과연 어떻게 변할 것인가

이런 상황 속에서 유럽의 일부 노조는 조직원의 이탈을 막고 생존하기 위해 기업의 주장을 쉽게 받아들이고 있다. 대표적인 것이 근로시간 연장이다. 독일과 프랑스 노조들은 사측이 제시하는 근로시간 연장 및 해고의 유연성을 높이는 데 쉽게 동의하고 있다. 임금 동결에도 쉽사리 응한다. 노조 철밥통은 이제 옛말이 돼가고 있다.

보다 근원적으로 노동조합 조직률이 10%에 불과한 현실적 사정을 감안하면 노동조합이 종업원 전체의 의사를 제대로 반영할 수 있는 의사결정 주체가 되는 것이 합리적인가에 대한 의문도 제기된다. 노사정위원회의 대표성에 대한 문제가 제기되는 것도 같은 맥락이다.

하지만 한국 노조는 여전히 기득권을 유지한 채 바뀌려는 모습을 전혀 보이지 않

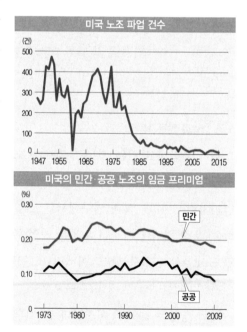

고 있다. 비정규직 문제 해결에서도 노조는 조금도 기득권을 내놓으려 하지 않고 있다. 노조원이 갈수록 사라지고 있지만 노조권력은 마치 자신의 세력이 굳건하다고 믿고 있는 것이다. 차라리 종업원대표제나 노사협의체가 만들어져야 한다는 주장이 이런 현실에서 설득력을 얻고 있다. 한국 노조는 세상이 달라지는 것을 모르는 모양이다.

Vitamin

이상한
노사정 합의문

합의랄 게 없는 합의였다. 굳이 합의라면 주요 쟁점에 대해 '앞으로 합의해 처리키로 했다'는 사실이었다. '합의하기로 했다는 합의는 합의가 아니다'라는 협상학 원론 그대로였다. 하지만 정부와 노사정위원회는 합의라고 발표했다. 대부분 언론도 대타협이란 발표를 그대로 썼다. 과연 합의문 전문을 정독은 한 것인지….

합의 발표(2015년 9월 13일) 후 이틀 만에 경제 5단체가 "노동개혁이라고 평가하기에는 매우 부족하다"며 "노동시장의 유연성을 높이기는커녕 현재의 경직성을 오히려 고착화시켰다"고 반대한 데엔 그럴 만한 이유가 있다. 그럼에도 합의문은 그 나름으로 의미도 가진다. 먼저 우리 사회의 고용시장 현안과 노동개혁 과제를 총망라했다. '이것들이 우리가 풀어야 할 숙제'라고 제시한 격이다. 여기에는 노동계가 요구하는 별의별 사안이 다 들어 있다. 이런 것까지 노조가 요구하나 싶은 정도였다.

다른 한 가지는 노사정 체제에서 합의될 수 있는 선이 어디까지인가 확인됐다는 점이다. 노사정에서 합의 가능한 사안이 지극히 제한적이라는 한계를 보여준 것이다. '노동시장 구조 개선을 위한 노사정합의문'을 제대로 알려지지 않은 내용 중심으로 정리한다.

노동시장 개혁 합의에 따라 노·사·정이 얻은 것과 잃은 것

⬇ 손해 ⬇ 손해가 큼 ⬆ 이득 ⬆ 이득이 큼

의제	합의 주요 내용	노	사	정
일반해고	·근로계약 체결·해지의 기준과 절차를 법과 판례에 따라 정부 지침으로 정함, (조건)노사와 충분히 협의를 거침	절대불가에서 양보	법제화는 장기 과제로	대타협 성과로 제시
취업규칙 변경	·임금피크제 도입 관련 단체협약·취업규칙 개정 요건·절차를 정부 지침으로 정함, (조건)노사와 충분히 협의를 거침	절대불가에서 양보	법제화는 장기 과제로	대타협 성과로 제시
통상임금	·정기적·일률적으로 지급하기로 사전에 정한 일체의 금품 시행령으로 제외 금품 지정	상여금을 통상임금에 포함	통상임금 범위 확대	통상임금 문제 해결
근로시간 단축	·주당 법정 근로시간 68→52시간으로 축소 ·야간·주말 연장근로 시 각 중복할증 유지	근로시간 8시간 단축	중소기업 인력난 가중 중복할증 부담 미해결	'장시간 근로 개선' 국정과제 수행
기간제·파견근로	·공동실태조사, 전문가 의견 수렴 등 거쳐 대안 마련 후 국회에서 입법화 ·기간제 사용기간, 파견 대상 업무, 생명·안전 분야 사용제한 등 추가 논의	노동시장 유연화 지연	제조업 경쟁력 저하	'비정규직 차별 해소' 국정과제 수행 지연
청년고용 확대	·임금피크제로 절감한 재원을 청년고용에 활용	임금피크제 도입	임금피크제와 고용 연계 추가 부담	고용률 상승
출퇴근 재해	·출퇴근재해 보상 등 산재보험제도 개선 방안은 노사정위 논의를 거쳐 마련	출퇴근재해 산재 인정	보험료율 인상 부담	사회안전망 강화
실업급여	·실업급여 지급 기간 연장, 수준 인상, 대상 확대 등 보장성 강화	실업급여 수준 확대, 지급기간 연장	실업급여 재원 부담	사회안전망 강화, 대통령 대국민 약속 이행

: 노사정 대타협? 핵심 과제는 '향후 합의처리'

80개에 달하는 합의문의 항목마다에는 온갖 근사한 용어들이 다 들어 있다. 하지만 정작 절실한 키워드는 보이지 않는다. 가령 '고용의 자유'에 필연적으로 수반돼야 할 '해고의 자유'라는 말은 어디에도 없다. 신문과 방송에는 저(低)성과자 해고(일반해고), 취업규칙의 변경 기준과 절차, 임금피크제에 관한 보도만 반복됐다.

하지만 고용과 노동개혁의 협상장에 오른 안건은 과도할 정도로 다양했다. 전문에는 2014년 9월 '경제사회발전노사정위원회'에 '노동시장 구조개선 특별위원회'가 설치된 이래 노동개혁을 위한 그간의 과정과 지향점이 장황하게 소개돼 있다. 청년 일자리 창출의 당위성, 이를 위한 노동개혁의 필요성이 고상한 말로 에둘러 설명돼 있다. 정부, 노동계, 경영계 3자가 각각 다급하다고 판단한 사안은 다 제시하면서, 동시에 서로가 서로를 의식하다 보니 정곡과 직설의 표현은 피하려는 대목도

적지 않았다. 예컨대 '정규직·비정규 사이의 양극화 해소'라고 해야 할 것을 "노동시장의 이중구조 개선"이라고 표현했다.

'경쟁력이 떨어지는 후진적 노동시장의 획기적 개혁이 필요하다'고 분명하게 해야 할 것을 "산업화시대에 형성된 현재의 노동시장에 대한 근본적인 혁신이 필요하다"는 두루뭉술한 표현으로 넘어간 부분도 보였다.

전체 내용은 6개의 큰 챕터로 이뤄져 있다. 첫째가 '노사정 협력을 통한 청년고용 활성화'다. 100만 명을 넘어선 청년실업이 가장 큰 현안이요, 국가적 과제라는 사실에는 모두가 동의한 셈이다. 챕터 I은 1.청년고용 확대 노력 2.사회적 지원 강화 3.청년고용촉진협의체 구성으로 나뉜다. 이 중 첫 번째 조항이 "향후 3년간 예상되는 청년고용 절벽을 돌파하기 위해 청년고용 확대 기업에 세대 간 상생고용지원, 고용창출 투자세액공제, 세무조사 면제 우대, 중소기업 장기근속지원, 공공조달계약 가산 부여 등 정책적 지원을 한다"는 내용이다. 청년고용을 늘리면 세무조사도 면제해주고 공공입찰도 우대해주겠다니 파격적인 혜택이다.

두 번째 조항에는 "임금피크를 통해 절감된 재원을 청년고용에 활용한다"고 돼 있다. 정작 임금피크를 언제, 어떻게 도입할지에 대한 언급은 없다. 그러면서 고소득 임직원은 자율적으로 임금인상을 자제한다고 명기했다. 이어지는 셋째 조항에는 대·중소기업 간 임금·복지 격차를 축소한다는 내용이 들어 있다. 하지만 이 조항에도 '주체는 누구인지'와 '어떻게'가 빠졌다. 이어 청년기술창업 활성화 방안으로 넘어간다.

: 챕터 II는 축약된 공정거래법, 노동개혁? 재벌개혁?

챕터 I의 2항은 '사회적 지원 강화 방안'이다. 그 첫 번째로 "청년들이 선호하는 분야의 사회적 기업, 협동조합, 창업, 공공사회서비스 일자리 등에 대한 사회적 지원을 강화한다"고 명시했다. 그렇게 해서 청년의 사회적 경제 영역으로의 진출기회를 확대한다는 것이다. 양질의 일자리를 기업을 통해 시장에서 만들 수 있게 한다는 내용은 보이지 않고 '사회적, 사회적'만 반복되고 있다. 조합주의자나 양산하겠다는 내용이 버젓이 첫 조항으로 자리 잡은 것이다. 다음 조항에는 고용센터 연계교육, 인문계·예체능계 취업지원을 위한 취업 아카데미 참여 기회 확대 방안이 언급되지만 청년고용 촉진협의체라는 막연한 회의체를 구성한다는 선언으로 이어지고 있다.

챕터 Ⅱ는 '원·하청, 대·중소기업 상생협력 등 동반성장'이다. 동반성장이 강조되면서 Ⅱ의 1항은 '성과공유 활성화'로 명시돼 있다. Ⅱ의 1항은 세 개의 세부 조항으로 구성돼 있다. 대기업·원청의 노사는 중소협력업체에 임금 인상 비용 부담이 전가되지 않게 해야 한다. 상생협력재단 구성, 정부의 동반성장지수 개선, 성과공유제 우수모델 발굴·확산 같은 동반성장론의 거대담론이 줄줄이 나열돼 있다. 실패로 판명 나고 있는 동반성장론이 노동개혁 과제로 재등장하고 있는 것이다.

다음 항으로 넘어가면 노사정의 부담(고통) 분담이 상술된다. 사내 근로복지기금과 기업소득환류세제 같은 근로자 지원 정책의 당위성을 제시하면서 근로소득 상위 10% 이상 임직원의 자율적인 임금인상 자제를 거론하고 있다. 그것을 재원으로 청년채용 확대와 비정규직 처우개선에 쓴다는 것이다. 이를 위한 노사정의 파트너십 강화가 하나의 독립 조항으로 자리 잡고 있다. 이 대목에서 "노사정은 사회적 책임 행위준칙을 마련한다"는 모호한 조항이 또 등장한다.

챕터 Ⅱ의 1항에는 특히 개별 조항이 많다. 이 안에 있는 '공정한 거래질서 확립 및 시장경제 활성화'라는 4개 조항은 마치 축약된 공정거래법

을 보는 듯하다. 적정 납품
단가 보장을 위한 납품단가
조정협의체 활성화 같은 것
들이다. 도대체 노동개혁에
이런 내용이 왜 들어가 있는
걸까. 관행화된 정부의 기업
경영 간섭, 습관화된 노조의

경영권 침해를 떠올리게 된다. 게다가 최저가낙찰제의 부작용 시정을
위한 종합심사낙찰제 적용대상 확대, 업종·업무별 시중노임단가 세분
화, 정부의 가격규제 자제까지 노동개혁의 대상으로 들어가 있다. 노조
의 재벌개혁 주장에 맞서 경영계도 정부 개입의 악습 한두 건은 짚고 가
자고 했던 것 같다.

Ⅱ의 2항에는 일반 근로자와 관련한 주요 쟁점들이 두루 들어가 있
다. 제목도 "비정규 고용 및 차별시정 제도개선"이다. 여기에선 불합리
한 차별금지 및 비정규직 채용 남용금지 원칙으로 시작된다. 이를 공공
부문에서 선도적으로 시행한다는 내용도 2개의 조항에 걸쳐 있다. 차별
시정제도의 실효성 제고를 위해 정부의 시정명령이 강화되고, 비정규직
보호차원에서 수습사원 부당해고 방지를 위한 근로감독 강화 의지가 포
함됐다. 그러나 정작 기간제·파견근로자의 고용안정 정책은 결실을 내
지 못했다. 노동현장의 약자들을 위한 보호책이라며 7가지 아젠다만 제
시한 채 '추가 논의과제'라고만 합의돼 있을 뿐이다.

Ⅱ의 3항은 '노동시장 활성화'다. 개혁을 한다면 '노동시장의 유연성
강화'라야 맞지만 그렇지 않았다. 그러다 보니 첫 조항부터가 고용안정
성 확보와 감원의 최소화를 위해 노력한다는 내용이다. 이어지는 조항
역시 고용안정의 강조다.

세 번째 조항에 이르러서야 일반 해고에 관한 내용이 나오는데, "근로계약 해지 등의 기준과 절차 명확화"로 돼 있다. 그나마도 "정부는 일방적으로 시행하지 않으며 노사와 충분한 협의를 거친다"는 단서가 달려 있다. 현행법으로도 가능한 경영상 해고 조항을 다시 명시화하면서 노동계도 적극적으로 협조한다는 내용도 포함하기는 했다. 하지만 정부의 고용안정사업 재편과 지원 강화책까지 함께 거론되면서 추진 동력을 잃고 있다.

: 되살아난 동반성장론, 일자리 창출은 '다짐'만

챕터Ⅲ는 사회안전망 확충에 관한 내용이다. 1항이 사회보험제도의 사각지대 해소 및 효율성 제고(두루누리 사업 지원대상 조정, 저소득 특수형태업무 종사자에 대한 사회적 보호 확대, 고용·산재보험제도 정책 수립과 운영과정에 노사참여 확대), 2항은 실업급여제도 운영 개선안이다. 3항은 취약계층 취업지원 강화다. 이런 것들은 대통령이 앞서 발표했던 것이다. 4항은 취약 근로자 보호 및 소득향상에 관한 것이다. 세제 및 사회보장제도를 고용친화적으로 개선하고, 임금체불 예방에 나서며, 체불근로자 지원을 위한 입법의 조기처리에 노력한다는 내용이 들어가 있다. 5항의 3개 조항은 최저임금에 관한 것이다. 최저임금 위반 시 제재 강화, 이를 위한 근로감독 강화안이 주목할 만하다. 최저임금을 더 높이기 위해 2016년 5월 말까지 노사정에서 '종합개선방안'을 마련한다는 조항도 대못처럼 박혀 있다. 이밖에 일·가정 양립지원 강화책으로 보육시설을 더 지원하며, 공공고용서비스를 OECD 수준으로 강화하고, 직업능력 중심사회를 구축한다는 방안까지 망라돼 있다.

향후 논의될 노동 개혁 주요 의제	
의제	**노사정 기존 합의**
통상임금	정기성·고정성·일률성 요건 등 명시
근로시간 단축	주 52시간으로 축소 기업규모별로 2017년부터 4년간 단계 적용
파견근로	고령자·고소득 전문직 파견 허용
기간제 근로	생명안전 관련 핵심 업무에 기간제 제한 35세 이상 근로자 2년→4년으로 연장 가능 쪼개기 계약 제한(2년 내 3회까지만 갱신 인정)
고용보험	실업급여 지급 수준 인상(실직 전 임금의 50%→60%) 지급기간 연장(90~240일→120~270일)
산재보험	통상적인 출퇴근 재해 산재 인정 감정노동의 업무상 질병 기준 마련

챕터Ⅳ는 '3대 현안의 해결을 통한 불확실성 제거'로 명시돼 있다. 노사정위원회가 자체적으로 정한 3대 현안이다. 통상임금, 근로시간 단축, 임금체계 개편이다. 언론에서 본 주요 현안과 겹치는 건 임금체계 아젠다뿐이다. Ⅳ의 1항에는 온통 통상임금 문제만 열거돼 있다. 통상임금에 대한 명확한 기준을 입법화하자는 게 주 내용이다. 2013년 12월 대법원 판결을 다시 자세하게 언급하고 있다. Ⅳ의 2항에서는 근로시간을 2020년까지 연평균 1800시간으로 단축시키자는 원칙을 밝혔다. 휴일근로, 특별연장근로, 특례업종 조정, 미적용대상, 탄력적 근로시간제 등을 자세하게 서술하고 있다. 정부가 로드맵으로 발표했던 내용들이다. 통상임금 부분은 모두 12개 조항으로, 산업현장 노사 간의 쟁점이 자세하게 나열됐다. 보통 연월차라고 하는 휴가를 소진토록 촉진하는데 정부가 앞장선다는 내용까지 담고 있다.

Ⅳ의 3항에 이르러서야 최대 쟁점 가운데 하나인 '임금제도 개선'에 관한 내용을 언급하고 있다. 하지만 장황한 설명에도 불구하고 "임금피크제 도입을 비롯한 임금체계 개편과 관련해 단체협약 및 취업규칙 개정을 위한 요건과 절차를 명확히 하고 이를 준수한다"는 정도에 그쳤다. 오히려 "이 과정에서 정부는 일방적으로 시행하지 않으며, 노사와 충분

한 협의를 거친다"고 또 단서를 붙였다. 앞으로 본격적인 입법화 과정에서 더 풀기 어렵게 해버린 것이다. '충분한 협의'라면 노사 간 합의라는 말과 다를 게 없는 것이다. 그러면서 임금직무체계의 개편은 자율적 사항이라고 강조하고 있다.

챕터 V, VI는 법률로 치면 부칙이다. 일자리 창출을 위해 노사정 3자가 잘해보자는 다짐이 무려 8개 조항이나 된다. 중심은 노사정위원회이며, '상호협력'이란 단어를 거듭 강조하고 있다. 전문에서 넘친 우아한 말들이 부칙 조항에서 되풀이되고 있다. 3자 간 인식의 간극이 얼마나 깊고, 입법화 과정은 또 얼마나 험난할지 역설적으로 보여준다.

Vitamin

산별노조
역주행 20년

한국 노동계에 지각변동을 불러올 판결이 나왔다. 5년여를 다퉈온 발레오전장 노조의 금속노조 탈퇴 문제를 놓고, 대법원이 발레오의 손을 들어준 것이다. 대법원 전원합의체는 2월 19일 상급 산별노조에 단체교섭·협약을 맡기는 지부·지회는 독립된 노조가 아니어서 탈퇴할 수 없다고 한 1, 2심의 결정을 뒤집었다. 발레오처럼 사실상 독립된 활동을 하는 노조는 자유롭게 탈퇴할 수 있다고 판결한 것이다.

1997년 노동조합법 개정으로 산별노조 설립이 가능해진 이후 한국의 노사관계는 변질돼왔다. 개별 기업 노사의 의사와 상관없이 정치 투쟁을 벌이는 산별노조 체제의 역주행이 계속돼왔다. 이제야 제동 장치가 생긴 것이다. 산별노조 20년 무엇이 문제였나.

: 뭉쳐야 강해진다, 정치투쟁화된 노동운동

산별노조는 노동계의 '숙원'이었다. 산업화에 드라이브를 걸던 시절 정부는 그러나 노동계의 산별노조 요구를 억제해왔다. 분위기가 달라진 것은 1987년 소위 민주화 바람 이후다. 봇물 터지듯 노조설립 운동과 노사분규 등이 계속되며 노동계가 힘을 갖게 됐다. 하지만 1990년대 들어 개별 사업장 노사관계가 안정되자 노조조직률이 눈에 띄게 추락했다. 이때 노동계가 내세운 전략이 바로 '대(大)산별주의'다. 산별노조로 가야 노동계가 노사관계를 중앙 차원에서 장악할 수 있다는 판단이었다. 이런 전략에 따라 급기야 1997년 노동조합법 개정 때 산별노조 설립 근거가 마련됐다. 개정법에 노조의 '조직 형태의 변경' 조항과 그 조건 그리고 '연합단체인 노동조합'이라는 용어가 들어감으로써 산별노조가 탄생한 것이다. 이런 개정법은 당시 노동개혁위원회(노개위) 합의를 통해 이뤄졌다. 노동계가 산별노조를 법률에 '대못'으로 박는 데 정부, 국회, 그리고 전문가들까지 방조한 셈이다.

大산별주의

산별노조 파워의 핵심은 역시 돈이다. 각 조합원들이 내는 조합비가 산별노조로 일단 들어갔다가 그 가운데 일부가 지부·지회 활동비로 내려온다. 급여공제가 되기 때문에 재정은 안정적이고 시간이 갈수록 튼튼해진다. 금속노조라고 불리는 막강한 민주노총 전국금속노조조합은 현대자동차지부 기아차지부 등 완성차 5개 지부와 14개 지역지부로 구성돼 있다. 가입된 기업이 67개사에 달한다. 금속노조는 지난해 예산이 약 400억 원에 이르는 것으로 알려졌다. 조합사무국은 노조간부 10여 명을 비롯 정책기획실 등 50여 명으로 구성돼 있다. 현대차 송전탑 고공농성, 쌍용자동차의 '옥쇄파업', 한진중공업 크레인 고공농성 등이 바로 이 금속노조의 '작품'이다.

산별노조는 당초 동종 업종 내 기업의 근로조건, 임금 수준을 균형 있게 개선한다는 취지로 도입됐다. 문제는 산별노조 체제가 당초 명분으로 내세웠던 중앙 단위 교섭에 의한 효율성 제고가 아니라 오히려 중복 교섭, 장기교섭 등으로 비효율이 더 커지고 있다는 점이다. 대부분 대기업인 산별노조 산하 조합원들의 근로·임금 조건은 크게 개선됐다. 해당 노조들의 권력은 더 커졌다.

산별노조는 단체·임금협상에서 집회나 쟁의를 주도하며 노동계의 협상력을 극대화한다. 교섭 유형만 보더라도 산별노조와 사용자단체가 벌이는 '통일 교섭', 기업단위 노조지회와 해당 기업 사용자 사이의 '기업별 교섭'이 있다. 개별 기업 사용자는 또 산별노조와 기업단위 노조 등 2개 노조를 동시에 상대하며 '공동 교섭'도 벌인다. 산별노조의 요구 시 개별 기업 사용자들은 '대각선 교섭'에도 응해야 한다. 이렇게 다중교섭을 벌이다 보니 1년 내내 협상하느라 시간을 다 날리는 형국이다.

미국산 소고기 사용금지도 교섭 대상

금속노조는 1주일에 하루는 중앙 교섭, 또 하루는 지회 교섭 등을 진행하며 매년 30회 이상의 교섭을 벌인다. 요구를 들어주지 않으면 실력행사에 들어간다. '다중파업', 지회를 돕기 위한 '지원파업' 등이 끊이질 않는다. 정치파업으로 변질되는 것도 예사다. 2008년께 금속노조와 보건의료노조는 '미국산 소고기 사용금지' 협약체결을 요구했다. 물론 회사에서 해결할 수 없는 요구다. 결국 금속사업장은 '광우병 소고기 사용금지' 협약을 체결했다고 한다.

: 빗장 풀린 기업노조 전환, 산별노조 수명 다했다

이런 실정이지만 기업들로선 달리 대응할 방법이 없었다. 발레오전장

사건은 회사가 못하는 일을 해보겠다고 조합원들이 자발적으로 나선 경우였다. 그러나 1, 2심에서 법원은 비상식적인 판결을 내렸다.

발레오 소송은 '노동조합법'을 다룬 것이 아니라 '금속노조 규약'과 '발레오지회 규약'을 다룬 민사소송이다.

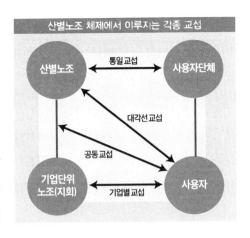

산별노조 체제에서 이루어지는 각종 교섭

1심에서 재판부는 '조직 변경의 주체는 노동조합'이라고 돼 있는 노동조합법 제16조를 들어 "발레오 지회는 단체교섭 및 협약체결 능력을 가지고 있는 독립된 노동조합이라고 할 수 없다"고 판결했다. 노조가 아니므로 조직 변경도 할 수 없다는 것이다. 2심에서는 이에 더해 발레오 조합원들의 결의를 집단 탈퇴로 볼 경우에도 '조합원 탈퇴절차는 지회장, 지부장, 위원장 결재를 거쳐 탈퇴 처리한다'는 금속노조 규약을 어긴 것이라며 금속노조의 손을 들어줬다. 가입은 쉽게, 탈퇴는 사실상 불가능하게 만들어놓은 금속노조 규정의 문제점은 따지지도 않고 기계적으로 규정을 적용한 것이다. 600여 조합원들이 엄연히 노조를 지회라고 부르면 무엇이 달라진다는 말인가.

산별노조는 기득권?

산별노조는 이렇게 근로자들의 기대와는 달리 역주행을 계속해왔다. 대립적 노사관계는 산별노조 체제의 산물이다. 작은 예로, 사측 대표들에게 '선배 대접'을 잘하던 증권사 노조위원장도 산별 교섭 현장에 나오면 상황이 확 달라진다. 상견례 때부터 "사장은 노동자들이 피땀 흘리는 상황에서도 얼굴에 기름기가 촬촬 흐르는구먼!" 하고 소리를 치면서 험악한 분위기를 연출한다. 한국 노사관계를 극단적인 갈등으로 몰아온 것이 산별노조다.

물론 대법원 판결 하나로 산별노조 시대가 끝나지는 않는다. 당연히 개별노조 시대가 온 것도 아니다. 그러나 이번 판결로 산별노조의 역주행은 이제 끝났다고 볼 수 있다. 무엇보다 개별 기업의 근로자들이 선택권을 갖게 됐다는 게 중요하다.

개별노조 시대 다시 오나

전문가들은 개별 기업들이 사정에 따라 산별 소속 또는 독립을 선택하는 경과 기간이 한동안 계속될 것으로 보고 있다. 사실 산별노조는 지금 이름만 남아 있을 뿐이란 지적도 많다. 금속노조만 해도 현대차, 기아차 등 대형 사업장 노조들은 산별 교섭과는 상관없이 독자적으로 교섭해왔다. 쌍용자동차는 금속노조가 주도한 파업 때문에 경영위기 상황에 빠진 것을 계기로 지금은 사실상 개별 기업 노조 체제로 전환된 상태다.

최영우 노동행정연수원 교수는 "산별 체제가 대형 사업장에 예외를 인정하면서 무늬만 산별노조로 바뀐 지 오래다. 현장의 노사가 갈등 이전에 자주 대화를 나눌 수 있는 개별 기업 노조 체제로 독립하는 경우가 많아질 것"이라고 말했다.

산별노조는 1990년대 노동운동의 전리품이다. 그러나 산별노조 체제가 20년 가까이 지속되면서 한국 노사관계는 악화일로였던 것이

현실이다. 노동개혁이 절실한 과제로 부각하고 있는 것도 중앙 차원의 노동단체들 때문이다. 또한 노동개혁이 벽에 부딪히고 있는 것도 이들 탓이다.

　노동조합 조직률은 계속 추락해 현재 10.3%에 불과하다. 한국노총 소속이 4%, 민노총 소속이 3% 정도로 이 둘을 합해봐야 7%밖에 안 된다. 산별노조는 더 적어 한노총의 20%, 민노총의 80%에 그친다. 전체 1800만 근로자 가운데 60만 명 정도만이 산별노조 소속인 것이다. 근로자를 대표할 수 없는 세력이 산별노조를 지렛대로 삼아 20년 동안 한국 노사 관계를 뒤흔들어왔다. 이제는 수명이 다했다.

Vitamin

의료개혁의 진실

한국에서 원격진료 사업 도입이 논의된 지 무려 28년이다. 그 사이 의학과 정보기술(IT)은 획기적으로 발전했지만 원격진료 서비스는 제자리 걸음이다. 관련 의료법 개정안이 국회에 가 있지만 19대 국회는 저물어 간다. '의료산업' 발전안은 '공공의료'라는 철벽같은 반대 구호에 번번이 가로막혀버렸다. '의료의 민영화'라는 대목에서는 주무부처인 보건복지부 장관조차 상반되는 설명을 하고 있다.

그러면서도 정부는 '의료개혁'을 수없이 외쳐왔다. 그러나 좀처럼 진전이 없다. 의료개혁에 조금이라도 성과가 나올 때는 최고의 전문가 집단이라는 의사들의 동맹휴업, 집단파업 사태까지 빚어졌다. 처방과 수가(진료비), 약값까지 전면적인 정부 통제와 규제로 의사들은 고충을 호소하지만 이공계 최우수 학생들은 여전히 의대로 몰려가는 것도 현실이다.

무수한 논쟁과 노골적인 저항 속에 의료개혁은 어디까지 진행됐는가. '공공의료' 구호와 '의료보험' 제도에 완전히 갇혀 있는 한국의 의료는 질적으로 발전했는가. 수요자인 국민은 지금의 의료시스템과 진료 수준에 만족하고 있는가. '최고 수준의 고부가서비스산업'이 일자리 창출에 적

극 기여하지도 못한 채 정체되는 원인은 무엇인가. 4대 쟁점별로 의료
개혁의 진실을 정리한다.

: 복지부 장관마다 해석 다른 '의료 민영화'

쟁점 1. 민영화 논쟁

보건의료노조, 노총, 의료 관련 다수 사회단체는 유독 병원의 지배구조
문제를 민영화와 결부시킨다. 병원의 주인, 경영의 주체로 자본이 들어
와선 안된다며 막기만 한다. 비영리 의료법인만이 병원을 운영하는 현
행 시스템을 손댈 수 없다는 것이다. 의사만이 의료법인의 최고경영자,
병원장을 할 수 있도록 명시된 법을 고쳐선 안 된다는 주장이다. 약사
만이 약국을 운영할 수 있는 규정과 같다. 외부 자본이 의료업에 들어
갈 수 있는 통로가 원천적으로 막혀 있는 게 현실이다.

　역대 정부가 그랬듯 의료개혁을 외쳤던 박근혜 정부는 2013년 의료법
인의 자회사를 통해 외부 투자를 받아들여 환자 진료를 제외한 영리사
업을 할 수 있도록 결정했다. 여행·외국인 환자 유치, 의약품 개발, 건
강보조식품과 의료기기 개발, 온천·목욕업 등을 허용한다는 것으로, 자
회사를 내세운 절충 개혁안이었다. 하지만 몇 차례 시행령을 거치면서
이것마저도 유야무야됐다. 병원 순이익의 20%로 제한한 자회사 투자규
정 등 설립조건이 까다로워졌고, 강매 가능성이 있다는 이유로 허용 업
종도 크게 제한돼버렸다. 전국 884개 의료법인 중 자회사를 설립한 곳
은 지난해까지 단 두 곳에 불과하다.

　이렇게 용두사미처럼 된 데는 정부 책임이 크다. 견고한 '의료민영화
반대'에 겁먹은 것이다. 투자개방형 자회사 설립허용 발표 직후 당시 복

지부의 문형표 장관과 이영찬 차관은 물론 청와대의 최원영 고용복지수석까지 나서 연일 "민영화는 아니다" "민영화는 없다"고 진화에 급급했다. 어렵게 내린 결정의 의미를 정부 스스로 감추기에 급급한 모습이었다.

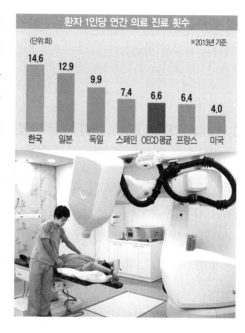

하지만 바로 후임인 정진엽 장관의 의견은 상당히 다르다. 정 장관은 2016년 4월 20일 한경밀레니엄포럼에 참석해 "의료 민영화란 주장이 왜 나오는 것인지 복지부 장관인 나도 모르겠다. 이미 한국 병원의 90%가 사립병원 아니냐"고 반문했다. 지배구조는 이미 민영화돼 있지 않느냐는 것이다. 그러나 이는 쟁점인 의료서비스의 민영화와는 차원이 다른 것이다.

민영화 반대론자는 지배구조를 얘기하지만, 민영화를 요구하는 목소리는 진료제도와 병원 경영에 초점을 맞춘 것이다. 정부부터 이렇듯 개념조차 명확히 하지 않은 채 어떻게든 정면돌파를 피하려고만 든다. 본질에서 벗어난 곁도는 논쟁만 되풀이되는 이유다.

쟁점 2. 원격진료

박근혜 정부는 수없는 논의가 반복된 끝에 2013년 10월 원격의료를 도입하는 내용의 의료법 개정안을 입법예고했다. 그러자 의사협회가 즉각 반대하고 나섰다. 협회는 "정부가 말로는 의료계를 살려주겠다고 하지만 실제로는 숨통을 죄고 있다"며 강력히 반발했다. 또 "동네 병원과 지방 병원이 무너지면서 적어도 5만 명 이상의 보건의료 분야 일자리가 없어질 수 있다"며 의료의 질 저하를 주장했다. 전체 국민 의료의 93%를 민간의료가 맡고 있는 상황에서 '영리병원' 허용은 안 된다는 주장과 함께 내놓은 반대였다.

: '원격진료' 논의만 28년째, 日은 4월부터 시행

의사들의 판단에 맡기는 것을 전제로 시행에 찬성하는 의사들도 적지 않다. 하지만 의사협회를 비롯해 의료계 주변의 다수가 '의료서비스 산업화=의료 상업화'라며 지금껏 철회를 요구하고 있다. 결국 국회에 장기 계류 중인 의료법 개정안은 20대 국회로 넘어갔지만 기약이 없다.

정 장관은 "원격진료는 한국이 가장 잘할 수 있는 분야"라며 "원격진료를 제도화하고 제약 등 의료산업을 육성해 올해에 관련 일자리를 5만 개 이상 창출하겠다"고 강조했다. 만성질환자, 노인, 도서지방 등 특수 지역 근무자들부터 원격진료의 이점을 체감하게 될 것이라는 설명도 덧붙였다.

한국이 1988년 이후 시범사업에서 벗어나지 못하는 사이 일본은 이미 2016년 4월부터 전 국민 원격진료 서비스 시대를 열었다. 섬·산간 지역의 거주민과 고혈압 당뇨 등 9개 질환만 대상으로 했던 제한을 다 없앤 것이다. 아베노믹스의 일자리 확충 정책의 하나였다. 세계 원격의료 시장은 2020년 40조 원에 달할 전망이지만 우리는 스스로 손발을 묶어두고 있다. 일본의 민간업체들은 제도 시행에 맞춰 벌써 다양한 서비스를 내놓고 있다. 의료기관도 1340개(2016년 4월 기준)가 동참했다. 경험이 쌓여야 해외 원격의료 시장도 노릴 수 있다. 하지만 의료 산업화 자체를 반대하는 그룹은 '원격의료=의료민영화'라는 논리를 펴며 반대한다.

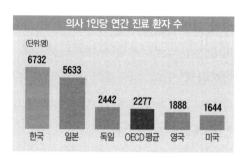

쟁점 3. 공공의료냐? 의료의 산업화냐?

한국 의료는 철저하게 공공의료 개념에 사로잡혀 있다. 국가주도의 공적 의료보험 제도가 이를 담보해왔다. 무엇보다 의사만 병원장이 가능하고 정상적인 자본 투자는 불가능하다. 산업화가 되려면 자유로운 자본의 유출입과 수익보장 등이 가능해야 하는데 이 통로부터 막혀 있다. 영리병원이란 용어가 투자개방형 병원으로 바뀌기까지 빚어진 무수한 논란의 핵심도 바로 이것이다. 한마디로 "이건희 회장도 노숙자도 똑같은 진료여야 한다"는 게 한국 의료정책의 대전제다.

전문경영인이 참여하지 못하니 병원마다 막대한 적자 속에 소비자 편익의 혁신은 원천적으로 어려운 구조가 고착화돼버렸다. 전 국민 의료보험이 이를 강요하며 적자구조를 심화시킨다.

의료보험제도를 기반으로 국가가 모든 의료행위의 수가 하나하나를 다 통제한다. 현실은 대학병원을 제외하고는 모든 병원이 사실상 민영이고, '영리 자영업'이다. '자유로운 자본의 모집과 유출입 보장→ 이를 통한 인재 확보→ 경영의 개념과 기법 적용→ 서비스의 질 제고 및 부가가치 창출→ 소비자의 만족 높이기'를 산업화라고 본다면, 한국 의료는 이와 반대의 길로 가고 있다. 일자리를 획기적으로 창출하는 것은 불가능한 구조다.

미국, 영국, 독일 등지에서는 의약품 택배까지 허용한다. 우편·팩스로 약사에게 처방전을 보내면 약은 얼마든지 개인에게 배달된다. 온라인으로 일반 약품 구매도 가능하다. 올해 원격의료를 도입한 일본도 약품 택배제도까지 함께 도입했다. 의료를 중심으로 한 부가적 서비스산업이 계속 발전하고 있지만 우리는 정체돼 있다.

쟁점 4. 의료 서비스는 과연 개선되고 있나?

한국에선 아무리 부자여도 더 나은 의료서비스를 받을 수 없다. 의료행위가 제한돼 천편일률적이기 때문이다. 비싼 비용을 치르며 부자들이 줄줄이 해외로 치료하러 나가는 이유다. 한 종합병원은 중증환자에게 고가의 고급약품을 투입했다가 제소당한 일까지 있었다. 의료보험료도 제한돼 있다.

: '공공의료 근본주의'에 갇힌 한국

한국의 최고 부자도 의료보험료만큼은 월 230만 원(연간 2760만 원)으로 묶여 있다. 물론 이것도 말만 보험료이지 일종의 누진소득세라고 봐야 한다. 이병태 KAIST 경영대 교수는 "한국의 의료보험제도는 보험이 아니라 가입이 법제화된 의료상조 조합일 뿐"이라고 지적했다.

진료 수준은 제한한 채 병원 방문은 무제한으로 두니 환자 1인당 연간 의료 진료 횟수는 사실상 세계 1위다. 경제협력개발기구(OECD) 통계(2013년)를 보면 한국은 14.6회로 단연 1위다. 핀란드의 5.6배로, OECD 평균(6.6회)의 2배를 넘는다. 이것도 비대면(원격)진료 불허에 따른 부작용이다. 당연히 의사 1인당 진료환자 수도 세계 최대다. 의사당 연간 진료환자는 6732명으로, 역시 OECD 1위다. 2277명인 OECD 평균의 3배에

달하며 스웨덴보다는 9.3배
나 많다. 도시 소아과의 경
우 환자 1인당 진료시간이
고작 평균 1분이다. 환자의
평균 입원 일수도 일본 다음
으로 길다.

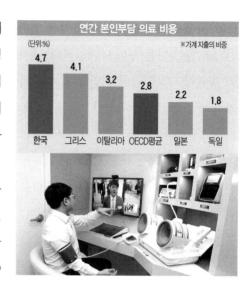

그렇다보니 환자 본인 부
담도 OECD 국가 중 제일
높아 공공의료라는 구호를
무색하게 하고 있다. OECD
통계에 따르면 한국은 가계

지출에서 환자 부담 의료비용이 4.7%로 1위다. OECD 평균의 1.7배이
며, 프랑스의 3.9배에 달한다. 그렇다고 건강한 국민인가. '의료 쇼핑'이
란 말이 나올 정도로 병원을 내 집처럼 끼고 살지만 스스로 건강상태에
대해서는 OECD 국가 중 가장 부정적인 인식을 갖고 있다. '건강이 좋
다'는 응답은 35%에 그친다. 반드시 건강과 결부시킬 수 없겠지만, 한국
의 자살률도 OECD에서 단연 1위다.

일본은 되는데 한국은 안 되는 것 중 대표적인 게 의료개혁이다. 그
결과 이런저런 이유로 해외로 나간 한국 의료기관은 18개국 141건에 달
하지만 국내로 들어온 외국 의료기관은 없다. 중국계 한 곳이 제주도에
투자개방형 병원을 세우려고 4년째 온갖 노력을 기울이고 있지만 아직
도 멀었다. 무수한 규제와 기득권 집단의 반대에다. "투자개방형 병원
이 들어서면 건강보험과 공공의료가 흔들린다"는 '공공의료 근본주의
자'들의 반대 때문이다.

2016년 5월 11일 대한병원협회 앞에서 있었던 규탄 기자회견은 의료

개혁의 현주소를 그대로 보여준다. 의료법인 간 인수합병이 가능하도록 한 근거를 담은 의료법 개정안이 국회 보건복지위원회를 통과한 것에 대한 반대였다. 겨우 상임위 단계를 거친 이 법안 배후로 병원협회가 지목됐다. 보건의료단체연합, 민주노총, 건강세상네트워크 등이 연합한 의료민영화저지범국본, 무상의료운동본부라는 곳에서 "개정안이 의료 상업화, 인력감축, 병원 구조조정을 불러온다"며 행동에 나선 것이다. 의료 민영화 반대 구호는 여기에서도 들려왔다. '대자본에 의한 의료법인 대형화, 경쟁촉발'도 저지 대상으로 규정됐다. 모두가 대형병원으로 몰려가는 게 현실이고, 제한적이나마 병원 간 경쟁이 의료기술과 서비스 수준을 끌어올리고 있는 데도 외면하자는 외침이다. "의료법인 합병을 통해 의료자원 활용의 효율성을 증대시키고, 건전한 의료기관 운영과 원활한 의료서비스 공급을 도모한다"는 이 법안의 취지가 앞으로 살아날 수 있을까. 한국의 의료혁신은 너무나 멀다.

Vitamin

민주국가의 딜레마
'공공(公共)갈등'

한국 사회의 공공갈등이 임계점을 넘어서고 있다. 올 6월 영남권 신공항 유치 경쟁 과정에서 극명하게 드러났다. 밀양을 추진했던 측과 가덕도를 밀었던 측은 둘 다 탈락하고 '김해공항 확장'이라는 결과에 도달하기까지 한 치의 양보와 타협 없이 서로를 비방했다. 관련 지방자치단체장, 국회의원, 시민단체 등이 총출동해 사실 관계를 왜곡한 마타도어도 서슴지 않았다. 영남권 신공항이 김해공항 확장으로 결정되는 과정은 한 편의 소극이었다. 정치적 고려를 배제하고 순리대로 일을 추진했으면 지금쯤 '김해 신공항'은 완공돼 있을 것이다. 비경제적 손실은 더 뼈아프다. 영남권 민심은 TK와 PK 지역으로 갈려 핵분열했다. 한국 사회에 두고두고 짐이 될 것이다.

비슷한 소동이 봇물처럼 터지는 게 더 큰 문제다. 충청권 정치인들은 국회 분원 설치를 넘어 "국회까지 세종시로 옮겨가자"는 돌발 제안을 내놓기도 했다. 이해관계가 부딪힐 때마다 민주적인 과정으로 해결되는 게 아니라 극한 대립으로 비화하고 있다. 지역, 이념, 계층으로 갈라져 집단의 이익만 추구하고 있는 것이다. 토머스 홉스가 《리바이어던》에서 말한 국가와 법이 없는 자연상태에서의 '만인의 만인에 대한 투쟁'을 방붉게 한다. 한국 민주주의 시스템은 작동하고 있는 것인가.

: 갈등에 갇힌 아르헨티나의 '잃어버린 100년'

아르헨티나는 1900년대 초 서유럽 국가들과 어깨를 나란히 한 대국이었다. 당시 'G5' 국가로 평가받을 정도로 국부가 튼튼하고 정치적 위상도 높았다. 하지만 이후 한 세기 동안 추락을 거듭해 지금은 대표적인 '만년 중진국'으로 전락했다. '잃어버린 100년'이라는 지적이 나온다. 이런 아르헨티나의 쇠락에는 극심한 사회갈등이 주요 요인으로 꼽힌다. 빈부갈등을 악용한 정치인들과 고통 분담을 외면하는 낮은 시민의식 탓에 경제는 악화일로를 걸었다.

　공공갈등은 공공사업이나 정책 추진 시 이해집단 간에 양립할 수 없는 가치, 목표, 수단 등이 충돌하는 데서 발생한다. 서로를 적대적으로 인식하고, 물리적 충돌도 마다하지 않는 심리상태를 포함하는 개념이다. 영남권 신공항 결정 과정은 우리 사회의 갈등이 폭발 단계로 치닫고 있다는 것을 보여주는 증좌다.

'지역 이기주의'에 국책사업 줄줄이 브레이크

지난 6월 17일 서울 서초동 더케이호텔에서 열린 '고준위 방사성 폐기물 관리계획' 공청회가 폭력사태로 얼룩졌다. 원전 인근 지역인 영광, 영덕, 경주, 고창, 부산 등지에서 상경한 160여 명과 시민단체 회원, 시의회의원 등 200여 명이 단상을 점거해 결국 패널 토론이 무산됐다. 일부 참석자는 공청회장의 물품을 집어던지고, 참석한 산업부 공무원들에게 찰과상을 입히고 서류를 탈취하기도 했다.

원자력발전소에서 나오는 사용 후 핵연료인 고준위 방사성 폐기물 처분장 건설은 연기가 반복되고 있는 대표적인 국책사업이다. 1983년 첫 논의가 시작된 이래 33년

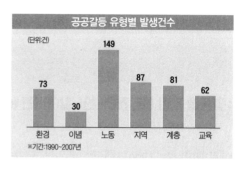

에 걸쳐 안면도, 부안 등지를 대상으로 아홉 차례나 추진했지만 번번이 주민 반발에 부딪혀 무산됐다. 현재 고준위 핵폐기물은 임시방편으로 원전 내 임시저장시설에 보관 중이지만 2019년엔 월성1호기의 임시 저장시설이 꽉 찰 것으로 예상돼 방폐장 건립이 시급한 상황이다.

공공사업을 둘러싼 심각한 사회갈등은 전국적인 현상이다. 굵직한 것만 따져도 10여 건에 달한다. 제주2공항 건설, 문정댐 건설, 안양교도소 재건축, 성남보호관찰소 이전, 대도시 군사공항 이전, 원전 신규건설 등이 해당지역 주민 반대로 길게는 20~30년씩 묶여 있다. 호남선 KTX 2단계 사업도 무안공항 경유여부 문제로 중앙정부와 지자체 간 힘겨루기가 벌어지며 속도를 못 내고 있다.

"사회갈등 OECD 수준으로 낮추면 GDP 27% 급증"

영남권 신공항에서처럼 공공갈등은 지자체와 지역민이 모두 가세하는 지역 간 분쟁으로 비화하는 경우가 허다하다. 희소한 자원과 편익을 배분하는 과정에서 이해관계가 충돌하기 때문이다. 지자체 간 갈등은 원인이 다양한 데다 이질적 정서에 기반하고 있어 해결방안을 찾기가 쉽지 않다. 누가 해결주체인지 불투명할 때조차 많은 탓에 지역이기주의가 극성이다.

OECD 회원국 중 27개 나라의 사회갈등지수를 분석해보면 조사 시

기에 따라 다소 차이가 있지만 한국은 대체로 2~4위에 랭크된다. 사회 갈등지수가 10%만 하락해도 1인당 GDP가 7.1% 불어날 것이란 분석이 나올 정도다. 갈등지수가 OECD 평균수준으로 내려가면 1인당 GDP는 27.0%나 급증할 것이라고 한다.

우리 사회의 공공갈등은 이익집단의 개입으로 인해 극한으로 치닫는 양상이 잦다. 이익집단은 사회적 합의를 어렵게 만든다. 사회전체에 해로워도 자신에게 이로우면 기꺼이 행동하는 것을 주저하지 않기 때문이다. 이들의 지대추구 행태는 자원의 생산적인 배분도 가로막는다. 정치적 압박으로 정책에 영향력을 행사하고, 지대를 얻기 위한 로비에 집중하기 때문이다. 미국 경제학자 맨커 올슨은 전후 독일과 일본이 고속 성장한 이유로 2차대전 때 이익단체가 와해된 점을 꼽을 정도다.

: 갈등관리 실패는 한국 민주주의의 위기

국책사업 등을 둘러싼 공공갈등 분출은 시간이 지날수록 늘어나는 추세다. 지방자치가 활성화되고 민주화가 진전되면서 시민사회의 참여욕구는 높아진 반면 관료사회의 정책 문화는 달라지지 않은 점이 근본 이유중 하나다. 정책수행 시 관료는 여전히 전문가적 효율성을 중시하지만 시민사회는 개방성과 민주성을 앞세운다.

한국 공공갈등 조정기구 강제력 없어 취약
한국의 갈등조정 시스템은 방식, 절차, 내용 등 모든 측면에서 크게 미흡하다. 현재 공공갈등 조정기구로는 국무조정실의 행정협의조정위원회, 행정자치부의 중앙분쟁조정위원회 및 지방분쟁조정위원회 등이 있다. 하지만 지자체 갈등 발생 시 상급자치단체나 갈등조정기구에서 직권 개입해 중재할 법적 근거가 없다. 국책사업과 관련된 위원회의 활동 일체를 법제화해야 한다는 지적이 나오는 배경이다. 임의로 구성된 위원회는 중앙정부의 들러리로 인식돼 신뢰를 확보하기 힘들다.

이들 조정기구에 강제력을 부여하는 가칭 '갈등 관리법' 제정도 검토해볼 사안이다. 미국은 연방정부의 모든 기관에 대안적 분쟁해결정책을 도입시킨 '행정분쟁해결법'(ADRA)과 이해당사자의 합의를 권장하는 '행정절차법 내 협상에 의한 규칙제정법'(NRA)을 시행 중이다. 미국의 연방조정알선청(FMCS)이나 프랑스의 공공토론위원회(CNDP)는 범정부적 독립기구로서 위상과 강제력을 갖고 있다. 정치적 영향력을 배제하는 것은 더 시급한 과제다.

영남권 신공항 건설이 10년 동안 표류한 데는 정치적 고려라는 변수가 결정적이었다. 특정지역으로 확정될 경우 정치적 지지가 약화될 것을 우려해 차일피일 결정을 미뤄 사태를 키운 것이다. 공공사업 추진 시 편익과 비용을 일치시키는 방안도 고려 대상이다. 로또처럼 편익만 취하는 것이 아니라 그에 상응해 혐오시설 배치 등으로 사회적 비용을 부담하도록 하면 갈등은 한층 완화될 것이다.

갈등관리 실패는 한국 민주주의 위기 부른다

윈스턴 처칠은 "민주주의는 최악의 정치체제다. 단 지금까지 시행된 모든 정치체제를 제외하고"라고 갈파했다. '국민이 주인인 체제'가 당연한 듯 선호되지만 현실의 민주주의는 상당한 단점과 취약성을 지녔다는 의미다. 민주주의의 성공을 위해서는 책임의식과 교양을 갖춘 시민의 존재가 필수적이다.

영남권 신공항 갈등은 이익집단과 지역이기주의에 갇힌 한국 민주주의의 현주소다. 지역 이념 계층으로 분화돼 공익은 배제되고 집단이익을 주장하는 목소리만 높다. 중재역할을 해야 할 정치인들은 오히려 지역정서에 편승하며 갈등을 극단으로 몰고 갔다.

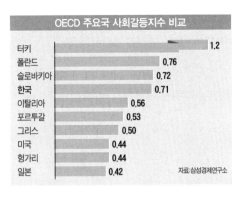

OECD 주요국 사회갈등지수 비교

국가	지수
터키	1.2
폴란드	0.76
슬로바키아	0.72
한국	0.71
이탈리아	0.56
포르투갈	0.53
그리스	0.50
미국	0.44
헝가리	0.44
일본	0.42

자료:삼성경제연구소

문제 해결을 위한 그 어떤 시도나 절차도 가동되지 않았다. 민주주의는 '자살 장치'를 내장하고 있다며 '민주주의 자살론'을 제기한 플라톤의 경고 그대로다. 폭발 중인 공공갈등은 한국 민주주의를 파탄낼 수도 있는 뇌관이다. 공공갈등 관리를 위한 제도적, 사회적 대응을 서둘러야 하는 이유다.

갈등 해결의 핵심은 이해관계자들의 수용성을 높이는 것이다. 그러자면 지역민의 '비합리적'인 기준과 요구를 '합리적'인 틀로만 재단하는 기존 방식도 달라져야 할 것이다. 경제학에 심리학, 인지과학 등을 접목한 행동경제학은 전통적 이론이 전제하는 '경제적 인간(homo economicus)'이 시장참여자 전반의 행태를 설명하는 모델로 부적합하다고 지적한다. 경제주체들이 온전히 합리적이기보다 감정적으로 선택하는 경향이 있다는 것이다. 공공갈등 해결에는 잘 만들어진 제도와 규범적 장치도 중요하지만, 인간을 먼저 살피는 접근법도 필요하다.

PART 3

과거에서
미래의 답을
찾을 수
있는가

역사
철학

Vitamin

6·25
대한민국을
만들다

6·25가 발발한 지 66년이 흘렀다. 6·25 하면 빛바랜 흑백사진 속에 철저하게 무너진 도시, 굶주린 아이들과 피란대열 등이 떠오른다. 사망자만 해도 군인과 민간인을 합해 100만 명에 달할 정도의 비극적 전쟁이었다. 일제 해방의 기쁨도 잠시, 한반도는 그렇게 3년간의 전쟁으로 초토화되다시피 했다. 모든 걸 파괴해버린 6·25는 과연 우리에게 무얼 남겼나. 역설적이지만 모든 걸 쓸어버린 6·25는 여러 면에서 지금의 대한민국을 만드는 초석과 토대를 제공했다.

한국 경제의 눈부신 성장의 원인을 찾는 노력은 수없이 많다. 하지만 6·25에서 그 원인을 찾는 경우는 드물다. 역사에서 가정은 무의미하지만 6·25가 없었다면 현재의 대한민국은 없었을지도 모른다. 6·25가 어떻게 세계가 놀라는 대한민국을 만들었는지 알아보자.

: 과거를 차단. 모든 것을 리셋한 6·25

보통 동서 냉전시대의 개막은 2차대전이 끝난 1945년부터로 본다. 하지만 본격적인 냉전시대의 서막을 연 것은 6·25전쟁이었다. 한국전쟁은 유일하게 자유진영이 승리한 전쟁이었다. 중국, 베트남, 캄보디아 등 전후 상당수 개도국이 동구형 공산주의의 길로 접어든 반면 한국은 자유민주주의, 자본주의로 가는 길을 선택하게 됐고 그 계기를 제공한 것이 6·25전쟁이었다. 공산화된 개도국 대부분은 사실상 식민지 이전 체제로 돌아갔다. 북한 역시 공산화와 동시에 전통사회로 회귀했다.

한반도 전체의 공산화를 우려한 미국은 6·25전쟁에 적극 참전했고 이는 전후 한·미 동맹 구축으로 이어졌다. 주변 열강 중 한반도에 영토 야욕이 없는 유일한 국가인 미국과 상호방위조약 체결로 한국은 역사적, 지정학적 굴레에서 벗어날 수 있었다. 무엇보다 국방비 절감으로 안보에서 상당 부분 무임승차할 수 있게 됐다. 또한 자유민주주의와 자유시장 체제에 대한 수호자요, 보호자 역할을 한 미국 덕분에 경제개발도 가능했다.

한·미 방위조약으로 한반도가 안정되자 선진국 자본들이 한국에 투자하기 시작했고 전 세계를 상대로 한 활발한 대외무역 거래도 한·미 동맹의 기초 위에서 비로소 가능해졌다. 일본과의 국교 정상화 역시 미국의 중재와 태평양 전략 차원에서 이뤄진 것이라고 봐야 한다.

이 모든 것이 바로 6·25전쟁이 있었기에 가능했다. 6·25가 없었다면 한·미 동맹과 상호방위조약은 존재하지 않았을 것이고 이를 토대로 한 한국의 정치 안정, 그리고 경제발전 역시 생각하기 힘들다.

냉전이 경제개발 토대 만들었다

광복 후 전쟁 기간을 거치는 동안 한반도에는 급격한 인구 구성상 변화가 생겼다. 한마디로 북한의 인구는 급감, 거의 궤멸적인 인구 동학적 타격을 입은 반면 남측의 인구는 폭발적으로 증가했다.

8·15 당시 한반도의 인구
는 총 2500만 명 정도로 이
중 남한이 1600만 명, 북한
이 920만 명에 달했다. 그런
데 전쟁 중 사망자 수는 남
측 39만 2000명, 북측 52만
명가량으로 북측이 훨씬 많

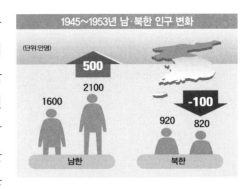

았다. 원래 인구 대비로 봐도 전쟁 중 인명 손실 비율이 2.5% 대 5.7%로
북측이 훨씬 컸다. 여기에 1945년 해방 이후부터 시작해 6·25전쟁 중에
월남한 인구는 140만 명 전후로 추정돼 같은 기간 월북한 인구(10만 명가
량)와는 비교할 수 없을 정도로 많았다.

결국 이런 과정을 통해 북한의 인구는 자연 증가 인원을 감안해도 해
방 후 920만 명에서 휴전에 들어간 1953년 820만 명으로 8년간 무려
100만 명이나 줄었다. 이에 반해 남측은 월남 인구뿐 아니라 일제하에
해외에 거주하던 인구 약 120만 명이 귀환한 것과 베이비붐을 타고 자
연 증가한 인원까지 합해 인구가 폭발했다. 1955년 조사에서 2150만 명
으로 해방 직후에 비해 10년 만에 무려 500만 명 이상 늘었고 1960년 조
사에서는 2500만 명으로 해방 당시 남북한 전체 인구 규모에 도달했다.

여기서 특히 주목할 부분은 월남한 사람들의 면면이다. 6·25를 앞두
고, 또는 전쟁 중에 북한을 이탈한 140만 명은 대부분 공산주의와는 융
합하기 어려운 지식인이거나 지주, 기독교적 경을 가진 사람들이었다.
상대적으로 많은 교육을 받고 근대화한 사람들이 대거 북한을 떠났다는
것은 단순한 인구 감소를 떠나 북한에는 일종의 거대한 두뇌 유출(brain
drain) 현상을 가져왔다.

북한이 6·25 후 사실상 전통사회로 회귀한 데는 공산주의라는 요인도

작용했지만 이처럼 유능하고 배운 고급 인력과 지도층이 소멸해버린 것도 매우 중요한 요인이었다고 볼 수 있다. 특히 월남자의 상당수는 남성이어서 북측의 생산가능 인구의 급감과 이로 인한 충격은 매우 컸다고 봐야 한다.

: 남·북한 인구변화가 성패 갈랐다

북한을 떠난 고급 두뇌들은 군부 정계 재계 등 남한 사회 곳곳에서 중추적 역할을 하며 이후 한국의 발전을 이끄는 핵심적 역할을 했다. 6·25 전쟁 중 육군 참모총장을 지냈고 후에 5·16 당시 군부 내 4개 그룹 중 하나를 이끈 백선엽 장군이 바로 평안도 출신이며 역시 5·16 때 군부 내 함경도파를 이끈 정일권 씨도 북한 출신이었다.

역대 국무총리 중에는 유독 북한 출신이 많았다. 백두진(황해 신천), 유창순(평남 안주), 노신영(평남 강서), 강영훈(평북 창성), 정원식(황해 재령), 이수성(함남 함흥) 씨 등이 대표적 인물이다.

정계도 예외가 아니다. 북쪽 출신 국회의원의 숫자는 제헌의회 때 12명을 기록한 이후 17대에 5명이 되기 전까지 늘 20~30명 선을 유지했고 9대 국회 때는 41명에 달하기도 했다. 내로라하는 기업인 중에도 이북 출신이 한둘이 아니다. 현대의 정주영, 진로의 장진호, 대농 박용학, 태평양 서성환, 신동아 최순영 등 대한민국 경제발전을 함께해온 주력 기업들의 창업주가 그런 인물들이다.

북한 지력을 고갈시킨 브레인 드레인이 결과적으로 남한에서는 지력을 폭발시킨 멜팅팟(melting pot) 현상으로 나타나고 이것이 지금의 한국을 만든 초석이 된 것이다.

전쟁으로 촌락적 전통사회 해체, 도시화로 이어져

한반도를 전쟁의 포화 속에 철저히 파괴한 6·25다. 하지만 그것은 보기에 따라서는 한 나라와 국민, 그리고 국토를 아예 원초적 상태처럼 초기화했다고 볼 수도 있다.

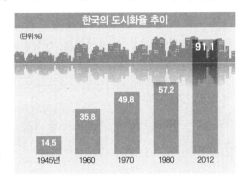

앞에서 언급한 것처럼 전쟁으로 인한 죽음과 이산, 인구 대변혁은 한국사회의 사회 조건을 초기화했다. 해방 후 우여곡절 끝에 1948년 건국을 맞았지만 대한민국은 여전히 혼돈 그 자체였다.

좌우 대립도 여전했고 제헌의회 의원의 60%가 구한말 중인계급 이하 출신일 정도로 이미 양반계급은 몰락한 상태였지만 봉건적 사회질서도 여전했다. 이처럼 어수선하고 복잡다단했던 근대화 행로에 마침표를 찍은 게 바로 6·25였다. 전쟁으로 인한 촌락적 전통사회의 해체는 도시화로 이어졌다.

1945년 14.5%에 불과하던 도시화율은 1960년 35.8%로 15년 만에 두 배 넘게 높아졌고 1970년에는 49.8%로 50%에 육박하는 등 급속하게 도시화가 진행됐다. 도시화는 지식과 노동력의 결집과 교환을 촉진시키고 커다란 소비시장을 만든다. 이는 다시 기업의 출현을 촉발시키고 기업이 만든 일자리는 농촌 인구의 도시 이동을 가속화해 더욱 도시화를 진행시킨다. 6·25는 이런 일련의 과정을 거쳐 지금의 대한민국을 만들었다.

한국 사회 보수화로 박정희 정권 개발독재 가능해져

6·25는 전쟁이 일어나기 전에 비해 남과 북에 훨씬 더 극명하게 다른

체제가 뿌리내리는 계기가 됐다. 전쟁을 치르면서 한국 사회에는 공산주의에 대한 방어기제가 내재화됐고 한국 사회의 보수화도 더욱 진행됐다. 그 결과 5·16을 통해 집권한 군부세력은 북한이라는 존재로 인해 비교적 큰 저항 없이 독재정치에 나설 수 있었다. 박정희 정권이 수많은 공포정치와 일부 부정선거를 저질렀음에도 대부분의 선거에서 승리할 수 있었던 것은 공산주의적 혼란에 반대한다는 국민들의 확고한 의지가 있었기 때문이다.

6·25는 한동안 국민 반공교육에 가장 좋은 소재였다. 하지만 어느 정도 세월이 흐르고 민주화가 진행되면서 이번에는 동족상잔의 비극이라는 점이 부각되기 시작됐다. 여기서 더 나아가 일부 세력들은 남침인지 북침인지를 두고 논란을 벌이는 지경에까지 이르렀다. 이제 6·25를 보는 시각도 좀 달라질 필요가 있다. 그저 잊고 싶고 드러내기 싫은 아픈 과거가 아니라 좀 더 실증적이고 객관적으로, 그리고 적극적으로 한국 근대사에 어떤 흔적을 남겼는지 평가해볼 때도 됐다.

Vitamin

악(惡)의 평범성

도저히 납득할 수 없다. 윤 일병의 구타·가혹행위 치사, 김해 여고생 시체 훼손, 포천 고무통 살인…. 하나같이 인간이 어떻게 그럴 수 있을까 싶다. 인면수심(人面獸心)이요, 천인공노할 일이다. 이뿐인가. 칠곡 계모와 울산 계모의 의붓딸 살인도 기억에 생생하다. 김길태, 유영철, 강호순 등 연쇄 살인마들은 또 어떤가. 특히 강호순의 사진을 본 사람들은 그의 멀끔한 얼굴에 또 한번 심한 인지부조화를 겪었다.

윤 일병 가해자들이 보여준 폭력의 집요함은 믿기지 않을 정도다. 혹자는 악마를 보았다고 한다. 무엇이 그들을 악마로 만들었을까. 애초에 악마로 태어났을까. 그렇진 않을 것이다. 그들도 누군가의 자식이요, 형제요, 친구다. 악은 처음부터 악마의 외양을 띠지 않는다. 오히려 길을 가다 마주칠 듯한 친숙한 일상의 얼굴을 하고 있다. 악의 상징 루시퍼(Lucifer)도 본래는 천사였다. 미군의 아부그레이브 수용소에서 포로를 개처럼 끌고 다닌 여군도 작은 체구에 심지어 선량해 보이는 얼굴이지 않았나. 한나 아렌트가 《예루살렘의 아이히만》(1963)에서 지적한 '악의 평범성(banality of evil)'을 새삼 떠올리게 하는 세상이다.

인간은 전적으로 선한 존재도, 전적으로 악한 존재도 아니다. 사람은 누구나 천사이면서 동시에 악마가 될 가능성을 내포하고 있다. 밀그램의 복종실험, 스탠퍼드 감옥실험에서도 확인된 사실이다. 악의 평범성에 새삼 경악하면서, 동시에 악을 어떻게 억제할 것인가 심각한 고민이 필요한 시점이다.

: 악마는 일상의 얼굴을 갖고 있다

입에 담기도 불편하다. 28사단 의무대의 이 병장은 윤 일병을 한 달 남짓 동안 300회 넘게 폭행했다. 실신하면 수액주사를 놓고 다시 때렸다. 치약을 삼키게 하고, 가래침을 핥게 했다고 한다. 김해 여고생의 가해자들은 몸에 끓는 물을 붓고, 토사물을 먹이고, 사망 뒤엔 시신을 불 지르고 콘크리트 암매장까지 했다. 범죄자는 불과 15세 여중생들이었다.

인간의 공격성은 타고난 것일까, 후천적으로 만들어진 것일까. 본성(nature)과 양육(nurture)의 영원한 논쟁거리다. 에드워드 윌슨은 《인간본성에 대하여》에서 인간의 공격 행동을 유전자와 환경 사이의 구조적이고 예측 가능한 상호작용으로 봤다. 공격성은 환경 속에서 학습된다. 반복하면 익숙해지는 것이다. 자신이 무슨 짓을 하는지도 모르는 상태에서.

여기서 우리는 한나 아렌트가 언급한 '악의 평범성'을 돌아보지 않을 수 없다. 아렌트는 악이란 평범한 모습을 하고 우리가 쉽게 접할 수 있는 근원에서 나온다고 지적했다. 평범한 사람도 우월한 위치를 점하게 되거나 그런 힘에 완벽하게 통제될 때, 옳고 그름을 가리는 판단 능력을 서서히 상실해 악행을 악행으로 인지하지 못하게 되는 것이다. 링컨은 "사람을 알고 싶거든 그에게 권력을 줘보라"고 했다. 권력이 곧 '절대반지'가 되는 셈이다.

"모두가 유죄인 곳에선 아무도 유죄가 아니다(?)"

《예루살렘의 아이히만》은
아렌트가 미국 뉴요커(誌)
의 특별취재원 자격으로 나
치 전범 아돌프 아이히만
의 재판을 참관하고 쓴 보고
서다. 아이히만은 히틀러가

나치 전범 아이히만이 1962년 이스라엘에서 재판받는 모습.

명령한 '최종 해결책(the final solution·학살)'을 열정적으로 수행한 유대인 학
살의 주범이다. 하지만 그는 정신병자가 아니며 칸트의《실천이성비판》
을 읽을 정도의 지극히 정상적인 도덕관념을 가진 사람이었다. 평범하
고 성실하기까지 했다. 아이히만은 유대인에게 저지른 범죄를 인정했
고 자신의 역할도 시인했다.

하지만 후회나 가책의 감정을 표현한 적이 없다. 자신이 결코 사악한
동기에서 누굴 죽일 의도를 갖지 않았다고 주장했다. 아렌트는 아이히
만의 그런 악행이 집단 속에서 형성된 말하기의 무능, 생각하기의 무능,
타인의 관점에서 생각할 판단의 무능에서 비롯됐다고 기록했다. 당시는
국가에 의해 범죄가 합법화된 시대였다. 아이히만은 칸트의 정언명령(너
의 행동이 보편타당한 입법원리가 되도록 행동하라)을 무의식적으로 왜곡해 '너의
행동을 총통이 안다면 승인할 그런 방식으로 행동하라'고 받아들였다.

아이히만은 학살과정에서 자신이 맡은 역할은 우연적이었고 누구라
도 그 역할을 맡았을 것이라고 주장했다. 따라서 잠재적으로 거의 모든
독일인이 똑같이 유죄라는 것이다. 모든 사람이 유죄인 곳에서는 아무
도 유죄가 아니라는 논지다. 아렌트는 이에 대해 "8000만 독일인이 피
고(아이히만)처럼 행동했더라도 그것이 피고에 대한 변명이 될 수 없다"고
비판했다.

모두가 획일적으로 행동할 때 혼자 다르게 행동하기는 쉽지 않다. 끼리 끼리 모일수록 그런 성향은 강화된다. '집단 극단화(group polarization)'가 벌어지는 것이다. 또래집단은 비속어, 욕설 등 언어의 공유로부터 시작해 비행의 동참으로 이어지기 쉽다. 집단 따돌림에 가담하지 않으면 거꾸로 왕따를 당할 수도 있다. 동조자가 아니면 방관자가 되는 것이다. 김해 여고생 사건이 극단적인 형태로 치달은 것도 이와 무관하지 않다.

스탠퍼드 감옥실험에서 실험 참가자들이 폭력과 패닉상태로 뒤바뀌는 것을 50여 명이 목격했지만 아무도 말리지 않았다. 단 한 명, 필립 짐바르도 교수의 애인만 당장 그만두라고 요구했을 뿐이다.

: 악은 얼마든지 자가증식이 가능하다

28사단 의무대나 가출소녀들은 격리된 환경에서 외부 감시 없이 그들만의 극단화로 치달아갔다. 이를 멈추게 하는 방법은 오직 스스로 생각하고 옳고 그름을 판단하는 것뿐이다. 유감스럽게도 생각하기보다는 행동하기가 훨씬 쉽고 빠르다. 판단의 무능이 민족과 국가로 확장되면 곧 역사의 비극을 만들어낸다. 홀로코스트나 홍위병, 킬링필드 등이 그런 사례들이다. 외부 관점이 파고들 여지가 없을 때 내부 관점은 더욱 외곬으로 달려간다.

인간은 천사도, 악마도 될 수 있다

인간은 상황의 지배를 받는다. 섬섬한 신사도 예비군복만 입혀놓으면 행동거지가 엉망진창이 되고, 평소 얌전하던 사람도 운전대만 잡으면

헐크로 돌변하는 경우가 적지 않다. 선량한 사
람도 얼마든지 악행에 가담할 수 있다는 점은
밀그램 복종실험과 스탠퍼드 감옥실험을 보면
확연해진다. 그렇기에 인간은 천사가 될 수도
있고, 악마가 될 수 있는 양면성을 지녔다.

네덜란드 판가화 에셔의 '천사
와 악마' 그림을 계속 들여다보
면 천사가 보이기도 하고 악마
가 보이기도 한다.

　루이 말 감독의 영화 '라콤 루시앙'(1974년)은
그런 속성에 대한 영상 보고서다. 주인공 루시
앙은 어리다는 이유로 레지스탕스에서 받아주
지 않자, 정반대로 나치의 끄나풀이 된다. 그
에게 중요한 것은 타인을 좌지우지할 힘(권력)일 뿐, 그 수단이 레지스탕
스든 나치든 별로 중요한 게 아니었다. 아이히만과 다를 바 없는 판단의
무능이다.

　문제는 선을 확장하는 것은 쉽지 않지만 악은 얼마든지 자가증식이

밀그램 '복종실험'과 스탠퍼드 '감옥실험'

인간은 대개 선량하지만 상황에 따라 누구나
악마가 될 수 있음을 입증한 유명한 두 가지 심
리실험이 있다. 먼저 밀그램 실험은 1961년 스
탠리 밀그램 예일대 교수가 수행한 일명 복종
실험이다. 실험참가자(수당 4달러)들은 교사가 학
생이 문제를 틀릴 때마다 체벌을 지시하면, 전
기충격기 전압을 올렸다. 여기서 교사·학생은
전문배우였고, 전기충격기도 가짜였다.

밀그램은 단돈 4달러를 받고, 치사량의 전압을
가할 사람은 없을 것으로 봤다. 하지만 결과는
충격이었다. 학생이 한 문제를 틀릴 때마다 15
볼트씩 최고 450볼트까지 올린 참가자가 65%
에 달했다.

　스탠퍼드 감옥실험은 1971년 필립 짐바르도 스
탠퍼드대 교수가 일당 15달러를 주고 건강한
대학생 21명을 모집해 간수와 죄수 역할을 나
눠 맡긴 실험이다. 참가자들은 실험이란 사실
을 알았고, 간수와 죄수 역할도 제비뽑기로 정

했다. 체벌과 구타도 금지됐다. 그러나 곧바로
제복을 입은 간수와 수인번호로 불리는 죄수의
행동에 차이가 드러났다. 실험 이틀째부터 간수
들은 죄수에 대해 명령·모욕이 다반사였고 점
점 공격적으로 변해갔다. 반면 죄수들은 복종과
무기력, 우울증을 보이며 심지어 탈옥을 모의하
기까지 했다. 2주를 예정한 실험은 고작 6일 만
에 끝났다. 역할의 내면화가 너무 심각해 후유
증이 우려됐기 때문이다.

　독일 영화 '엑스페리먼트'(2002년)는 감옥 실험
을 소재로 삼은 것이다. 영국 BBC가 유사한 실
험을 했고, 국내에선 EBS가 2008년 감옥 체험
을 진행하기도 했다. 하나같이 권력을 쥐면 과
도하게 행사되고, 무제한 통제를 받는 상황에선
무기력이 자연스레 학습된다는 사실이 발견됐
다. 과거 독일·일본인들이 집단최면에 가까운
광기와 폭력성을 보였던 것에 대한 답이 될 것
이다.

가능하다는 점이다. 인간이 어떻게 그렇게 악해질 수 있을까에 대한 대답은 나치 비밀경찰이었던 칼 크레츠머의 회고록에서 들을 수 있다. "인간은 약하기 때문에 사람을 죽이는 것이 쉽지 않다. 이를 극복하는 가장 좋은 방법은 더 자주 죽이는 것이다. 그러면 이것은 습관이 된다."

Vitamin

인구의 이동

세계 인구가 10억 명을 돌파한 것은 1804년이었다. 산업혁명에 따라 기술과 의학, 농업이 발전한 덕이었다. 이후 1927년 20억 명, 1974년 40억 명, 1999년 60억 명, 2011년 70억 명을 넘었다.

인구의 증가 속도만큼 이동 속도도 빨라졌다. 과거에는 민족 이동이나 대량 이주가 오랜 기간에 걸쳐 이뤄졌지만, 근·현대에 들어서는 이동 경로와 기간이 단축되고 이주 형태도 달라졌다. 이른바 엑소더스(대탈출)와 디아스포라(이산·분산)의 구분도 희미해졌다. 한 국가 안에서 세금과 일자리를 찾아 옮겨다니는 인구가 늘었고, 떠난 곳으로 돌아가는 '역(逆)이주'까지 나타나고 있다.

하지만 이 모든 현상을 아우르는 키워드가 경제적 요인이라는 것은 갈수록 뚜렷해지고 있다. '선진국 유입'과 '개발도상국 유출'의 도식도 마찬가지다. 대체 지구적 인구 이동의 근본적인 의미는 무엇일까. 프랑스 역사학자 페르낭 브로델의 말처럼 도시적 문명(civilization)과 원시적 문화(culture)의 인간집단을 좌우하는 요인일까. 재레드 다이아몬드가 지적한 '확산과 이동속도'의 함수관계는 무엇인가. 대규모 이동의 역사는 앞으로도 계속될 것인가.

: 인간집단, 머물거나 떠나거나

인간은 옮겨 다닌다

인간은 정주(定住)한다. 인간은 동시에 이동한다. 삶의 새로운 조건을 찾아 주거공간을 옮기거나 정치적, 경제적 조건에 떠밀려 주거지를 옮긴다. 과거에는 민족 단위로 옮겼다고 보지만 지금은 일자리를 찾아 세금을 피해 그들의 공간을 재조정한다. 지구 면적의 10%도 안 되는 지역에 전체 인구의 5분의 4가 살고 있다. 대부분이 북위 20-60도의 북반구에 몰려 있다. 인구의 이동도 주로 이 위도축을 중심으로 이뤄진다.

프랑스 역사학자 페르낭 브로델은 《물질문명과 자본주의 I-1 일상생활의 구조(상)》에서 이는 인류문명의 지리학적 차별성 때문이라고 설명한다. 어느 곳에서는 도시적 문명이 발달하고 다른 곳은 원시적인 문화에 머무는 이유도 여기에 있다는 것이다. 이는 《총, 균, 쇠》의 저자 재레드 다이아몬드가 '위도에 따라 크게 달라지는 유전자 조건과 환경적 차이'에 주목한 것과도 맞닿는다.

재레드 다이아몬드는 비옥한 초승달 지대의 농작물이 왜 그렇게 전파 속도가 빨랐는지를 같은 위도상에 옆으로 늘어서 있는 '유라시아의 동서축'으로 설명했다. 이 지역은 낮의 길이와 계절변화가 같고 동식물의 군도 닮았다는 것이다. 그는 인간 집단의 궤적에 영향을 미치는 요소로 가축화·작물화의 재료인 야생 동식물과 그 확산·이동의 속도, 인구 규모 등을 꼽는다.

면적이 넓거나 인구가 많다는 것은 곧 잠재적인 발명가의 수도 많고, 서로 경쟁하는 사회의 수, 도입할 수 있는 혁신의 수도 많다는 뜻이다. 늘 혁신적인 문물을 도입하고 보존해야한다는 압박감도 그만큼 커진다. 지식인들이 대규모로 옮겨가는 '지성의 이동'도 마찬가지다.

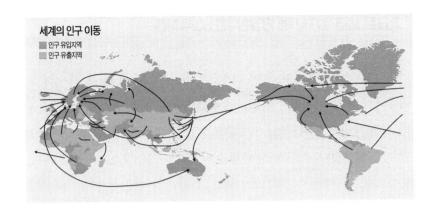

세계의 인구 이동
- 인구 유입지역
- 인구 유출지역

민족은 민족을 축출한다

고대 게르만의 대규모 국제 이동이나 노르만인의 이동, 핀족의 대이동
도 원리는 비슷하다. 타 민족의 압박이나 갑작스런 인구 증가, 경작할
경지 부족 등이 주된 원인인데 공교롭게도 큰 흐름은 동서축의 이동이
었다.

이보다 더 극적인 것은 유럽인의 신대륙 이주다. 18세기부터 20세기
중반까지만 모국을 떠난 유럽인이 약 8000만 명이나 됐다. 그중 6500
여만 명이 신대륙으로 건너가 4500여만 명이 미국과 캐나다에, 나머지
2000만 명이 중남미에 정착했다. 1700여만 명은 아프리카와 오세아니
아 지역으로 이동했다. 이 경우야말로 경제적인 이유가 가장 큰 요인이
었다.

디아스포라는 정치의 결과다

정착할 땅이 없어서 떠도는 디아스포라(diaspora)의 비극도 있다. '분산·이
산'을 뜻하는 그리스어 디아스포라는 유대인처럼 본토를 떠나 항구적으
로 나라 밖에 자리 잡은 집단을 지칭한다. 유대인 1500여만 명 중 1000
만여 명이 전 세계 134개국에 흩어져 산다.

: 지금은 세금·일자리에 민감한 개인 이주시대

아프리카 노예무역도 비극적인 이동의 역사다. 16~19세기 '대서양 노예무역'에 의해 아메리카로 실려간 흑인만 1200여만 명이다. 그 이전부터 오랜 세월에 걸쳐 '아랍 노예무역'으로 끌려간 흑인도 1100만~1800만 명을 헤아린다. 이에 비해 대탈출을 뜻하는 엑소더스(exodus)는 디아스포라보다 적극성을 띠는 것으로 많은 사람이 동시에 특정 장소를 떠나는 것을 의미한다.

중국인은 더 이상 정주인이 아니다

최근엔 중국인의 대탈출이 늘고 있다. 자녀 교육과 삶의 질 향상을 위해 고향을 등지는 엘리트가 많다. 중국판 '포브스'인 후룬(胡潤) 리포트에 따르면 자산 160만 달러 이상 부자 64%가 해외로 이주했거나 이민을 계획 중이다. 월스트리트저널은 현재까지 해외에 둥지를 튼 중국인이 화교를 포함해 4800만 명에 이른다고 최근 보도했다. 전문가들은 중국과 인도, 일부 개발도상국을 중심으로 인구 이동이 당분간 계속될 것으로 보고 있다.

하지만 이동의 역사가 마냥 이어지지는 않을 것으로 보는 견해도 많다. 최근《엑소더스》를 펴낸 폴 콜리어 옥스퍼드대 교수는 "예상과 달리 이주는 공짜 점심을 주지 않거나 공짜 점심을 주되 소화불량도 같이 준다"며 대량 이주가 세계화의 영구적인 특징은 아니라고 지적했다.

미국인은 국내 이주가 많다

요즘 미국과 유럽 여러 나라가 이민을 제한하는 것만 봐도 이전만큼의 이동은 흔치 않을 것으로 예상된다. 다만 특정 지역 내에서 풍요를 찾

아 이동하는 '짧은 이주'가 흔
해질 전망이다. 미국에서 텍
사스와 앨라배마 주에 사람
이 몰리고 뉴욕 주가 썰렁해
지는 것을 보면 더욱 그렇다.
인구와 일자리 편차의 원인은

역사적 인구 이동 사례	
유럽인의 신대륙 이주	미국·캐나다 약 4500만 명/ 중남미 2000만 명/ 오세아니아·아프리카 1700만 명
아프리카의 흑인 노예	대서양 거쳐 아메리카로 1200만 명/ 아랍권 거쳐 유럽 등으로 1100만~1800만 명
각국에 흩어진 유대인	미국 580만 명/유럽 240만 명/ 남미 50만 명 등 모두 1000만 명 안팎
일제시대 해외 한국인	일본 210만 명/만주 160만 명/연해주 20만 명/ 중국 10만 명 등 400여만 명

세금과 노조 가입률이었다. 앨라배마 주의 1인당 평균 세금 부담률은
소득의 8.3%로 미국 평균(9.8%)을 밑돌고 노조 가입률도 10.7%로 평균
(11.3%)보다 낮다. 그래서 현대자동차 등 제조업이 몰린다.

반면 세금 부담률(12.8%)과 노조 가입률(24%)이 가장 높은 뉴욕 주의 오
논다가 카운티에서는 2010년 이후 4년간 제조업 일자리가 17%(3735개)나
줄었다. '래퍼 곡선'으로 유명한 아서 래퍼 전 시카고대 교수도 "세율이
높은 곳에서 낮은 곳으로 옮겨가는 새로운 '인구 대이동'이 일어나고 있
다"고 했다.

북에서 남으로 이주한 한국인들

'돈'을 따라 움직이는 인구 이동은 우리나라도 똑같다. 광복 전에는 남
에서 북으로 떠났고 광복 직후에는 북에서 남으로 이동했다. 일제강점
기에 만주 160만 명, 일본 210만 명, 중국 10만 명, 연해주 20만 명 등
400여만 명이 해외를 떠돌았는데 240여만 명이 광복 직후인 1945~1949
년에 돌아왔다. 6·25전쟁 중에는 약 150만 명의 피난민이 월남하는 국
내 대이동을 보였다.

최근엔 외국인 노동자 유입도 크게 늘었다. 국내 거주 외국인이 200
만 명을 넘었으니, 30명 중 한 명이 새로 들어온 '이동 인구'다. 이른바
'외인 유입'의 부작용을 걱정하는 사람들도 있지만, 오히려 세계 각국에

뿌리를 내린 한민족 이민자들을 활용한 새로운 그림을 그리자고 얘기하는 사람도 많다. 세계 175개국에 나가 있는 700만 명 이상의 한인 네트워크를 통해 국제 정치·경제의 주도권을 잡을 수 있다는 것이다.

좌승희 전 KDI 정책대학원 교수는 이를 국가 천년대계 프로젝트로 제안하기도 한다. 한민족 네트워크 담당부서를 두고, 이중 국적을 허용하며, 이민 2~3세의 접촉점을 늘리고, 국정 패러다임을 경제적 평등에서 경제적 수월성 추구로 대전환하자는 4대 아이디어까지 내놨다. 세계의 인구 이동 역사와 우리의 현실, 미래를 향한 큰 구상을 다시 한번 다져볼 때다.

Vitamin

길의 경제학
번영의 길, 쇠락의 길

어떤 길은 역사를 바꾼다. 로마의 도로, 육상과 바다의 실크로드가 그랬다. 콜럼버스, 바스쿠 다 가마가 개척한 바닷길은 세계사를 새로 쓰게 만들었다. 역사의 제국들은 하나같이 거대 도로망의 건설자였다. 오늘날 미국이 초일류 국가가 된 힘도 정교하고 촘촘한 도로와 철도망에 그 원천이 있다. 그러나 어떤 길은 그냥 사라졌다. 명나라 정화의 함대는 콜럼버스보다 거의 100년 앞서 케냐까지 도달했지만 '불모의 위업'으로 전락하고 말았다. 무엇이 그런 차이를 만들었을까.

경부고속도로와 KTX 역시 한국인의 삶을 송두리째 바꿔놓았다. 호남선 KTX 개통은 또 다른 이정표가 되고 있다. 하지만 길의 의미, 길을 통한 교류와 소통의 힘을 이해하지 못하는 사람이 많다. 번영의 길과 쇠락의 길을 구분하지 못하는 것이다. 길의 경제학에 대해 생각해보자.

: 역사를 만든 길 vs 편견에 막힌 길

미국 프로 풋볼팀 중에 샌프란시스코 포티나이너스(49ers)가 있다. 포티나이너는 '49년에 몰려온 사람'이란 뜻이다. 1849년 캘리포니아에서 금광이 발견되자 서부로 달려간 수십만 명의 골드러시다. 그러나 정작 금을 캐서 대박 난 사람은 거의 없었다. 대신 이들이 지나간 곳마다 길이 열리고 도시가 생기고 연장과 마차를 만드는 사람들이 떼돈을 벌었다.

이렇듯 길은 역사를 만든다. 육지와 바다에 길이 열리면 사람과 물자가 이동하고 광범위한 교류 속에 커다란 변화의 물결이 일어난다. 고립되고 단절됐던 지역 간의 융합은 국가, 제국으로 발전했다. 길은 경제 발전의 원동력이요, 세계사가 곧 길의 역사다.

모든 길은 로마로 통한다

한낱 도시국가였던 로마가 대제국을 이룬 데는 거미줄 같은 도로망이 큰 역할을 했다. 로마의 길은 포장도로가 8만㎞, 비포장도로는 40만㎞에 이른다. 372개 주요 도로를 통해 113개 속주를 다스렸다. 군대 이동은 물론 교역과 정보 전달 경로로서 제국 유지의 필수 인프라였다. 유럽 각지에선 로마의 도로가 오늘날에도 이용될 만큼 견고하다. 인구 100만 명밖에 안 되는 몽골이 로마 전성기의 6배에 달하는 영토를 차지할 수 있었던 것도 사람과 물자의 고속 이동경로를 구축한 덕이다. 30~40㎞마다 역참을 설치해 열흘 만에 4000㎞를 주파했을 정도다.

로마, 몽골 등 제국의 뼈대는 길이라는 네트워크였다. 제국의 몰락도 이민족 침입, 흑사병 등에 의한 네트워크 붕괴에서 비롯됐다고 할 수 있다. 중국에서 중근동까지 6400㎞의 내륙횡단로인 실크로드는 중국의 비단, 자기, 제지술, 화약 등을 서양으로 전하고 서양의 보석, 유리, 직물, 철 등을 동양으로 가져온 문명의 교통로였다. 해상 실크로드는 중국 남동해에서 페르시아만까지 이어져 현대의 무역로에 견줘도 손색이 없다. 그 종착역이 신라였던 것이다.

콜럼버스의 항해 vs 정화의 원정

콜럼버스가 신대륙에 당도(1492년)하고 바스쿠 다 가마가 아프리카를 돌아 인도까지 항해(1498년)한 것은 근대 역사를 바꿨다. 이슬람 세력에 의해 막힌 실크로드를 대신할 동방 무역 항로를 개척해 전 지구의 교역시대를 연 것이다.

이보다 한 세기 앞선 1405년 명나라의 정화는 대함선 62척 등 300척과 2만 7800명의 대선단을 이끌고 원정을 떠났다. 콜럼버스에 비하면 100배 이상 규모다. 정화는 1433년까지 7차례 동남아 인도 페르시아를 항해했고 케냐 항구 말린디까지 갔다. 황제의 위엄을 널리 알리고 조공을 바치게 할 목적이었다. 그러나 국책사업인

구분	개요 및 목적 / 비고
역사상 주요 '길'의 역할	
로마의 도로	· 포장 8만km, 비포장 40만km : 372개 거대 도로망, 113개 속주 구획해 통치 · **제국의 유지**: 물자수송, 군단이동, 정보유통 등 · 유럽 도로망의 모태
실크로드	· **중국~중동 내륙 횡단로**: 총 6400km · **대상(隊商)무역** : 중국의 비단, 자기, 제지술, 화약, 서양의 보석, 직물, 유리, 철둥 교환 · **해상 실크로드**(중국~인도양~페르시아만 바닷길) · 동서양 문명교류의 통로
정화의 원정 (1405~1433년)	· **명나라 7차례 선단**(최대 300척, 2만8000명) 파견 : 동남아~인도~아라비아반도~케냐 · **중화주의 확장, 조공무역 목적** : 해금령으로 무역항로로 발전 못하고 소멸 · 정부주도 '불모의 위압'
지리상의 발견 (15~17세기)	· **15세기말 콜럼버스, 바스코 다 가마** 등 · **동방무역의 신항로 개척**(신대륙 발견 부수효과) · 동양에 대한 서양의 500년 우위 계기 · 개인주도 고수익 고위험 사업

정화의 원정은 그것으로 끝이었다. 오랑캐들에겐 배울 게 없다는 중화주의와 만주족(청)의 위협에 명은 거꾸로 해금령(海禁令)을 내렸다. 정화의 함선은 해체돼 땔감으로 쓰였다.

반면 서양의 지리상 발견은 개인이 주도한 전형적인 고위험 고수익 사업이었다. 요즘의 벤처와 비슷하다. 똑같은 항로 개척임에도 개인의 경제적 동기냐, 국가의 과시적 동기냐에 따라 정반대 결과를 가져왔다. 그뿐 아니라 이후 500년간 동서양의 우위가 뒤바뀐 결정적 계기가 됐다.

: 경부고속도로 최대의 난관은 무지와 억지였다

1970년 개통된 경부고속도로는 터널을 뚫고 다리를 놓고 산을 깎아야 하는 난공사였다. 2년 반의 공사기간에 77명이 사망해 그 위령탑이 추풍령휴게소에 있다. 그러나 이 대역사의 최대 걸림돌은 따로 있었다. 소위 '배운 무식자들'의 무지와 억지였다. 국가 장래는 안중에도 없는 정치인들의 근시안과 훼방이었다. 그들의 주장대로 경부고속도로와 인천국제공항, KTX를 건설하지 않았다면 지금 한국은 어땠을까.

젊은 처첩들 태우고 놀러 다니는 유람로

"고속도로를 만들어봐야 그 위를 달릴 차도 없다. 부유층을 위한 호화시설이 될 뿐이다." 이는 1967년 경부고속도로 건설계획이 발표되자 당시 김대중 의원이 했던 말이다. 야당 의원들은 "쌀이 모자라는데 우량 농지 훼손이 웬 말이냐", "재벌들 골프 치러 가기(위한) 경부고속도로 건설 결사반대" 등을 외치며 공사현장에 드러눕기까지 했다. 소위 지식인을 대표한다는 변형윤 서울대 교수는 "소수의 부자들이 젊은 처첩들을 옆에 태우고 전국을 놀러 다니는 유람로가 되지 않겠느냐"고 비난했다.

이런 반대와 비난을 무릅쓰고 공사를 강행하는 것은 터널 뚫기보다 몇십 배, 몇백 배 더 어려웠을 것이다. 그러나 독일 방문 때 아우토반을 목격한 박정희 대통령은 확신했다. 고속도로가 세상을 바꿀 것이라고. 당시 국도로 서울-부산은 15시간이 걸려 서울-뉴욕 비행시간보다도 길었다. 그러던 것이 5시간으로 단축되면서 '한강의 기적'의 아이콘이 됐다.

반대가 한두 번이면 수긍할 수도 있다. 하지만 그들은 인천국제공항, KTX(천성산터널), 서울외곽순환도로(사패산터널)는 물론 스크린쿼터 축소,

FTA 등 새로운 길은 단 한 건도 빠짐없이 반대를 일삼 았다. 반대자들은 국민에게 호소력 있는 환경, 생태, 건 강 등을 과학적 근거 없이 전가의 보도처럼 활용하고

있다. 김포공항 포화로 건립이 추진된 인천국제공항은 철새 충돌, 멸종 위험을 내세워 딴죽을 걸었다. 사패산터널은 생태계 훼손, 천성산터널 은 도롱뇽 서식지 파괴가 그 이유였다.

하지만 생태계가 망가졌다는 증거는 없고 도롱뇽은 지금도 잘 산다. 연간 5000만 명이 이용하는 인천공항이 없었다면 한국은 극동의 변두 리 국가로 전락했을 것이다. FTA 효과는 농어민과 중소기업들도 누리 며 스크린쿼터 축소 이후 한국 영화 점유율은 50%를 웃돌고 1000만 관 객 영화만도 10여 편에 이른다. 그들의 무지와 억지는 단 하나도 맞은 게 없다. 이쯤 되면 '경제발전의 훼방꾼들'이라는 최승노 자유경제원 부 원장의 비판이 딱 들어맞는다.

세상을 바꾸는 것은 인간의 상상력이다

산업혁명 원조인 영국의 자동차산업이 변변치 못하다. 1865년 제정된 '적기조례(Red Flag Act)' 탓이다. 증기자동차가 등장하자 마부들이 압력을 넣어 영국 의회는 증기차의 속도를 도심은 시속 3km, 교외는 6km로 제 한하고 전방에 붉은 깃발(밤에는 랜턴)을 든 조수를 두게끔 강제한 것이다. 적기조례는 1896년에야 폐지됐다. 적기조례 같은 착각과 오류는 뿌리 가 깊다. 기계를 파괴하면 일자리를 지킬 것이란 러다이트 운동도 같은 범주다. 명나라가 해금령을 내렸듯이 조선은 서양 세력을 막겠다고 쇄

국을 고수했다. 성공을 질시하고 혁신을 배척하고 기업을 때리는 사고 방식이 한국에선 '진보'라고 불린다. 아이러니다.

길이 뚫리고 신기술이 등장하면 경제주체들은 스스로 적응해간다. 호남선 KTX가 개통되자 광주와 전남은 외국인 관광객 100만 명을 유치하겠다는 목표다. 목포는 '남도 관광의 허브'를 꿈꾼다. KTX의 '빨대효과'를 운운하지 않고 KTX를 활용해 더 큰 시장을 만들겠다는 것이다. 길을 통해 세상을 바꾸는 것은 이 같은 성취욕과 상상력이다. 호남의 변신이 기대된다.

Vitamin

반(反)문명의 뿌리

뭐든지 자연에 변형을 가하는 것을 거부하는 사람들이 있다. 자연 그대로만이 최상이며 일체의 인위적, 인공적인 것은 배격하는 것이다. 그들은 고속도로 반대, 중화학단지 반대, 포항제철 반대, 신공항 반대, KTX 반대, 새만금도 반대였다. 최악의 가뭄으로 고통받고 있는 상황에서조차 4대강 사업은 '무조건 반대'다. 평생 반대로 일관한 늙은 교수부터 젊은 활동가까지 세대·지역·성별·종교의 구분도 없다.

어떤 사고구조를 가졌기에 그들은 사사건건 반대 또 반대만을 외칠까. 심지어 자신이 틀렸음이 명백히 드러나도 생각을 고치지 못하는 이유는 뭘까. 인지부조화 탓인가. 정치적 견해 때문이겠지만 그것만으로는 설명이 안 된다. 대중은 또 왜 그렇게 쉽게 동조할까. 자연 훼손에 대한 소박한 반발인가, 아니면 문명에 대한 적대감인가. 무지의 소산인가.

이런 반(反)문명적 사고의 이면에는 오랜 기간 인류의 DNA에 각인된 자연정령주의가 바탕에 깔려 있다. 새로운 기술, 기계, 물질에 대한 거부감과 공포는 다양한 변종으로 나타난다. 인류의 과학기술 문명이 발전할수록 그 혜택을 누리는 동시에 문명에 대한 반감도 커진다. 반문명의 그 뿌리 깊은 역사를 살펴보자.

: 개발은 惡, 보존은 善, '아바타'식 편향

제임스 캐머런 감독의 2009년 작 〈아바타〉는 외계 행성 판도라를 배경으로 한 SF영화다. 자연을 벗 삼아 사는 나비족의 평화로운 삶을 지구인이 불도저로 짓밟는다는 설정이다. 외양은 SF지만 내용은 미국 인디언들의 수난사를 떠올리게 한다. 누구나 분개할 만한 '자연 대 개발'의 선악 구도다. 국내에서 1330만 관객(역대 4위)을 모을 만큼 반향도 컸다.

〈아바타〉와 유사한 프레임을 미야자키 하야오의 애니메이션에서 발견할 수 있다. 사실 〈아바타〉는 미야자키의 〈모노노케 히메〉와 〈바람계곡의 나우시카〉 등에서 영감을 얻었다. 하나같이 인간이 훼손한 자연의 복수를 담고 있다. 환경 파괴에 대한 경각심을 일깨운다는 점에선 교훈적인 면도 있다. 자연물 하나하나에 생명이 깃들어 있다는 아바타류의 정령주의는 대중의 공감을 쉽게 얻는다.

하지만 〈아바타〉식 프레임에 지나치게 경사될 경우 문제는 심각해진다. 자연에 손대는 것은 무조건 악(惡)으로 간주하는 환경교조주의로 귀착되기 때문이다. 그렇다면 자연의 개조 없이 개별 인간이, 아니 70억 인류가 생존할 수 있는 대안이 있는가. 이 질문에 답하지 못하는 한 무책임한 몽상이 되고 만다.

인류 DNA에 각인된 자연정령주의

현생 인류가 등장한 것은 12만 년 전쯤이다. 인류는 대부분 기간 동안 광포한 자연과 투쟁했다. 지진, 태풍, 해일 등의 천재지변 앞에서 한없이 나약한 존재였다. 본능적으로 '어머니 자연(mother nature)'에 경외심을 갖고 자연을 영적 존재로 여기는 자연정령주의가 생겨났다. 원시종교에선 대개 해, 달, 바다, 강, 산, 바위, 나무 등을 숭배했다. 나아가 영혼, 신령, 정령, 요정 등의 존재를 받아들이는 애니미즘(animism)은 현대 종교에도 그 흔적이 남아 있다. 탈레스, 아낙시만드로스 등 그리스 자연철학자들의 물활론(物活論, hylozoism)도 같은 맥락이다.

인류사를 24시간으로 환산하면 산업혁명 이후 과학기술 문명은 3분에 불과하

反문명적 세계관의 사례들		
구분	시대	내용
러다이트 운동	1811~1817년	영국 직물공장 노동자들의 기계파괴 운동
소로의 '월든'	1845~1847년	호숫가에 통나무집 짓고 2년간 자급자족 생활
유나바머	1978~1996년	과학기술 문명 비판하며 연쇄 테러
히피	1960년대	문명, 기존 질서 부정하는 자연주의자
비건(vegan)	1944년~	극단적인 채식주의자
프리건(freegan)	1990년대~	쓰레기통 뒤져 먹고사는 극단적인 반소비주의자
블랙 해커	1980년대~	컴퓨터망의 범죄, 혼란 유발 (=크래커)
영화 '아바타'	2009년	정령주의 토대로 자연은 善, 문명은 惡
미야자키 하야오	1978~2010년	생태주의 원시공동체 관점에서 자연-인간 대결구도: 〈원령공주〉 등
SOC 반대운동	1960년대~	고속도로 신공항 KTX 4대강 등이 환경, 전통, 공동체를 파괴한다는 주장으로 일관
마을공동체	2011년~	1000만 대도시 서울에서 소규모 공동체, 협동조합, 도시농업 등 적극 지원

다. 인류 DNA에 자연정령주의적 사고가 각인된 이유다. 고수레 같은 헌식(獻食) 문화나 산신제, 해신제 등도 그런 산물이다. 그렇기에 '자연으로'라는 구호는 아주 자연스럽게 인간의 마음속에 파고든다. '자연은 선, 인공은 악'이라는 이분법이 인간 심리 속에 내재화돼 있는 것이다.

: 원시공동체 향수가 환경 교조주의 낳았다

메리 셸리의 《프랑켄슈타인》(1818)은 문명 발전에 비해 인간의 의식이 지체된 데서 비롯된 산물이다. 과학기술 문명을 부정하고 파괴하는 현대의 유나 바머(Una Bomber), 블랙 해커들은 현대판 러다이트 운동이라 부를 만하다. 요즘 로봇이 일자리를 빼앗을 것이란 우려도 그 기저심리에선 동일하다. 히피, 비건(극단적인 채식주의자), 프리건(극단적인 반소비주의자) 등처럼 생활에서 다양한 문명 거부 행태가 나타난다.

자연을 개조하는 모든 행위에 반대

이런 맥락에서 국가의 SOC사업마다 무조건 반대를 외치는 이들의 사고구조를 엿볼 수 있다. 그들은 자연을 바꾸는 어떤 행위도 용납할 수 없다는 세계관을 가진 듯하다.

'과거는 아름답고 세상은 점점 나빠지고 있다'는 과거 편향적 사고이자 '아바타'식 프레임이다. 따라서 인간에 의한 개발은 환경, 전통, 공동체를 파괴하는 악덕으로 간주하는 것이다. 이는 하이에크가 공동생산 공동소비를 지향하는 사회주의를 '원시공동체에 대한 향수'라고 비판한 것과도 통한다. 1990년대 공산권 붕괴 이후 국내외 좌파세력이 대거 환경운동으로 갈아탄 것은 결코 우연이 아니다. 심리적 배경이 동일하기 때문이다.

국내에선 경부고속도로를 비롯해 극심한 반대를 겪지 않은 SOC사업이 없다. 반대론자들은 당장 눈에 보이는 환경 훼손을 들어 눈에 보이지 않는 SOC의 미래 효과를 부정했다. 경부고속도로 건설 당시 "자고로 길은 꼬불꼬불해야 제격"이라며 전근대적 사고구조를 드러냈다. 고속철도는 천성산 도롱뇽, 신공항은 철새를 내세워 저지에 나섰다. 그 결과 공사비가 세 배로 불어났고, 나중에 도롱뇽이나 철새가 별 탈 없음이 확인됐지만 누구도 오류를 인정한 적이 없다. 오히려 그들은 KTX를 타고 다니며 전국 곳곳에서 줄기차게 반대구호를 외치고 있다.

治水도 부정하는 환경교조주의

자연은 무조건 손대선 안 된다는 환경교조주의는 4대강 사업 반대 투쟁에서 정점을 이룬다. 큰 홍수에도, 최악의 가뭄에도 4대강 유역은 멀쩡했다. 거꾸로 4대강을 반대했던 이들이 4대강 물을 가뭄지역에 끌어 쓰자고 나서고 있다. 그럼에도 자연하천 복원을 외치고 4대강 사업은 안

된다는 이중적 사고를 드러
낸다. 심지어 '댐이 무너지
면 홍수가 난다'는 식의 해
괴한 주장마저 펴고 있다.
가뭄과 홍수까지 정치로 끌
어들여 치수(治水)조차도 부
정하는 것이다. 기우제를 지

영화 〈아바타〉의 한 장면.

내던 시절의 공동체적 향수라 할 만하다.

물론 자연은 잘 보존해야 한다. 하지만 인간의 생존을 위해선 자연의
효율적 이용도 필수다. 그러려면 개발만능주의를 지양해야겠지만 환경
교조주의자들도 이제는 진실을 받아들여야 한다. 자연을 보존하는 최선
의 방법은 무조건 개발 금지가 아니다. 에드워드 글레이저 하버드대 교
수가 《도시의 승리》에서 지적했듯이 고밀도 도심 개발로 도시를 더욱
집적화하는 것이 더 효과적인 환경보호라는 역설을 이해해야 한다. 자
연을 사랑한다면 자연으로부터 더 멀리 떨어져 살아야 한다는 얘기다.

환경론자들의 바이블인 《월든》은 헨리 데이비드 소로가 월든 호숫가
에서 통나무집을 짓고 2년여 동안 자급자족하는 전원생활을 예찬한 것
이다. 문명을 멀리하는 생활은 현대인의 로망이기도 하다. 그러나 너도
나도 소로처럼 살겠다고 나서면 어떻게 될까. 세상의 어떤 숲과 호수도
파괴와 오염을 피할 수 없을 것이다. 개인에겐 타당해도 전체에는 최악
이 되고 마는 소위 구성의 오류다. 더구나 소로는 월든으로 가기 직전
인 1844년 봄, 미국 매사추세츠주 콩코드 강변에서 순전히 부주의로 숲
121만㎡를 잿더미로 만든 장본인이다.

Vitamin

폭력, 그 어두운 이름

폭력을 인간의 공격 본능이라고 말한 학자는 지그문트 프로이트다. 그의 말대로 누구나 이 본능을 쓰고 싶어 한다. 폭력에 따르는 쾌감도 있고 이익도 따른다. 인류사의 잔인한 폭력은 이런 쾌감을 즐기는 인간의 광기가 서려 있다. 8세기 중국에서 일어난 '안녹산의 난' 때 3600만 명이 죽은 것도 이런 광기가 작용했다. 현재 인구비율로 계산하면 무려 4억 3000만 명이 학살당한 인류 최대의 폭력이었다.

그러나 인간의 이성과 계몽은 폭력을 통제하고 제어해내는 데 성공했다. 스티븐 핑커 교수가 인류는 갈수록 폭력을 줄여가고 있다고 설명한다. 고대나 중세 때 질병보다 더욱 심했던 폭력으로 인한 사망률이 갈수록 줄고 있는 것이다. 국가가 세워지고 법과 제도가 형성되면서 폭력은 이제 금기시되고 있다. 20세기 중반까지 그토록 흔했던 국가 간 전쟁도 더 이상 대규모로는 일어나지 않고 있다. 이제 폭력을 쓰면 자신에게 어떤 이익도 돌아오지 않는다는 사실을 알게 된 것이다.

하지만 IS에 의한 테러가 일어나고 광화문에서는 '민중총궐기'란 이름으로 폭력예찬론자들이 몰려든다. 조르주 소렐류의 폭력적 광기를 번득이면서 말이다. 이들은 폭력을 통해 이익을 기대하고 있다. 한국은 지금 폭력이 곧 이익이 되는 사회다. 이렇게 만든 책임은 누구에게 있나. 민주주의가 아닌 경제적 자유가 폭력을 줄이고 사람들에게 이익을 준다는 칸트의 지혜는 어디서 찾을 수 있는지. 정말 혼란스럽다.

: 폭력의 씨앗은 '왕따'?

폭력은 인류의 출현과 함께 탄생했다. 고대사회에서 폭력은 인간의 사망 원인에서 가장 높은 빈도를 차지한다. 구약성서에서도 폭력은 수없이 나타난다. 폭력은 계속하여 폭력을 부르는 것도 특성이다. 인류학자 재러드 다이아몬드는 《어제까지의 세계》에서 "폭력이 폭력을 낳고 살인이 다시 살인을 부르는 보복의 악순환이 전통사회의 특징"이라고 설명한다. 함무라비 법전에서 보이는 "눈에는 눈, 이에는 이"가 인류 시작의 특성이었던 것이다. 심리학자 지그문트 프로이트는 아예 인간에겐 원초적 공격 본능이 있다고 주장했다. 파괴와 폭력, 살인은 인간의 본성이며 피할 수 없다는 것이 그의 주장이다.

중요한 것은 지구촌이 이성의 시대로 접어들고 가난에서 해방되면서 폭력도 줄어들고 있다는 점이다. 스티븐 핑커는 《우리 본성의 선한 천사》에서 최근 수세기 동안 인간과 동물에 대한 폭력은 계속 줄어들고 있다고 지적한다. 그에 따르면 중세에 비해 현대에서 폭력으로 인한 사망률은 50분의 1로 줄어들었다. 국가 성립 이전에는 보통 국민의 12%가 폭력으로 죽었지만 지금은 1%에도 채 미치지 못한다. 핑커는 결론적으로 지금은 과거 어느 때보다 덜 잔인하고 덜 폭력적이며 더욱 평화로운 시대가 되고 있다고 설명한다. 폭력은 피할 수 없다는 프로이트의 주장이 더 이상 맞지 않는다는 것이다.

폭력은 자유와 더불어 철학
자들의 주요한 연구 주제였
다. 플라톤에서 사르트르에
이르기까지 주요 철학자들
은 폭력의 원인과 이것을 효
과적으로 막는 방법을 고민
해왔다. 인류학자들도 동물
과 인간의 폭력을 비교하는
등 보다 광범위한 연구를 통
해 폭력의 근원을 파헤치려
하고 있다. 플라톤은《티마

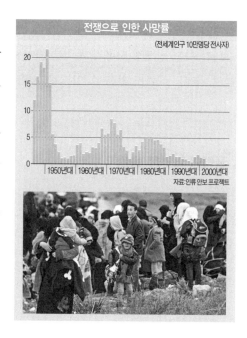

전쟁으로 인한 사망률

(전세계인구 10만명당 전사자)

| 1950년대 | 1960년대 | 1970년대 | 1980년대 | 1990년대 | 2000년대 |

자료:인류 안보 프로젝트

이오스》에서 폭력은 신의 뜻이나 로고스를 지키지 않을 때 발생하는 모
든 행위라고 규정했다. 따라서 폭력을 배제하기 위해 영혼을 정화해야
한다고 역설했다. 마키아벨리는 폭력을 권력에 빗대 권력의 본질적인
핵심이 폭력이며 권력의 행사는 종종 누군가의 신체나 재산에 폭력을
가하는 것이라는 사실을 직시했다. 그는 다만 이 같은 권력은 질서의 파
괴를 위해 사용해선 안 된다고 강조했다. 마키아벨리 이후 권력과 폭력
은 무관한 것이 아니라는 점이 인정됐다.

19세기 들어 폭력은 특히 프랑스에서 깊이 연구됐다. 프랑스혁명의
전통을 갖고 있는 프랑스에서 반길 만한 주제였다. 르네 지라르는 폭력
과 성스러움은 같은 뿌리에 기원한다고 밝혔다. 인간 세계에는 희소성
이 있으며 이 희소한 것들을 찾기 위해 인간들은 폭력이 만연하는 공동
체를 만들고 있다고 주장했다.

사르트르는 '폭력의 사도'라고 불릴 만큼 폭력의 본질에 심취했다. 그

는 폭력을 막기 위해 처음에는 폭력에 의존했다가 나중에는 비폭력에 의지한다고 봤다. 좌파 학자 조르주 소렐은 하위계층(프롤레타리아)에 의한 폭력을 예찬한 학자다. 그는 《폭력에 대한 성찰》에서 현존 질서를 급진적이고 폭력적으로 전복하는 것이야말로 미래로 가는 확실한 길이라고 강변했다.

: 경제적 자유가 폭력을 없앤다는 칸트

폭력에 대한 원인 분석에서 가장 발전하는 분야는 뇌과학이다. 독일의 정신분석학자 요아힘 바우어는 폭력을 인간 보상체계에 빗대 설명하고 있다. 바우어는 폭력적 행동을 함으로써 공감, 인정, 평가 등을 얻게 될 경우엔 그러한 뇌의 보상체계가 작동한다는 것을 과학적으로 입증했다. 그는 '폭력의 진짜 씨앗은 배척'이라면서 "인간은 인정받기 위해서나 소속감을 느끼기 위해서 악을 행할 준비가 돼 있다"고 주장한다.

사회심리학에서는 청소년이 폭력조직에 가담하는 이유를 자신이 보호·관리받고 있다는 느낌을 받기 때문이라고 얘기한다. 바우어도 뇌의 보상체계가 그렇게 작동하고 있다고 설명한다. 그는 "육체적 고통뿐 아니라 배척과 굴욕을 느낄 때도 동일한 뇌의 특정 부위가 작동하기 시작한다"고 설명하고 있다.

폭력의 경제학

경제적 궁핍은 폭력을 설명하는 데 가장 중요한 요인 중 하나다. 가난과 폭력은 떼려야 뗄 수 없는 관계다. 가난이 폭력을 낳고 폭력이 가난을 낳는 악순환은 거듭되고 있다. 아프리카 국가들의 대부분은 내전이나 반

란, 폭동 등 폭력에 노출돼
있다. 하지만 이런 나라들이
가난하기 때문에 폭력적인
지, 아니면 그들이 폭력적이
기 때문에 가난한지는 논란
거리가 되고 있다.

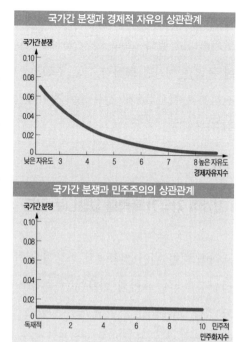

폭력이 가난을 부른다
는 것은 부룬디와 부르키나
파소의 사례를 보면 알 수
있다. 1990년까지 부룬디
와 부르키나파소는 비슷한
GDP와 범죄율을 보였다.
부룬디에 1933년 대통령 암
살 사건을 계기로 내전이 발
생하면서 상황이 바뀌었다. 10년간 30여만 명이 죽었는데 이들은 무고
한 시민이었다. 상대적으로 안정됐던 부르키나파소는 10년 뒤 부룬디에
비해 2.5배나 성장했다. 평화로운 국가에서는 가난을 면하기 위해 열심
히 노력하는 것이 가능하다.

가난이 폭력을 부른다는 것은 젊은 사람들이 테러 집단과 반란에 참
여하는 것에서 엿볼 수 있다. 테러나 폭력에 참여한 사람들을 대상으로
한 설문조사에서 40%는 실업이 가장 중요한 원인이라고 말하고 있다.
단지 10%만이 자신의 신념에 따라 움직인다고 답했다. 폭력이 많은 국
가들의 청소년은 그렇지 않은 다른 국가들보다 절반 이하로 영양이 부
족하고, 교육의 기회도 3분의 1에 불과하다. 유아 사망률 또한 신흥국보
다 두 배 이상 높다.

: 폭력으로 인한 사망률은 줄고 있다

독일이 낳은 위대한 석학 임마누엘 칸트도 폭력의 개념을 정확히 꿰뚫고 이를 해결하기 위한 대안을 제시한 철학자다. 칸트는 법과 자유 및 폭력의 유무에 따라 정치제도를 구분했다. 그는 폭력 없이 법과 자유가 있는 체제를 무정부체제라고 규정했으며 자유 없는 법과 폭력은 전제정치, 자유와 법이 모두 없는 폭력은 야만정치, 자유와 법을 가진 폭력을 공화정치라고 했다. 그는 무엇보다 전쟁이나 폭력의 대척점에 상업적 거래가 있다고 주장했다. 자유스러운 상업과 거래야말로 폭력과 전쟁을 없애고 평화로운 상태를 이루는 선결 조건이라는 것이다.

에릭 가츠키 미국 카토연구소 연구위원은 칸트의 생각에서 한걸음 더 나아간다. 그는 민주주의보다 자유시장경제야말로 국가 간 갈등을 줄이고 군사적 폭력을 줄이는 결과를 가져온다고 설명하고 있다. 민주주의는 기껏해야 산업화된 국가들에 갈등을 줄이는 요소로만 작용할 뿐이다. 그는 독재를 경험했던 국가들에서 민주주의 도입은 국제 평화나 협력에 도움을 주지 못한다고 주장한다. 민주국가라 하더라도 높은 경제성장이 보장될 때라야만 정국이 안정된다고 보고 있다. 실증적 분석을 통해 경제적 자유가 국가 간 군사 분쟁이나 내전을 56%나 완화시켰다고 보고했다. 하지만 민주화는 국가 간 분쟁이나 협력에 전혀 도움을 주지 못했다고 지적했다. 가난한 나라들이 정치적인 안정이나 국제 평화에 전혀 도움을 주지 못한다는 것이다.

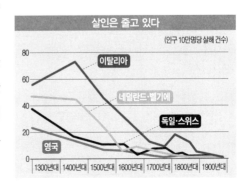

공포를 퍼뜨리는 테러리즘

테러는 특수한 방식으로 폭력을 사용하는 것이다. 테러의 특징은 간접성에 있다. 물리적으로 누군가를 죽이고 무언가를 파괴하려는 것이 아니라 폭력의 효과, 즉 공포(terror)를 다른 사람들에게 퍼뜨리려 하는 것이다. 테러는 다른 많은 사람에게 심리적 영향을 끼치는 것을 목표로 하기 때문에 많은 사람이 그것을 보고, 듣고, 느낄 수 있는 극장과 같은 장소를 필요로 한다는 게 전문가들의 지적이다.

이번 파리 테러에서도 테러리스트들은 극장과 바를 선택했다. 연극에 비유하면 특이하게도 관객들을 공포에 떨게 하는 연극이다. 관객 없이 이 연극은 성립하지 않는다. 주인공과 그의 적, 그리고 관객의 삼자연대를 통해 테러라는 연극은 비로소 성립한다.

하지만 테러는 결코 성공하지 못한다. 민간인을 공격하기 때문이다. 군사학자 칼렙 카는 정당한 사유를 가지고 전쟁을 하다가 불가피하게 민간인을 죽이는 것과 고의로 민간인에게 테러를 행하는 것은 분명히 구분돼야 한다고 지적한다. 그렇지 않으면 미국이 과거에 무차별적인 살상을 저질렀으므로 오늘날 미국인이 자신들에게 무차별적으로 가해진 공격에 충격을 받는 것은 위선이라고 주장하는 사람들의 손을 들어주는 셈이 된다고 그는 밝히고 있다.

Vitamin

수니파 VS 시아파 '1400년 전쟁'

중동 정세가 심상치 않다. 이슬람 수니파 종주국인 사우디아라비아와 시아파 맹주국인 이란이 정면충돌하고 있다.

지난 1월 2일, 사우디아라비아가 소수 시아파 권익 운동을 해왔던 반정부 인사인 셰이크, 님르, 바크르, 알님르 등 시아파 지도자 4명을 전격 처형한 것이 발단이다.

이란은 사형 선고를 받은 알님르의 사면을 수차례 요구했지만, 사우디는 알카에다 조직원 등 테러 혐의자 43명과 같은 날에 그를 처형했다. 이란의 최고 지도자인 아야톨라 세예드 알리 하메네이는 "신의 복수로 심판을 받게 될 것"이라고 경고했고, 성난 군중들은 테헤란에 있는 사우디 대사관에 몰려가 화염병을 던지며 격렬한 시위를 벌였다. 같은 시아파인 이라크와 레바논의 헤즈볼라는 이란 편에 서서 '사우디의 도발'에 목소리를 높였다.

이에 사우디가 이란과의 국교 단절을 선언했고, 사우디 동맹국들인 바레인과 수단, 아랍에미리트, 쿠웨이트도 같은 대열에 합류했다. 1400여 년을 끌어온 수니파와 시아파의 종파분쟁이 재연된 것이다. 종파 갈등의 역사를 알아보자.

: 무함마드 사후 칼리프 계승 문제로 분파

전 세계 이슬람교도는 16억 명 정도다. 미국 퓨(PEW)리서치에 따르면 이 가운데 수니(Sunni)가 85%고 시아(Shia)가 15%다. 시아파가 소수라지만 2억 4000만 명이나 되는 것이다. 수니파는 사우디아라비아, 이집트, 아프가니스탄 등 대부분의 나라에서 다수 종파다. 시아파가 다수인 국가는 이란과 이라크 정도에 불과하다.

무함마드 후계 갈등으로 갈라서

같은 이슬람교도인 이들이 다른 종파로 갈라선 것은 무함마드의 후계 문제 때문이었다. 무함마드가 후계자를 임명하지 않고 632년 사망하자, 아들이 없는 무함마드의 뒤를 이어 누가 칼리프가 될 것이냐를 놓고 이슬람은 분열했다.

무함마드의 사촌 동생이자 사위이기도 한 알리의 추종자들은 유일한 남자 혈육인 알리가 칼리프가 돼야 한다고 주장했지만, 부족장 회의는 무함마드의 장인이자 오른팔 격인 바크르를 만장일치 합의로 초대 칼리프에 선출했다. 2대, 3대 칼리프까지 이 방식으로 뽑았다. 3대 칼리프 오스만이 예배 도중 살해되는 사건이 있은 후 알리는 656년 제4대 칼리프에 올랐다. 알리는 24년을 기다려 칼리프가 됐지만, 오스만의 사촌인 무아위야와 내전을 벌이다 661년 사망했다.

무아위야가 스스로 칼리프임을 선언한 뒤 알리의 큰아들 하산은 독살됐고, 둘째 아들 후세인은 무아위야가 살아 있는 동안은 칼리프권을 주장하지 않는다는 서약을 하고 살아남았다. 680년 무아위야가 사망하자 그의 아들 야지드가 칼리프직을 계승하고 곧바로 후세인 제거 작전에 나섰다.

후세인이 메디나를 떠나 지금의 이라크 땅인 카르발라에 도착했을 때 야지드의 군대가 들이 닥쳤다. 이때 벌어진 것이 카르발라 전투였는데, 당시 후세인이 거느린 군사는 아내와 아이, 친척을 합해 72명밖에 안 됐

다. 야지드가 보낸 군대는 전해오는 얘기마다 다르지만 적게는 400명, 많게는 4만 명에 이른다.

후세인의 전사들은 결사적으로 싸웠지만 이내 쓰러졌고, 그 사이에 여자와 아이, 노인들은 갈증으로 죽어갔다. 후세인은 머리가 잘린 채 야지드에게 보내졌다.(타밈 안사리 《이슬람의 눈으로 본 세계사》)

시아는 '알리를 추종하는 사람들'이란 뜻

알리를 추종하던 무리에겐 비극적인 역사였다. 무함마드의 유일한 혈육인 알리는 24년을 기다린 끝에 칼리프가 됐지만 5년 만에 죽었고, 그 큰아들은 독살당했으며 둘째 아들마저 간악한 권력자에게 비참하게 죽었다. 그래서 알리를 추종하던 사람들은 큰 한을 안은 채 지금의 이라크 지방으로 몰려들어 둥지를 틀었다. 시아는 '시아트 알리(Shiat Ali)' 즉 '알리를 추종하는 사람들'이라는 뜻이다.

이에 반해 기존 이슬람교인들은 '수니'라고 불렸다. 이는 예언자의 언행, 즉 '순나(Sunnah)를 따르는 사람들'이라는 뜻이다. 시아파는 이후 1501년 사파비드 왕조가 시아파를 국교로 삼을 때까지 800여 년을 뿔뿔이 흩어져 억압을 받아왔다. 이 사파비드 왕조가 시아파 종주국인 이란의 모태다.

: 사우디-이란 충돌, 정치·종파 갈등 얽혀 수습 어려워

종교 생활에서의 차이

수니파와 시아파는 이렇게 종교적 이유가 아니라 칼리프 계승이라는 정치적 이유로 충돌해 갈라선 것이다. 그래서 종교 생활에선 큰 차이가 없었지만, 분파된 이후 각자의 길을 가면서 다른 요인이 많이 생겨났다. 대표적인 것으로 시아파가 만든 성직자 제도를 들 수 있다. 소수인데다 억압받고 쫓겨 다녔기 때문에 강력한 리더십이 필요했던 것이다. 반면 수니파는 성직자가 없고 누구나 예배를 인도할 수 있다.

사우디 등의 종교지도자는 정부에서 월급을 받는 공무원이다. 시아파맹주인 이란은 1979년 이슬람혁명을 주도한 호메이니처럼 최고 성직자가 최고 권력자이기도 한 것이다. 이른바 신정일체다. 시아파는 같은 맥락에서 마흐디(Mahdi:구세주)를 믿는다. 수니파는 무함마드를 예언의 전달자로 생각하지만, 시아파는 무함마드와 그의 '진정한' 계승자인 알리는 완전무결하고 신성을 가진 인물로 추앙한다.

수니파와 시아파의 결정적 차이는 '아슈라' 의식이다. 후세인이 도륙당해 목이 잘린 680년 이슬람력 1월 10일은 시아파에겐 잊을 수 없는 날이다. 이날 성지 카르발라를 찾아 순례자들은 스스로의 등을 채찍으로 때리고 몸을 칼로 찔러 그 피를 뿌리는 '아슈라' 의식을 갖는다. 이밖에 시아파는 여성의 상속권을 광범위하게 인정한다. 이란 여성의 사회적 활동이 활발한 것은 계약결혼제도인 '무트아'를 인정하는 시아파의 교리 덕분이라고 한다.

시아파 맹주 이란의 급부상

이런 차이에도 불구하고 수니파와 시아파는 초기 이외에는 충돌하거나 전쟁을 벌인 적이 거의 없었
다. 그러다 현대에 들어와
호메이니의 혁명으로 갈등
이 비롯됐다. 1979년 팔레비
왕정이 타도되고 호메이니
는 이슬람 공화국 수립을 선
포했다. 막강한 시아파 공화국이 탄생하면서 수니파의 종주국인 사우디
와 충돌하기 시작했다. 원래 시아파가 65%의 다수지만 수니파인 사담
후세인이 권력을 잡고 있던 이라크도 2003년 후세인이 정권을 잃자 다
시 시아파의 나라가 됐다. 시리아 정부도 누사이리파라는 시아파의 분
파이다. 이렇게 지난 30~40년 사이 시아파가 전면에 나서면서 중동에서
새로운 갈등이 분출하고 있는 것이다.

　세계 열강은 중동의 석유자원을 놓고 오랫동안 헤게모니 경쟁을 벌었
다. 특히 미국은 중동 지형도를 그리는 데 큰 역할을 했다. 이스라엘에
대한 후원, 석유시장 안정을 위한 사우디와의 동맹, 이라크의 쿠웨이트
침공에 대한 개입 등이 그것이다. 특히 호메이니가 이슬람 원리주의 확
산을 선언하고, 이란이 핵 개발에 나설때 국제적 압력으로 이를 틀어막
은 것은 바로 미국이었다.

　그러나 최근 미국의 행보는 달라졌다. 셰일가스 생산을 본격화하면서
중동에 대한 개입을 눈에 띄게 줄이고 있다. 지난해에는 동맹국인 사우
디의 곱지 않은 시선에도 불구하고 이란과 핵 협상을 타결지었다.

사우디아라비아의 계산된 도박

수니파 종주국이자 세계 최대 원유생산국인 사우디는 안팎에서 거센 도
전을 받고 있다. 당장 원유값 폭락으로 사우디의 오일머니는 힘이 빠지

고 있다. 지난해 왕권을 이어받은 살만 빈 압둘아지즈 국왕은 경제위기론이 확산되고 국민의 지지도가 추락하면서 쿠데타설에 직면할 정도로 정권 유지에 불안감을 느끼고 있다. 이런 상황에서 종파 분쟁이라는 초강수가 나온 것이다. 전문가들은 이에 대해 사우디의 치밀한 계산에 따른 것으로 보고 있다. 안으로는 경제난과 함께 정치 불안에 시달리고, 밖으로는 국제무대에서 영향력 쇠퇴라는 난국을 맞아 사우디가 위험한 도박에 나섰다는 분석이다. 내부 결집력을 높이면서 대외적으로 이란을 견제할 카드로 종파 갈등을 이용하고 있다는 것이다.

이번 수니파와 시아파 갈등은 기본적으로는 정치 분쟁이지만, 종파 문제와 얽혀 해결이 쉽지 않다. 미국이 발을 빼고 있고, 유럽 등 다른 나라들도 간섭하기 어려운 형편이다. 1400여 년 전부터 갈라섰지만 초창기 이후에는 큰 충돌이 없었던 두 종파가 중동 지역 패권을 놓고 집단적으로 한판 대회전을 벌일 판이다. 이 와중에 수니파 극단세력인 IS가 무슨 일을 벌일지 예측불허다. 중동은 점점 꼬여가고 있다.

Vitamin

'지혜의 아홉 기둥'
美 연방대법관

요즘 미국에서는 백악관을 비롯해 모든 공공건물과 재외공관, 해외 파견부대에 조기(弔旗)가 걸려 있다. 서울의 주한 미국대사관과 미군기지들도 마찬가지다. 2016년 2월 20일 장례식이 엄수된 앤터닌 스캘리아 연방대법관(80)을 애도하기 위해서다. 연방대법관이 어떤 자리이기에 한 달씩이나 조기를 게양할까.

1986년 레이건 대통령이 임명한 스캘리아는 자녀가 아홉이고 그중에 신부도 있을 만큼 독실한 가톨릭 신자다. 30년간 대법관으로 재직하며 헌법에 충실한 문언주의(textualism), 사법적 보수주의 판결로 유명했다. 의료보험 강제 가입(일명 오바마 케어)에 대해 "국가가 숨 쉬는 것까지 규제할 것이냐"며 끝까지 반대하기도 했다. 그런데도 오바마 대통령을 비롯한 미국 사회는 정파를 떠나 그에게 최대한 경의를 표했다. 미국의 240년 역사를 보면 대통령과 의회가 미국을 이끌어왔지만 고비마다 중심을 잡은 것은 바로 연방대법원이다.

《미국의 민주주의》(1835)의 저자 알렉시스 토크빌은 미국 사법부를 정부의 3권(權) 가운데 가장 약해 보이고 비(非)선출직이지만 헌법에 기초해 입법·행정부를 통제하고 규율하는 가장 중요한 기구로 봤다. '견제와 균형'의 3권분립이 사법부에 의해 비로소 완성됐다는 얘기다. 9명의 연방대법관은 영어 명칭도 'Justice', 즉 정의다. 그들은 불꽃 튀는 논리 대결과 사려 깊은 판결로 미국 사회를 움직였고 역사를 바꿨다.

: 230년 역사에 112명만 거쳐 간 '미국의 원로원'

미국 워싱턴DC 1번지의 코린트식 웅장한 건물이 연방대법원(Supreme Court) 청사다. 그러나 처음부터 이 자리에 있었던 것은 아니다. 1790년 출범한 연방대법원은 무려 146년간 독립된 청사 없이 여러 건물을 전전하는 신세였다. 지금 청사는 1936년에야 완공됐다. 하지만 미국에선 대통령을 포함해 누구나 연방대법원의 권위에 동의한다. 대통령 취임선서도 연방대법원장 앞에서 한다. 고비마다 이정표를 제시하며 민주주의의 보루 역할을 해왔다. 선출직이 아니어도 최고의 존경을 받는 9명의 종신직 연방대법관은 '지혜의 아홉 기둥'에 비유된다.

사실상 세계 유일의 종신직

미국 연방대법관을 '저스티스(Justice)', 대법원장을 '치프 저스티스(Chief Justice)'로 부르는 것은 영국의 관행에서 유래했다. 하지만 미 연방대법관의 두드러진 특징은 종신 임기 보장이다. 물론 영국 대법관도 종신직이지만 75세부터는 재판에서 배제된다. 한국 대법관은 14명이 임기 6년(연임 가능), 정년은 65세(대법원장은 70세)다. 일본 최고재판소 재판관은 15명이 임기 10년, 정년 70세다. 미국에선 자발적 사퇴, 사망 외에는 종신이다. 탄핵, 기소에 의해 물러날 수도 있지만 아직 그런 사례가 없다. 약 230년간의 미국 사법 역사에 112명만이 거쳐 간 영예로운 자리다. 한국

의 대법관이 퇴임 후 정치판
을 기웃거리거나 변호사로
전관예우 구설에 오르는 것
과 대비된다.

미국 사법제도도 3심제지
만 주(州)와 연방으로 이원화
돼 있다. 대개의 사건은 주
법원의 3심을 거쳐 확정된
다. 그러나 여러 주에 걸친
사건, 외국과의 관계 등은

미국 연방대법원 구성			
대법관	나이(생년)	임명 대통령(연도)	기타
존 G 로버츠 (대법원장)	61세(1955년)	부시(子), 2005년	최연소 대법원장
앤터닌 스캘리아 (사망)	80세(1936년)	레이건, 1986년	문언주의 보수파
앤서니 M 케네디	80세(1936년)	레이건, 1988년	보수성향 스윙맨
클래런스 토머스	68세(1948년)	부시(父), 1991년	두 번째 흑인
*루스 베이더 긴즈버그	83세(1933년)	클린턴, 1993년	두 번째 여성
스티븐 G 브라이어	78세(1938년)	클린턴, 1994년	진보성향 스윙맨
새뮤얼 알리토	66세(1950년)	부시(子), 2006년	별명 '스캘리토' (스캘리아+알리토)
*소니아 소토마요르	62세(1954년)	오바마, 2009년	최초 히스패닉
*엘레나 케이건	56세(1960년)	오바마, 2010년	최연소, 법관경력 없음
*는 여성			자료:미 연방대법원 홈페이지

연방법원 관할이다. 연방법원은 대법원과 13개 항소법원, 94개 지방법
원으로 구성된다. 연간 1만여 건의 항소사건 중 상고허가를 받은 100여
건만 대법관이 전원합의제로 심의한다. 연방대법관과 대법원장은 대통
령이 지명하고 상원 인준청문회와 동의를 거쳐 임명한다. 존 로버츠 현
대법원장은 50세에 대법관에 지명됐다가 윌리엄 렌퀴스트 전임 대법원
장이 타계한 뒤 곧바로 대법원장(최연소)에 임명된 드문 경우다.

영예와 오점의 초기 연방대법원

1789년 사법법이 제정되고 이듬해 연방대법원은 존 제이 대법원장 등 6
명으로 출범했다. 사법부가 3권분립의 한 축이 된 것은 4대 대법원장 존
마셜(재임 1801~1835년) 때다. 그는 애덤스 대통령이 임기 마지막 날 임명
한 판사들(일명 '미드나이트 저지')의 적법성 논란에서 의회가 만든 사법법
을 위헌으로 판결한 것이 사법부가 의회 견제자로 우뚝 서는 계기가
됐다.

미국 법체계의 기둥을 세운 대법관은 조지프 스토리(1812~1845년)다.

그는 하버드 로스쿨을 세웠고, 12권의 법률 주해서를 집필했다. 그는 1841년 아미스타드호 선상 반란 사건을 맡아 당시 '개인 재산(property)'으로 여겨진 흑인 노예들을 '납치·감금된 자유인'으로 판결했다. 그러나 연방대법원은 1857년 흑인 자유민 드레드 스콧 사건에서 다시 재산으로 판시해 역사에 오점을 남겼다.

한편 윌리엄 태프트는 대통령에 이어 대법원장(1921~1930년)을 지낸 유일한 인물이다. 그는 청사 건립을 추진했고 로클럭(law clerk) 제도를 도입했다. 4년짜리 대통령보다 종신 대법관이 더 좋았다고 했다.

: 정파 넘어 민주주의 역사 쓰는 최종 판결자

자유와 권리, 평등과 인권

1950~1960년대는 흑백 갈등, 반전, 여성 해방 등 민권운동이 봇물처럼 터지던 혼란기다. 이때 대법원장을 지낸 얼 워런(1953~1969년)은 인종차별 철폐, 연방법 우위, 미란다 원칙 등을 정립했다. 사법부의 '적법절차 혁명기'로 불린다. 그러나 헌법을 새로이 해석하는 사법적 참여주의(judicial activism) 판결이 워낙 급진적이어서 탄핵까지 거론됐다. 아이젠하워 대통령은 자신이 워런을 지명한 것을 '평생에 가장 멍청한 선택'이라고 한탄했을 정도다. 뒤이은 워런 버거 대법원장(1969~1986년) 때도 낙태 금지, 사형제 등의 위헌 결정이 이어졌다.

반면 윌리엄 렌퀴스트 대법원장(1986~2005년)은 헌법을 사회적 필요에 따라 해석해선 안 된다는 사법적 보수주의자(문언주의)였다. 그는 워런 시절 지나치게 왼쪽으로 끌고 간 것을 되돌리고, 시장에 대한 정부 개입을 저지했다. 2000년 부시와 고어의 플로리다주 재검표 논란에 종지부를 찍기도 했다. 올리버 웬델 홈스 대법관은 촌철살인의 달인이다. "주먹 뻗을 권리는 상대방 코앞까지" 등의 비유로 개인의 권리와 함께 책임도 상기시켰다.

최초의 유대인·흑인·여성 대법관

태프트 대법원장 시절의 루이스 브랜다이스는 최초의 유대인 대법관이다. 그는 "햇빛이 최고의 살균제" 등 명언을 많이 남겼고 프라이버시에 관한 법리를 세웠다. 현재 대법관 중 유대인은 2명(긴즈버그, 케이건)으로 인구 비례에 비해 많다. 최초의 흑인 대법관은 1967년 임명된 서굿 마셜이다. 마셜이 흑인 민권운동의 상징인 반면 두 번째인 클래런스 토머스는 스캘리아에 버금가는 보수 성향이다.

1981년엔 샌드라 데이 오코너가 첫 여성 대법관에 임명됐다. 그는 보수적이면서도 낙태, 소수자 우대, 종교의 자유 등에선 진보 성향을 띠는 '스윙맨(swing man)'으로 유명했다. 중요한 판결마다 그의 결정이 곧 다수의견이 됐다. 지금까지 총 4명의 여성 대법관 중 3명이 현직이다.

앞날이 미묘한 연방대법원

로버츠 대법원장은 전임 렌퀴스트 대법원장의 로클럭(재판연구원) 출신답게 보수 성향이다. 하지만 2012년 오바마케어 판결 때는 진보파에 가담해 5 대 4로 합헌 판결을 이끌었다. 고용주가 민간 의료보험에 가입하지 않을 때 벌금을 세금으로 보면 된다는 논리였다. 이에 대해 스캘리아는 "헌법상 벌금이 동시에 세금이라는 것은 전대미문의 해석"이라며 반발했다.

스캘리아 타계 이후 연방대법원은 보수 대 진보가 4 대 4 동률이 됐다. 대법관 8명 중 스윙맨이 2명(케네디, 브라이어) 있긴 해도 후임자에 따라

연방대법원 성향이 확 바뀔
수도 있다. 버락 오바마 대
통령은 곧 임명하려 했지만
야당인 공화당은 차기 대통
령에게 넘기라고 맞서고 있
다. 오바마 대통령은 3월 신
임 대법관 후보로 메릭 갈랜
드 워싱턴DC 연방항소법원
장 지명을 강행했다. 그러나

역대 연방대법관들의 촌철살인
○ 윌리엄 하워드 태프트(1921~1930년)
"대통령들은 왔다 가지만 연방대법원은 언제까지고 이어진다."
○ 올리버 웬델 홈스(1902~1932년)
"극장에서 '불이야'라고 거짓 소리칠 자유까지 인정할 순 없다."
"주먹을 맘껏 휘두를 권리는 상대방 코앞에서 멈춘다."
○ 루이스 브랜다이스(1916~1939년)
"햇빛은 최고의 살균제다." "무지는 자발적인 불행이다."
"헌법의 아버지들은 정부로부터 혼자 있을 수 있는 권리를 부여했다."
○ 포터 스튜어트(1958~1981년)
"포르노를 정의할 순 없지만 보면 안다."
○ 워런 버거(1969~1981년) "대통령도 법 위에 있지 않다."
○ 윌리엄 브레넌(1956~1990년)
"불온한 생각이 곧 불온한 행동은 아니다."
○ 앤터닌 스캘리아(1986~2016년)
"정부의 구조적 권력 분산은 우리가 누리는 자유를 위한 핵심요소다."
*( )는 대법관 재임기간

공화당은 임기 1년도 안 남은 대통령이 종신직인 대법관을 임명하는 것
은 적절치 못하다며 인준 절차를 거부해 아직 청문회를 열지 못하고 있다.

누가 되든 9인의 연방대법관은 정파보다는 법적 논리와 정합성에 입
각해 판결하는 게 기본이다. 간혹 정치적 판결을 내린다는 비판이 없지
않지만 그럼에도 연방대법원이 미국 민주주의의 최후 보루로 평가받는
이유다. 강경 보수 성향인 스캘리아조차 사안에 따라 진보 성향 대법관
들의 편에 선 적도 있다. 스캘리아의 반대의견서는 치밀하면서 유려해
법학도들의 공부 재료였다. 사법부는 곧 그 나라의 총체적 수준이기도
하다.

◆ 참고도서

- L. 레너드 케스터 외 《미국을 발칵 뒤집은 판결 31》(현암사)
- 최승재 《미국 대법관 이야기》(경북대 출판부)
- 밥 우드워드 외 《지혜의 아홉 기둥》(라이프맵)
- 존 폴 스티븐스 《최후의 권력, 연방대법원》(반니)
- 제프리 루빈 《더 나인》(라이프맵)

Vitamin

美 유대인,
그 힘의 뿌리

2016년 3월 21일(현지시간) 미국 워싱턴DC의 버라이즌 센터에서 열린 미국·이스라엘 공공정책위원회(AIPAC) 연례 총회가 세인의 주목을 끌었다. 미국의 유력 대선 주자들이 TV토론까지 취소하며 앞다퉈 연설에 나섰기 때문이다. 공화당 대선 후보 도널드 트럼프는 유대인 사위를 본 자신이 "이스라엘에 최고의 친구가 될 것"이라고 주장했다. 민주당의 힐러리 클린턴 후보는 "상황에 따라 팔레스타인 편을 들다 이스라엘 편을 드는 대통령은 필요 없다. 이스라엘의 안보는 양보할 수 없는 문제"라고 못 박았다.

미국의 역대 대선 후보들마다 AIPAC 연설에서 아부성 발언을 쏟아냈다. 버락 오바마 대통령도 8년 전 대선 후보 시절 키파(유대인 남성이 쓰는 작고 테두리 없는 모자)를 쓴 채 "이스라엘의 안보는 신성불가침이며 이란 핵은 절대 용납할 수 없다"고 연설했다. 그 덕에 오바마는 2008년 대선에서 유대인들로부터 80%의 몰표를 얻었다. 도대체 AIPAC가 어떤 단체이길래 대선 주자들마다 환심을 사려고 안달일까.

1954년 출범한 AIPAC는 미국 내 최대 유대계 로비단체다. 막강한 자금력을 바탕으로 미국 정부를 움직여 친(親)이스라엘 대외정책을 확대하는 것이 목적이다. AIPAC는 2만여 명의 핵심 기부자를 포함해 100달러 이상 기부자가 30만 명에 이른다. 이를 통해 연간 30억 달러 이상을 이스라엘에 원조한다. 유대계 미국인은 미국 인구의 2%에 불과하다. 그럼에도 유대인 사회의 지지 없이는 대통령이 되기 어려운 게 현실이다. 막대한 자금력과 정치, 경제, 문화, 사회 곳곳에 포진한 유대계 인사들이 미국 내 유대인 파워의 원천이다. 최강대국 미국의 숨은 실세인 유대인의 힘은 어디서 나올까.

: 콜럼버스 때부터 정착. '국가 속의 국가' 형성

몬주익(Montjuic)과 주얼리(jewelry). 1992년 바르셀로나 올림픽에서 마라톤 금메달을 딴 황영조가 달린 곳이 몬주익 언덕이다. 카탈루냐어로 '유대인의 산'이란 뜻인 몬주익은 과거 유대인의 집단 거주지였다. 보석을 가리키는 주얼리는 유대인(Jewish)과 어원이 같다. 유대인이 오랜 박해 속에 운반이 쉽고 값비싼 보석에 집착한 것은 자연스런 일이었다. 몬주익과 주얼리는 오늘날 유대인 파워의 근원이기도 하다. 1492년 이베리아 반도에서 추방된 유대인들은 유럽과 신대륙으로 퍼져나가 자본주의의 싹을 틔웠다.

유대인 추방과 신대륙

유대인 하면 먼저 나라 없이 2000여 년을 떠돈 디아스포라가 연상된다. 그러나 디아스포라는 강제 이주가 아닌 자발적 이민에 가까웠다. 수완 좋고 장사에 능한 유대인은 로마시대에 이미 지중해 연안 곳곳에 집단 거주지를 형성했다. 이 중 가장 번성한 지역이 15세기 스페인이었다.

페르난도왕과 이사벨라여왕이 1492년 이교도로부터의 실지 회복(레콩키스타)을 내걸고 이슬람을 축출했다. 그 다음 조치는 이교도인 유대인 추방이었다.

유대인들이 쫓겨난 해에 콜럼버스가 신대륙을 발견한 것도 우연이 아니었다. 콜럼버스와 그의 후원자인 '궁정유대인'들은 개종한 유대인(마라노)이었다. 유대인에게 신대륙은 신천지였다. 그곳에는 종교 박해도, 길드(수공업자 조합)도 없었기 때문이다. 유대인들은 브라질, 자메이카 등지로 이주해 사탕수수 재배와 설탕 무역으로 부를 쌓았다. 17세기에는 뉴암스테르담(현재의 뉴욕)으로 이주했다. 유럽에서 박해가 심해질 때마다 더 많은 유대인들이 신대륙으로 건너갔다. 오늘날 미국이 이스라엘 다음으로 유대인이 많은 나라가 된 이유다.

반유대주의와 게토

스페인에서 추방된 유대인들은 대개 네덜란드, 독일, 영국 등 유럽 각지로 옮겨 갔다. 그러나 유대인은 농사도, 길드 가입도 금지됐다. 할 수 있는 일이라곤 기독교도들이 기피하는 전당포와 대금업뿐이었다. 돈 갚으라고 독촉하고 세금 징수하는 대리인으로 악명 높던 유대인은 천국에 갈 수 없는 '나쁜 피'로

분야별 주요 유대인	
구분	주요 인물
정치인	디즈레일리, 레닌, 트로츠키, 로자 룩셈부르크, 헨리 키신저, 버니 샌더스 등
철학 학문	스피노자, 몽테뉴, 카를 마르크스, 베르그송, 쇼펜하우어, 비트겐슈타인, 프로이트, 한나 아렌트, 발터 벤야민, 월터 리프만 등
경제학	데이비드 리카도, 존 폰 노이만, 폴 새뮤얼스, 밀턴 프리드먼, 조지프 스티글리츠, 로런스 서머스, 대니얼 카너먼 등
과학	아인슈타인, 닐스 보어, 토머스 에디슨, 오펜하이머, 리처드 파인만, 스티븐 호킹 등
기업인	듀폰, 앤디 그로브(인텔), 래리 엘리슨(오라클), 마이클 델(델) 엘런 머스크(테슬라), 어윈 제이콥스(퀄컴), 래리 페이지와 세르게이 브린(구글), 마크 저커버그(페이스북), 팀 쿡(애플), 허워드 슐츠(스타벅스), 스티브 원(카지노), 캘빈 클라인, 랄프 로렌, 리바이 스트로스(리바이스), 에스티 로더, 로만 아브라모비치 등
금융인 금융관료	로스차일드 가문, 조지 소로스, 로버트 루빈, 헨리 폴슨, 티머시 가이트너, 제이컵 루, 폴 볼커, 앨런 그린스펀, 벤 버냉키, 재닛 옐런 등
미디어	조지프 퓰리처, 아서 슐츠버거(NYT), 앤드루 스타인(WSJ), 루퍼트 머독, 마이클 블룸버그(블룸버그통신), 테드 터너(CNN), 바바라 월터스, 래리 킹 등
문화 예술	토머스 만, 프란츠 카프카, 앙드레 지드, 아서 밀러, 아이작 아시모프, 폴 오스터, 멘델스존, 쇼팽, 쇤베르크, 조지 거슈윈, 레너드 번스타인, 피카소, 모딜리아니, 샤갈, 솔로몬 구겐하임 등
영화 대중문화	찰리 채플린, 에이젠시테인, 스탠리 큐브릭, 스티븐 스필버그, 제프리 카첸버그, 데이비드 게펜, 우디 앨런, 엘리자베스 테일러, 폴 뉴먼, 더스틴 호프먼, 톰 크루즈, 밥 딜런, 폴 사이먼, 데이비드 베컴 등

간주됐다. 《베네치아의 상인》의 샤일록, 《올리버 트위스트》의 페이긴은 악덕 유대인의 상징이었다. 유대인이 가는 곳마다 추방과 반(反)유대 폭동이 반복됐다. 표면적으론 예수를 죽인 민족에 대한 박해였지만 이면에는 폭력을 통한 고리대금 빚 탕감도 있었다. 20세기 히틀러의 유대인 학살은 갑작스런 사건이 아니었다.

유대인들은 어디를 가든지 고유의 전통과 종교를 고수했다. 국가 속에 작은 국가를 이룬 것이다. 이는 자발적 격리로 나타났고 나중에는 강제 격리로 이어졌다. 유대인 분리 거주지를 뜻하는 게토(ghetto)란 용어가 1516년 베네치아에서 처음 등장하기 전부터 유대인 거주지는 곳곳에 있었다. 다른 민족과 쉽게 섞이지 못하는 습성은 집시처럼 차별과 박해의 또 다른 원인이 됐다.

: 자본주의 싹틔우고 금융·IT 지배하는 두뇌집단

자본주의와 공산주의를 만든 유대인

반유대주의가 팽배하면서 부유한 유대인은 수시로 약탈과 착취의 대상이 됐다. 십자군전쟁 때는 유대인 학살이 벌어졌고 해적과 성요한 기사단은 유대인의 배를 빼앗고 노예로 팔아넘기는 게 주된 수입원이었을 정도다. 따라서 유대인은 신분을 감추고 신용으로 거래하는 데 일찌감치 눈을 떴다. 환어음, 무기명채권, 수표, 어음거래소 등을 발명한 게 바로 유대인이다.

기독교와 이슬람교에서 이자를 금지한 것과 달리 유대인은 돈도 상품으로 간주했다. 사도 바울이 "돈을 사랑하는 것은 모든 악의 뿌리"라고 가르쳤지만 유대인은 돈을 이용해 돈을 버는 것을 땅으로 버는 것과 다를 바 없다고 여겼다. 로스차일드 가문 등 유대 자본은 전쟁으로 파산 지경인 유럽 각국의 왕실에 주된 자금 공급원이 됐다. 주식 중개와 중앙은행의 탄생도 유대인이 주도했다. 독일 역사학자 베르너 좀바르트는 "유대인이 북반구에 분산 이주하지 않았다면 근대 자본주의는 발생하지 않았을 것"이라고 지적했다.

그러나 자본주의와 상극인 공산주의도 유대인의 발명품이다. 카를 마르크스, 레닌, 트로츠키, 로자 룩셈부르크 등이 모두 유대인이다. 본인들은 유대 혈통을 부인했지만 오랜 핍박의 역사가 혁명 사상을 배태하는 토양이 된 셈이다. 맹신을 강요하는 교회 권력에 맞서 범신론을 편 스피노자 역시 유대인이다. 19세기 말 '시온주의 창시자'인 오스트리아 언론인 테오도르 헤르츨은 "우리가 사회 밑바닥에 있을 때는 혁명가가 되고 정상에 있을 때는 자본가가 된다"고 했다.

자본주의에 미친 유대인의 공로

디아스포라와 박해로 점철된 역사는 결과적으로 자본주의를 고도화시킨 원동력이 됐다. 우선 나라가 없는 유대인에게는 세계가 곧 나라였다. 가능한 한 넓은 시장을 추구했다. 또한 길드식 독점이나 기득권과 거리가 멀어 이윤을 위한 혁신을 주저하지 않았다.

또한 유대인은 판매의 중요성을 일찍이 간파했다. 담합 가격에 맞서 할인, 박리다매, 만물상 등으로 유통을 장악해나갔다. 이는 전통 상인들의 반발을 샀지만 길드가 아닌 소비자 이익에 부합한다는 점에서 현대 자본주의와 맥이 닿는다. 백화점도 유대인의 발명품이다. 아울러 유대인은 상업정보를 수집하고 활용하는 데 능통했다. 시장이 세계로 확대될수록 정보의 중요성도 극대화된다는 점을 잘 알고 있었다. 네이선 로스차일드가 나폴레옹 전쟁 당시 영국 국채로 떼돈을 번 과정이 그랬다.

미국에서 만개한 유대인의 두뇌

유대인은 약 1600만 명으로 세계 인구의 0.2%로 추산된다. 이스라엘(약 800만 명) 다음으로 미국에 약 600만 명이 산다. 미국 인구의 2%에 불과한 유대인이 미국 경제에서 차지하는 비중은 20%에 달한다. 40대 부자 중 16명이 유대인이고 100대 기업의 40%가 유대인 소유로 알려져 있다. 변호사의 20%, 노벨상 수상자의 27%를 차지한다. 뉴욕타임스, 월스트리트저널, 블룸버그통신 등 주요 언론사들 역시 유대인 소유다.

유독 미국에서 두각을 나타낸 것은 법적·종교적·인종적 제약이 없는 능력 위주 사회였기 때문이다. 유럽에서처럼 언제 쫓겨날지 몰라 작고 값비싼 것에만 치중할 필요도 없었다. 금융과 산업에 눈을 돌렸고, 특히 혁신이 절대적인 정보기술(IT)에서 독보적인 성과를 내고 있다. 대학에 기부도 많이 한 덕에 아이비리그 재학생의 20~30%가 유대인이다. 두뇌와 지식을 확대 재생산하는 구조다. 미국 유대인의 70%는 율법에 구애받지 않는 세속화된 삶을 산다. 유대인임을 부인하는 이들도 많다. 또한 대통령이 되기는 어렵지만 대통령을 만들 수 있는 최고의 두뇌집단이 바로 유대인이다.

Vitamin

적기조례,
규제의 본질

산업혁명의 나라 영국은 자동차산업에서도 선구자였다. 1826년 증기자동차 실용화에 가장 먼저 성공했다. 그런데 자동차 보급이 늘자 마차업자들이 마차조합을 만들어 자동차를 견제하기 시작했다. 말과는 달리 사람을 치어 죽이고 매연이 심해 도시를 오염시킨다며 자동차 운행 제한을 주장했다.

당시 빅토리아 여왕은 이를 받아들여 1861년 '자동차 조례'를 선포했다. 이것이 1865년 개정돼 '붉은 깃발 규제', 즉 적기조례(赤旗條例:Red Flag Act)란 이름을 갖게 됐다. 이에 따르면 자동차는 마차보다 느리게 달려야 했다. 교외에서는 시속 4마일, 시내에서는 2마일(약 3.2㎞) 이하로 속도가 제한됐다. 이를 위해 기수가 자동차 앞을 달리며 낮에는 붉은 깃발로, 밤에는 붉은 등으로 속도를 조절했다.

기존 운송 수단인 마차를 보호하는 이 규제는 결국 새로운 운송 수단인 자동차산업의 몰락을 불렀다. 적기조례는 1896년에 가서야 폐지됐고 그 사이 자동차산업의 주도권은 인근 유럽국인 프랑스와 독일, 그리고 멀리 미국으로 넘어갔다. 이 적기조례의 망령은 간섭주의와 함께 시대를 초월해 자주 나타나고 있다. 21세기 한국에서도 여전히 살아나고 있다.

: '보이는 효과'에 집착한 규제, 경제엔 막대한 피해

19세기 영국에서 나온 적기조례는 말도 안 되는 코미디 같아 보인다. 그러나 겉으로만 다를 뿐 지금도 내용상으로는 적기조례나 마찬가지인 규제가 많다. 정부의 오랜 버릇, 즉 간섭주의가 있는 한 규제는 계속 늘어나게 돼 있다. 국민들의 표로 선출되는 정치인들이 더 많아진 현대에 와서는 적기조례 같은 규제를 만들려는 욕망이 더 커지게 돼 있다.

'표'를 의식하는 정치인들은 이제 막 시작하는 신산업보다는 힘이 센 구산업 편을 들기 마련이다. 아무리 세계적으로 성공한 신산업이라고 해도 이제 국내에 막 들어온 우버(Uber)보다 이미 25만 명이나 되는 택시 업자와 운전사들을 더 신경쓸 수밖에 없는 것이다. 정부라고 규제를 마구 만들지는 않는다. 공무원들의 근시안이 문제다. 대기업을 못 들어오게 하면 중소기업이 성장할 것으로 믿는 식이다. 더 적극적으로는 '어버이' 같은 마음으로 '이랬으면 좋겠다'고 하는 것들을 법과 규정으로 쏟아내기도 한다. 물론 알량한 권력의 끈을 놓지 않겠다는 부처나 부서 이기주의도 한몫한다.

근시안 규제가 초래하는 해악

적기조례는 반발하는 마차업자들의 불만을 잠재우기 위해 만들어졌다. 당시 의회나 당국자 눈에는 마차업자들의 반발은 '보이는' 문제였고, 증기자동차는 미래를 알 수 없는 신산업일 뿐이었다. 당연히 눈앞에 보이는 문제를 해결하는 것이 중요했고, 그것으로 소임을 다했다고 생각한 것이다. 자유주의의 선구자로 불리는 프랑스의 프레데릭 바스티아(1801~1850)는 이런 문제를 예리하게 파악한 경제학자다. 그는 '보이는 것'과 '보이지 않는 것'을 제대로 구별해야 한다며 "당장 눈앞에 보이

는 효과가 좋아 보일 경우
그로 인한 장기적이고 간
접적인 효과들은 십중팔구
비참한 결과를 가져오기
십상"이라고 경고했다.

바스티아의 이 문장만큼
'규제의 역설'을 잘 설명해
주는 표현도 없다. 규제의 역설이란 '좋은 결과를 바라고 규제하지만 상
황이 오히려 더 나빠지는 것'(케이스 선스타인 미국 하버드대 교수)을 뜻한다. 최
저임금제도가 대표적인 규제의 역설을 보여준다. 최저임금제를 법제화
해놓으면 사용주들은 의무적으로 종업원들에게 최저임금 이상을 지급해
야 한다. 이것이 바로 '보이는' 효과다. 그런데 그 임금 인상 부담이 매출
증가로 이어지지 못할 경우 영세 사업주는 할 수 없이 숙련도가 가장 낮
은 근로자부터 내보낼 수밖에 없는 것이다.

사례는 넘친다. 중소기업을 보호하는 규제를 만들었더니 국내 대기업
만 배제된 채 외국계 기업이 오히려 혜택을 받는다. 또 중소기업 가운데
비교적 큰 기업의 독과점화가 심해지고, 결국 산업 전체는 성장을 멈춘
다. 막걸리업종을 중소기업 적합 업종으로 지정했더니 막걸리산업 전체
의 경쟁력이 떨어진 것도 같은 맥락이다. '골목상권'을 보호하기 위해 대
형마트를 규제했더니 결국 대형마트 매출 감소로 납품 농어민과 중소상
인의 손해가 1조 원대를 넘었다는 연구결과도 있을 정도다.

유럽 건축 문화를 바꾼 창문세

정부의 간섭주의는 시대를 초월해 계속돼왔다. 가장 강력한 규제인 세
금은 정부 뜻대로 사람들의 삶을 통제할 수 있고, 조세 수입도 거둘 수

있다는 점에서 남용이 심했던 분야다. 창문 수에 따라 세금을 매기는 창문세는 그 가운데서도 악명 높은 규제였다.

영국의 윌리엄3세는 1696년 군자금 마련을 위해 창문세를 도입했다. 부자에게 세금을 더 거둬야 했는데 누가 부자인지 정확히 알 수 없었기 때문에 큰 집을 가진 사람들에게 세금을 더 많이 매기기로 한 것이다. 이전에 벽난로 수로 매기는 난로세가 있었는데, 직접 집에 들어가봐야 하는 문제가 있어 폐지하고 대신 밖에서 봐도 알 수 있는 창문으로 세금 수준을 정하기로 했다. 창문 개수에 따라 6개 이하면 면제해주고 7개부터 2실링의 세금을 부과했다. 20개 이상이면 8실링을 내야 했다. 결과는 어찌됐을까. 사람들은 창문을 줄였고 아예 없애기도 했다. 영국에 창문 없는 큰 건물들이 지금도 남아 있는 이유다.

창문세는 프랑스에도 있었는데 세금 부과 방식이 좀 달랐다. 프랑스 정부는 '1789 혁명' 이후 창문세를 도입하면서 창문의 폭에 따라 세금을 매겼다. 큰 집일수록 창문도 넓다는 판단 때문이었다. 영국과는 사뭇 다른 결과가 나왔다. 프랑스 국민들은 창문을 없애는 대신 폭이 좁고 길쭉한 창문으로 바꿔버렸다. 프랑스 건물에서 특징적인 긴 창문은 규제를 피해 가기 위한 국민들의 고육책이었던 것이다.

: 신산업 틀어막는 '21세기판 적기조례'

신산업 규제는 네거티브로

규제의 속성 자체가 이렇게 산업과 경제를 왜곡시키는 것이지만 그 가운데서도 위험한 것이 신산업에 대한 규제다. 신산업은 새롭게 나타난 제품이나 서비스이므로 앞으로 어떻게 발전할지 알 수 없다. 이럴 때

유용한 것이 바로 네거티브 (negative) 규제다. 원칙적으로 우선 허용해주고, 그 산업의 실제 전개 과정을 보면서 필요한 것이 있다면 사후에 규제를 가하는 것이다. 이미 이 원칙은 국내에서도 박

근혜 대통령이 지난 2월 밝힌 바 있다.

그러나 실제론 각 부처들이 오히려 예산 따내기 경쟁을 벌이면서 앞다퉈 규제를 만들고 있다. 세계적으로 검증된 공유민박업인 에어비앤비는 특정 지역에, 그것도 1년에 120일만 영업하는 것으로 규제를 뚝딱 만들었다. 국토교통부는 자율주행차를 담당하는 첨단자동차기술과와 드론(무인 항공기)을 규제할 첨단항공과를 신설한다고 한다. 심야버스 카풀이라는 혁신적인 아이디어를 낸 콜버스는 기존 택시 및 버스업자와 공동으로 영업하는 것으로 조건부 허가를 받았다. 형태만 다를 뿐 "자동차는 말보다 천천히 달려야 한다"는 적기조례의 부활일뿐이다.

분명한 것은 영국이 자동차산업 주도권을 놓친 것처럼 우리도 공유경제 서비스 등의 발전 기회를 놓칠 수 있다는 점이다. 소비자들의 편익도 방치될 수밖에 없다. 신산업에 대한 적기조례가 문제되는 것은 국민들의 '혁신 인센티브'를 박탈한다는 점에서다. 근시안적인 정부와 공무원들이 벌이는 규제 칼춤에 국민과 기업이 피해를 보는 것이다.

규제는 사라지지 않는다

규제가 좀체 줄어들지 않는 이유는 결국 공무원들이 많고 이들의 재량권이 넓기 때문이다. 정부가 바뀔 때마다 규제혁파를 약속하지만, 규제

를 만드는 공무원들에게 그것을 깨라고 해봐야 공염불일 뿐이다. 또 포퓰리즘에 휩싸인 정치인들이 최고의 규제인 법 제정을 남발하는 데도 문제가 있다. 대기업집단 제재·처벌 규제의 경우는 현재 35개 법률, 총 69개 조항, 71개 제재·처벌 규정으로 꽉 짜여 있다. 국민들이 시장원리보다 정부의 개입을 좋아하는 것도 문제다. 근시안적인 정부는 국민들의 표를 의식해 인기영합적인 정책을 취할 수밖에 없고 그것이 결국 규제가 되는 것이다.

규제에 대한 비판이 제기돼도 정부의 간섭주의는 여간해서 줄어들지 않는다. 장기효과는 미래 사람들이 얻는 혜택이어서 체감이 안 되고, 단기적인 문제는 당대요, 내 임기이기 때문에 일단 모면하려는 경향이 있는 것이다. 영국의 적기조례를 보고 비웃을 게 하나도 없다. 그 망령은 지금 대한민국에서도 여전히 떠돌고 있다.

Vitamin

베트남전쟁
그들은 도대체
왜 싸웠을까

베트남전쟁(1960~1975년)은 20세기 후반 최악의 전쟁이었다. 베트콩, 학살, 고엽제, 상이군인, 고아, 보트피플 등 그 후유증은 아직도 길게 남아 있다. 외세를 몰아내고 수백만 명이 희생된 동족상잔의 이념 전쟁 끝에 그들은 공산화 통일을 이뤘다.

하지만 통일 후 11년 만인 1986년 통일 베트남은 개혁·개방 정책인 '도이모이(Doimoi·쇄신)'를 통해 시장경제 체제를 도입했다. 그럴 거였으면 반세기 전 그들은 도대체 무엇을 위해 싸운 것일까. 2016년은 베트남전쟁 종전 41주년이자 도이모이 30주년이다. 그리고 베트남전쟁에서 맞서 싸웠던 미국 해군은 다시 베트남에 들어갔다. 캄란항은 미군을 대대적으로 환영하고 있다. 미국은 선심 쓰듯 베트남에 다시 공격용 무기를 수출하기로 했다. 베트남전쟁의 의미를 되짚어본다.

: 식민지 → 내전 → 국제 대리전, 베트남 '30년 해방전쟁'

베트남인들은 베트남전쟁을 애써 자랑하지 않는다. 이겼지만 상처뿐인 전쟁이기 때문이다. 미국도 역사상 유일하게 패배한 이 전쟁을 되새기길 꺼린다. 미국인에게 베트남은 '람보'의 트라우마이자 '디어 헌터'의 악몽인 탓이다. 20세기 후반 가장 참혹한 전쟁을 초래한 것은 이데올로기였다. 하지만 그 이념이 형해화하자 왜 그렇게 죽도록 싸웠는지 모를 전쟁이 돼버렸다.

오늘의 베트남은 아시아의 새로운 용이다. 고성장, 9300만 명 젊은 인구의 잠재력과 남중국해 요충지라는 전략적 가치가 최근 버락 오바마 미국 대통령의 방문으로 새삼 부각되고 있다. 베트남 젊은이들에게 전쟁은 빛바랜 역사일 뿐이다. 소리 없이 흐르는 메콩강은 전쟁의 상흔을 언젠가는 치유할 것이다. 그러나 전쟁의 허망함과 어리석음마저 지우지는 못할 것이다.

중국 1000년, 프랑스 100년 지배

5000년을 자랑하는 베트남 역사는 고난과 좌절의 연속이었다. 중국 역대 왕조마다 수시로 베트남을 넘보고 지배했다. 중국의 베트남 지배기간은 총 1000년에 이른다. 중국은 베트남을 '화남의 순치(脣齒)'라고 불렀다. 중국 남부 화남지방과는 입술과 이처럼 밀접한 관계란 의미다. 이런 베트남을 프랑스가 손에 넣고 중국대륙 진출의 교두보로 삼자 청나라로선 순망치한(脣亡齒寒)인 신세가 됐다.

프랑스가 베트남을 독식하게 된 계기는 1757년 인도 플라시전투다. 영국에 진 프랑스는 인도에서 물러나 인도차이나 반도로 눈을 돌렸다. 19세기 들어 선교사 진출, 종교 박해, 군대 파견의 식민지배 공식을 따랐다. 1858~1862년 프랑스-베트남 전쟁의 결과 프랑스는 남부 베트남을 차지하고 '코친차이나'라고 명명했다. 1884년에는 북부의 중국 세력을 내몰고 베트남 전역을 지배했다. 이듬해 캄보디아, 라오스까지 병합해 식민국가 '인도차이나'를 세우고 1945년까지 지배 아래 뒀다.

독립, 분단, 그리고 항불전쟁

2차대전 후 프랑스는 일본군이 철수한 베트남을 다시 식민지로 만들기 위해 군대를 보냈다. 그러자 1945년 9월 공산·민족주의 지도자 호찌민이 북베트남(베트민=월맹)의 독립을 선언했다.

베트남 근·현대사 개요	
1862년	프랑스, 남부 베트남(코친차이나) 지배
1884~1945년	프랑스, 베트남 전역 지배
1941~1945년	일본군 진주
1945년	호찌민, 북부 베트남(베트민·越盟) 독립 선언
1946~1954년	프랑스군 재진주, 제1차 인도차이나 전쟁
1954년	북위 17도 경계로 남북 분단
1955년	남부 베트남, 고딘디엠 초대 대통령 취임
1960년	베트남 민족해방전선(일명 베트콩) 결성, 게릴라전
1964년	통킹만 사건, 미군 북폭 시작
1964~1973년	2차 인도차이나 전쟁(베트남전쟁)
1968년	월맹·베트콩, 구정 대공세
1973년	파리 평화협정, 미군 철수
1975년	베트남 수도 사이공 함락
1976년	베트남사회주의공화국 수립, 1977년 유엔 가입
1978년	캄보디아와 전쟁, 1979년 중·월 전쟁
1986년	개혁개방 '도이모이(刷新)' 정책 선언
1991년	중국, 1992년 한국, 1995년 미국과 수교
1995년	아세안, 1998년 APEC, 2007년 WTO, 2013년 TPP 가입

남베트남은 프랑스 관할 아래 왕정이 들어섰다. 호찌민은 이듬해 프랑스와 8년간 항불전쟁(1차 인도차이나 전쟁)에 돌입했다. 베트민은 1954년 하노이 서쪽 160㎞의 디엔비엔푸 전투에서 프랑스의 항복을 받아냈다. 남베트남은 공산주의 확산을 경계한 미국의 지원으로 베트남공화국이 들어섰다. 초대 대통령에는 총리 출신 고딘디엠이 취임했다. 그러나 독재와 부패로 민심을 잃어 쿠데타 시도가 빈발했다. 1960년에는 공산게릴라인 베트남 민족해방전선(일명 베트콩)이 결성돼 내전에 돌입했다. 1963년 쿠데타로 실각한 고딘디엠이 처형되고 군사정권이 들어섰다.

통킹만 사건과 늪에 빠진 미국

부패한 남베트남 정권은 민심을 잃어 베트콩의 공세를 막아내는 것조차 버거웠다. 케네디 암살 후 대통령이 된 린든 존슨은 정치 혼란, 흑백 갈등 등 내부 문제의 대안으로 베트남전 확전에 나섰다. 중국 공산화(1949

년), 6·25전쟁(1950~1953년)에 이어 베트남까지 공산화되면 인접국으로 공산세력이 확장될 것이란 도미노 이론이 명분이었다.

미국은 1964년 8월 월맹의 어뢰정이 미군 함정을 공격한 통킹만 사건을 빌미로 북베트남 폭격을 시작했다. 1965년에는 지상군을 참전시켜 베트남전쟁에 돌입했다. 그러나 지상군 작전은 소련과 중국의 개입을 우려해 북위 17도선 이남으로 제한했다. 미국은 1965년 2만 5000명에서 1968년에는 50만 명까지 늘렸지만 밀림과 땅굴에서 신출귀몰하는 베트콩을 상대로 고전을 면치 못했다. 마치 늪에 빨려 들어가는 듯한 양상이었다.

구정대공세, 미군 철수, 그리고 베트남 패망

그런 차에 베트민과 베트콩은 1968년 1월 30일 설날을 기해 이른바 구정대공세에 나섰다. 남베트남 주요 도시들에서 베트콩이 일제히 봉기했다. 수도 사이공의 대통령궁이 공격받고 미국대사관까지 점령당했다. 미군과 베트남 정부군은 곧바로 도시와 시설들을 탈환했지만 남베트남의 승리를 확신하던 세계 여론이 반대로 바뀌었다. 베트콩은 전력의 절반을 잃어 전술적으로 실패했지만 전략적으론 승리하는 결과를 가져왔다.

1971년 통킹만 사건의 조작 가능성이 제기되자 미국 내 반전 여론은 극에 달했다. 미국인들은 '정의의 수호자'라는 미국이 악역으로 변질된 이 전쟁을 받아들일 수 없었다. 결국 워터게이트 사건으로 궁지에 몰린 닉슨 대통령이 1973년 1월 철수를 결정했다. 미국은 전비 1500억 달러를 쏟아붓고 5만 8000여 명이 전사하고도 최초의 패전을 맛봤다. 북베트남의 총공세에 1975년 4월 30일 끝내 사이공이 함락되며 베트남전쟁도 막을 내렸다.

: 공산 통일 후 11년 만에 시장경제로

베트남엔 이승만도, 박정희도 없었다

베트남은 '30년 전쟁' 끝에 공산 통일을 이뤘다. 북한의 김일성도 이에 크게 고무됐을 정도였다. 하지만 이념이 밥을 먹여준 것은 아니었다. 전후 황폐화된 베트남으로선 개혁·개방 외에 해법이 없었다. 쇄신을 뜻하는 '도이모이' 정책은 곧 경제면에서 자본주의로의 전환을 의미했다. 베트남판 흑묘백묘론이자 페레스트로이카였다.

베트남은 전쟁을 벌였던 중국(1991년), 한국(1992년), 미국(1995년)과 차례로 수교했다. 대외 개방을 통해 외자를 끌어들여 경제 회생에 나선 것은 중국의 복사판이다. 아세안, APEC에 가입하고 2007년에는 WTO의 150번째 회원국이 됐다. 공산화 통일의 귀착점이 자본주의라는 역설이었다. 수백만 명이 희생된 이념 전쟁의 끝은 허망하기만 하다. 그럴 거였으면 왜 죽자고 싸웠는지 의문이다. 베트남인들이 이 전쟁을 보는 시각이기도 하다. 베트남은 2차 세계대전 후 한국과 비슷한 처지였다. 그럼에도 수십 년 지체된 것은 그들에게는 이승만도, 박정희도 없었기 때문일 것이다.

베트남전쟁은 한국에 무엇이었나

한국은 6개 참전국 중 미국 다음으로 많은 병력(최대 5만 5000명, 연인원 38만 명)을 파병했고 크나큰 희생(전사 4000여 명)을 치렀다. 공산세력과 대치중인 분단국으로서 반공이 국시였던 시절이다. 가난한 한국에 베트남전은 희생보다는 '기회'로 인식됐다. 패전국 일본이 6·25전쟁으로 벌떡 일어섰듯 베트남전 파병의 대가로 경제 발전을 이룰 수 있었다. 파병 후 1인당 소득이 다섯 배로 성장했을 정도다. 영화 〈국제시장〉에서 주인공

이 겪은 고초가 '한강의 기적'
의 밑거름이 된 것이다.

　그러나 후유증도 여전하다.
전상자와 고엽제 피해자, 양민
학살 등은 지금도 트라우마처
럼 남아 있다. 박영한의《머나
먼 쏭바강》, 안정효의《하얀 전쟁》등이 그런 기록이다. 또한 뮤지컬〈미
스 사이공〉의 미군 혼혈아 부이도이처럼 파병 군인과 군속들이 남긴 '라
이따이한' 문제도 있다. 라이따이한 2, 3세가 수만 명에 이르지만 한국
정부는 공식적으로 인정하지 않고 있다. 정작 일본에 대해서는 일본군
위안부 문제를 힐난하면서….

Vitamin

제국이냐,
패권이냐

미국은 '현존하는 세계 유일의 제국'으로 불린다. 미국 스스로는 제국이라는 표현을 마땅치 않게 여긴다. 세상을 지배−피지배의 권력관계로 보는 좌파적 뉘앙스가 강하게 배어 있어서일 것이다.

도널드 트럼프가 유력한 대선 후보로 뜨자 제국으로서의 미국이 새삼 관심이다. '다시 위대한 미국을'이라는 슬로건 아래 등장하는 외교정책에서 고립주의적 성향이 뚜렷해서다. 그는 한국, 일본 등 전 세계 5대양 6대주에 주둔 중인 미군의 철수 가능성까지 거론하고 있다. 압도적 군사력에 기반해 자임해온 세계 경찰 역할을 포기할 수도 있다는 얘기다. 환태평양경제동반자협정(TPP)에 반대하는 등 경제 측면에서도 보호주의 색채가 짙다. 세계시장의 가치를 중시하는 제국주의적 사고와 배치된다.

제국이 꼭 부정적인 의미만을 지닌 것은 아니다. 서구문명의 뿌리 옛로마제국에서 보듯 상당수 제국은 포용, 개방 등의 지향성을 내포한다. 미국을 '초대받은 제국'이라고 표현하는 것도 이런 함의를 담고 있다. 하지만 요즘 트럼프의 행보는 제국으로서의 긍정성을 배제한 채 자국의 이익을 무한 추구하는 '패권국가'로서의 어두운 그림자를 드리운다.

때마침 중국의 동향이 심상치 않은 터다. 덩샤오핑 이래 중국은 "능력을 감추고 때를 기다린다"는 도광양회(韜光養晦)를 외교의 기본으로 삼았지만, 시진핑 주석은 공세적 변화를 모색 중이다. 남중국해 분쟁 등에 임하는 태도에서 '중화제국'의 야욕이 감지된다. 미국과 중국은 패권국가로 가는 것인가.

: 제국은 新문명이 출현할 때

지구상에 문명이 발생한 이래 제국은 늘 존재해왔다. 최초의 제국으로 일컬어지는 페르시아, 세계제국 로마, 천년제국 비잔티움, 정교일치의 아랍제국, 초원제국 몽골, 해가 지지 않는 대영제국, 붉은 제국 소련 등이 그 면면이다. 제국주의는 타인을 지배하려는 본능이 국가 차원에서 집단적으로 발현된 결과다. 지배와 피지배의 권력관계에 따라 형성된 세계 체제이며, 그 체제는 중심부와 주변부로 구성된다.

제국주의라는 용어는 19세기 중엽 영국 자유주의자들이 디즈레일리가 이끄는 보수당의 대외정책과 프랑스 나폴레옹 3세의 정복 정책을 비판하는 과정에서 부정적인 의미로 본격 등장했다. 고대 그리스 델로스 동맹을 중심으로 한 '아테네 제국주의'와 구별해 '신제국주의' 또는 '근대 제국주의'로도 불렀다.

제국의 특징은 끝없는 영토 확장이다. 나아가 식민지 획득에 그치지 않고 세력권 형성을 추구한다는 점에서 제국주의는 식민주의와 구별된다. 식민지와 함께 경제적·문화적 세력권을 형성해 거대제국을 창출해 낸다. 그 지배 과정을 성공적으로 수행하기 위해 상당수 제국은 개방과 포용을 추구했다. 모든 제국이 평화와 번영을 보증하지는 않았지만, 그렇다고 반드시 억압이나 착취를 한 것도 아니었다. 안정을 바탕으로 경제적 번영과 문화적 부흥의 시대를 연 대제국도 많았다.

제국 vs 패권

영국이 세포이 반란을 진압해 무굴제국을 무너뜨리고 인도제국을 수립한 1858년이 근대 제국주의의 시작으로 꼽힌다. 영국은 이때부터 동인도 회사에 의한 간접 진출을 끝내고 인도를 직접 통치한다. 제국주의는 오리엔탈리즘으로 해석되기도 한다. 팔레스타인 출신 학자인 에드워드 사이드는 나폴레옹의 이집트 정복(1798~1799년)을 기점으로 유럽이 동양인을 무시하고 비하하는 오리엔탈리즘이 성립됐다고 설명한다. 중세 이래 유럽인은 자신의 정체성을 확립하는 과정에서 동양, 구체적으로는 이슬람을 '정복해야 할 대상'으로 설정했다.

　장기간 존속한 모든 제국은 존재의 목적과 정당성의 근거로 세계사적 임무와 사명을 선택했다. 패권 세력은 사명이 필요 없지만 제국은 사명 없이는 존재할 수 없다. 그 사명은 이데올로기의 모습으로도 등장한다. 제국은 스스로를 질서의 창조자이자 보증인으로 여긴다. 위협이 되는 무질서의 등장에 맞서 자신의 질서를 지켜낸다. '보통 국가'는 타국과의 경계선 앞에서 멈추지만, 제국은 다른 나라의 일에도 개입한다. 스스로 정한 사명을 완수하기 위해서다.

　제국은 이처럼 '큰 국가' 이상의 존재다. 큰 국가는 다른 말로 하면 패권국이다. 제국과 패권이라는 용어는 혼용되기도 한다. 헨리 키신저 같은 이는 둘을 엄격히 구분하지 않고 동의어로 사용했다. 패권은 제국의 완곡한 표현에 불과하다는 시각이다. 하지만 엄밀히 해석하자면 제국은 이웃을 자신과 동등한 존재로 인정하지 않는 반면, 패권은 형식적으로 평등한 정치적 집단 내에서의 우세를 추구한다. 패권 세력은 경쟁

자들과의 대결에서 우월한
지위 확보에 주력한다. 사
명을 앞세우는 제국과 달
리 자기 이익을 관철시키
는 게 목적이다. 초강대국
이라면 제국을 지향할지,

패권을 추구할지 스스로 결정할 여지가 있다고 하겠다.

제국주의를 바라보는 다른 시선

제국이라는 용어는 부정적인 의미가 더 강하다. 21세기적 인권과 평화
공존의 개념으로 볼 때 약육강식의 잔인했던 18세기 전후 제국의 침탈
과 정복 과정은 야만 그 자체로 볼 수 있다. 게다가 좌파 진영이 자본주
의 공격의 핵심 논리로 '제국주의론'을 들고 나온 탓에 부정적 인식이
더욱 증폭됐다.

마르크시즘은 제국주의를 자본주의적 팽창 정책의 결과로 이해했다.
레닌은 이윤율 저하의 경향에 직면한 자본주의 국가들이 식민 건설이라
는 팽창 정책으로 연명하는 것이라며 제국주의를 '과도기에 처해 사멸
해 가는 자본주의'로 정의했다. '자본주의의 필연적 붕괴'라는 마르크스
의 예언이 빗나가자 제국주의 전쟁을 거쳐 결국 자멸할 것이라는 논리
로 수습한 것이다. 이들이 전개한 제국주의론은 현실에서 입증하는 데
실패했다. 하지만 좌파 진영은 국가독점자본주의론, 신식민주의론, 종
속이론 등으로 제국주의론을 변형시키며 최소한의 변명을 이어갔다.

제국주의에 대한 자유주의적 해석은 다르다. 제국주의 이론을 최초
로 펼친 이는 의외로 자유무역신봉자였던 영국의 존 아킨슨 홉슨이다.
그는 하지만 마르크스주의자의 도용과 달리 홉슨은 시장에 대한 민주

적 통제 강화를 통해 약탈적 측면을 제거하고 인간적인 질서를 만들어 낼 수 있다고 진단했다. 슘페터는 제국주의를 자본주의가 최후 승리를 거둘 때까지의 전환기적 현상이라고 정의했다. '제국주의적 자본주의'와 '자유주의적 자본주의'를 경쟁관계로 파악한 것이다. 슘페터는 민주주의가 발달하면 제국주의적 자본주의는 수명을 다할 것이라고 내다봤다.

미국, 새로운 형태의 제국

미국은 제국일까 패권일까. 일단 강력한 존재감은 단순 패권국의 수준을 넘어선다. 식민 지배는 없지만, 영향력이 전 세계로 미친다는 점에서 제국에 버금가는 위용이다. 미국은 고전적 의미의 제국은 아니지만, 예전에 없던 새로운 형태의 제국이다.

'아메리카 제국'은 근대적 제국 이후의 시대에 적합한 새로운 제국적 지배 구조를 선보였다. 사명으로는 인권, 민주주의, 자유시장의 형성과 보호 등의 세련된 가치를 내걸었다. '붉은 제국' 소련이 구축한 위성국가 체제와 달리 NATO, UN, 국제통화기금(IMF), 세계은행 같은 중재기구를 통해 전지구적 차원으로 영향력을 확대한다. 이런 '팍스 아메리카나'를 부정적으로 볼 여지도 많다. 전통적 식민지배 양식이 정교하게 진화했을 뿐 군사력 우위에 바탕을 둔 지배라는 제국주의적 핵심 구조는 그대로라는 설명이다. 미국은 세계 전역을 다섯 개 사령부로 나눠 외부 위협으로부터 자국 이익을 지켜낸다. 미 제국주의의 역사는 해외 군사기지를 확보해가는 과정으로 점철돼 있다는 지적도 그래서 나온다.

'초대받은 선량한 제국'의 소프트파워

미국은 스스로를 제국으로 지칭하기를 꺼린다. 제국이 금지어까지는 아니지만, 항상 완화된 대체 용어를 찾으려고 노력한다. '초대받은 제국', '합의된 제국', '비형식적 제국' 같은 표현도 그렇게 나온 것이다.

미국은 '소프트 파워'를 중시한다. 미국적 양식에 대한 모방이 확산되면 패권의 외양이 합리적으로 보이고, 행사에 적합한 구조가 창출된다는 생각이다. 브래진스키는 "미국의 지위는 전 세계의 동맹과 정교한 연합체제에 의해 떠받쳐지고 있다"고 평가했다. 소련의 종말로 미 제국은 선택의 순간을 맞은 적이 있다. 역사학자 알렉산더 데만트는 "1991년 12월 31일 소련의 해체로 '제국의 시대'가 마감됐다. 3000년간 세계 정치는 보편제국이 결정해왔지만, 이제 그 시대는 끝났다"고 적었다. 위르겐 하버마스는 동서 대립이 막을 내린 뒤 홀로 남은 초강대국은 세계적 법질서의 형성을 이끄는 쪽으로 전향할 수 있었지만, 예전처럼 국제법적 제약을 넘어 선한 패권을 행사하는 쪽을 선택했다고 진단한다.

2002년 9월, 조지 부시 미국 대통령은 UN에서 오래 기억될 연설을 했다. 국제기구가 시급한 안보문제를 해결할 수 없음이 드러나면 미국이 그중 일부를 단독으로 해결하겠다는 내용이었다. 결국 2003년 초 '3차 걸프전'이 감행됐고, 모호했던 미국의 길이 다시 정해졌다.

: 중국의 '대국굴기', 패권에의 유혹

미국을 위협하는 중국의 제국주의적 '굴기'

오늘날 지구상에는 '단 하나의 제국'을 위한 자리만 있다. 예전에는 다수의 제국을 위한 공간이 있었다. 중국제국과 로마제국이 수백년 동안 나란히 존속했고, 대영제국과 러시아 차르제국도 20세기 초까지 공존했다. 지배 공간이 분리되고, 지배 방식이 상이했기 때문이다. 초강대국 미국과 붉은 제국 소련이 등장하면서부터 판이 달라졌다. 소련이 함대를 구축해 대양으로 진출하자 미국과 충돌하기 시작했고, 우주 공간을 선점하려는 경쟁도 벌어졌다.

1980년대 초반만 해도 미국은 쇠락하고 있었다. 많은 미국인이 꼭 소련이 아니어도, 일본이나 유럽에 우위를 뺏길 것이라며 체념했다. 하지만 소련이 갑작스레 해체되고 미국은 '세계 유일의 초강대국'으로 살아남았다. 이후 세계 경찰의 역할을 떠맡아 미국식 신자유주의적 질서를 세계화하고 있다.

이런 미국의 독주를 위협하는 신흥 세력이 급부상했다. 바로 중국이다. 덩샤오핑 이래 중국은 '도광양회(韜光養晦)'를 외교의 불문율로 지켜왔다. '능력을 감추고 때를 기다린다'는 겸손하면서도 여유작작한 태도다. 하지만 집권 4년차인 시진핑 시대를 맞은 중국은 변화를 구하며 꿈틀대고 있다. 덩샤오핑은 경제를 우선시했지만, 시진핑은 정치와 외교로 무게중심을 옮기는 중이다. 최근 파이낸셜타임스(FT)는 민족주의적 성향이 짙어진 중국의 공세적인 새 외교 정책이 세계 곳곳에서 긴장을 만들고 있다고 우려했다. 중국은 남중국해, 동중국해 등에서 '중화 영광'의 재현이 목적인 듯 미국이나 아시아국과의 갈등도 마다하지 않는다. 이런 대립구도는 시진핑에게 국내에서 높은 지지도와 애국주의라는 정치적 소득을 안겨주고 있다. 하지만 집단지도체제라는 상궤를 벗어난 듯한 '1인 독주'에 기업인과 정치 엘리트들은 공포감마저 느낀다.

: 트럼프와 함께 美 제국은 끝나나

'트럼프 시대' 도래 시 미국의 선택은

제국은 강력한 경쟁자를 만나 내리막을 탄다. 군사적 패배는 치명적이다. 나폴레옹의 황제정과 빌헬름의 독일은 전쟁 패배 후 승전국의 강요에 '국민국가'로 주저앉았다.

스스로 쇠약해지고, 혁명과 내전에 시달리다 사라진 제국도 많다. 러시아제국, 오스만제국 등은 내부의 취약성이 반란과 혁명으로 이어져 몰락을 재촉했다. 피정복지와의 대립도 제국 쇠락의 주요 요인이다. 이질적 문화의 피정복자를 통제하려면 고도의 정치력이 필요하다. 회유하자니 수준을 맞추기 어렵고, 방관하자니 원심력이 강해진다. 제국은 우연한 계기로 쇠퇴하기도 한다. 그리스, 페르시아, 인도에 이르는 대제국을 건설한 알렉산더대왕이 요절하지 않았다면 역사는 얼마나 달라졌을까.

만약 트럼프의 '자국 우선주의' 구상이 실현된다면 미국은 제국의 지위에서 제 발로 내려와 패권국의 자리로 이동하게 된다. 트럼프는 이런 국제 정치 역학을 꿰고는 있는 것일까. 현재로선 글로벌 금융위기의 오랜 여진에 지친 미국인의 환심을 사기 위한 선거 전략의 측면이 강해 보인다.

하지만 그는 영리하고 오랜 비즈니스 활동을 통해 익힌 후각이 탁월하다. 끊임없는 테러와 국지적 분쟁을 접하면서 이대로는 제국의 존속이 쉽지 않다는 것을 동물적 감각으로 느꼈을지 모른다. 중심부 바깥의 내전 종식을 위해 군대를 보내고, 인권문제로 제3국과 격한 갈등을 마다하지 않는 '선량한 제국, 미국'은 더 이상 불가능하다는 판단 말이다.

제국이기를 포기하는 듯 보이지만 간섭과 개입이 더 커질 개연성도 다분하다. 이른바 신개입주의다. '다시 위대한 미국을' 만든다는 목표 아래 패권적으로 나선다면 적과 동맹의 구분마저 희석될 수밖에 없다. 이해타산에 민감한 노골적인 비즈니스와 공격적 '굴기'의 충돌은 예정된 수순처럼 보인다.

PART 4

글로벌
시대의
주역이 될 수
있는Key를
가졌는가

국제
정치

Vitamin

정치는 가족사업?
민주주의는 어디로

가문의 영광인가, 정치의 퇴행인가. 세계 곳곳에서 '정치 가업화(家業化)'
가 두드러지게 나타나고 있다. 미국에선 무려 한 세대 동안 대선 때마
다 부시 가문과 클린턴 가문이 단골손님이다. 세습정치 천국인 일본은
각료의 절반, 의원의 3분의 1이 세습 정치인이다. 인도의 네루-간디,
그리스 파판드레우, 필리핀 아키노 등의 가문은 대(代)를 이어 지도자가
됐다. 심지어 부부 대통령, 남매 총리도 있다. 물론 선출된 권력 승계이
므로 북한의 왕조식 3대 세습과는 명백히 다르다.

　하지만 민주주의 체제에서도 '정치 왕조(political dynasty)'가 등장하는 것
이 바람직한 일은 아니다. 후광효과(halo effect)가 작용할수록 정치 신인의
자리는 좁아진다. 미인대회식 선거가 가져온 부작용이기도 하다. 정치
가 패밀리 비즈니스로 변질되는 것은 정치 퇴행일 수밖에 없다.

: 미국도 부시·클린턴 등 '정치 왕조' 득세

친족을 중용하는 족벌주의를 영어로 네포티즘(nepotism)이라고 한다. 중

세 때 자식이 없는 교황이나 주교가 조카(라틴어nepos=nephew)들을 추기경으로 임명해 요직을 세습한 데서 유래했다. 국어사전에 세습은 "한 집안의 재산이나 신분, 직업 따위를 대대로 물려주고 물려받음"으로 정의돼 있다. 왕조가 사실상 사라진 현대 민주주의 체제에서 정치 세습은 낯설다. 선거와 세습은 원칙적으로 양립하기 어려운 가치다.

하지만 현실에서 선거로 지도자를 뽑는데 특정가문이 대(代)를 이어 선택되고 있다. 세계 각국에 '선출된' 정치 명문가가 적지 않다. 미국을 비롯해 일본, 그리스, 인도, 태국, 필리핀 등 선·후진국 구분도 없다. 민주주의와 선거가 어떻게 작동하기에 이런 현상이 확산되는 것일까. 선거라는 민주적 방식에도 '정치 왕조'가 등장하는 이유는 뭘까. 대중 민주주의가 안고 있는 필연적 딜레마인가. 두고두고 곱씹게 만든다.

부시 대 클린턴, 30년 가문전쟁

"지난 35년간 부시나 클린턴의 이름이 대통령 투표용지에 없었던 선거는 두 번뿐이다. 그런데 이번 대선에는 두 이름이 모두 투표용지에 들어갈 가능성이 높다." 뉴욕타임스의 칼럼니스트 데이비드 브룩스가 2015년 5월 칼럼에서 꼬집은 내용이다.

민주당은 42대 대통령(빌 클린턴)의 부인인 힐러리 클린턴 전 국무장관이 대세론 속에 끝내 후보가 됐다. 공화당에선 여러 잠룡 가운데 젭 부시 전 플로리다 주지사가 초기에 주목받았다. 그는 41대 대통령(조지 H. 부시)의

세계 주요국의 대표적인 정치가문	
국가	대표정치가문
미국	케네디(대통령, 법무장관, 상원의원) 부시(대통령 2명, 주지사) 클린턴(대통령, 국무장관) 등
일본	고이즈미, 하토야마 전 총리(4대 세습) 아베 총리, 아소 다로 부총리(3대 세습) 후쿠다 다케오-야스오 총리(부자) 등
인도	네루-인디라 간디-라지브 간디 총리(3대)
싱가포르	리콴유-리센룽 총리(부자)
필리핀	코라손-베니그노 아키노 대통령(모자)
태국	탁신-잉락 친나왓 총리(남매)
쿠바	피델-라울 카스트로 의장(형제)
그리스	안드레아스-게오르기오스 파판드레우 총리(부자)
아르헨티나	후안-이사벨 페론 대통령(부부)

차남이자 43대 대통령(조지 W 부시)의 동생이다. 도널드 트럼프가 최종 후보가 됐지만 경선 이전만 해도 미국 정가에선 힐러리 대 젭 부시의 대선 대결 가능성을 높게 점쳤다. 성사됐다면 1992년 '애송이' 빌 클린턴이 아버지 부시를 꺾은 이후 24년 만의 리턴매치가 될 뻔했다. 첫 부부 대통령이든, 최초의 3부자 대통령이든 '현대판 왕비와 왕자의 대결'이 될 수도 있었던 셈이다.

세계 첫 민주국가도 정치의 가업화

'정치 왕조'의 원조는 케네디 가문이다. 그 전에도 애덤스, 해리슨, 루스벨트 등 한 가문에서 2명의 대통령이 나온 경우가 없지 않다. 그러나 1920년대 금주령 시절 막대한 부를 축적한 조지프 케네디는 장남 존을 대통령으로, 차남 로버트를 법무장관으로, 막내 에드워드를 상원의원으로 만들었다.

세계 최초의 민주주의 국가인 미국에서조차 '정치의 가업화' 현상이 나타난 것은 가십거리로 넘길 일이 아니다. 물론 정치인의 자녀, 손자, 배우자가 정치를 하지 말란 법은 없다. 하지만 미국 정치의 신귀족주의화라는 비판(이코노미스트)을 받을 만하다. 영국 일간지 가디언은 "3선 대통령은 금하는 미국에서 유독 '정치 왕조'의 권력 바통터치에 대해선 둔감하다"고 지적했다. 일각에선 유럽의 왕족·귀족 전통에 대한 미국인의 콤플렉스가 정치 명문가나 유명인 선호로 나타난 것으로 해석한다.

부자, 모자, 부부, 남매 지도자까지

정치 왕조의 대표적인 국가는 인도다. 초대 총리 네루를 비롯해 그의 딸 인디라 간디, 외손자 라지브 간디가 총리를 지냈다. 2014년 총선에서 패배한 국민의회당(INC)은 라지브의 부인 소냐와 아들 라훌이 이

끌고 있다. 네루의 후광이 3~4대 후손까지 미치고 있는 것이다.

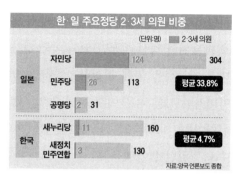

필리핀에선 1983년 암살당한 베니그노 아키노 상원의원의 부인 코라손과 아들 베니그노 3세가 선거를 통해 세계 첫 모자 대통령이 됐다. 태국은 탁신 친나왓 전 총리가 2006년 쿠데타로 실각한 뒤 2011년 총선에서 막내 여동생 잉락이 당선됐다. 첫 여성 총리이자 남매 총리다. 아르헨티나의 이사벨 페론은 세계 첫 여성 대통령이자 남편 후안 페론과 함께 최초의 부부 대통령이다. 이사벨은 후안이 에바 페론 사망 후 재혼한 두 번째 부인이다.

싱가포르는 올해 서거한 리콴유 총리에 이어 아들 리셴룽이 2004년부터 총리를 맡고 있다. 리셴룽은 케임브리지대, 하버드 케네디스쿨 출신으로 20년간 행정능력을 검증받은 실력파다. 이 밖에 영국의 블레어 전 총리의 아들, 프랑스 사르코지 전 대통령의 아들도 정치에 발을 들여놨다. 프랑스 국민전선의 르펜 부녀도 있다. 스웨덴에선 옌스 스톨텐베르크 전 총리 가문이 각료를 다수 배출한 정치 명문가다. 이쯤 되면 정치 가업화는 세계적 현상인 셈이다.

: 일본 각료 50% · 의원 33%가 세습 정치인

일본은 권력 대물림이 거의 고착화돼 있다. 1980년 이후 19명의 총리 중 12명이 세습 정치인 출신이다. 아베 총리, 아소 부총리는 3대째 정치

가문이다. 현직 각료 18명 중 절반인 9명, 선거로 뽑는 중(衆)의원 480명 중 162명(33.8%)이 세습 정치인이다. 고이즈미와 하토야마 전 총리는 자식들까지 4대째 세습하고 있다. 자자손손 지역구를 승계해가며 지역맹주로 군림한다. 현대판 다이묘들이다. 반면 미국, 영국의 세습 정치인 비율은 5% 안팎이다.

한국의 19대 국회는 재적 300명 중 세습 정치인이 14명으로 4.7%였다. 정우택(정운갑 아들), 남경필(남평우 아들), 유승민(유수호 아들), 정호준(정대철 아들) 등이 2대째다. 물론 박근혜 대통령을 빼놓을 수 없다. 중국도 공산당 고위간부 중 태자당(당·정·군 원로 자녀) 출신이 많다. 그러나 3%에 그쳐 일본과는 차이가 크다.

일본에선 소위 '삼반'이 없으면 선거 당선이 어렵다고 한다. 삼반이란 △후원회 등 지역지지 기반(지반) △지명도(간판) △자금력(가방)을 의미한다. 이 세 가지를 가진 세습 정치인이 정치 신인보다 월등히 유리한 조건임은 물론이다. 지역 유지들도 기득권을 지켜줄 세습 정치인을 선호한다. 선심성 입법과 후원금을 교환하는 이른바 '포크 배럴(pork barrel·구유통)'식 결탁이 이뤄지는 것이다.

후광·인지도·자금 등에서 남다른 출발선

정치 가문 출신이 입후보할 경우 조부, 부친 등의 후광 효과를 누리면서 선거에 필수인 인지도 확보에 절대적으로 유리하다. 유권자들의 정치 무관심에 비례해 익숙한 이름은 대중들에게 쉽게 각인된다. 더구나 당선 가능성이 높을수록 정치자금 모금도 용이해진다. 정치가 쇼비즈니스가 되고 선거가 구체 공약보다 이미지로 좌우될수록 세습 정치인이 유리해질 수밖에 없다.

브룩스 칼럼니스트는 세습 정치인이 강세인 이유로 어릴 적부터 직업적 정체성이 잘 형성되고, 성공에 필요한 지식을 습득하며, 장기적 안목에서 목표를 세워 노력하기 때문으로 분석했다. 예술가, 스포츠선수 등의 자녀가 부모 직업을 이어받는 것과 마찬가지다. 하지만 '보통시민의 정치'를 지향한다면 세습정치의 확산은 분명 문제가 있다. 때문에 일본, 필리핀에선 세습정치 규제 법안이 추진되기도 했다. 그러나 법을 만드는 의원들의 상당수가 세습 정치인이니 흐지부지될 수밖에 없었다.

정치가 소수 가문이 독과점하는 '패밀리 비즈니스'로 변질돼간다. 그럴수록 정치의 다양성, 혁신 등의 가치나 갈등조정 역할도 퇴색하게 된다. 대중민주주의의 또 다른 민낯이다.

Vitamin

그리스 비가(悲歌)

19세기 독일인에게 그리스는 탐탁지 않은 존재였다. 비스마르크, 마르크스, 히틀러도 모두 그리스인을 싫어했다. 비스마르크는 발칸인을 싸잡아 "소총병 한 명의 가치도 없다"고 폄하하기까지 했다. 독일에서 빌린 돈을 50년 뒤 갚은 역사적 흔적 때문만은 아니다. 모든 잘못을 외국에 책임 전가하는 민족성이 그리스인에겐 숨어 있다고 생각한다. 서로 헐뜯고 불신하고, 경쟁의 상대가 아니라 파괴나 섬멸의 대상으로 보는 인간관계가 있다는 사실을 그리스인도 인정하는 바다. 하지만 이들은 터키의 400년 통치가 이런 민족성을 만들었다고 변호한다. 페어플레이 정신의 독일인이 보면 한심하기 짝이 없었을 것이다. EU가 본격 출범하려 했을 때도 독일은 그리스 가입을 반대했다. 국가 채무도 많고 드라크마화의 가치가 너무 낮다는 것이었지만 그리스인에 대한 인식이 원래 나빴던 것이다.

그리스는 모든 부채를 갚지 않고 오로지 EU나 독일의 탓으로 돌리고 있다. 자신들의 복지정책에 문제가 있었다고 얘기하지 않는다. 자신들이 EU에서 탈퇴하면 그만큼 힘들어질 것이라고 배짱만 부린다. 이런 일을 예감했는지 몰라도 하이에크와 밀턴 프리드먼은 모두 유로화의 탄생을 반대했다. 프리드먼은 심지어 유로화라는 경제적 공동체가 결국 정치적 문제로 붕괴할 것이라는 예언도 했다. 민주주의 탄생지라지만 민주주의는 권모술수의 동의어로 여기는 나라 같다. 참 많은 교훈을 남긴다.

독재에서 좌파 포퓰리즘 극단으로 스윙

1999년 유럽연합(EU)이 출범하고 유로화가 탄생한 이후 10년은 그야말로 통화동맹에 대한 유럽인들의 자부심이 높아져간 시기다. 2008년 글로벌 금융위기가 불어닥쳤을 때만 해도 유로존 국가들은 비교적 위기를 순탄하게 벗어나는 것처럼 보였다. 무엇보다 비유로존 국가인 라트비아와 아이슬란드가 금융 위기의 직격탄을 맞아 국제통화기금(IMF) 보호체제로 들어간 것은 유로존의 우수성을 입증하는 증거로도 간주됐다. 유로화는 그야말로 유럽통합의 상징이었고 유럽인의 자신감이었다.

하지만 2009년부터 불거진 그리스 위기는 이런 유럽인의 긍지와 염원을 무색하게 만든 사건이었다. 유럽 경제에서 불과 2%를 차지하고 있는 그리스에서 재정 위기가 불어닥쳤다는 소식에 독일과 프랑스 등 유럽 맹주들은 그리스 정부가 해결할 수 있는 위기로 인식했다. 그러나 그리스 재정위기가 포르투갈, 아일랜드, 스페인을 거쳐 유로존 전체의 위기로 번질 가능성이 커져만 갔다. 그리스에서 시작된 나비효과가 유로화의 미래에 발목을 잡았던 것이다.

보편적 복지가 키운 그리스 위기

그리스는 1970년대까지 견실한 경제를 유지해왔던 입헌군주국이었다. 그리스 국내총생산(GDP)은 평균 연 4~5%씩 성장했으며 시멘트, 선박, 관광산업 등을 기반으로 수출도 활발했다. 하지만 파판드레우가 이끄

는 좌파 사회당이 1981년
집권하면서 경제 상황은 급
전직하했다. 파판드레우는
보편적 복지 강화, 공공부
문의 확대, 정부의 개입 강
화 등 좌파 경제정책을 쓰
면서 재정지출을 급격하게
늘려나갔다. 선진국인 프

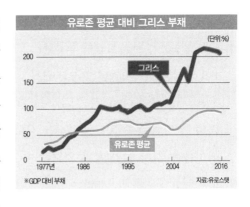

랑스, 영국과 맞먹는 복지를 위해 연금보장을 대폭 늘리고 사회보장과
건강보험 보장 정책을 펼쳐갔다. 공공부문 비중도 늘려 1970년대 초반
GDP 대비 25%에서 53%(2009년 기준)까지 늘렸다.

국민들은 환호했다. 정부 지출에 의한 경제 성장이었다. 정부는 부
족한 재정을 메우기 위해 외국에서 돈을 마구 빌려다 썼다. 금리는 연
30%에 달할 만큼 높아지고 인플레이션도 극심했다. 그리스의 탈출구는
결국 EU 가입으로 유로존에 국가의 운명을 맡기는 것이었다. 자발적으
로 자국 화폐를 찍어 문제를 해결할 수 없었던 그리스는 대신 유로화라
는 공통 화폐를 쓰면서 다른 나라로부터 돈을 빌리기가 비교적 수월했
다. 자국통화를 사용하는 경우였다면 취약한 경쟁력이 부각되면서 리스
크가 일찍 불거졌을 것이라는 시각도 있다.

EU 가입으로 복지병 더해져

EU가 처음 출범하면서 그리스 가입 여부를 놓고 독일과 프랑스는 팽팽
한 기싸움을 벌였다. 그리스의 재정 상황을 익히 알고 있던 독일은 재
정 건전성을 이유로 그리스의 유로존 가입을 반대했다. 하지만 프랑스
는 유럽 문명의 발상지인 그리스를 제외하면 유로존의 명분과 정신이

훼손된다며 그리스 가입을 적극 지지했다. 결국 그리스는 유로존에 가입하고 유로화가 본격적으로 통용됐다.

그리스는 2000~2007년 유로존에서 가장 빠른 성장을 보인 국가 중 하나였다. 이 기간 GDP 증가율은 4.2%나 됐다. 경쟁력이 떨어져 수출이 되지 않고 소득수준도 줄었지만 사회보장 정책으로 국민은 경제에 큰 어려움을 겪지 않았다. 무엇보다 유로화를 사용하면서 시중금리는 연 20% 이상에서 불과 3~4%로 떨어졌다.

그리스 국민은 비싼 차를 구입하고 해외여행을 다니면서 풍족하게 소비했다. 과도한 소비가 일시적으로 높은 경제성장률을 이끌어낸 것이다. 그리스는 다양한 복지 프로그램을 유지하기 위해 외국에서 돈을 계속 빌렸고 국가 부채 규모는 갈수록 증가했다.

: EU 지원 없이 살 수 없는 그리스, 미래 불투명

드디어 올 것이 오고야 말았다. 2009년 10월 총선 이후 집권한 사회당 정부가 복지정책을 늘리면서 재정 상황이 급속히 불안해졌다. 재정 적자 및 정부 채무가 각각 GDP의 12.7% 및 113.4%에 달하는 것으로 나타나면서 그리스 정부채권 가격이 급락하기 시작했다. 2010년 5월 EU는 총 1100억 유로 상당의 긴급 금융지원을 승인하면서 그리스는 일단 최악의 상황을 모면했다. 유로존 국가는 800억 유로, IMF는 대기성 차관을 통해 300억 유로를 지원키로 합의(1차 구제금융)했다. 하지만 2011년 그리스 재정위기가 다시 불거지자 EU는 IMF, ECB 등과 다시 금융지원 방안을 논의했다. 이들은 다음해 2월 1300억 유로 규모 2차 구제금융을 결정했다.

이 지원방안에 따르면 총 1300억 유로의 유동성을 지원하되 지원조건으로 최저임금(22% 수준), 임금(15%), 연금 및 실업수당의 삭감, 공무원 1만 5000명 감원 등을 통해 GDP 대비 1.5% 수준의 재정지출을 축소하도록 했다. 그리스가 감내하기 어려울 만큼의 감축이었다.

무엇보다 지원자금은 그동안의 국가 채무를 갚는 데 사용됐다. 2010~2014년 구제금융을 통해 지원된 지원금 중 813억 유로(전체의 31.5%)는 만기채무를 상환하는 데 지출됐으며 채무를 줄이는 데 495억 유로(19.2%), 국채 및 차관에 대한 이자 지급을 위해서도 406억 유로(전체의 15.7%)가 쓰였다. 전체의 66%가 빚 갚는 데 쓰인 것이다. 빚으로 빚을 갚는 상태가 지속된 것이다.

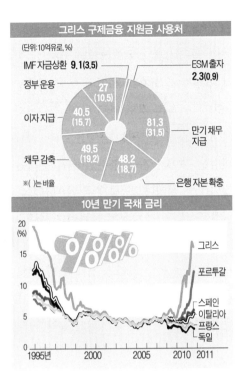

하지만 그리스 정부는 결코 복지비용을 줄일 수 없었다. 2012년 예산에서 복지국가에 대한 비용은 227억 유로로 국가 전체 지출의 31.9%였다. 이 가운데 70%가 사회 보장과 건강보험 관련 비용이었다.

그리스 경상수지 적자 80억 유로

더 중요한 것은 그리스의 미래가 보이지 않는다는 것이다. 제조업은 거의 없고 주로 농업과 관광업에 의존하는 국가다. 면화나 석유제품 위주의 수출은 지속적으로 줄어들어 272억 유로(2014년 말 기준)에 그쳤다. 하지만 수입액은 478억 유로에 이르고 있다. 관광수입을 빼더라도 지난해 경상수지 적자는 80억 유로의 적자상태를 보이고 있다. 독일과 프랑스가 우려하는 것도 바로 이런 부분이다. 지금 모든 EU 가입국은 자국 GDP의 2~3%나 되는 금액을 그리스에 빌려주고 있다. 물론 이 돈을 상환받을 수 있을지는 불투명하다. 문제는 앞으로 더욱 돈이 많이 들어갈 것이라는 점이다. 이렇게 되면 더 이상 공통화폐라는 개념이 필요하지 않을 수 있다. 유로화의 붕괴라는 우려가 나오는 것도 이런 이유에서다.

그리스의 국가 신뢰가 되살아나려면 경쟁력을 회복하는 길밖에 없다. 구조조정을 통해 그리스 경제의 생산성을 높이는 것이 근본적인 처방이다. 이것도 아니라면 임금수준을 대폭 낮춰야 한다. 땀과 노력 없는 좋은 삶은 없다는 것을 그리스인들이 보여주고 있다.

Vitamin

건국 50년,
기로의 싱가포르

2015년 8월 9일은 싱가포르 건국 50주년 기념일이었다. 서울보다 조금 더 큰 면적(692.7㎢)에 인구는 오히려 서울 절반 수준인 546만 명(2013년)밖에 안 되는 싱가포르다. 말레이반도 끄트머리의 섬나라가 1인당 GDP 5만 6113달러(2014년)로 세계 8위까지 오르리라고 예상했던 사람은 없었다. 1965년 말레이시아 연방에서 독립할 때만 해도 '곧 없어질 나라'라는 비아냥거림까지 들었다. 이런 싱가포르가 아시아 최고의 부국이 됐다. 세계 3대 규모의 석유정제시설을 갖추고 있고, 연간 1700만 명의 관광객이 찾아오고 있다. 금융에서도 세계 3대 금융허브를 눈앞에 두고 있다. 그러나 싱가포르의 새로운 50년은 순탄치만은 않아 보인다. 그동안의 성장 모델은 한계에 부딪히고 있고 국부 리콴유가 2015년 3월 타계하면서, 리콴유 없는 새로운 50년을 시작해야 한다.

: 선진국과의 네트워크가 싱가포르 성장 비결

싱가포르의 역사는 곧 리콴유(1923~2015)의 통치사다. 리콴유는 1959년

국무총리가 돼 독립과 건국
을 주도했다. 싱가포르 성
장사를 이해하기 위해서는
리콴유가 그린 큰 그림을 먼
저 알아야 한다. 리콴유와
그의 관료들은 새 나라를 만

1인당 GDP 세계 순위		
		(단위:달러)
1위	룩셈부르크	11만6572
2위	노르웨이	9만9295
3위	카타르	9만4774
4위	스위스	8만4344
5위	호주	6만2822
6위	덴마크	6만1885
7위	스웨덴	5만7557
8위	싱가포르	5만6113

들면서 정교하고도 구체적인 전략을 짜려고 애썼고 그 실천 과정에서는
부패 없는 정부를 유지하려고 노력했다. 싱가포르의 경제 기적은 그 과
실이었다.

제3세계 속의 오아시스

리콴유는 두 가지 큰 전략을 세웠다. 하나는 지역의 한계를 뛰어넘는 것
이다. 이스라엘이 주변 아랍 국가들을 제치고 유럽, 미국과 교역했던 것
과 마찬가지로 싱가포르는 적대적인 말레이시아 등 이웃 국가들을 넘어
미국, 유럽 그리고 일본과 같은 선진국과 연대하여 자국의 발전을 모색
하는 전략을 세웠다. 특히 선진국 제조업체를 유치하는 것을 최우선 목
표로 했다.

두 번째 전략은 제3세계 국가지만 제1세계와 같은 '오아시스'를 창조
하는 것이었다. 이것은 주변국과 전쟁을 자주 벌인 이스라엘이 추진한
전략이었다. 싱가포르가 치안, 보건, 교육, 통신, 수송, 서비스 등 분야
에서 사회와 개인의 안정을 유지할 수 있도록 선진국 기준을 만족시킬
수 있다면 세계적인 기업가와 기술자 그리고 전문가들이 들어와 일할
수 있는 베이스캠프가 될 수 있다고 믿었다. 영어를 공용화하고 직업훈
련으로 제1세계 수준의 서비스를 공급하기 위한 소양을 국민이 갖추게
하는 것은 이런 전략에서 나온 조치들이다.

선진 대기업 투자 유치

이런 두 가지 전략 아래 리콴유와 그의 관료들은 선진 대기업 투자를 유치하는 데 많은 공을 들였다. 여기엔 1984년까지 23년간 경제고문으로 리콴유를 도운 알베르트 빈세미어스 박사의 힘이 컸다. 독립 이전인 1961년에 외국 투자자를 위해 일괄·통합서비스를 할 수 있는 경제개발청(EDB)을 세운 것도 그의 조언에 따른 것이었다. EDB는 사무소를 뉴욕, 샌프란시스코, 홍콩, 런던, 프랑크푸르트, 취리히, 시카고, 스톡홀름, 도쿄 등에 차례로 열며 투자유치에 나섰다. 9000에이커의 땅에 도로, 배수구, 하수구, 전기, 가스, 수도를 완벽하게 갖춘 주롱단지도 건설했다. 싱가포르는 여기에다 비즈니스에 우호적인 노동 조건과 투명한 거시경제 정책을 약속하며 투자유치에 박차를 가했다.

1968년께부터 성과가 나타나기 시작했다. 미국의 텍사스인스트루먼트(TI), 내셔널반도체 그리고 HP 등 대기업이 싱가포르 투자를 결정했다. 이후 미국 전자회사들이 몰려오기 시작해 1970년엔 제너럴일렉트릭(GE)이 회로차단기, 전자 모터 등 전기·전자제품 생산 공장 6개를 설립했다. 이 시기 중국이 문화혁명의 광풍에 휘말렸던 것도 싱가포르엔 행운이었다. 홍콩이나 대만 투자를 검토하던 선진국 기업들이 중국과 좀 더 거리가 떨어진 싱가포르로 방향을 돌렸다고 한다. 1973년 오일쇼크로 어려움도 있었지만 싱가포르는 선진국과의 이 네트워크를 통해 제조업을 키울 수 있었다. 싱가포르의 3대 제조업은 석유화학, 전자, 바이오메디컬산업이다.

세계 3대 금융허브로

금융허브로 성공한 것도 드라마틱하다. 여기에도 빈세미어스 박사의 공로가 컸다. 그는 런던 금융가의 지인과 접촉하면서 싱가포르의 독특한 지리적 장점을 발견했다. 국제 금융계의 하루는 스위스 취리히에서 시작하는데, 취리히에서 오전 9시 국제금융시장이 열린 뒤 차례로 프랑크푸르트, 런던이 문을 연다. 런던이 문을 닫을 때쯤 뉴욕이 문을 열고 오후엔 샌프란시스코로 시장이 넘어간다. 그런데 샌프란시스코가 문을 닫고 나면 다음날 취리히가 문을 열 때까지 세계 금융시장은 베일에 덮이는 것이다. 바로 그 빈 시간을 채울 수 있는 곳이 싱가포르였다!

싱가포르 금융시장은 아시아 달러시장을 시작으로 소박하게 출발했다. 그러나 성과는 창대했다. 1968~1985년 아시아 달러시장은 싱가포르가 독점했고, 1990년대 이르러 런던, 뉴욕, 도쿄에 이어 세계 4위의 외환시장으로 성장했다. 리콴유는 1994년 금융업 육성을 국가 비전으로 선언하며 아세안뿐 아니라 중동, 인도, 호주 등을 포괄하는 세계 3대 금융허브를 목표로 세웠다. 싱가포르에 진출한 글로벌 은행 숫자가 100개를 넘어선 지 이미 오래여서 이 비전도 달성될 날이 머지않았다.

: 중동석유 시대의 종언, 도시국가 한계도 드러나

부패 없는 깨끗한 정부

리콴유의 이런 계획들이 성공을 거둔 데는 정부 경쟁력이 엄청난 역할을 했다. 외국 투자자들이 안심하고 투자하려면 노사관계가 안정적이어야 하고, 정부가 부패 없이 투명해야 한다. 이에 관한 한 리콴유는 집착에 가까운 신념을 보였다. 사형, 태형을 마다하지 않는 엄정한 법 집행은 국내적으로나 국제적으로 많은 논란에 휩싸이기도 했다. 나라가 안정적이지 못하면 선진국 기업들이 들어오지 않는다는 생각은 여러 가지 자유도 제한했다.

경쟁국인 한국이 1980년대말 민주화 바람에 휩싸여 노사분규로 세계 기업을 쫓아낸 것 같은 일들은 싱가포르에선 상상할 수 없다. 선진국과 글로벌 기업과의 네트워크에서 부강의 길을 찾은 결과, 싱가포르에는 현재 6000여 개의 다국적 기업이 진출해 있고 이 가운데 3600여 개는 동남아 또는 아·태지역본부 역할을 수행하고 있다. 싱가포르는 지정학적 이점을 최대한 살리며 선진국 수준의 제도, SOC 기반, 노사 관행 등을 만들어 초고속 성장을 구가해온 것이다.

기로에 선 싱가포르

싱가포르의 메인 비즈니스는 서비스산업이다. 중개무역항이자 글로벌 비즈니스 허브로서 무역, 금융, 물류 등 서비스산업이 전체 경제의 64%를 차지하고 있다. 싱가포르는 특히 중동에서 극동지역으로 이어지는 물류의 길목이자, 동·서아시아의 중심에 위치하고 있으며 자연재해가 없는 천혜의 무역항이라는 지리적 이점과 정부의 지원정책에 힘입어 석유거래의 중심지가 됐다.

문제는 셰일가스 개발로 촉발된 중동 석유시대의 종언이 미칠 영향이다. 중동 석유 수송로를 지키던 미국은 그 경제국방의 개념을 자국 셰일가스 수출로인 태평양으로 돌리고 있다. 이렇게 되면 싱가포르 중심의 원유거래 시장 등이 예전 같은 영화를 누리지 못할 가능성이 커진다. 싱가포르 선진국 네트워크의 가장 큰 중심인 미국의 경제외교 중심축 이동도 큰 변수다.

고성장을 구가하던 시절엔 중국의 대외무역창구 역할도 싱가포르 경제의 화수분 노릇을 했다. 그러나 중국은 싱가포르의 도움 없이도 세계 전역을 상대로 무역을 확대하고 있다. 여기다 최근 들어 외국인 노동자 증가, 부동산 가격 급등, 물가 상승, 빈부 격차 악화, 정치 개혁 요구 증대 등으로 경제적, 사회적 긴장이 조성되고 있다. 싱가포르 정부는 고비용, 저출산, 글로벌 경쟁 격화 등으로 혁신 없이는 지속 발전을 추구하기 어렵다며 산업의 고부가가치화, 생산성 향

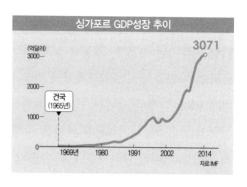

상, 외국인 노동력 의존 감축 등 경제 구조조정 10년 계획을 시행 중이지만 하나같이 어려운 과제들이다.

생전의 리콴유는 작은 도시국가로서의 한계를 잘 알고 있었다. 그는 "역사적으로 볼 때 도시국가들은 오랫동안 살아남기 힘들다"고 했다. 리콴유는 그래서 싱가포르를 '허브', 즉 모든 것이 이어지는 중심으로 만들려고 노력했다. 그러나 모두가 중심이 되려고 하는 글로벌 초경쟁 시대에 싱가포르가 가졌던 지정학적 이점은 갈수록 약해질 수밖에 없다. 새로운 반세기를 시작하는 싱가포르는 기로에 서 있다. 세계가 싱가포르의 선택을 주목하고 있다.

Vitamin

이민 패러독스

유럽이 난민 문제로 들끓고 있다. 앙겔라 메르켈 독일 총리가 2015년 80만 명의 난민을 받겠다고 발표한 이후 더욱 그렇다. 이제 그리스 사태는 문제도 아니다. 혹자는 1648년 베스트팔렌조약 이후 가장 큰 사건이라고 한다. 이들로 인해 유럽연합(EU)의 분열과 갈등이 노골화할 것이라고 걱정하는 쪽도 있고 EU가 한층 개방적이고 파워풀한 체제로 진화할 것이라는 견해도 있다. 극단적으로 세계시민사회체제로 갈 것이라는 칸트식 설명도 나온다.

하지만 지금 EU는 당장 이민할당제조차 해결하지 못하고 있다. 각국이 고민하는 것은 이들에게 줘야 할 일자리와 복지다. 복지보다 일자리 부족 해결이 더욱 시급한 독일 국민들에게서 이민자를 적극 받아들이려는 움직임도 있다. 독일인에게는 민족국가 타령하는 이들이 한가롭게 보일지도 모른다.

그러나 이들의 유입이 복지를 더욱 떨어뜨리고 사회 불안정 요소로 작용할 것이라고 우려하는 국가들은 노심초사다. 차라리 불법 이민이 많으면 오히려 일자리를 해결하고 복지문제도 해결하는 프리드먼의 '이민 패러독스' 상태가 나을 것이라고 생각하는 사람도 늘고 있다.

물론 이민의 미래는 섣불리 예단하기 힘들다. 분명한 것은 제조업 강국이 이민자들을 불러오고 자유시장경제가 이민자들을 끌어들인다는 점이다. 이들 이민자는 시장에서 치열한 경쟁을 통해 소득을 늘리고 생존해갈 것이다. 그게 시장의 진화요, 혁신이다. 메르켈의 '도전'에서 자유민주주의와 시장경제의 위대함이 읽힌다.

: 난민 문제로 동서분열 격화되는 유럽

난민(refugee)은 여러 가지 이유로 박해 우려가 있어 자신의 모국을 떠나 피난처를 찾는 사람이다. 주로 내전과 독재, 종교 탄압으로 자유를 빼앗기고 생명을 잃을 위험이 있는 경우가 많다. 이들이 망명을 신청하면 해당 국가는 임시 숙소와 음식을 제공하고 간단한 치료를 받게 해준다. 심사를 거쳐 난민 판정을 받으면 해당 국가는 이들에게 사회의 일원으로 통합되도록 도와줘야 한다는 의무를 유엔난민협약은 규정하고 있다. 메르켈 독일 총리가 시리아 난민 80만 명을 수용하겠다는 것은 이런 정신에 입각해서다.

이민(immigration)은 더 나은 삶을 찾아 다른 나라로 자발적으로 떠나는 경우를 일컫는다. 일반적으로 경제적 이민이 많다. 해당 국가가 요구하는 자격을 충족해야 한다. 그렇지 않으면 불법 이민이다. 이번에 유럽에 밀려오는 시리아인들은 난민인지 이민인지 구별하기가 쉽지 않다. 시리아의 폭정을 견딜 수 없어 탈출한 난민이라고 하지만 실은 유럽의 나은 생활과 복지를 노린 경제적 이민의 성향도 적잖다. 그래서 난민이나 이민보다 아예 이주민이라는 단어를 쓰기도 한다. 빅토르오르반 헝가리 총리는 난민 캠프에 머물면 난민이지만 이들이 유럽으로 들어오려하면 이민으로 봐야 한다고 주장하고 있다. 난민들은 모두 스마트폰을 사용하면서 광범위한 네트워크를 구성하고 있다고 한다. 여름에 한꺼번에 몰린 것도 난민이 아닌 이민자의 속성을 갖고 있다는 것이다. 이들이 유럽을 얼마만큼 바꿀지는 아무도 모른다.

난·이민의 역사 및 현황

고대 그리스와 이집트에선 신성한 곳으로 피신한 사람들에게는 위해를 가할 수 없다는 원칙이 있었다. 우리나라에서도 삼국시대 이전 부족국가 시절에는 제사를 지내는 신성한 곳인 소도(蘇塗)에 죄인들이나 부정을 저지른 자가 피신하면 함부로 징벌을 가할 수 없었다.

영국 켄트의 에셀베르트 왕은 아예 교회나 성소에 피신할 권리를 명문화하기도 했다. 피난민은 고대에도 기록이 많다. 한국에서도 신라 시대 벌휴왕 때 일본에 대기근이 들어 일본인들이 대거 한국으로 들어왔다는 기록도 있다. 백제가 멸망하면서 백제의 기술자와 귀족들은 대부분 일본으로 망명했다. 물론 임진왜란 때 일본에 의해 도공 등 기술자들이 납치당한 사례도 있었다.

1648년 베스트팔렌 조약에 따라 각국이 주권을 가지는 국가주의 시대에 접어들면서 이민 문제가 본격화됐다. 미국처럼 이민자가 모여 새로운 국가를 만든 경우도 있고 이스라엘과 같이 이민자들이 모여 사라진 국가를 다시 세운 경우도 있다. 스웨덴과 독일인들은 미국에 이민 갔다가 돌아온 사례가 많은 국가다. 이에 반해 기근이 발생하면서 미국으로 대거 이민을 갔던 아일랜드인들은 거의 본국으로 돌아오지 않았다. 현재 이민을 가장 많이 받은 국가는 1세대 이민 인구가 전체 인구의 27%를 차지하는 호주와 스위스며 이스라엘이 24%, 뉴질랜드가 24%, 캐나다가 20%다. 유럽은 7%고, 한국은 3% 남짓이다.

: 프리드먼 "불법 이민이 오히려 일자리 해결"

이민을 보는 칸트의 관점

이민을 처음 다룬 철학자는 임마누엘 칸트다. 칸트는 보편적이고 정당한 세계 시민의 상태에 도달하는 것이 인간의 희망이자 자연이 인간을 통해 의도하려는 최고의 목표라고 봤다. 그는 이민도 이런 차원에서 바라봤

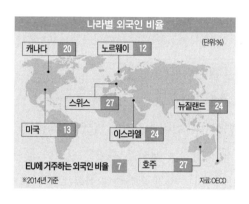

나라별 외국인 비율

(단위:%)

캐나다 20　노르웨이 12

스위스 27　뉴질랜드 24

미국 13　이스라엘 24

EU에 거주하는 외국인 비율 7　호주 27

※2014년 기준　자료:OECD

다. 칸트는 '영구평화론'에서 "외국인이 다른 나라의 영토에 들어갔을 때 그가 적대적으로 행동하지 않는 한 적대시하면 안 된다"고 쓰고 있다. 외국인은 손님으로서 융숭히 대접받아야 할 권리라기보다는 발을 디딜 권리(right of resort)를 갖고 있음을 분명히 한 것이다.

또한 그들을 무한정 머무르게 할 어떤 강제권도 갖지 못한다고 했다. 칸트가 말하는 이런 권리는 물론 인류애적인 박애주의 개념에서 출발한 게 아니라 자연법적이며 세계시민법적인 권리에 기반을 둔다. 그는 이민의 모든 행위도 세계 평화를 이루게 하기 위한 자연의 숨겨진 계획에 따르는 차원에서 이뤄져야 한다고 했다. 하지만 이 같은 칸트의 생각에 반기를 드는 사람도 많다.

구명선 윤리의 함정

이민을 규제해야 한다는 논리를 편 대표적 학자는 생물학자 게렛 하딘(G. Hardin)으로 그는 구명선 윤리를 예로 들었다. 두 척의 구명보트가 떠

있으며 그중 한 척에는 적절
한 인원이 승선했고 물자와
식량 또한 적절하게 있다.
반면 정원을 초과한 나머지
한 척은 부족한 물자와 식량
으로 혼란을 겪고 있다. 다
른 배로 헤엄쳐 태워줄 것을
간청하는 경우에 적절한 배
에 있는 사람들은 이들을 구
조해줘야 할 것인지에 대한
논란이다.

하딘은 이들을 절대 구조
해선 안 된다고 못 박고 있
다. 이들을 구조해주면 당연히 구명보트가 위험해지고 위기상황에 빠진
다는 것이다. 하딘은 이런 차원에서 이민이나 난민도 받아들이지 말아
야 한다고 강조한다. 하딘은 부유한 구명선에 남은 자리가 있더라도 그
것을 채워서는 안 된다는 주장까지 펼치고 있다. 새로운 질병이나 기후
변화에 대처할 수 있는 안전장치로 남겨둬야 한다는 것이다.

하딘은 결국 순수한 정의는 무한 소급을 가져온다며 이에 반대하고
있다. 하딘은 모든 국가가 단일한 세계정부 없이 수많은 자주적인 구명
선에서 살아가고 있다는 것을 명심해야 한다며 미래 생존을 위해선 구
명선 윤리에 따라 행위해야 한다고 역설하고 있다.

밀턴 프리드먼의 '이민 패러독스'

노벨경제학상 수상자인 밀턴 프리드먼은 경제학적 관점에서 이민에 대

한 통찰을 제공하고 있다. 그는 우선 미국에서 1914년 이전 유럽인들이 미국으로 대거 이민올 때에는 모든 사람이 혜택을 받았다고 설명한다. 200년 전 영국에서 건너온 청교도(필그림즈)들도 물론 많은 혜택을 받았다. 이들은 미국이 이만큼 대단한 국가로 성장할지는 아무도 상상하지 못했을 것이다.

이민자들은 원주민들에게도 여러 가지 부가 자원을 제공했다. 모든 사람은 상호 이익을 거뒀다. 하지만 지금 시대는 이민을 함부로 늘릴 수 없는 상황이다. 프리드먼 교수는 이민은 바로 일자리와 직결돼 있고 한편으로는 복지와 결부돼 있기 때문이라고 설명한다. 이들 이민자에게 일을 하던 하지 않던 간에 관계없이 복지를 제공한다면 결국 주민들이 세금을 더 내야 하는 것이다. 주민들은 선거에 의해 이 같은 일을 차단할 것이므로 불가능한 일이라고 주장한다.

하지만 그는 불법 이민은 이민자나 거주자들에게 모두 좋은 일이라고 지적한다. 불법 이민자들은 어떤 복지 혜택도 받지 못한다. 그들은 사회적 안전보장도 받을 수 없다. 이들은 대부분 힘든 일에 종사한다. 거주민들에게는 더할 수 없이 좋은 기회다. 이것을 프리드먼 교수는 '이민의 패러독스'라고 불렀다. 그는 하지만 이 같은 패러독스가 있는 사회는 불공평한 요소들이 남아 있기 때문에 사회 갈등이 필연적으로 일어나고 오래가지 못할 것이라고 역설한다.

: 제조업 강국이 이민자들 불러모은다

문제는 일자리와 복지다

이민 문제로 가장 골치 썩인 국가로 대표적인 나라는 영국과 프랑스다.

이들 국가는 20세기 후반에 대거 이민을 받아들였다. 영국은 한때 인구의 10%가 넘는 이민으로 채워진 국가이기도 했다. 기업들이 인력과 기술력 부족을 이유로 대거 이민자들을 활용했다. 자국의 인력이 기피하는 의

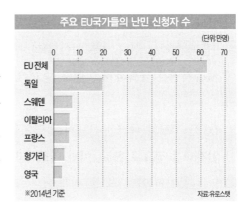

료서비스와 돌봄 산업 등에서 이민자들을 찾을 수 있었다. 하지만 2010년 캐머런 정부가 들어서면서 이민자들을 규제했다. 이들의 복지에 너무 많은 예산이 들어갔기 때문이다.

독일도 한때 이민자들을 활용했지만 복지 예산으로 인해 이들의 쿼터를 대폭 줄였다. 그러다 다시 고령화로 인력이 모자라자 이민을 받아들이는 정책으로 바꾸고 있다. 결국 이민정책의 이면에는 사회적 비용을 우려하는 정부 및 시민단체와 경제적 이익을 지키려는 산업계의 갈등이 있다. 간단하게 말하면 복지를 고민하는 정부와 값싼 일자리를 찾으려는 기업들 간의 갈등이다. 복지사회를 앞세우는 영국이나 유럽 국가들은 이들의 갈등과 대립으로 이민정책이 계속 변화하고 있는 것이다. 사정은 미국도 마찬가지다.

제조업 있는 곳에 이민 있다

19세기와 구별되는 21세기 이민의 특성은 이민의 글로벌화다. 네팔 청년들이 한국에서 일하고 몽골인들이 프라하의 자동차 기업에서 일한다. 중동 건설현장에 아시아와 아프리카의 젊은 인력들이 바글댄다. 지금 독일행 기차를 타려는 난민들도 가히 국제적이다. 그곳에는 제조업

이 있고 일자리가 있기 때문이다. 글로벌화된 제조업이 바로 21세기 일자리를 창출하고 있다. 제조업이 쇠퇴하면 이민도 쇠하고 만다. 제조업이 사라지면서 급속하게 이민도 줄고 있는 사례를 영국에서 목도하고 있다.

저출산 고령화 국가는 근로자를 필요로 하고 개발도상국가의 청년들은 일자리를 필요로 한다. 이민 네트워크는 상상 이상으로 강해 일자리가 있는 곳이면 이민자들은 세계 어디든지 찾아간다. 이것이 세계적 불평등을 초래하는 본질적인 문제라고 지적하는 학자도 있다. 이민 관련 학자들은 오늘날 이민자들의 네트워크야 말로 각국의 국경을 설정한 베스트팔렌 조약 이후 가장 심각한 도전이라고 주장한다. 이들은 역설적으로 이민이 늘면 늘수록 국가주의는 더욱 강력해질 것이라고 역설한다.

Vitamin

'아랍의 봄'
멀고 먼 민주주의

2010년 12월 튀니지에서 한 청년이 노점상 단속에 항의하며 분신자살한 것을 계기로 대규모 민주화 시위가 일어났다. 이 사건으로 결국 24년간 튀니지를 통치해온 지네 엘 아비디네 벤 알리 대통령이 사우디아라비아로 망명했다. 튀니지에서 촉발된 시위는 주변국으로 번져 독재 정권들이 잇달아 무너졌다. 중동·북아프리카에 민주화 바람을 몰고 온 이른바 '아랍의 봄'이었다.

하지만 6년여가 흐른 지금, 중동은 여전히 혼돈 상태다. 민주화는 요원하고 내전과 테러, 점증하는 난민으로 중동은 그 어느 때보다 어지럽고 어려운 시기를 보내고 있다. 셰일혁명으로 중동의 가장 큰 돈줄이던 유가마저 하락해 자칫 아랍권 전체가 정치적으로는 물론 경제적으로 엄청난 소용돌이에 빠질 가능성도 적지 않다.

: 부족주의·종교 갈등이 중동 민주화 걸림돌

노르웨이 노벨위원회는 2015년 노벨평화상 수상자로 튀니지의 '국민 4

자 대화기구'를 선정했다. 튀니지의 다원적 민주주의 구축에 결정적 공헌을 했다는 게 선정 이유다.

그러나 튀니지 민주주의 역시 쉽지 않은 여정이었다. 2011년 재스민 혁명 이후 그해 10월 자유선거가 치러졌지만 폭력시위와 폭동이 끊이지 않았다. 2013년엔 야당 지도자가 잇따라 암살되는 등 사회 혼란이 극심했다. 지난해 12월 민선 대통령을 평화적으로 선출하는 데 성공했지만 아직도 튀니지 민주주의는 갈 길이 멀다는 지적이 많다.

IS와 같은 주변국 이슬람 극단주의자들이 튀니지에 들어와 테러를 자행하는 일이 심심치 않게 벌어지고 있다. 지난해엔 독재 시절 부패 공무원들을 사면해주는 특별법에 항의하는 대규모 반정부 시위가 벌어지기도 했다. 35%에 이르는 높은 청년 실업률 등 경제적 문제도 산적해 있다. 그럼에도 튀니지의 국민 4자 대화기구가 노벨평화상을 받았다는 것은 역설적으로 아랍의 봄 이후 튀니지 이외 중동 국가에서는 민주화가 사실상 좌초됐다는 뜻이기도 하다.

이집트에서는 2011년 민주화 시위로 30년간 독재를 해온 호스니 무바라크 대통령이 물러나고 2012년 첫 민선 대통령인 무함마드 무르시가 당선됐지만 1년도 안 돼 군부에 의해 축출됐다. 이후 전·현 대통령 지지자 사이에 무력 충돌과 시위가 이어지며 정국 불안이 계속되고 있다. 언론 탄압도 심해 수많은 기자가 구속될 정도여서 아랍의 봄 당시보다도 오히려 민주화가 후퇴했다는 평가를 받을 정도다.

리비아는 카다피 축출 후 권력 공백으로 극심한 혼란을 겪고 있다. 수도 트리폴리 주변을 장악하고 있는 이슬람 무장 세력과 북동부의 임시 정부로 국가가 분열돼 있어 사실상 내전상태다. 정부군과 시아파 후티 반군 간 내전이 끊이지 않는 예멘에서는 10만 명이 넘는 난민이 속출해 제2의 시리아가 될 것이란 우려가 커지는 상황이다.

특히 시리아는 독재정권과 반정부군, IS, 쿠르드족 간에 얽히고설킨 내전이 끊이지 않는 데다 미국과 러시아의 개입으로 내전이 국제전 양상으로까지 치닫는 형국이다. 민주주의는 고사하고 국민의 20%가 난민이 될 정도며 최근 유럽 난민 문제의 핵심에도 시리아가 있다. 이라크 역시 IS와 정부군 반군 간 내전이 그칠 줄 모르는 상태다.

결국 2011년 정점을 치닫던 아랍의 봄은 튀니지를 제외한 대부분 중동에서 '없었

혼돈에 빠진 중동

● IS 점령지역

지역	시기	내용
튀니지	2010년 12월	중동 최초 반정부 시위
	2011년 1월	지네 엘 아비디네 벤 알리 대통령 사임
	2013년 10월	23년만에 자유선거 실시
	2013년 2월, 7월	야당 지도자 잇따라 피살
	2014년 12월	첫 대통령 선거 실시
이집트	2011년	민주화 시위로 무바라크 대통령 사임
	2012년 6월	첫 민선 대통령 무함마드 무르시 당선
	2013년 7월	군사쿠데타로 무르시 축출
		전·현 대통령 지지자 사이 무력 충돌 발생
리비아	2011년	카다피 42년 통치 붕괴
		동북부 임시정부와 트리폴리 인근 장악한 이슬람 무장 세력으로 나뉘어 내전 상태
시리아	2011년	내전 발발, 바샤르 알아사드 퇴진 거부
		독재정권, 반정부군, IS, 쿠르드로 갈라져 내전중
	2015년 10월	러시아 공습
예멘	2012년	알리 압둘라 살레 대통령 하야
	2015년 3월	만수르 알 하디 대통령 사우디 망명정부 수립
		정부군과 시아파 후티 반군간 내전 지속중

던 일'이 되고 말았다. 이런 중동의 모습을 보면 민주주의란 결코 반정부 시위로 독재자가 권좌에서 물러난다고 가능해지는 것은 아님을 잘 보여준다. 이뿐만 아니라 민주주의는 선거를 통해 지도자를 뽑았다고 저절로 이뤄지는 것 또한 아니다.

: 민주주의 국가가 되는 건 쉬운 게 아니다

아랍의 봄이 민주주의 내지는 민주화로 이어지지 않은 이유에 대해서는

몇 가지 분석이 있다. 우선은 다수의 중동 국가, 특히 극심한 내전을 치르고 있는 시리아나 이라크와 같은 국가들은 하나의 개별 국가로 성립될 역사적 근거가 별로 없다는 분석이 있다.

시리아나 이라크, 요르단, 레바논, 팔레스타인 등의 국가는 1차대전이 끝나면서 세워진 나라들이다. 1차대전 때 영국은 독일과 동맹이던 오스만튀르크 제국 치하에 있던 주요 아랍 부족을 선동해 봉기시켰다. 이 지역은 수많은 민족과 종파가 뒤얽혀 살아온 곳이다. 종교나 민족, 부족별로, 공동체로 공존하며 살아왔다. 이처럼 부족주의가 여전히 지배하는 지역에 인위적으로 국가를 만들고 국경선을 그었으니 하나의 국가로 통합되는 것, 즉 민주주의 이전에 통일국가 성립 자체가 어렵다는 얘기다.

아랍의 봄이 민주화로 이어지지 않은 이유를 종교와 민주주의 간 관계를 통해 설명하는 견해도 있다. 컬럼비아대 정치학 교수인 알프레드 스테판은 민주주의와 종교가 모두 발전하기 위해서는 종교와 국가의 제도적 분화가 이뤄져 두 개의 관용(twin tolerations)이 존재해야 한다고 지적한다. 종교 조직은 민주적 국가의 관료가 관련법에 따라 행동하는 한, 국가 조직을 통제하지 않으며 국가 역시 종교 조직이 다른 시민의 권리를 존중하며 사회에서 활동할 때 종교를 통제하지 않는 관계를 말한다.

민주주의 달성을 위해서는 국가와 종교 간 완전분리를 뜻하는 좁은 의미의 세속주의가 아니라, 국가와 종교가 서로를 존중하고 인정하는 관계가 필요하다는 얘기다. 그런데 현실적으로 중동의 많은 국가에서 아직 이런 국가와 종교 간의 적절한 관계가 이뤄지지 않아 민주화에 한계가 있을 수밖에 없다는 것이다.

유가하락으로 경제난까지, '아랍의 겨울' 닥쳐오나

민주주의나 국가통합과는 다소 거리가 있는 중동이지만 어떻든 이 지역

국가들과 경제를 그나마 유
지시켜온 가장 큰 힘이 석유
임은 두말할 필요도 없다.
'오일 머니'라는 말이 나온
배경이기도 하다. 하지만
올 들어서도 유가는 제대로
된 반등 한번 못 보이고 있

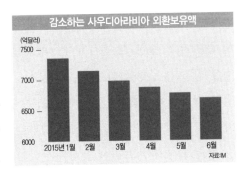

다. 2014년까지만 해도 배럴당 80~100달러(WTI 기준) 선에서 움직이던
유가는 한때 30달러대까지 떨어졌고 최근에는 배럴당 40~50달러 선에
서 움직이고 있다.

　미국의 셰일가스 및 오일 생산이 가장 큰 원인이다. 문제는 중동 경
제를 떠받치던 유가 급락으로 가뜩이나 정치적 혼란을 겪고 있는 중동
의 미래가 더욱 불투명해지고 있다는 점이다. 가장 큰 타격을 입은 것은
세계 최대 산유국인 사우디아라비아다. 사우디는 수익의 90%를 원유에
의존하고 있다. 석유 노다지가 시작된 이래 50년 동안 한 번도 다른 산
업을 갖춘 적이 없다.

　사우디는 유가 급락 시에도 감산하지 않고 미국 셰일 업계에 맞불작
전을 썼지만 결과적으로 상처만 남았다. 사우디가 재정균형을 달성하기
위한 적정 유가는 배럴당 106달러(IMF 추정)라고 한다. 저유가로 사우디
의 재정적자는 GDP의 20%에 달할 것으로 전망된다. 아랍의 봄 이래 사
우디에서는 현금 순 유출이 시작됐으며 유가 급락으로 이는 더욱 가속
화되고 있다. 외환보유액은 2014년 7370억 달러로 정점을 찍은 후 2015
년 중반엔 6000억 달러대로 떨어졌다. 현 수준의 유가라면 매달 최소한
120억 달러는 줄어들 전망이다.

　중동 내 최대 라이벌인 이란의 핵 협상 타결로 중동 내에서 사우디의

입지는 더욱 좁아지고 있다. 사우디의 위상이 날로 추락하자 포린폴리시 같은 외교 전문지는 "사우디의 붕괴를 걱정해야 할 때"라는 글을 게재할 정도다. 왕정을 실시해온 사우디는 여타 중동 국가에 비해서는 비교적 정치가 안정돼왔다. 하지만 최근에는 궁정쿠데타설이 나오는 등 왕실 내 알력과 권력다툼 사실이 외부로 새어 나올 정도다. '아랍의 봄'을 겪은 후 정치적 혼란에 경제난까지 겹친 중동이다. '아랍의 겨울'이라고 불러야 하는 건 아닌지 모르겠다.

Vitamin

긴장의 남중국해

남중국해에 세계의 이목이 쏠리고 있다. 중국이 남중국해 남사(南沙)군도에 인공섬을 건설하고 산호초 두 곳에 50m 높이의 등대를 세워 가동에 들어갔다. 센카쿠열도 분쟁으로 동중국해가 막히자 남중국해로 진출을 더욱 노골화하고 있다.

그러자 베트남, 필리핀 등 주변국이 즉각 반발하고 나섰다. 미국은 아세안 각국과 협력을 강화하는 한편 일명 '슈퍼 기뢰'의 실전 배치까지 검토 중이다. 태평양에서 중국의 확장을 더 이상 좌시하지 않겠다는 태세다. 사람이 살 수 없는 산호초들로 구성된 남사군도가 어느덧 지구상 어느 곳보다 뜨거운 분쟁 지역으로 떠오른 것이다.

남중국해는 이미 중국, 베트남 등 6개국이 영토 분쟁을 벌여온 동남아시아의 대표적 갈등 지역이었다. 이제는 중국의 '대국굴기(大國崛起)'와 미국의 '아시아 중시 전략(Pivot to Asia)'이 첨예하게 맞부딪치고 있다. 심지어 러시아까지 촉각을 곤두세울 만큼 각국 이해관계가 난마처럼 얽혀 있다.

남사군도의 가치는 자원의 보고(寶庫)로서만이 아니다. 세계 교역의 절반, 원유 수송의 60%가 이곳을 지날 만큼 경제적, 전략적 중요성은 이루 헤아리기 힘들 정도다. G2(미·중)가 남중국해에 대해 한국에 묻고 있다. "너는 누구 편이냐?"

: 中 대국굴기 vs 美 아시아 중시 전략 충돌

남중국해(South China Sea)는 중국 남쪽, 베트남과 필리핀 사이에 펼쳐진 바다다. 예전엔 남지나해(南支那海)로 불렸던 곳이다. 해역은 총 350만㎢로 동해의 두 배다. 이곳에는 남사, 서사, 중사, 동사 등 네 개의 군도(群島)가 있다. '모래 사(沙)'란 이름이 붙은 것은 군도를 구성하는 산호초와 암초들이 마치 모래처럼 흩어져 있는 모양새이기 때문이다.

　동사군도와 중사군도는 중국 영토다. 반면 남사군도와 서사군도는 국제 영토분쟁이 첨예한 곳이다. 특히 갈등이 격화되고 있는 남사군도는 한국과도 결코 무관치 않다. 오히려 전개 양상에 따라 우리 경제에 치명적인 파장을 미칠 수도 있다. 친중 노선을 펴온 박근혜 정부로선 중차대한 선택의 기로에 서 있는 셈이다.

석유자원이 촉발한 남사군도 분쟁

남사군도는 중국명으로 난사군도이지만 베트남에선 쯔엉사군도로 부른다. 국제 명칭은 스프래틀리군도다. 100여 개의 작은 섬과 산호초, 암초들이 73만㎢(한국의 7배 면적) 해역에 펼쳐져 있다. 가장 큰 섬이 0.4㎢이고, 수면 위에 올라온 면적을 다 합쳐도 2.1㎢에 불과하다.

　2차대전 중 일본 점령기를 빼곤 한 나라가 독점한 적이 없다. 일본 패전 후 1950년대에 '먼저 보는 게 임자'라는 식으로 중국, 대만, 베트남, 필리핀 등이 제각기 영유권을 주장했다.

어선들이나 찾던 남사군도의 중요성이 부각된 것은 1969년 UN 산하 기구의 탐사 결과 세계 네 번째 규모의 석유·가스자원이 매장돼 있다는 보고서가 나오면서다. 매장된 석유만도 300억t으로 추정되고 있다. 게다가 1982년 국제 해양법이 채택돼 작은 섬도 12해리(약 22㎞) 영해, 200해리 배타적 경제수역(EEZ)을 주장할 수 있게 됐다. 이에 말레이시아 브루나이까지 가세해 분쟁당사자는 총 6개국으로 늘어났다. 급기야 중국과 베트남은 1974년 서사군도 해전에 이어 1988년 남사군도에서 충돌하기도 했다.

중국 '진주목걸이 전략'과 미국의 TPP

중국의 남중국해 전략은 1985년부터 시작된 것으로 알려졌다. 중국은 방글라데시, 미얀마, 파키스탄, 스리랑카, 태국 등 인도양 주변국에 대규모 항만시설을 차례로 구축했다. 이에 대해 2004년 미국 펜타곤 보고서는 항구들이 목걸이처럼 죽 늘어서 있다고 해서 '진주목걸이 전략'이라고 명명했다. 중국이 안정적 해로 확보를 내걸고 실제론 해군의 거점 확보가 속셈이란 것이다. 이 해로를 활용하려면 남중국해 확보가 필수다. 이때부터 미국도 중국의 해양패권 야심을 견제하기 시작했다.

중국 해군의 부상이 1930년대 일본 군국주의의 망령을 떠올리게 했을 것이다. 미국의 대응은 2010년 힐러리 클린턴 국무장관이 21세기를 "미국에는 태평양의 세기"라고 규정하면서 가시화됐다. 이듬해엔 환태평양경제동반자협정(TPP)을 출범시켜 올해 타결지었다. TPP는 단순한 무역·투자의 자유무역협정(FTA)을 넘어 환율, 지식재산권, 환경, 사회문제 등 중국의 아킬레스건까지 포괄하고 있다. 총포 없는 미국의 최첨단 무기이자 중국의 야심 가득한 태평양 진출을 봉쇄할 다목적 카드가 바로 TPP인 셈이다.

: 한국, 남중국해 침묵하면 TPP 참여도 못해

포기할 수 없는 전략적 요충지

중국으로선 동중국해 진출이 미·일 동맹에 제동이 걸리면서 남중국해의 전략적 가치가 더욱 중요해졌다. '대국으로 일어난다'는 대국굴기(大國崛起) 전략을 해양으로 확장하는 데 필수 거점이기 때문이다. 더구나 중국이 수입하는 에너지의 대부분이 이 항로를 거쳐야 한다. 중국은 남사군도의 산호초를 연결해 인공섬을 건설하고 활주로, 건물, 등대를 세웠다. 남중국해의 대부분을 해양식별구역으로 삼고, 남사·중사·서사군도를 묶은 '싼사시(三沙市)'를 출범시켰다.

이에 베트남, 필리핀, 말레이시아 등이 발끈하고 나섰다. 그러나 중국과의 경제적 관계, 군사적 열세로 인해 아세안(동남아국가연합) 차원에서 공동 대응하는 수준에 머물렀다. 여기에 미국이 '아시아 중시 전략(Pivot to Asia)'을 내걸면서 양상이 달라졌다. 미국은 준설·매립이 국가 영토를 바꾸지 못한다는 국제법 규정을 들어 중국의 인공섬을 '모래 장성'으로 비난하며 실제 행동에 들어갔다. 일본, 호주와 삼각동맹을 맺고 미얀마를 중국에서 떼어놓았으며 필리핀에는 다시 미군을 주둔시켰다. 합동 군사훈련도 벌인다.

서태평양 한편의 국지적 영토분쟁이 이제는 G2 간 해

남중국해 영토분쟁 지역

중국 / 대만 / 동사군도 / 라오스 / 남중국해 / 통킹만 / 하이난성 / 서사군도 / 중사군도 / 타이 / 베트남 / 배타적경제수역 / 캄보디아 / 필리핀 / 시암만 / 남사군도 / 술루해 / 말레이시아 / 브루나이 / 말레이시아 / 인도네시아

양패권 다툼으로 판이 커졌다. 물론 정면충돌에까지 이르진 않을 공산이 크다. 하지만 러시아도 베트남 캄란항 우선사용권을 확보하면서 남중국해 분쟁에 촉각을 곤두세우고 있다. 신(新)냉전의 진원지가 될 수도 있다는 얘기다.

남중국해는 한국에도 치명적 급소

남중국해 분쟁은 역사와 민족감정, 경제와 정치, 군사적 역학관계 등 얽히고설킨 복합 방정식이다. 현상 유지 외엔 달리 해법도 잘 안 보인다. 그렇기에 21세기 국제 질서를 가늠하는 리트머스 시험지와도 같다. 이런 남중국해를 한국 정부는 먼 바다 일로 여겨 무관심했다고 해도 과언이 아니다. 미국, 일본이 주도한 TPP의 숨은 의도를 간과했고, 단순히 다자간 FTA 수준으로 여겨 참여하는 것도 시큰둥했다.

남중국해에서 말라카해협, 중동, 유럽으로 이어지는 항로는 한국에도 치명적인 급소다. 일본은 TPP로 12개국 어디서나 쓸 수 있는 만능 교통카드를 얻은 반면 한국은 나라를 옮길 때마다 교통카드를 새로 사야 할 처지다. 경제적으로도 기회손실이 크다. 김성만 전 해군작전사령관은 "한국 원유수입의 99.8%, 곡물과 원자재 수입의 98%가 통과한다"며 미국, 일본 아세안 국가들과 보조를 같이할 것을 강조했다.

남중국해와 TPP는 동전의 양면

박근혜 정부는 선택을 피하기도 어렵게 됐다. 버락 오바마 미국 대통령이 2015년 10월 16일 한·미 정상회담 후 공동기자 회견에서 "중국이 국제규범이나 법을 준수하지 않을 경우 한국이 목소리를 내야 한다"고 언급한 것은 냉혹한 현실을 고스란히 드러낸 것이다. 남사군도 분쟁에서 한국은 어떤 입장인지를 추궁하는 것이었다. 그럼에도 "오바마 대통령이 남사군도의 '남'자도 꺼내지 않았다"(윤병세 외교부 장관)고 해명하는 게 지금 한국 외교의 수준이다.

남중국해 분쟁에 대해 확실히 입장을 밝히지 못하면 TPP 가입은 아예 포기해야 할 것이다. 가뜩이나 '양다리 외교', '중국 경사론'으로 눈 흘김을 당하는 마당에 선택을 주저하다간 자칫 '태평양의 왕따'가 될 가능성마저 도사리고 있다.

동아시아 해양 분쟁 지역		
분쟁 지역	분쟁 국가	내용
남사군도	중국(8), 베트남(29), 필리핀(10), 대만(2), 말레이시아(8), 브루나이(0)	일본 패전 후 각국 영토 선언, 중-베트남 충돌(1988년) 석유·가스·어족자원 풍부 중국이 인공섬에 활주로 등대 건설로 갈등
서사군도	중국, 베트남, 대만	중국 실효지배(군사활주로), 중-베트남 충돌(1974년)
센카쿠열도	일본, 중국	청·일전쟁 이후 일본 실효지배, 중국 어선 충돌 및 무역보복(2010년) 자원 및 전략 요충지
쿠릴열도	러시아, 일본	일본 패전 후 러시아 편입, 일본 반환 요구
독도	한국, 일본	한국 실효지배, 일본 국제분쟁지역화 도모
이어도	한국, 중국	한국 해양과학기지 건설(2003년), 중국 배타적 경제수역(EEZ) 포함 주장

*()안의 숫자는 각국이 차지하고 있는 남사군도의 섬 숫자

Vitamin

아르헨티나의 '선거혁명'

아르헨티나는 페로니즘의 70년 수렁에서 과연 벗어날 수 있을까. "70년 간 아르헨티나 정치를 지배해온 페론주의가 막을 내렸다는 의미"(AFP·뉴욕타임스), "좌파가 득세하던 아르헨티나에서 균형을 찾게 됐다"(CNN), "아르헨티나의 정치적 지진"(월스트리트저널) 등 12년 만에 우파 후보가 당선된 아르헨티나의 대통령 선거에 대해 세계의 주류 언론들은 '포퓰리즘에 대한 심판'이란 평가를 내렸다. 새 대통령 당선자인 마우리시오 마크리 부에노스아이레스 시장(56)에 대한 서방세계의 기대도 그만큼 크다. 하지만 '아르헨티나 병'은 깊고 포괄적이다.

페로니즘(Peronism)의 '위대한 유산'을 어떻게 감당해낼지가 마크리 정부에 주어진 당면 과제다. 수십 년 포퓰리즘의 후유증은 성장과 일자리를 지향하는 새 정부의 개혁에 적지 않은 난관이 될 것이다. 경제는 이미 피폐할 대로 피폐해져 있다. 살인적인 물가상승률은 매년 30%를 오르내린다. 지난해 마이너스였던 성장률은 올해도 겨우 0%대 수준이다. 세계적인 자원 부국이 국가부도 상태에 빠지면서 아르헨티나 페소의 가치도 근래 수직하락세를 보였다. 아르헨티나의 70년 시행착오에서 한국은 무엇을 배울 것인가.

: '페로니즘 70년 적폐 청산' 외친 우파 대통령

"신은 진정 위대했다. 이 풍요롭고 넓은 아르헨티나 땅을 창조해낸 것이 그렇다. 하지만 아르헨티나 사람들까지 만들어낸 건 신의 실수였다." 아르헨티나 사람들끼리도 하는 자조 섞인 우스개다. 1946년 군출신 후안 페론이 대통령에 당선되면서 남미 최대의 부국이었던 아르헨티나는 퇴보일변도의 길을 걷게 된다. 페로니즘으로 20세기 인류 역사에 한 챕터를 남기기까지 아르헨티나인들은 반세기 이상을 포퓰리즘에 갇혀 살았다. 페로니즘의 결과는 나태와 궁핍, 의타심의 심화였다. 2015년 11월 23일 아르헨티나 대통령선거는 그런 아르헨티나의 종언을 의미한다.

아르헨티나의 경제와 국력은 페론과 밑바닥 출신 대중가수로 그의 재혼 부인인 에바 페론의 활동과 함께 기울어지기 시작한다. 리더 개인의 감정과 감성에 국가정책이 크게 좌우되는 국가사회주의 시스템의 발동이었다. 대령에서 정계로 투신해 2차대전 때까지 노동부 장관과 부통령을 지낸 그는 전쟁 중에 드러내놓고 이탈리아와 독일을 지지했다. 국가적으로 중립을 선언한 아르헨티나에선 이단아였다. 이 일로 공직에서 쫓겨났지만 그는 노동계급을 선동하면서 바로 집권했다. 동시에 이전에 지지했던 대로 파시즘과 나치즘을 잉태시킨 국가사회주의적 노선을 하나씩 밟기 시작했다. 대통령 부부가 대중과 직접 감성적으로 '소통'하면서 관료, 언론, 학계, 연구기관 등 중간지대의 전문가 그룹이 사회적으로 설 자리가 없어져버린 것도 페론주의 아르헨티나의 주요한 특징이다.

시장경제 질서는 자연스럽게 무너져갔고, 최근까지도 개방과는 거리가 먼 행보를 보인 것도 이런 전통에서였다. 늘어난 것은 미래를 내다보지 않은 무분별, 무차별적인 복지였다. 생활보조금 등 각종 보조금과 정부

지급 연금은 계속 늘어나 지금은 정부 예산의 20%가량을 차지할 정도다. 국가부도 상황을 수차례 되풀이하면서 정부 재정이 거덜난 배경이다.

이번에 물러나는 크리스티나 페르난데스와 바로 전임자인 그녀의 남편 네스토르 카르치네르 집권기에 이 나라 경제는 특히 더 피폐해졌다. 2003년부터 2015년까지 12년간 계속된 좌파 부부 대통령 시기의 정책들은 경제지표들을 놀라울 정도로 악화시켰다. 페론이 시동 건 포퓰리즘의 궤적들이 한층 깊고 짙어진 것이다.

2007년 사별한 남편을 뒤이은 현 페르난데스 대통령은 집권 직후 정부가 지급하는 연금과 봉급을 두 배로 올려버렸다. 정부에서 연금이나 봉급을 받는 국민이 40%에 달한다. 저소득층엔 매월 일정액이 지급됐다. 모든 학생들에게 최신 모델의 넷북을 무상 지급한 것은 '디지털 격차를 줄이자'는 구호에 따른 것이었다. 그 결과 2015년 재정적자는 GDP의 6%를 웃돌 전망이다. 최근 복지 확대로 한국도 재정 적자가 계속 커지면서 2016년엔 37조 원으로 최고에 달하지만 그래도 GDP 대비 2.3% 수준이다. 인기영합 정책이 전방위로 이어지면서 경제성장률은 지난해 −2.5%로 떨어졌다. 2015년에도 0.4%에 머무르고 있다.

전 세계가 디플레를 걱정하는 와중에도 아르헨티나는 살인적인 인플레로 고통받고 있다. KOTRA에 따르면 2007년 페르난데스 집권 후 한두 해를 빼고 물가상승률이 매년 25%를 웃돌았다. 2008년엔 상업부 차관이 국립통계원(INDEC)에 물가 통계를 조작하도록 지시해 물의를 빚기도 했다. IMF는 매년 10% 안팎의 수치를 내놓는 아르헨티나 정부의 공식 인플레이션 통계를 전혀 신뢰하지 않아 민간 기관의 인플레이션 집계를 인용할 정도다. 하지만 정부는 국제 통계표준에 맞추지 않으면 국제기구에서 배제될 것이라는 IMF의 경고를 무시한 채 민간 컨설팅기관의 실질물가 발표에 고액의 벌금 부과로 재갈을 물리기도 했다. 마이너스 성장을 한 2014년 물가상승률은 최소 30%, 최대 38.5%에 달한다는 게 민간 전문기관들의 분석이다. 2015년에도 25%는 된다고 한다.

: '환율·개방 경제·보조금 철폐' 공약 이행 만만찮을 듯

치솟는 물가는 과도한 공공지출 외에 억지로 틀어막은 환율정책 탓도 컸다. 2011년 재선된 페르난데스는 강력한 외환규제로 달러 환율의 상승을 억지로 눌렀다. 당장 이듬해인 2012년부터 달러화 구매가 힘들 지경이 됐고, 달러로 해외송금이 사실상 불가능해진 수입업체와 다국적 기업들의 불만도 극에 달했다.

2014년 후반 외채협상이 실패하면서 사실상 국가디폴트에 처했을 때 달러 대 페소의 공식 환율은 1 대 8 정도였지만 암시장에서는 1 대 16으로 치솟았다. 지금(2015년 11월 말)도 공식으로는 달러당 9.7페소 수준이지만 암시장에서는 15페소에 거래된다. 물가상승을 막겠다며 인위적으로 페소화 가치를 높게 유지한 결과가 달러의 고갈과 만성화된 경제 위기였다. YS정부 말기 외환위기 직전 과도하게 고평가됐던 원·달러 환율을 연상시킨다. 새 대통령 마크리의 공약에는 환율에 개입하지 않겠다는 것도 분명히 들어 있다.

개방 경제와 반대로 간 것은 환율 정책만이 아니었다. 고(高)관세로 강력한 수입규제들이 더해진 것도, 아르헨티나 최대 석유가스회사인 YPF

의 국유화도 페르난데스 재집권 이후 단행된 조치였다. 스페인계 렙솔(Repsol)의 자회사인 YEP이 국유화되자 S&P는 2012년 4월 24일 아르헨티나의 국가신용 등급을 '안정적'에서 '부정적'으로 즉각 내렸고, 급속한 달러 이탈로 외채 지급불능 사태에 처하게 됐다.

수입만 저지한 게 아니라 수출억제 정책도 병행했다. 내수공급 부족과 인플레이션을 막겠다며 정부는 농산물에 수출세 44% 부과안까지 발표했다가 농민들의 파업과 상원의 법안부결로 철회한 적도 있다. 자유시장과 개방 경제를 거부하며 복지 확대로 달려온 결과는 쓰디썼다. 재정은 고갈됐고, 국가부도에 처하게 된 것이다.

이번 선거의 의미는 명확하다. 아르헨티나 국민이 대책없는 막연한 복지보다 결국 성장과 일자리를 택했다는 사실이다. "(향후 10년간) 일자리 200만 개 창출로 경제를 회생시키겠다"며 '바꾸자(Cambiemos)'를 외친 마크리의 공약이 받아들여진 것이다. 한때 남미 최대의 부국으로 1930~1940년대만 해도 세계 4~5위 경제대국이던 아르헨티나가 70년 시행착오 끝에 새로운 출발을 모색하는 것이다.

하지만 기회라기엔 위기의 골이 너무 깊다. 음영 짙은 페로니즘의 잔재를 어떻게 극복해낼지가 마크리 정부에 주어진 힘겨운 과제다. 페소화 가치를 시장에 맡겨 외환시장을 안정시키고 수출 경쟁력도 키우겠다는 것은 그 시작일 뿐이다. 재정 적자에서 벗어나자면 정부 지출의 과감한 삭감이 필요하지만 보조금에 중독된 서민 중산층이 과연 협력할지도 변수다. 국유화를 되돌리고, 수출입세를 다시 인하하고, 통관규제 완화 등 반(反)개방 정책도 하나하나 철폐할 때 외국 자본의 투자도 살아날 것이다. 그렇지 않고는 경제를 되살릴 길도 없다. 막대한 자원대국이 석유와 천연가스를 수입할 정도로 국내 산업은 빈약하기만 하다. 그러면서도 교통과 전기·가스 등 에너지에까지 막대한 보조금을 지급하고 있다.

마크리의 공약대로 이런 것도 하나씩 정상화해야 한다. 하지만 그는 아직 의회는 장악하지 못했다.

주변 환경도 우호적이지만은 않다. 남미 12개국 중 파라과이와 콜롬비아를 제

외한 9개국에 좌파정권이 남아 주변의 '좌파 벨트'가 그대로다. '금수저'를 물고 난 건설 재벌의 아들로 미국 컬럼비아대 경영대학원과 펜실베이니아대 와튼스쿨에서 공부한 이 기업인 출신이 과연 아르헨티나를 70년 적폐에서 구해낼까. 명문 프로축구팀 보카주니어스 구단주(1995~2007)답게 신(新)아르헨티나를 경영해낼 것인가.

Vitamin

브렉시트의 미로

영국 역사가 스테판 조지는《어색한 동반자(awkard partner)》에서 영국인들의 반유럽 정서를 그렸다. 그는 영국인과 유럽 민족들은 근본적으로 다른 체제와 뿌리를 갖고 있다며 영국과 유럽 대륙이 손을 잡는 것부터가 이상하다고 주장했다. 영국은 모험상인의 정신으로 유럽 대륙보다 오히려 전 세계로 뻗어간 국가다. 의회제도를 만들고 민주주의를 꽃피운 자긍심이 대단하다.

EU가 설립되면서 각종 제도와 재정으로 영국을 압박한 건 영국인에게 도전으로 받아들여졌다. 영국은 EU에 가입했으면서도 항상 브렉시트의 분위기가 있었다. 1975년에도 유럽공동체(EC) 탈퇴를 묻는 국민투표가 치러졌다. 물론 그때는 탈퇴가 부결됐다. 지금 다시 브렉시트 바람이 영국을 휩쓸고 있다. 영국의 여론이 브렉시트의 여망을 일깨웠다.

브렉시트 찬성파들은 영국의 법안을 영국에서 만들지 못하는 현실에서 벗어나야 한다고 주장하고 있다. 후진적인 EU의 규제 정책에서도 탈피해야 한다고 역설하고 있다. 하지만 잔류파들은 경제가 당장 급하다며 EU에서 빠져나가면 경제 위기가 닥쳐올지 모른다고 우려하고 있다. 40년 만에 재연되는 논쟁이었다. 결국 탈퇴파가 승리했다.

: "EU 관료체질 반감" VS "탈퇴 땐 경제 타격"

데이비드 캐머런 영국 총리는 2013년 연설을 통해 2015년 선거에서 승리하면 영국의 EU 탈퇴, 즉 브렉시트(Brexit)를 묻는 국민투표를 하겠다고 공언했다. 2015년 총선에서 승리한 캐머런은 2016년 2월 공약을 이행하기 위해 6월 23일을 국민투표일로 지정했다. 그로부터 4개월간 영국은 브렉시트를 둘러싸고 치열한 논쟁을 벌였다. 브렉시트는 찬성과 반대 여론이 팽팽한 상황이었다. 선거날 뚜껑을 열어본 결과 브렉시트 찬성파가 승리했다.

EU의 관료체질에 뿌리 깊은 반감

브렉시트를 지지한 쪽에선 무엇보다 EU의 관료 체질에 대한 반감을 탈퇴 이유로 들고 있다. 영국인들은 EU 의회와 관료들이 갈수록 권한과 조직을 비대화하고 있다고 비판했다. 전통적으로 경쟁을 중시하는 영국으로선 민간 부문에 대한 정부 관여를 좋아하는 대륙인들을 용납할 수 없었던 것이다. 특히 이런 관료 체질이 규제로 나타나는 것에 대해 강력히 반발한다. 대부분의 영국인은 노동시간 규제 및 제품 안전기준 등 EU 규칙이 너무 세세하고 엄격하다고 지적한다. 금융계에선 은행원의 보수 제한과 금융거래세 도입에 부정적이다. 환경이나 재생에너지에 대한 EU 규제가 영국의 자발적인 산업 발전정책에 큰 도움을 주지 못하고 있다고 불만을 터뜨리고 있다. 현재 80% 정도의 입법이 브뤼셀로부터 영향받는 점을 감안하면 EU 탈퇴가 민주주의의 본산인 영국 의회의 기능을 되찾게 할 수 있을 것으로 생각했던 것이다.

EU의 재정지출에 영국 국민의 반감이 깊은 것도 브렉시트 탈퇴의 한 요인이다. EU는 회원국들에 긴축재정을 요구하면서도 정작 지출은 과거 10년간 40% 넘게 늘릴 만큼 재정을 확대하고 있다. EU 재원은 각국의 분담금으로 충당되는데 영국은 독일, 프랑스보다 더 내 분담금이 가장 많다. 영국은 2014년 기준 43억 유로

(약 5조 4000억 원)를 EU 분담금으로 지출했다. 이만큼 분담금을 냈으면서도 EU에서 목소리는 크지 않다는 게 영국의 불만이다. 오히려 EU 예산의 절반 이상은 농업과 역내 저소득국 보조금으로 돌아간다. 그렇다고 영국인이 EU 의회에서 중요한 위치를 차지하고 있지도 못하다. 이민 문제에 대해서도 연간 약 30만 명에 달하는 난민의 순유입 수를 줄여 이들 난민이 복지제도에 무임승차하는 것을 저지해야 한다고 주장하고 있다.

잔류파들은 경제문제에 대해 적극적

EU에 잔류하자는 쪽은 무엇보다 경제적 타격에 초점을 맞추고 있다. 영국 재무부는 EU와 미국이 맺고 있는 자유무역협정(FTA)에 참가하지 못한다면 영국만 손해를 보게 될 것이라고 경고했었다. 캐머런의 무역 참모 클라크는 미·EU 간 FTA가 영국의 차(tea) 수출을 25% 증가시킬 것이며 전체 수출을 1.3% 늘릴 것이라고 내다봤다. 영국의 수출이 중국보다 아일랜드에 더 많은 점을 고려한다면 영국은 EU에 남아야 한다는 게 잔류파들의 주장이었다. 일부 경제학자들은 영국이 EU에서 이탈하면 평균 1인당 국민소득이 1.3~2.6% 떨어질 것으로 전망한 바 있다.

EU 시장 참가로 EU 각국 수출에 무관세 혜택을 보게 되지만 EU에서 탈퇴하면 이런 이득을 볼 수 없다. 영국이 가지고 있던 발언권 유지에

관한 문제도 거론된다. 탈퇴론자들은 영국은 UN 안보리 상임이사이며 G7 국가이므로 여전히 종전의 발언권을 가질 수 있다고 주장하지만 잔류론자들은 EU 탈퇴로 그 영향력이 대폭 떨어질 수 있다고 말한다.

탈퇴 시 런던은 안보나 환경, 무역문제에서 브뤼셀, 베를린, 파리에 비해 그 비중이 약화돼 무시받을 것이라는 지적도 만만찮다. 안보문제도 있다. 영국은 범죄인들의 데이터를 EU 각국과 공유하고 있는데 EU에서 탈퇴하면 이 같은 공유시스템이 사라진다는 설명이다. 캐머런 총리는 "국경정보를 공유할 수 있는 권한이 사라져 테러리스트와 범죄자들이 유럽에서 무슨 일을 벌이고 있는지 (영국은) 알 수 없을 것"이라고 말하기도 했다.

: 덴마크·네덜란드도 'EU 탈퇴' 목소리 높여

탈퇴 시 파장은

영국이 탈퇴하면 당장 다른 EU 가맹국에 큰 영향을 끼칠 전망이다. 보후슬라프 소보트카 체코 총리는 "영국의 브렉시트가 현실화하면 체코에도 탈퇴 논쟁이 벌어질 것"이라면서 러시아 영향권 재편입 가능성까지 언급했다. 덴마크와 네덜란드에서도 EU 탈퇴를 요구하는 목소리가 높아지고 있고 스페인, 이탈리아 같은 남유럽 국가들도 탈퇴 움직임이 있다. 브렉시트에 따라 EU가 해체될 것이라는 극단적 전망까지 내놓는 전문가들도 있다. 무엇보다 미국에서도 워싱턴 중심의 중앙집권 체제에 반기를 드는 사람들이 늘고 있다. 미국도 중앙에 모든 행정을 위임하지 말고 지방자치제가 독립해야 한다고 주장하는 것이다. 소위 아멕시트 (Amexit)다. 브렉시트에 따라 이들의 목소리가 커질 것임은 분명하다. 브렉시트가 현실화하면 영국은 2년 이내에 무역관계 등의 교섭을 끝내야 한다.

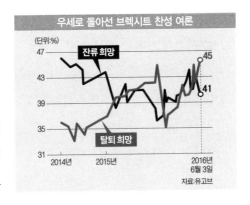

우세로 돌아선 브렉시트 찬성 여론
(단위:%)
47
잔류 희망
45
43
41
39
35
탈퇴 희망
31
2014년 2015년 2016년
6월 3일
자료:유고브

한국은 브렉시트가 되면 오히려 단기적으로 무역에 도움을 받을 것이라는 지적도 있다. 영국이 그동안 무관세로 유럽 수출에 혜택을 봤지만 이제 관세를 매기면 한국 제품이 경쟁에서 유리해진다는 것이다. 하지만 대부분이 영국 런던에 유럽의 거점을 두고 있는 만큼 영국에서 수출비용을 높여 사업활동에 악영향을 미칠 것이라는 주장도 있다. 이탈로 인해 파운드화보다 엔화나 위안화 매입이 늘어나게 된다는 시각도 존재한다. 브렉시트 여파가 앞으로 세계 정치나 경제에 만만찮은 영향을 줄 것임은 분명하다.

: 마이클 고브 "EU는 영국을 풍요롭게 하지 못했다"

마이클 고브는 언론인 출신의 영국의 정치인이다. 데이비드 캐머런 정부에서 교육부 장관을 지내고 법무부 장관으로 재직 중이다. 물론 보수당원이다. 그런 그가 브렉시트(Brexit)를 지지하면서 캐머런 총리와 결별했다. 고브는 영국의 자존심을 회복하기 위해서는 영국이 유럽연합(EU)을 탈퇴하는 것이 맞다고 주장했다.

그는 지난 2월 'Vote Leave(탈퇴에 투표)' 캠페인에 나서면서 자신의 주장을 발표했다. 그의 글을 요약, 소개한다.

나는 우리 생활을 지배하는 각종 의사 결정과 우리가 지켜야 할 제도들, 그리고 우리가 내야 할 세금은 우리가 선택하는 사람들이 판단해야 한다고 믿는다. 영국이 EU 회원국으로 남아 있는 한, 법을 바꾸지 못하고 우리 생활에 영향을 주는 중요한 결정을 누가 내릴지 선택할 권리도 사라진다. 영국 국민을 통치하는 법을 우리가 선출한 적이 없는 다른 국가 정치인이 결정하기 때문이다.

영국은 세계 최초로 배심원제도를 도입했고 자유로운 의회를 구성했으며 정부 권력이 독단적으로 개인을 구금할 수 없다는 것을 법으로 보여줬다. 이와 대조적으로 EU는 이상적인 설립 의도에도 불구하고 많은 부분에서 실패했다는 것이 증명됐다. EU는 유럽의 가장 가난한 사람들에게 경제적 불행을 안겨줬다. EU의 규제는 대규모 실업을 초래했고 이민 정책은 인신매매범과 난민을 우리 국경으로 불러들였다.

EU의 정책은 불안정한 상황의 원인을 제공하고 있다. 그리스와 독일 간에 긴장이 조성되고 있고 EU는 리비아와 시리아 사태를 해결할 능력이 없는 것을 증명했다. EU는 경제적이고 기술적인 도전과제에 대처할 능력을 키우기 위한 개혁을 하지 못하고 있다. 다양성과 혁신을 장려하기보다 규제하고 표준화하려고 노력한다. EU는 디지털 시대에 아날로그적 공동체에 다름 아니다.

무엇보다 영국은 매일 새로운 법을 내놓는 EU집행위원회와 유럽사법재판소(ECJ)의 지배를 받고 있다. 이런 EU 관료주의와 여러 규정은 모든 분야에서 우리를 붙잡고 있다. 그들은 창조성과 성장, 진보와는 적대적이다. 그들은 올리브오일 판매용기의 최대 용량을 5L로 규정하고 있고, 고양이가 새를 쫓지 못하도록 주택을 관목림지대에서 5km 떨어진 지역에 지어야 한다는 규정도 만들었다. 우스꽝스러운 짓이다. EU의 각종 임상시험 규정은 질병을 치료할 신약 개발을 늦춘다. ECJ의 데이터 보호에 대한 판결은 인터넷 관련 기업의 성장을 갉아먹는다.

법무장관으로 일하면서 내 책상에 올라오는 수백 건의 새로운 EU 규제를 만난다. 이들 규제 중에 영국 의회가 요청해서 제정된 것은 하나도 없다. 다른 영국 정치인들도 이런 규제 내용을 바꿀 수 없다. 중요한 것은 EU 규정 중에 우리를 더 자유롭게, 더 풍요롭게, 더 공정하게 해준 것은 아무것도 없다는 사실이다.

Vitamin

브렉시트의 진실

피 흘리지 않고 의회 민주주의를 정착시킨 나라, 산업혁명과 시장경제를 완성한 나라, 나폴레옹, 히틀러 등 독재자를 막아낸 나라, 경제·금융·보험·해사·스포츠 등의 세계 룰을 만든 나라…. 이런 영국이 유럽연합(EU)을 탈퇴(브렉시트)하면서 2016년 이슈의 중심에 섰다.

바깥에선 영국인이 선택을 잘못했다고 맹비난한다. 세계 금융시장이 출렁이고 경제 불확실성이 증폭된 데 대한 반감일 것이다. 영국 내 EU 잔류파의 재투표 요구도 거셌다. 하지만 브렉시트는 거대 관료체제로 사회주의화돼가는 EU로부터 영국의 주권을 되찾겠다는 의지다.

브렉시트를 계기로 '유럽합중국'의 꿈은 한낱 환상임이 드러나고 있다. 영국과 EU는 합의이혼이 가능할까. 잔류가 우세한 스코틀랜드나 북아일랜드는 분리독립할까. 브렉시트 이후의 유럽과 영국을 생각해본다.

: 반세기 환상 '하나의 유럽', 브렉시트로 깨졌다

1795년 71세의 노철학자가 평생 숱한 전쟁을 목도한 끝에 주목할 만한 논문을 내놨다. 임마누엘 칸트의 '영구평화론'이다. 칸트는 자유로운 상거래와 무역을 통해 각국의 경제적 이해관계가 깊이 얽히면 전쟁이 불가능해져 항구적인 평화가 도래할 수 있다고 봤다. 1849년에는 대문호 빅토르 위고가 파리 국제평화회의 개막연설에서 '유럽합중국'을 역설했다. 역내 관세 폐지, 단일통화 도입 등으로 '하나의 유럽'을 세워 전쟁을 종식하자는 게 요지였다.

그로부터 한 세기 뒤 1946년 윈스턴 처칠이 대서양 건너편 미합중국에 대칭되는 유럽합중국(United States of Europe)의 필요성을 재차 제기했다. 1·2차 세계대전을 겪은 유럽인들은 평화·인권·공존이라는 기치를 내건 유럽통합 제안에 공감했다. 전쟁 종식과 미국 급부상에 대한 유럽의 대안이었다. 자유로운 왕래, 단일통화 등 '하나의 유럽'은 완성되는 듯했다. 지난 6월 24일 영국이 국민투표로 브렉시트(영국의 유럽연합 탈퇴)를 결정하기 전까지는 그랬다.

아메리칸 드림 vs 유러피언 드림

처칠의 유럽통합론은 1967년 15개국이 참가한 유럽공동체(EC)로 현실이 됐다. 1993년에는 유럽연합(EU)이 출범하고 2002년 단일통화(유로)가 공식 통용되면서 '하나의 유럽'이 탄생했다. 회원국은 계속 늘어 28개국에 이르렀다. 국내총생산(GDP), 생산성, 삶의 질, 교육과 문화 수준 등 모든 면에서 EU가 미국을 앞설 것이란 낙관론이 팽배했다. 이에 한껏 고무된 것이 미국 학자 제레미 리프킨이다. 그는 《유러피언 드림》(2004)에서 "이성의 시대에서 공감과 인권의 시대로, 힘의 논리에서 다원적 협력의 시대로, 과학만능주의에서 생태학적 접근으로 패러다임이 바뀌었다"고 주장했다. 리프킨은 개인의 자유보다 공동체 내의 관계를 중시하는 유러피언 드림을 통해 인류 이상이 실현될 것이라고 장담했다. 19세기 유럽인 토크빌이 《미국의 민주주의》에서 아메리칸 드림을 보여준 것처럼, 미국인 리프킨이 21세기 유러피언 드림을 펼쳐보였다는 것이다.(로마노 프로디 전 EU 집행위원장)

유럽합중국이란 환상과 현실의 간극

상품, 서비스, 자본, 사람이 자유롭게 이동한다는 구상은 분명 매력적이다. 적어도 서유럽에선 더 이상 전쟁의 공포를 느끼지 않게 됐다. 오랜 분열과 전쟁으로 유럽인에게 각인된 공격성은 축구장에서 한껏 폭발했다. 하지만 28개 회원국에 중앙통제식 계획을 적용하는 방식은 사회주의 모순들을 답습하게 했다. 그 결과가 권력 집중에 따른 규제와 관료체제 비대화다. 브뤼셀 EU 본부는 로비스트로 들끓고 EU 관료들은 환경·노동·농업은 물론 담배 경고문구나 디자인, 바나나 크기까지 시시콜콜 규제했다. 더구나 EU는 연간 예산이 1450억 유로(약 1900조 원), 직원 수는 5만 5000여 명에 이른다. 영국 총리(약 2억 5000만 원)보다 연봉이 높은 직원이 약 4000명이나 되는 그야말로 '신의 직장'이다.

하이에크와 대처가 예견한 구조적 결함

EU의 결함은 진작에 자유주의 철학자 하이에크나 마거릿 대처 전 영국 총리가 예견했던 그대로다. 하이에크는 역저 《노예의 길》(1944)에서 "다수 국가를 포괄하는 광범위한 지역의 경제생활이 민주적 절차에 따라 지시되거나 계획될 수 있다고 상상하는 것은, 그런 계획이 제기할 문제의식을 전혀 갖고 있지 않다는 것을 드러내는 것"이라고 비판했다. 대처는 시장 확대 면에서 유럽 단일시장에는 찬성했다. 그러나 단일통화, 정치통합체 같은 구상은 제대로 작동하지 못할 것으로 보고 강하게 반대했다. 1990년 대처가 실각한 이유가 유럽통합 반대였지만 진단은 정확했다. 실제로 2008년 금융위기, 2010년 재정위기 이후 유럽 경제는 마이너스 금리까지 도입해도 살아날 기미가 안 보인다.

: 규제덩어리 EU 개혁 없으면 탈퇴 도미노

우등생과 열등생의 강제 평준화

역사, 민족, 문화, 언어가 다르고 경제 수준마저 격차가 큰 나라들에 동일한 잣대를 들이대는 것은 무리가 따른다. EU는 공식 언어만도 24개다. 특히 EU에는 한때 유럽을 지배한 독일, 프랑스부터 그리스, 포르투갈 등 뒤처진 나라들이 뒤섞여 있다. 과거 명문고를 강제 평준화시킨 것과 마찬가지다. 독일 같은 우등생은 내신성적 올리기가 식은 죽 먹기고, 그리스 같은 열등생은 실력이 안 돼도 명문고 배지를 달았다며 으스대는 식이다. 여기에다 2004년 이후 중·동유럽 15개국이 가입해 EU는 공룡이 됐다. 큰 덩치의 비효율과 획일성은 그리스 사태 등 한쪽에서 문제가 생기면 전체가 몸살을 앓게 만들었다. 이런 모순을 자유주의 전통이 강한 실속파 영국인들이 납득하기 어려웠을 것이다.

근대화 주도한 영국의 자부심

영국인들은 엄청난 경제적 충격을 감수하고 끝내 브렉시트를 선택했다. 팽창 일변도였던 EU에서 최초의 이탈이다. 일자리를 잠식하는 이민(1991년 전체인구의 5.8%→지난해 13.1%), 난민 문제, 연간 30조 원에 달하는

EU 분담금 등이 원인으로 꼽힌다. 일각에선 반(反)세계화로 규정해 미국의 트럼프 현상과 동일시하는 오류에 빠지기도 한다.

하지만 브렉시트는 단순한 저항의 산물이 아니다. 역사적으로 영국은 늘 대륙과 거리를 두고 대륙 국가가 강해지는 것을 견제해왔다. '강한 유럽'은 곧 전쟁으로 귀결됐기 때문이다.

유럽통화의 역사	
1795년	칸트, '영구평화론' 발표: 자유무역 통한 평화 추구 제안
1849년	빅토르 위고, '유럽합중국' 첫 언급: 파리 국제평화회의 연설
1946년	윈스턴 처칠, 전후 '유럽합중국' 필요성 제기: 취리히 연설
1951년	유럽석탄철강공동체(ECSC) 출범(6개국)
1957년	유럽경제공동체(EEC), 유럽원자력공동체(EURATOM) 창설
1967년	유럽공동체(EC)로 단일화(15개국)
1993년	유럽연합(EU) 출범(12개국): 마스트리히트조약
1995년	오스트리아 스웨덴 핀란드 가입(15개국)
1997년	유럽통합 기본 협정 체결: 암스테르담조약
1999년	유럽통화연맹(EMU) 출범
2002년	단일통화 유로(Euro)화 출범
2004년	중·동구 10개국 가입(25개국): 니스조약
2007년	불가리아 루마니아 가입(27개국)
2009년	EU 개혁 헌법안 발효: 리스본조약
2013년	크로아티아 가입(28개국)
2016년	영국 브렉시트 국민투표: 첫 탈퇴 결정

1·2차대전을 일으킨 독일에 대한 트라우마도 있다. EU에서 독일 입김이 점점 세지고 영국이 주도는커녕 끌려가는 게 달가울 리 없다. 영국사 전문가인 박지향 서울대 교수는 "의회민주주의를 태동시키고 근대화를 주도했다는 자부심 강한 영국인들이 투표 없이 임명된 EU 집행위가 시시콜콜 자국의 일에 개입하는 독선과 관료주의를 감내하기 어려웠을 것"이라고 지적했다.

브렉시트 이후의 유럽과 영국

공동체 국가연합이라는 유러피언 드림은 치명적인 타격을 받게 됐다. 비대해진 EU의 관료체제를 개혁하지 않고선 탈퇴 도미노를 배제할 수 없다. 네덜란드, 덴마크, 스웨덴 등이 후보다. 그럴 경우 국가 간 경쟁이 배제된 거대 규제집단으로서의 EU가 존속할 수 있을지 의문이다.

영국은 아예 결별하든지, EU와 타협해 몇 가지 조건을 수정하고 준

회원으로 남는 선택지가 있다. 협상은 단일시장 유지와 이동의 자유가 핵심이다. 세계의 20%(유럽)와 멀어지는 대신 세계의 80%와 더 가까워질 수도 있다. 진짜 문제는 내부의 분열 가능성이다. 브렉시트는 영국을 좌우 이념이 아닌 탈퇴파와 잔류파로 갈라났다. EU 이전의 영국을 경험한 장년층과 EU 속 영국이 전부인 줄 아는 청년층의 갈등은 더욱 커질 것이다. 또한 잔류 표가 과반을 넘은 스코틀랜드와 북아일랜드의 분리독립 가능성도 변수다. 이들은 역사적으로 잉글랜드와 대립했던 켈트족의 후예들이다. 스코틀랜드는 2년 전 분리독립 투표를 해 보류한 바 있다. 영국으로선 거대한 규제덩어리가 된 EU 탈퇴보다 내부 분열이 더 타격일 수 있다.

Vitamin

美 공화·민주당의 정강

11월 8일 대선을 앞둔 미국 공화당과 민주당의 홈페이지를 보면 눈길을 끄는 네거티브 코너가 있었다. 공화당은 '클린턴 이메일 스캔들'을 초기 화면 메뉴판에 걸었다. 민주당도 '트럼프 음모론'에 대한 퀴즈 코너를 큼지막하게 게재했다. 대선 캠페인에서 상대 후보에 대한 공격에 치중하는 것은 미국이라고 다를 게 없다. 그러나 세계 최초 민주주의 국가가 4년을 이끌 지도자를 네거티브만으로 뽑지는 않는다. 양당은 확연히 구분되는 선명한 당 정책강령(정강·party platform)을 내놓고 유권자들의 지지를 호소한다. 정강은 집권 시 펴나갈 정책의 종합청사진이자 앞으로 구체화할 대선 공약의 밑그림이다. 사탕발림 공약 수준이 아니라 헌법 가치와 당의 이념·철학에 기초해 국가 운영의 방향을 구체적으로 제시하는 것이다. 공화·민주 양당의 2016 정강을 비교해본다.

: 美 공화당 '미국 우선' vs 민주당 '함께 더 강하게'

미국 공화당이 클리블랜드(7월 18~21일), 민주당은 필라델피아(25~28일)에서 각기 전당대회를 열고 대선 후보를 확정했다. 도널드 트럼프와 힐러리 클린턴 두 후보는 100여일간 치열한 본선 레이스를 벌인다. 전당대회는 그간 경선과정에서 사분오열했던 당을 하나로 결집하고 필승을 다짐하는 정치축제의 장이다. 전당대회에선 각 당의 대선 출사표가 될 정강(政綱·platform)도 확정했다. 정강은 대개 추상적, 선언적 표현으로 작성되며 향후 공약 형태로 구체화된다. 2012년 대선에 비해 이번 양당 정강은 많은 면에서 변화가 있었다. 세계 유일의 초강대국 정책 방향을 담기 때문에 향후 4년간 세계질서를 가늠해볼 수도 있다. 경제·통상·지정학적 이슈가 첨예한 한국 역시 바짝 주목하지 않을 수 없다.

링컨과 루스벨트의 유산

미국 헌법에는 정당 규정이 없고 건국 초기엔 정당이 존재하지 않았다. 그러나 초대 워싱턴 대통령의 정책을 둘러싸고 1790년대 상공인 중심의 지지자들이 알렉산더 해밀턴의 연방주의자당으로, 농민 근로자 등 반대자들은 토머스 제퍼슨의 민주공화당으로 결집하며 대립했다. 연방주의자당은 1820년 대통령 후보를 못내면서 해산하고, 민주공화당의 일당체제가 30여 년간 이어졌다.

1828년 당선된 앤드루 잭슨의 반대파들이 연방파 이념을 계승해 휘그당을 창당했다. 휘그당은 노예 문제로 내부 갈등을 겪다 해체되고 노예제 폐지를 내건 공화당(Republican)으로 대체됐다. 공화당은 1860년 링컨부터 1930년대 초까지 대통령 16명 중 13명을 배출할 만큼 우세했다. 민주공화당을 계승한 민주당(Democratic)은 줄곧 소수당에 머물다 1932년대 뉴딜정책을 내건 루스벨트가 압승하며 1960년대까지 다수당으로 군림했다. 1970년대 이후엔 양당이 엎치락뒤치락하고 있다.

미국 정당의 변천사는 곧 정책 대결의 역사였다. 이념과 정책으로 헤쳐모인 집단이 지금의 양당이고 유권자들도 자신의 정치성향에 따라 지지 정당이 바뀌기도 했다. 따라서 대선 때마다 일부 수정해 내놓는 정강에 대해 관심이 높을 수밖에 없다.

정강에 담긴 이념의 간극

미국 공화당은 대체로 작은 정부, 자유무역, 반공·복음주의 등의 경향을 띠고 민주당은 큰 정부, 보호무역, 소수자 옹호 등을 지지한다. 그런 점에서 공화당은 보수, 민주당은 진보로 대별된다. 하지만 한국이나 유럽 정당과 비교할 때 민주당은 사실상 중도에 가깝다.

그런데 이번 대선은 그간 성향과도 확 차이가 난다. 영국 가디언은 "양당 정강을 보면 과거 어느 때보다 이념 간극이 크다"고 평가했다. 공화당은 아웃사이더인 트럼프가, 민주당에선 사회주의자를 자처하는 샌더스가 경선과정에서 돌풍을 일으키면서 정강에 그들의 주장이 대거 반영됐기 때문이다.

양당의 가장 큰 차이는 이민, 환경, 소수인권에서 확인할 수 있다. 공화당은 트럼프가 주장해온 멕시코 국경장벽 설치, 무슬림 입국심사 강화를 정강에 반영한 반면 민주당은 불법체류자 재입국 허용, 시민권 획득기회 부여 등을 담았다. 또 기후변화에 대해 민주당이 시급한 위협이라고 본 반면 공화당은 시급하지 않으며 탄소세 반대 입장도 분명히 했다.

동성결혼과 관련, 공화당은 결혼은 남녀의 결합이라며 연방대법원의 합헌 결정을 파기할 것을 촉구했지만 민주당은 헌법적 권리라고 맞섰다. 공화당이 총기 소유, 낙태 반대, 포르노 규제 등을 제시한 것과 달리 민주당은 사형제 폐지, 최저시금 15달러(현재 7.5달러)로 단계적 인상, 연소득 12만 5000달러 이하 가정 자녀의 공립대 무상교육을 내걸었다. 양당 사이에 이념의 깊은 골짜기가 놓여 있는 셈이다.

: 아웃사이더 돌풍에 세계 통상·금융 격변 예고

무역·월가·대북 정책에선 유사

공화당은 트럼프가 내건 '미국 우선(America First)'을 정강에 담았다. '미국 우선'이 전혀 새로운 것은 아니다. 2008년 정강에선 '국가 우선(Country First)'이었다. 하지만 자유무역을 옹호해온 공화당이 모든 무역협정을 재협상하겠다는 트럼프 주장을 수용해 무역보복 가능성도 열어놓은 것은 큰 변화다. '함께 더 강하게(Stronger Together)'를 내건 민주당도 모든 무역협정이 노동자와 환경보호 등을 우선해야 한다고 정강에 못 박았다. 오바마의 TPP는 물론 한·미 FTA도 재검토 대상에서 예외가 되기 어려울 전망이다. 중국의 환율조작, 보조금 등 불공정 무역관행을 응징하겠다는 입장에서도 양당이 같다.

북한에 대해 공화당이 '김씨 왕조의 노예국가'로, 민주당은 '가학적 독재자의 억압체제'로 각기 규정한 것도 한목소리에 가깝다. 공화당은 북한의 핵보유와 전자기파(EMP) 공격 대책을 명시했고, 민주당은 북한의 핵·미사일 도발을 막도록 중국을 압박하겠다고 선언했다.

가장 주목할 점은 월가에 대해 한목소리로 규제를 언급한 것이다. 공화당이 상업은행의 위험투자를 금지한 글래스-스티걸법을 부활하겠다

미국 양대 정당의 정강 주요내용 비교		
구분	공화당	민주당(초안)
슬로건	미국 우선(America First)	함께 더 강하게(Stronger Together)
경제	- 경제 재건, 경쟁력 있는 미국 - 성장 위한 세제, 　세계 최고 법인세율 인하	- 공정한 경제, 불평등과의 투쟁 - 조세회피, 탈세 규제, 　법인세 감면 제한
무역	- 국익 보호 못하는 무역협정 거부 - 무역적자 축소, 　비협조국에 대응조치 필요	- 기존 무역협정 재검토 - 어떤 협정도 노동자, 　환경보호 우선해야
금융·월가	- 글래스-스티걸법 부활 　(상업은행 위험투자 금지) - FRB에 대한 감사 실시	- 월가 출신 지역연방은행 겸직, 　고액 퇴직금 금지 - 거대 금융그룹을 투자은행과 상업은행 분리
이민	- 남부 국경에 장벽 설치, 　불법 이민자 사면 철회 - 테러지원국, 이슬람권에서 입국시 특별 심사	- 불법체류자에 시민권 취득, 재입국 허용 - 어린이가 있는 불법체류자 가정 　기습단속 금지
대 북한	- '김씨 왕조의 노예국가' - 북핵의 돌이킬 수 없는 폐기 요구	- 가학적 독재자의 　가장 억압적 체제, 실재적 위협 - 동맹 보호, 북한 도발 억제 위해 중국 압박
대 중국	- 환율조작, 미국산 배격, 보조금 불허 - 남중국해 영유권 주장 비판	- 불공정 무역관행, 환율조작 응징 - 티베트 등 인권 증진 촉구
사회 이슈	- 동성결혼 합헌 파기 촉구 　(결혼은 남녀의 결합) - 총기소유 권리 유지, 낙태 반대	- 동성결혼은 헌법 권리, 사형제 폐지 - 최저시급 15달러로 단계 인상, 　공립대 무상교육
의료 보험	- 비싸고 복잡한 오바마케어 철회	- 노령의료보험 수혜연령 65세 → 55세
기후 변화	- 시급한 국가안보 사항 아니다 - 탄소세 반대, 석탄은 싸고 청정한 에너지원	- 우리 시대의 시급한 위협 - 오바마의 온실가스 감축계획 지지

고 했고, 민주당은 투자은행과 상업은행을 분리하겠다고 했다. 모두 대형은행의 분할을 시사하고 있는 것이다. 민주당은 샌더스 공약을 반영해 지역 연방준비은행과 금융계 간 겸직 금지, 고액 퇴직금 금지까지 넣었다. 그동안 정치자금줄 역할을 하며 양당 정강을 묘비문구(epitaph)라고 무시해온 월가였지만 이번 만큼은 누가 대통령이 되든 태풍에 휩싸일 전망이다.

오리무중 대선, 정강은 유일한 나침반

전당대회에서 확정한 정강이 절대적이고 불변의 원칙은 아니다. 그러나 1980~2004년 정강을 조사한 결과 양당 하원의원들이 자신이 속한 정당의 정강에 부합되게 투표한 경우가 82%에 달했다고 한다. 라이언 에

노스 하버드대 교수는 "정강은 정당이 규정한 목표를 반영하며 전반적인 정책방향을 가늠할 수 있는 최선의 방법"이라고 지적했다.

미국 대선 결과는 여전히 오리무중이다. 두 후보 간 지지율 격차가 크지 않고 판세가 고정됐다고 보기도 어렵기 때문이다. 그런 점에서 공화·민주 정강은 망망대해의 나침반과 같다. 정강에 담긴 함의를 분석하는데 세계가 촉각을 곤두세우는 이유다. 양당은 트럼프와 샌더스의 약진으로 정강의 상당 부분을 수정했다. 이는 전통적인 두 당의 모습과도 분명 차이가 있다. 미국 주도의 세계 정치·경제 질서에 큰 영향을 받는 한국으로선 양당 정강을 교과서 삼아 철저히 공부해야 할 때다.

PART 5

세계 경제의 흐름을 꿰뚫고 있는가

국제
경제

Vitamin

생물자원 전쟁

생명에 소유권이 설정될 수 있는가. 답은 '그렇다'이다. 개나 강아지 등 인간이 아닌 모든 것에는 소유권이 설정될 수 있다. 그런데 내 몸속에 나만이 갖고 있는 특수 박테리아 따위를 의사가 채취해 만병통치약을 만들어낸다면 그 약에 대한 나의 지배권은 인정될 것인가. 그 약은 의사의 소유물인가 아니면 나도 소유권을 주장할 수 있는가. 소위 생물자원 특허에 대한 논란은 인간과 자연의 본질에까지 의문을 던지고 있다. 생물자원 특허 반대론은 단순히 모든 새로운 것에 반대하는 수구적 태도에 불과한가. 그렇다면 찬성론은 과학 발전이라면 무조건 지지하는 과학맹신에 불과하다. 알고 보면 문명은 그렇게 진화하는 것인데, 사람의 생각이 그것을 따라잡지 못하고 있는 것은 아닌지. 생물자원을 둘러싼 논쟁을 살펴본다.

: 인간이 박테리아 만들면서 논쟁 막 올라

"지식은 등잔불과 같아서 누가 옮겨 붙이더라도 줄어들지 않는다"고 한 사람은 미국의 제3대 대통령 토머스 제퍼슨이다. 유럽 이민자들이 맨땅에 세운 미국이기에 건국 초기엔 유럽의 지식이 필요했다. 당연히 재산권에는 부정적이었다. 대신 미국은 강력한 이민정책을 펴면서 지식이 들어 있는 사람의 두뇌를 통째로 받아들였다. 오늘날 미국은 가장 강력한 지식재산권과 특허제도를 운영한다. 이는 획기적 발명, 발견, 혁신을 가져왔고, 인류가 누리는 현대문명의 이기(利器)치고 미국산 아닌 것이 없는 이유이기도 하다. 세계 최고 발명국이자 최대 시장인 미국은 1980년대 막대한 무역적자의 돌파구로 지재권에 주목했고, 이 분야에서도 룰 메이커가 됐다.

지재권과 특허가 순수한 아이디어 자체에 대한 것이라면 시비를 걸기도 좀 어렵다. 보상이 뒤따라야 마땅하다. 그러나 식물, 동물, 인간유전자 등 생물 그 자체에 대한 특허라면 이야기가 조금 복잡해진다. 진작부터 "자연의 산물에 특허를 줄 수 있는가"라는 문제제기가 있어 왔다. 제레미 리프킨은 생명에 관한 특허를 '최후의 인클로저 운동'에 비유했다. 그러나 "보상이 없다면 누가 열심히 신약, 신품종, 신물질을 개발하겠는가"라는 반론도 쉽게 부인할 수 없다. 법과 윤리, 과학과 종교, 문명과 반문명의 충돌을 초래하고 있다.

생명공학 시대를 연 사건

생물특허 논쟁은 40여 년 전으로 거슬러 올라간다. 미 의회가 이미 1930년 식물특허법을 제정했지만 적어도 1960년대까진 별문제가 없었다. 기술도 미약했고, 미국 특허국(PTO)이 자연 산물의 특허를 불허했기 때문이다. 기나긴 논쟁의 불씨를 댕긴 사건은 1971년 일명 '기름 먹는 박테리아'였다. GE의 미생물학자 아난다 차크라바티는 유출된 원유를 분해하는 신종 박테리아를 개발해 특허를 출원했다가 반려되자 소송을 냈다. 10년을 끈 공방에서 미 연방대법원은 1980년 5 대 4라는 간발의 차이로 차크라바티의 손을 들어줬다.

이 판결은 '인간이 만든 모든 것'을 특허 대상으로 인정해 '생명공학의 마그나카르타'로 불리게 됐다. 배타적 독점권이 법으로 보장되자 생명공학 특허는 봇물을 이

뤘다. 1984년 유전자 수를 무한 증폭시키는 기술이 개발됐고, 1987년 유전자 변형 다배체(polyploid) 굴이 특허를 취득했다. 1988년 하버드대 레더 박사팀이 개발한 암에 잘 걸리는 실험쥐 '하버드 마우스'는 네 발 가진 동물 자체를 특허로 인정한 첫 사례다.

1990년대 들어선 인간 유전자 특허가 쏟아져 전체 유전자의 40%가 특허 보호 대상이 됐다. 1997년 체세포 핵 이식을 통한 복제양 돌리가 등장해 세계를 놀라게 했다. 동물 복제의 성공은 인간 복제도 머지않았음을 암시하기 때문이었다. 복제된 동물이 주인의 소유라면 복제된 인간은? 그에게 과연 인권은 주어질 것인가.

식량문제 해결 vs 종자 독점

식량 분야에선 유전자 변형 농산물(GMO)이 속속 등장해 획기적인 증산을 가능케했다. 1994년 미국 칼젠이 최초의 GMO 식품인 무르지 않는 토마토를 시판했고, 1996년 몬산토는 제초제에 저항성이 있는 콩을, 노바티스는 병충해 저항성이 있는 옥수수를 개발했다. 이런 상품들이 잇

달아 개발되면서 사상 유례없는 농산물 잉여시대를 연 것은 분명하다. 굶주림도 가난도 사실상 해결됐다.

하지만 종자 독점 논란도 불거지고 있다. 터미네이터(종자 불임) 기술은 한 번 자란 식물은 아무리 그 종자를 추수해 다시 심어도 싹이 나지 않도록 하는 기술이다. 해마다 종자를 새로 사야 농사가 가능하다. 외환위기 당시 국내 종자회사를 모두 해외에 내다 판 경험이 있는 한국으로선 뼈아픈 대목이다. 그러나 종자, 품종 개량에 대한 인센티브가 없다면 누가 신품종을 개발하겠느냐는 반론도 나온다. GMO의 안전성을 의심하며 유기농, 무농약, 친환경만 고집하는 이들이 적지 않다. 그럴 수 있다면 좋겠지만, 대신 식탁에서 신선한 채소와 탐스러운 과일은 보기 힘들어질 것이다. 유감스럽게도 70억 인류를 재래식 농법으로 먹여 살릴 방법은 없다.

: 나를 복제하면 그는 나의 소유인가

생물 해적질인가, 인류의 진보인가

생물특허의 또 다른 논란은 생물자원이 누구 것이냐는 문제다. 인도에는 예부터 '마을의 약방'으로 불리던 님(neem)나무가 있다. 그런데 미국 WR 그레이스사가 1985년 님나무 추출성분으로 무독성 생물농약을 개발해 특허를 취득했다. 인도 농민들이 반발하면서 국제적 논란거리로 떠올랐다. 캐나다 생명윤리기구 ETC그룹의 팻 무니 사무총장은 '생물해적질(bio-piracy)'이란 용어를 만들었고, 인도 생태운동가 반다나 시바는 "제3세계 주민들의 생계수단, 문화, 전통 지식을 훔쳐가는 것"이라고 맹비난했다. 결국 유럽에선 그레이스사의 특허를 취소했다. 그러나 님

나무가 인도의 민간요법에
만 머물렀다면 인류엔 전혀
도움이 되지 못했을 것이다.

신종플루의 공인 치료제
인 타미플루는 중국요리 향
신료로 쓰이는 팔각(八角)나
무에서 추출한 시키믹산으
로 만든다. 하지만 팔각을

동물특허
- 1987년 유전자 변형한 다배체(多胚體) 굴 개발
- 1988년 암에 잘 걸리는 실험쥐 '하버드 마우스' 개발
- 2000년 한국, 당뇨병 유전자 이식한 '당뇨병 쥐' 개발

　　-미 특허국 "인간 이외의 비자연 생명체는 특허보호 대상"
　　-반대측 "생명 창조에 도전하는 생명의 사유화"

인간유전자 특허
- 1998년 미 미리어드, 여성 유방암 난소암 원인유전자 특허
  (2013년 안젤리나 졸리 유방암 진단)

　　-찬성측 "유전자 분리, 유지는 인간의 기술"
　　-반대측 "유전자의 사적독점으로 보다 다양한 의료발전 저해"
　　　(미 연방대법원, "특허대상 아니다")

직접 먹는다고 타미플루의 효능을 얻는 것은 아니다. 이를 독감치료제
로 개발한 기업을 부정적으로 볼 수 있을까. 흔하디흔한 은행잎 엑기스
에서 혈행개선제가, 목련의 꽃봉오리에서 천식치료제가 개발된 것도 인
류에 다행스런 일이지 나쁜 일은 아니다. 독일 바이엘의 당뇨병 치료제
글루코베이는 케냐의 루이루 호수에서 채취한 변종 박테리아가 원료다.
제3세계 원료를 가져다 써 해적질이라는 비난에는 사실 반문명적 정서
도 깔려 있다. 시장의 적절한 보상이 없다면 인류를 질병에서 구할 신약
은 존재하지 않는다. 한편에서 생물해적질로 비난하는 행위가 뒤집어보
면 문명의 진보인 셈이다.

생물자원 전쟁의 본질은 '돈'

전 세계 생물자원의 가치는 2010년 기준 2조 5000억 달러(약 2750조 원)로
추산되고 있다. 2003년 8000억 달러에서 벌써 세 배로 불어났다. 땅속
금맥을 캐듯 '그린 골드(green gold)'라고 부르기도 한다. 그렇기에 인도 님
나무를 계기로 제3세계 국가들이 앞다퉈 생물 주권을 주장하고 있다.
풀 한 포기, 나무 한 그루, 미미한 박테리아 등에서 대박 신약이 나오자
개발 이익을 내놓으라는 요구도 봇물이다. 2014년 10월 발효된 생물다

양성 국제협약의 나고야 의정서가 바로 생물자원의 이익 공유에 관한 지침이다. 하지만 한국은 생물자원 부국도, 생물특허 보유국도 아니다. 어중간한 처지다. 크리스마스 트리로 인기가 높은 구상나무, 미국 라일락 시장의 30%를 점하는 미스김라일락은 생물자원에 무지하던 시절에 반출돼 지금은 로열티를 주고서야 역수입할 수 있다. 뒤늦게 2007년 국립 생물자원관을 발족하고 국가 생물자원 종합관리시스템(www.kbr.go.kr)을 운영하고 있다. 하지만 10만 종의 국내 생물종 중 40%(3만 9295종)만이 제대로 등록돼 있을 뿐이다. 갈 길이 멀다.

Vitamin

위험한 행복
신현송 VS 마틴울프

소위 미국발 글로벌 금융위기가 터진 지 8년이 흘렀다. 세계 경제는 당시의 충격을 그런대로 이겨냈다. 하지만 아직 본격적으로 글로벌 성장세를 회복했다고 보기는 어렵다. 살아나는 듯하던 미국 경제는 다시 주춤한 상태고 유럽은 사정이 더 안 좋다. 일본 역시 불황의 긴 터널을 완전히 벗어났다고 판단하기엔 이르다. 그런데 글로벌 금융시장은 이와는 좀 다른 모습이다. 미국의 주요 주가지수는 사상 최고치를 잇달아 경신하고 있다. 유럽이나 아시아 등 기타지역 주가는 미국 정도는 아니지만 경기 상황에 비춰보면 그런대로 선방중이다.

저금리로 글로벌 채권시장 역시 활황을 이어가고 있다. 상품시장은 유가하락과 중국 경기 둔화 등으로 최근 1~2년새 약세로 돌아섰지만 주식과 채권시장은 여전히 호황이다.

이런 실물과 금융시장의 엇박자를 어떻게 봐야 할까. 일부에선 골디락스를 회상하며 아무 문제가 없다고 본다. 하지만 "금융시장이 위험한 행복에 취했다"는 경고음도 요란하다. 전문가들 간 격돌도 볼 만하다. 신현송 국제결제은행(BIS) 수석 이코노미스트의 우려를 파이낸셜타임스(FT)의 마틴 울프가 되받아치고, 미국 중앙은행(Fed)의 재닛 옐런 의장이

가세하는 형세들이다. 저금리와 양적 완화가 만든 버블은 조만간 터질 수밖에 없는 것인가. 아니면 비관주의자들의 함정인 또 다른 둠(doom) 시나리오일 뿐인가.

: 양적 완화, 소득 불평등만 심화시킨다

글로벌 금융시장의 행복감에 찬물을 끼얹은 장본인은 국제결제은행(BIS)이다. 중앙은행의 중앙은행으로 불리는 BIS는 두 해전 발간한 연례보고서를 통해 세계 경제가 2008년 금융위기의 그늘에서 아직 못 벗어나고 있지만 금융시장은 이상하리만큼 활황이라고 이미 지적한 바 있다. 주요국 중앙은행의 초저금리와 양적 완화가 주범이라는 게 BIS의 분석이다. BIS는 각국이 생산성 향상을 위한 경제 구조 개혁은 외면한 채 지금처럼 오직 돈을 찍어내 경제를 살리려다가는 또 다른 위기를 자초할 것이라고 경고했다.

달콤한 독약과 폭풍 전야 금융시장

특히 눈에 띄는 대목은 저금리와 양적 완화를 앞세운 선진국뿐 아니라 신흥국의 부채 증가에도 주목한 점이다. 양적 완화로 흘러나온 돈의 상당 부분이 신흥국 기업들에 저리로 대출되고 있다는 게 BIS의 지적이다.

실제 2008년 금융위기 후 중국, 인도, 브라질 등 신흥국 기업들은 해외에서 2조 달러가 넘는 돈을 차입했다. 이들 기업은 보통 역외 외화채권을 발행, 자금을 조달하는데 글로벌 자산운용사가 주로 이런 채권을 사들인다. 외화채권 발행 이유는 자금조달 목적도 있지만 금리차를 노린 캐리트레이드 때문인 경우가 더 많다고 한다. 제로금리 정책을 펴는 선진국 시장에서 저리로 채권을 발행, 외화를 조달해 상대적으로 금리가 높은 자국 금융회사에 예치해 금리 차를 취하는 식이다.

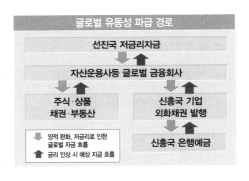

BIS는 이 같은 주식 채권 등 자산 가격 상승과 신흥국의 부채증가 속도가 이미 위험 단계에 접어들고 있다고 진단한다. 예를 들어 '부채-GDP 갭'(GDP 대비 부채비율이 장기추세에서 얼마나 벗어났는가 하는 척도)이 높아지고 있는데 이 비율이 10%포인트를 넘을 경우 통상 3년 내 심각한 금융위기가 온다는 것이다.

BIS가 경고한 게 2014년이었는데 당시 주요국의 이 갭은 중국(23.6), 터키(17.4), 브라질(13.7) 등이었다. 홍콩, 인도네시아, 말레이시아, 필리핀, 싱가포르, 태국 등 6개국 평균도 19.9에 이른다. BIS는 이 같은 현상은 모두 초저금리와 양적완화라는 중앙은행의 달콤한 독약에 시장이 취해 있기 때문이라며 최근 금융시장의 변동성 축소와 거래량 감소는 '폭풍 전야의 고요'와도 같다고 경고했다. 2017년이면 BIS가 경고한 심각한 금융위기 발발 시점인 3년째가 되는 해이다.

선진국 기준금리 올리면 신흥국 경제는 '삐걱'

2008년 금융위기 때는 글로벌 은행들이 글로벌 유동성 파급경로상 주도적 역할을 수행했다. 미국 내 위기는 미국계 투자은행들이 다양한 파생상품을 통해 무리한 레버리지를 동원, 리스크를 높이는 과정에서 발생했다. 새로 다가올지도 모를 위기의 과정에서는 은행보다 기업들이 매개물 역할을 담당할 가능성이 크다.

최근 몇 년간 글로벌 유동성이 증가하는데 신흥국 기업이 발행하는 외화채권이 매우 큰 부분을 담당해왔다는 것이다. 해외 차입은 시장 여건이 양호할 때는 저리의 돈을 장기로 빌릴 수 있는 만큼 기업 입장에서는 더할 나위 없이 좋은 거래다.

하지만 시장은 아주 작은 변화에도 매우 민감하고 변덕스러운 모습으로 바뀐다. 선진국이 기준금리를 올리거나 외화채권을 발행한 기업이 속한 신흥국 경제에 어떤 문제라도 생기면 자금 흐름은 급격히 역전될 수 있다. 미국 중앙은행(Fed)의 테이퍼링 가능성만으로 신흥국 시장에서 엄청난 자금이 빠져나갔던 2013년 5~6월, 그리고 실제 0.25%포인트 기준금리를 올린 2015년 12월 직후의 상황을 떠올리면 이해하기 쉽다.

: 금융위기는 기업을 매개로 퍼질 것

최근 신흥국에 들어오는 자금이 점차 단기화되고 유동성이 높은 ETF(상장지수펀드)에 몰리는 것도 일종의 위험 신호로 볼 수 있다. 여차하면 '먹튀'하겠다는 뜻이기 때문이다. 실제 신흥국의 채권이나 주식에 투자하는 펀드의 20%가량이 ETF다. 10년 전에 비해 비중이 10배로 늘어났다. 신흥국 기업의 외화채권 발행이 어려워질 경우 이는 신흥국 은행에도 적잖은 영향을 줄 수 있다.

대다수 신흥국에서 기업은 은행에 있어 대단히 큰 고객이다. 총 은행 자산 중 기업 예금이 차지하는 비중이 보통 20%를 넘기 때문이다. 그런데 해외시장에서 자금조달이 막힌 기업들은 은행예금을 인출할 수밖에 없다. 이는 은행의 자금 운용에 적잖은 타격을 주게 된다. 캐리트레이드에 열중한 기업이라면 더욱 해외시장 변화에 민감하게 움직일 수밖에 없고 은행이 받는 충격도 비례해 커진다.

통화 팽창은 금융위기 가능성만 높일 뿐

문제가 되고 있는 초저금리와 양적 완화는 소득분배에 어떤 영향을 줄까. 얼핏 늘어난 통화량이 경제활동을 촉진시키고 그 결과 저소득층에 그 혜택이 돌아갈 것으로 생각할 수도 있다. 하지만 현실은 그렇지 않다. 일찍이 미제스는 무분별한 통화 증가가 소득불평등을 야기한다는 것을 강조한 바 있다.

물가 변동이 없는 상태에서 중앙은행의 통화정책에 의해 통화량이 증가하면 새로 유입된 통화를 일찍 손에 넣은 사람의 실질구매력은 높아진다. 반면 통화 증가로 인해 물가가 오른 후 새로 유입된 통화를 입수한 사람의 실질구매력은 상대적으로 감소한다. 결국 새로 유입된 화폐를 일찍 손에 넣은 사람과 나중에 접근하는 사람 간에 소득 격차가 발생한다. 새로운 화폐를 일찍 접할 수 있는 사람은 일반 서민보다는 정부 정책 변화를 빨리 읽을 수 있는 금융기관과 기업들이고, 그와 관련돼 있는 사람들이다.

실제로 소득 양극화와 관계 있는 지표들은 통화량과 강한 상관관계를 보인다. 양적 완화와 초저금리로 인한 통화 팽창은 부채 증가와 자산 가격 상승으로 금융위기 가능성을 높일 뿐 아니라 BIS가 지적하지는 않았지만 부의 편중도 심화시킨다는 문제점 역시 갖고 있다.

금융위기 진단과 처방을 둘러싼 논란들

BIS는 태생적으로 보수적일 수밖에 없다. 대차대조표를 따지고 신용증가를 체크하는 게 본업이다 보니 금리 인하와 양적 완화에도 비판적 입장을 견지할 수밖에 없다.

파이낸셜타임스 칼럼니스트 마틴 울프가 BIS의 경고를 일부 수긍하면서도 그 처방에는 반대하는 것도 이런 이유에서다. 그는 통화정책이 많은 위험성을 갖고 있다는 점은 인정하지만 금융위

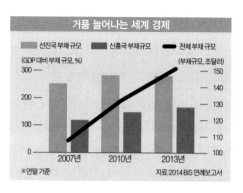

기 예방을 위해 수요 확대책을 자제하고 디플레이션까지 감내해야 한다는 BIS의 주문은 수긍하기 어렵다는 비판이다. 그럴 경우 오히려 부채는 더 증가하고 기업도산도 늘어나며 경제는 더욱 약해질 수밖에 없다는 것이다. 이는 다시 부채 증가라는 악순환에 빠진다는 논리다.

일부에서는 BIS의 진단 자체가 잘못됐다는 견해도 있다. 투자자문사 세이지 어드바이저리의 전략가 앤서니 패리시는 "미국 경제의 성장 속도가 느리기 때문에 금리가 갑자기 급등할 가능성은 낮다"며 "책상을 치며 금리가 달까지 치솟을 것이라고 주장하는 사람들은 문제를 과장하는 것"이라며 금융위기 가능성을 일축했다.

이런 논란의 근본적 이유는 양적 완화와 제로금리라는 비전통적 통화정책, 다시 말해 한 번도 전례가 없는 실험이 진행 중이기 때문이다. 앞으로 어떤 일이 벌어질지는 아무도 모른다. 미래 예측보다는 만약의 경우에 대비해 어떻게 준비하느냐가 더 중요한 것도 그래서다.

Vitamin

무인車
무엇을 바꾸나

자율주행차(self driving car) 혹은 무인자동차(driverless car) 시대가 성큼 다가왔다. 이 분야 선두주자로 꼽히는 구글의 전기차 업체 테슬라가 도전장을 내밀었고 우버는 무인차를 택시로 시험운영하겠다고 밝혔다. 여기에 애플과 기존 자동차 업체들까지 무인차 개발 속도를 속속 높여가고 있어 무인차 내지는 자율주행차 분야에는 그야말로 춘추전국시대가 도래했다.

현대·기아차는 2020년 자율주행차 상용화를 목표로 하고 있다. 벤츠, 아우디, 도요타 등 내로라하는 자동차 업체들도 2020년을 전후해 이 시장에 속속 뛰어들 태세다.

무인자동차가 보편화된다면 이는 그 자체로 사건이다. 자동차 산업은 물론 차에 대한 개념 자체가 달라진다. 수많은 일자리가 없어지거나 생길 수도 있고 일상 전반에 엄청난 변화의 바람이 불수도 있다. 어쩌면 자동차나 컴퓨터의 발명에 버금가는 대변혁의 시작일지도 모른다.

무인자동차가 그냥 하나의 새로운 이동수단을 넘어 '게임 체인저'로 불리는 것도 그래서다. 자율주행차 또는 무인자동차 시대가 가져올 미래의 변화상은 어떤 것이 될지, 보급에 걸림돌은 없는지 알아보자.

자율주행차가 어떤 첨단 기계 및 전자 장비를 이용하는지, 어떤 센서를 어디에 몇 개나 설치하는지, 어떤 알고리즘으로 운행을 제어하는지 등의 문제는 극히 전문적 분야다. 현대차를 비롯하여 각국 자동차 메이커나 구글 등 정보기술(IT)기업 개발자들이 매일같이 머리를 맞대고 씨름하는 대상이기도 하다.

하지만 이처럼 기술적이고 어려운 분야는 여기서는 논외로 한다. 우리가 관심을 두는 것은 오히려 목적지를 스스로 찾아가는 이 자동차가 우리의 일상생활에 어떤 변화를 가져올지 하는 것이다.

세상을 뒤바꿀지도 모를 무인자동차

무인자동차가 상용화될 경우 가장 먼저 예상할 수 있는 효과는 사고 감소다. 무엇보다도 운전미숙이나 졸음운전, 음주운전으로 인한 사고를 미연에 방지해 안전사고를 크게 줄일 수 있다는 게 현대차 관계자의 말이다. 사고 감소 효과는 자동차에 앞서 자동항법장치를 적용한 항공기를 보면 잘 알 수 있다.

미국의 경우 자동항법 장치가 본격 도입되기 전인 1962년부터 1971년까지 10년간 13억 명이 비행기를 탔는데 추락사고로 숨진 사람은 1696명이었다. 승객 100만 명당 133명이 사망한 셈이다. 반면 자동항법장치가 본격 이용되기 시작한 2002년부터 2011년까지 비행기 탑승객은 70억 명에 달했지만 153명만이 목숨을 잃었다. 100만 명당 2명꼴로 사망자 수가 격감했다. 자율주행차가 보편화되면 이와 유사한 결과를 기대할 수 있다는 게 개발 업체들의 공통적인 견해다.

같은 맥락에서 교통체증 역시 획기적으로 줄어들 것으로 기대된다.

자율자동차들은 실시간으로 교통 정보를 읽고 최적의 길과 속도 등을 선택, 교통 흐름은 거의 언제나 막힘이 없고 효율적으로 분산될 수 있게 될 것이다.

최근 스마트폰 등으로 실

자율주행자동차 시장 규모 전망

(단위:만대)

2014년	2025년	2035년	2050년
0	23	1180	8000

자료:IHS오토모티브

시간 교통정보를 활용하는 사람들이 늘면서 추석 명절 같은 때에도 이전보다 교통체증이 훨씬 덜해졌다. 자율자동차 시대에는 이런 실시간 교통정보 반영이 더 완벽해지면서 도로는 늘 물 흐르는 듯한 상태를 유지할 가능성이 높다. 교통체증이 사라지고 길에서 낭비하는 시간이 없어지면 우리나라 국내총생산(GDP)의 2.6%에 달하는 혼잡비용이 줄어들 것이라는 분석도 있다. 장애인이나 노인의 행동반경이나 활동범위 역시 크게 신장될 것이 확실시된다.

자동차의 형태 또한 적잖은 변화가 예상된다. 운전석이 필요 없어진 자동차는 응접실이나 회의실, 영화감상실이 될 수도 있고 심지어 침실도 될 수 있다. 크기도 다양해져 사무실만한 것부터 영화 〈마이너리티 리포트〉(2054년을 가상한 영화)에서 나오는 것과 같은 소형의 캡슐카까지 다양한 형태와 크기의 차들이 도로를 누비고 다닐 것이다.

이런 다양한 변화에 맞춰 교통관련 법규도 대폭 바뀌는 게 불가피하다. 관련 업계에서는 2035년께면 자율주행차 시장은 1000만 대를 넘어가고 세계 50여 개국이 이에 맞춰 관련 법규를 정비할 것으로 예상한다.

무인차 시대에 해결해야 할 골치 아픈 문제들

무인차가 가져올 미래가 온통 장밋빛만은 아니다. 혁신적 기술이나 발명품은 부득이 기존의 많은 것들을 대체하고 이들을 소멸시킨다. 우선 운전면허가 필요 없어지고 면허학원과 관련 행정조직도 없어질 게 뻔하다.

미래학자인 토머스 프레이는 무인차 시대가 오면 택시 및 버스 운전사, 교통경찰 등이 사라질 것이라고 예상했다. 또 교통사고가 급격히 줄면서 외과의사, 간호사도 줄어들 것으로 내다봤다. 택배기사 역시 상당수가 일자리를 잃을 것이다. 물론 이렇게 없어진 일자리는 다른 새로운 일자리로 대체될 가능성 역시 크다.

: 달리는 기계 → 즐기는 전자공간으로 진화

당연한 얘기지만 자동차 산업에도 큰 변화가 불가피하다. 메커트로닉스 비중은 더 작아지는 반면 일렉트로닉스 비중은 더 커진다. 기계 아닌 전자가 되는 것이다. 사고가 줄어들면서 애프터마켓용 자동차 부품 매출은 크게 줄어들 것이라는 분석도 있다.

자동차 산업에 오히려 독이 될 수 있다는 견해도 제기된다. 무인차가 보편화되면 차는 소유의 개념에서 사용의 개념으로 전환되고 따라서 차 수요가 지금보다 줄어들 수도 있다는 얘기다. 필요한 때 일정 시간만 타면 되는데 굳이 운전하지도 않을 차를 살 이유가 없어진다는 것이다. 필요할 때만 불러서 일정 요금을 내고 사용하고 다 쓰면 다시 필요한 사람에게로 보내는 온디맨드(on demand) 방식의 공유 개념이 자리 잡을지도 모른다. 그야말로 자동차 소유의 종말이다.

자율주행차와 관련해 골치 아픈 문제 중 하나는 사고가 날 경우 누가 책임을 지는가 하는 것이다. 사람이 타더라도 운전을 하지 않으니 보험사에서 물어주기도 곤란하다. 그럼 자동차업체에 제조물책임(PL)을 물

어야 할까. 아니면 무인차 소프트웨어를 만든 프로그램 회사가 책임져
야 할까. 이런 책임의 이동이 자동차 보급을 가로막지 않을까. 또 다른
걱정거리는 해킹이다. 악의를 품은 누군가가 마음만 먹으면 고속도로
를 달리는 차량 수천 대를 원격 조정하거나 중앙제어시스템을 파괴해
대형 참사를 야기할 수도 있다.

자율주행차에 모든 걸 맡겨도 될까

당신은 자율주행차를 타고 귀가하는 중이다. 조금 전 내린 눈으로 도로
는 군데군데 결빙돼 있다. 그런데 개 한마리가 갑자기 차도로 뛰어들어
도로 위에 멈춰 선다. 당신의 차는 어떻게 할까. 개를 살리려고 급정거
를 하면 차가 미끄러지고 당신이 위험해질 수 있다. 반대로 그대로 주
행을 계속하면 당신은 안전하지만 개는 죽게 된다. 만약 당신의 개라
면? 개가 아닌 사람이라면? 맞은 편 차선에서 주행하는 차가 있다면?
디지털 사상가 니콜라스 카의 최근 저서 《유리감옥》의 일부다. 컴퓨터
가 인간을 대체하는 데는 한계가 있음을 보여주기 위해 제시한 상황이
다. 그는 자율주행차가 이처럼 인간에게조차 버거운 윤리적 판단을 내
려야 할 때는 어떻게 해야 하느냐는 문제를 제기하고 있다.

이런 사례 말고도 실제 도로를 주행하다 보면 사전 예측도 어렵고 순
간 판단도 힘든 무수한 사례가 나타날 수 있다. 그래서 자율주행차 혹은
무인차가 모든 차를 완전히 대체할 것이라는 데 대해서는 회의적 반응
도 많다. 실제 미시간대의 설문조사 결과 운전자 대부분이 무인차의 장
점에 대해 긍정적으로 평가하고 있지만 정작 본인이 탈 경우엔 이런저
런 이유로 걱정된다는 응답이 3분의 2가량 됐다.

또 무인차를 사기 위해 보통 차보다 5800달러 이상을 더 쓰겠다는 대
답은 10%에 불과했고 55%는 보통 차보다 더 비싸다면 살 생각이 없다

고 응답했다.

사실 특정 제품이나 발명품을 기술적으로 만들 수 있다는 것과 상용화에 성공하는 것은 전혀 별개다. 테슬라의 전기차가 최근 화제를

인류사에 혁신을 가져온 게임 체인저들	
	※( )안은 연도
전화(1876)	
	전구와 무선통신(1879)
디젤엔진(1895)	
	비행기(1903)
포드의 모델T(1908)	
	텔레비전(1927)
컴퓨터(1939)	
	트랜지스터(1947)
이메일(1989)	
	자율주행차(?)

모으고 있지만 전기차가 개발된 것은 1834년이었다. 1900년대 초 미국에서 1만 대가 넘게 팔렸지만 대공황이 닥치고 가솔린 엔진 기술이 향상되면서 전기차는 역사 속으로 사라졌다. 요즘 길거리에서도 볼 수 있는 세그웨이는 2001년 처음 개발될 당시에는 인류사를 바꿀 엄청난 발명품이라고 온 세계가 떠들썩했다. 하지만 지금은 특수 용도나 레저용으로 사용될 뿐이다. 전기차나 세그웨이 모두 기발한 발명품이지만 세상을 뒤바꾸는 게임 체인저가 되지는 못한 제품들이다.

자율주행차 혹은 무인자동차가 인류사를 뒤흔들 진정한 게임 체인저가 될 것인지, 신기하지만 뭔가 좀 부족한 그런 발명품에 그칠지 두고 볼 일이다.

Vitamin

파국 임박한 OPEC

석유수출국기구(OPEC)가 삐걱거린다. 석유 감산 여부를 둘러싸고 13개 회원국 간 갈등이 수년째 계속되고 있다. 아직도 생산 목표는 여전히 오리무중이다. 아프리카 국가들과 이란은 가격을 조금이라도 올리기 위해 당장 석유 감산에 나서야 한다고 아우성이다. 하지만 OPEC을 주도해왔던 사우디아라비아와 아랍 국가들은 아직 감산할 시기가 아니라고 응수한다. 사우디는 OPEC 회의와 무관하게 움직인다. OPEC은 1998년에도 한 차례 내분으로 붕괴 조짐을 보이기도 했다. 하지만 지금 상황은 당시보다 더욱 구조적이고 심각하다. 1970년대 1, 2차 오일쇼크를 주도하면서 세계경제를 위기로 내몰고 2000년대 카르텔의 황금시기를 구가한 때와 비교하면 격세지감이다. 50여 년의 역사를 지닌 OPEC의 앞날이 어떻게 될 것인지 알아보자.

: 석유 고갈론 부풀리며 油價 쥐락펴락

국제에너지기구(IEA)는 2014년 9월, 세계 석유시장 성장률을 2.9%에서

2.4%로 수정했다. 그해 이미 세 차례나 예측치를 수정했다. 중국과 유럽 경기침체로 에너지 수요가 줄고 있는 것도 원인이다. 하지만 셰일가스 혁명으로 원유 공급량이 넘치고 있는 것이 근본 요인이다.

2014년 8월 전 세계 석유 공급은 하루 9290만 배럴로 전년 동월 대비 81만 배럴이나 늘어났다. 물론 미국의 석유 생산이 큰 폭으로 증가했기 때문이다. 2006년 하루에 130만 배럴씩이나 미국에 수출해오던 나이지리아는 최근 미국 수출을 중단했다. 당장 석유수출국기구(OPEC)에서 석유 감산을 논의해야 한다고 아우성이다. 하지만 상황은 구조적이다.

전쟁이 벌어지고 큰 사고가 터져 유가가 출렁대던 때와 근본적으로 다르다. 셰일가스와 셰일오일이 세계 에너지시장을 재편하고 있는 것이다. 미국산 대표 유종인 WTI가 한때 40달러 아래로 내려간 것도 자연스런 결과다. 사우디아라비아를 중심으로 한 OPEC이 유가를 좌우한다는 상식은 이미 옛말이다. OPEC의 종말이 다가오고 있다는 관측이 나온다.

OPEC의 탄생

1930년대 이후 세계 석유자원은 더치셸과 BP, 엑손, 텍사코, 걸프, 셰브론, 모빌 등 소위 '세븐 시스터스'로 불리는 7개 메이저들이 장악해왔다. 이들은 카르텔을 만들어 석유가격을 쥐락펴락해왔다. 사우디 등 석유 생산국들은 이들에 말도 꺼내지 못했다. 석유 생산국과 메이저 간 갈등이 일촉즉발의 지경에까지 이르렀다. 드디어 사건이 터졌다. 1959년 2월, 이들 7개 메이저가 산유국의 아무런 승낙 없이 원유가격 인하를 발표한 것이다. 산유국들은 곧바로 석유회의를 열고 원유가격을 올리거나 내릴 때는 사전에 통고하도록 요구했지만 받아들여지지 않았다. 산유국의 불만은 더욱 높아지고 자신들의 목소리를 낼 수 있는 국제기구의 필요성을 절감했다.

당시 베네수엘라의 석유상 후앙 페레스 알퐁소의 제창으로 1960년 9월 산유국들의 모임이 결성됐다. 이라크와 베네수엘라가 적극적이었으며 이어 사우디와 이란, 쿠웨이트 등이 참여했다. 알퐁소는 이렇게 선언했다. "마침내 우리는 우리만의 클럽을 만들어냈다. 세계 수출 석유의 90%를 쥐고 있는 우리가 뭉쳤다. 이제 새 역사가 창조될 것이다."

1, 2차 오일쇼크

하지만 출범 당시만 해도 OPEC은 석유 값을 올리기 위한 조직이 아니었다. 석유 메이저들이 가격을 함부로 내리는 것을 막기 위한 조직이었다. 1973년 10월 제4차 중동전쟁 이전까지 유가는 배럴당 2달러를 오르내리고 있었다. 전쟁이 시작되면서 곧바로 OPEC 소속 중동 6개국이 유가를 70% 올리고 이스라엘을 지지하는 선진국을 상대로 석유금수조치를 단행했다. 그해 12월 열린 OPEC 회의에선 130%의 가격 인상을 결정했다. 중동전쟁 다음해 평균 국제유가는 배럴당 11.65달러에 이르렀다. 무려 4배나 올랐고 OPEC의 존재감과 위력이 드러난 것이다.

더욱이 OPEC은 회원국 유전이나 정유시설, 석유 파이프라인의 국유화를 추진해 석유 메이저들의 영향력을 배제했다. 석유가격 결정권은 드디어 OPEC의 손에 넘어가게 됐다. 한 차례 폭등을 경험한 후 유가는 내려가지 않고 계속 10달러 내외에서 유지됐다. 그러다가 1979년 2차 오일쇼크가 터진다. 이에 앞서 OPEC은 이미 1978년 10월

1, 2차 오일쇼크		
	1차	2차
원인	제4차 중동전쟁	이란혁명
유가인상의 모양	집중적	단계적
시기	1973~1974년 (약 1년)	1978년 12월~ 1980년 10월(약 2년)
유가변동폭(배럴당 달러)	2.48 → 11.65	12.7 → 37
유가상승률	약 4.7배	약 3배

※아랍라이트유 기준　　　　자료:경제기획원, 경제백서, 1983

OPEC 회원국(12개 국가)
알제리 앙골라 나이지리아 리비아 베네수엘라 에콰도르 이란 이라크 쿠웨이트 사우디아라비아 카타르 아랍에미리트

에 이란의 소요를 구실로 유가를 10% 인상했던 터다. 이듬해 2월에 이란 혁명이 터지면서 유가는 천정부지로 올랐다. 석유가격이 너무 오르자 OPEC은 유가를 조정하는 회의를 열어 조정하는 모습을 세계에 보였다.

하지만 일부 국가들이 유가 인하에 반대해 합의를 이끌어내지 못했다. 통일된 가격을 유지하는 것이 불가능해지면서 원유 가격은 더욱 폭등해 1980년 11월에는 배럴당 37달러까지 치솟았다. 1차 오일쇼크와 달리 2차 오일쇼크는 이처럼 장기간에 걸쳐 일어났다는 게 차이점이다. OPEC도 쉽게 합의를 이루지 못하는 인상을 주었다.

: 셰일혁명에 OPEC 50년 카르텔 균열

쇠퇴와 성장

상황은 1982년부터 변한다. 오일쇼크 이후 선진제국이 석유 비축을 확대하고 태양광이나 풍력 등 대체에너지를 늘리려는 움직임이 확산됐다. 영국의 북해 유전이나 멕시코 유전 등 비OPEC 국가들의 산유량도 나날이 늘어났다. 차츰 수요보다 오히려 공급이 증가하는 조짐이 보였다. OPEC은 가격을 유지하기 위해 감산조치를 했지만 회원국들은 시장 점유율을 확보하기 위해 증산 경쟁을 벌였고 쿼터(생산 한도)를 위반하는 일이 잦았다. 1985년부터 1986년에 걸쳐 원유가격의 대폭락이 일어나고 OPEC은 가격 지배력을 잃어버렸다.

석유가격 하락시대에 영향을 가장 많이 받은 것은 옛 소련이었다. 당시 옛 소련은 OPEC에 가입하지 않았지만 석유 생산국이었다. 유가가 상승한 때는 높은 이익을 올렸지만 석유가격 하락으로 경제가 악화돼

마침내 소련 붕괴에도 영향을 끼쳤다. OPEC 산유국들은 드디어 극단의 조치를 취한다.

2000년 3월에 유가밴드제를 도입하기로 했다. 이 제도는 유가를 상·하한선으로

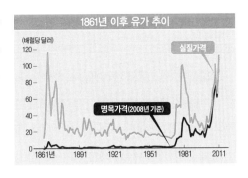

구분한 뒤 일정 기간 유가가 이 범위를 벗어나면 생산을 조절할 수 있도록 하는 것이다. 그리고 OPEC의 쿼터를 3년간 20% 이상 감산해 유가 회복에 나섰다. 더구나 2001년 미국의 9·11사태는 유가를 크게 끌어올리는 데 영향을 끼쳤다.

아시아 신흥국의 석유 수요 급증과 석유 고갈론도 도움을 줬다. 물론 그 배후에는 OPEC에서 결정한 가격 담합과 감산 조치가 있었다. 이처럼 OPEC 카르텔의 가격 담합이 심해지자 미국의 부시 대통령은 분노를 견디지 못해 2005년 세계무역기구(WTO)를 통해 공정한 무역질서를 위해서는 OPEC 체제를 붕괴시켜야 할 것이라고 촉구하기도 했다. 하지만 OPEC은 이런 경고에도 아랑곳하지 않고 가격을 올려 2008년 중반기에는 배럴당 150달러까지 치솟기도 했다.

OPEC 붕괴냐? 유지냐?

2008년부터 본격적으로 생산하기 시작된 셰일가스는 세계 에너지시장을 근본적으로 재편시켰다. 세계 에너지의 최대 수입국인 미국을 되레 수출국으로 바꾸게 한 것이다. 최근 미국의 원유 하루 생산량이 820만 배럴을 넘어서면서 최대 생산국인 사우디아라비아(957만 배럴)를 바짝 뒤쫓고 있다. 이미 2020년에는 미국이 사우디아라비아의 생산량을 넘어

설 것이라는 연구보고서도 나와 있다. OPEC의 위상 변화는 불가피한 실정이다.

OPEC이 생산목표를 줄인다 하더라도 세계 에너지시장에 별다른 영향을 미치지 않기 때문이다. 특히 이란이 중국에 석유를 공급하면서 사정은 많이 달라졌다. 이란은 계속 증산하겠다는 의향을 내비치고 있다. 미국의 포린 폴리시는 'OPEC의 종말(The End of OPEC)'이라는 글에서 이제 미국이 세계 유가를 좌지우지할 시대가 올지 모른다고 예고했다. 이제 OPEC은 저유가로 인해 경제적 부담을 느끼고 있지만 정치적인 이해관계와 점유율을 수성하기 위해 장기적인 전략을 포기할 수 없는 상황이다.

Vitamin

IMF의 헛발질

국제통화기금(IMF)은 지난 2014년 가을 발간한 '글로벌 금융안정 보고서'에서 미국 중앙은행(Fed)이 급격한 출구전략을 실행하면 글로벌 채권 시장에서 3조 8000억 달러(약 4081조 원)의 손실이 발생할 수 있다고 경고했다. 당시 대외경제정책연구원이 IMF와 공동으로 개최한 콘퍼런스에서 로베르토 기마레쉬 IMF 아태 지역경제팀 부팀장은 구체적으로 한국을 지목했다. "미국이 급격하게 금리를 올릴 경우 한국의 내년 성장률이 0.98%포인트 떨어질 수 있다"며 아시아에서 가장 큰 충격을 받게 된다는 것이다.

하지만 정작 크리스틴 라가르드 IMF 총재는 그보다 1년여 전 전혀 다른 소리를 했다. 2013년 12월 한국을 찾아 "주요국의 양적 완화 출구전략에도 한국은 자본 유출 위기에 빠질 수 있는 신흥국들과 달리 탄탄한 경제 펀더멘털로 큰 영향을 받지 않을 것이다"라고 장담했다.

도대체 어느 장단에 춤을 추라는 건가. 같은 IMF 안에서도 총재는 한국이 문제없다고 하고 또 다른 쪽에서는 어느 나라보다 위험하단다. IMF의 권위가 땅에 떨어진 건 어제 오늘의 일은 아니다. 경제 전망은 틀리기 일쑤고 잘못된 조언으로 원조국 경제를 망친다는 비난도 종종

든다. IMF의 헛발질은 어느 정도인지, 그리고 한국은 정말 출구전략에서 무사할 것인지 알아본다.

: IMF 경제예측·처방 모두 'F학점'

국제통화기금(IMF)은 2차대전 후 미국 중심의 세계 경제 지배체제를 지탱해온 핵심축이다. 일종의 세계경제연구소 역할도 해왔다. 무엇보다 1997년 외환위기로 IMF 구제금융을 받은 한국에는 각별한 존재일 수밖에 없다.

그런 IMF의 위상이 언제부턴가 크게 흔들리고 있다. 미국과 유럽의 이익에 치우쳐 전 세계에 구조조정 처방을 전파하고 있다는 비판도 그렇지만 각종 전망치가 너무 빗나간다는 불만에는 이론이 별로 없다. IMF는 매년 총회가 열리는 4월과 10월 두 차례 글로벌금융안정보고서(GFSR)와 세계경제전망(WEO), 그리고 재정모니터(Fiscal Monitor)를 내놓는다. 7월에는 일부 선진국의 경제 전망 수정치만 업데이트시킨다. 문제는 IMF의 이런 보고서나 전망이 정책데이터로서 활용 여지를 의심받을 정도로 정확성이 떨어진다는 데 있다.

글로벌금융안정보고서 · 세계경제전망 오류투성이

《블랙스완》의 저자 나심 니콜라스 탈레브 전 뉴욕대 교수는 2009년 가을, 가토 다카토시 IMF 부총재와 나란히 앉았다. 패널 토론에 앞서 가토 부총재가 2010~2014 경제 전망을 발표하자 탈레브가 청중을 향해 소리쳤다. "멋진 정장을 하고 이런 전망을 하는 사람들을 만나면 반드시 따져 물으십시오. 과거엔 어떻게 전망했는지." "엉터리 예측을 내놓

은 경제학자들을 감옥에 보
낼 수는 없겠죠. 그들을 막
을 수도 없습니다. 제가 바
라는 것은 이런 유의 예언가
들이 적어도 일반 대중에 해
를 끼치지 않도록 최소화하
는 것입니다." 오죽했으면

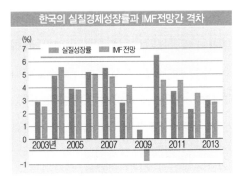

이런 무례까지 범했을까 싶다.

이한구 새누리당 의원은 2005년 IMF의 한국 경제 관련 전망치가 실
제와 너무 차이가 나는 만큼 정부가 IMF 추종하기를 중단해야 한다고
주장하기도 했다. 그는 당시 2001년부터 4년간의 사례를 들었지만 이후
에도 이런 현상은 지속돼 2009년 1.7%포인트, 2010년에는 2%포인트나
예상이 빗나갔다.

물론 "경제 예측은 틀리기 위해 한다"라는 말이 있을 정도로 정확성
을 기하기 힘든 것도 사실이다. 하지만 2009년 IMF가 동유럽 국가들의
외채 데이터를 잘못 입력해 엉터리 글로벌금융안정보고서를 발표한 것
에 대해서는 이런 변명조차 할 수 없다. 영국의 파이낸셜타임스(FT)가
툭하면 금융안정보고서가 오류투성이라고 꼬집는 것도 그러한 이유 때
문이다.

'아시아 처방' 단 한 번도 성공한 적이 없다

엉터리 예측보다 더 심각한 것은 잘못된 처방이다. 특히 논란의 대상이
되는 것은 1997년 외환위기 때 한국에 지나치게 가혹한 처방을 내렸다
는 점이다. 과도한 시장개방과 고금리, 고강도 긴축정책 등은 대량실업
을 불러와 경기침체를 악화시켰다는 것이다.

IMF는 결국 2012년 "한국, 인도네시아, 아르헨티나 등에 강요했던 공격적인 긴축 조치에 따른 경제적 피해가 당초 예상보다 3배는 컸다"는 점을 시인하는 보고서를 냈다. 도미니크 스트로스칸 전 IMF 총재도 "IMF가 아시아에서 실수를 했다"고 인정할 정도였다. 사카키바라 전 일본 재경부 차관 역시 "IMF의 아시아 위기에 대한 처방이 단 한 번도 성공한 적이 없다"고 혹평했다.

반면 유럽 재정위기 당시 IMF는 정반대였다. 2013년 IMF는 "3년 전 그리스를 구제하면서 상황을 심각하게 과소평가했다"고 스스로의 실패를 뒤늦게 시인했다. 그리스 상태를 지나치게 낙관했다는 것이다. 결국 아시아에는 너무 강하게, 유럽에는 지나치게 관대한 처방을 내려 사태를 그르쳤다. 오죽하면 IMF가 '나는 F학점(I'm F)'이라는 비아냥거림이 나오겠는가.

: 추락하는 한국 경제, '10년 위기說' 재등장

최근 우리 경제의 모습은 암울하기만 하다. 3분기 연속 성장률이 0%대를 맴돌고 있다. 올해는 물론 내년 성장률도 2%대 중반 근처에 머물 공산이 커지고 있다. 이제는 연 3%대 성장은 옛날 애기가 돼버린 듯하다.

한국의 오늘을 만든 수출도 이제는 전 같지 않다. 지난 7월까지 19개월 연속 수출이 감소했는데 이는 역대 최장기간 수출감소다. 글로벌 경기부진의 영향이 크지만 이렇다할 새로운 주력 수출품목이 나오지 않고 있는데다 수출대상국이 중국, 미국 등 몇몇 국가에 편중된 것도 문제다. 수출 부진은 제조업 부진으로도 이어지고 있다.

우리 경제의 주력이라 할 수 있는 수출과 제조업이 글로벌 금융위기 때와 유사한 수준으로 쪼그라들고 있다는 것은 일종의 경고 사인이다. 또 다른 대형위기가 다가오고 있을지 모른다는 지적이 벌써 나오는 것도 이와 무관치 않다. 소위 해묵은 '10년 위기설'이 다시 등장하고 있다.

1998년 외환위기→ 2008년 금융위기→ 2018년?

10년 위기설은 명확한 이론적 배경을 갖고 있는 것은 아니다. 단순한 경험치다. 1998년 외환위기, 2008년 글로벌 금융위기에 이어 다음 위기는 2018년께 찾아올 수 있다는 식이다. 1990년대 이전에는 1970년, 1980년, 1990년 등 매 10년이 꺾어지는 시점에서 10년 주기로 위기가 왔다고 본다. 하지만 2차 오일쇼크로 성장률이 −1.9%로 떨어진 1980년을 제외하면 1970년이나 1990년에 특별한 경제위기가 왔다고 보기는 어렵다. 오히려 부실기업 증가와 그에 따른 8·3 사채동결 조치가 취해진 1972년과 1차 오일쇼크가 터졌던 1975년을 한국이 고도성장을 시작한 1970년대 이후 겪은 첫 번째와 두 번째 위기로 보는 견해(강두용 산업연구원 동향분석실장)도 있다.

한편에서는 '7'로 끝나는 해마다 경제적으로 커다란 사건이 있었다고 주장하기도 한다. 1967년에는 베트남 특수, 1977년에는 중동특수, 1987년에는 저달러, 저금리, 저유가의 3저 호황이 있었고 1997년에는 불행하게도 외환위기가 시작됐다는 것이다. 이렇게 보면 10년 위기설보다는 '10년 주기설'이라고 볼 수도 있다. 그래서 때로는 10년마다, 때로는 약간씩 시차를 갖고 찾아오는 경제 위기나 기회를

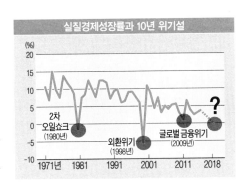

실질경제성장률과 10년 위기설

경기순환의 일환으로 보는 게 합리적이라는 견해가 좀 더 설득력 있어 보인다.

美 양적 완화 종료·금리인상 파장 불투명

중요한 것은 앞으로다. 2018년을 전후해 또 다른 위기가 올지는 사실 아무도 모른다. 한 가지 분명한 것은 현재 우리나라는 대내외적으로 매우 어려운 상황에 처해 있다는 점이다. 중국 성장률이 6%대까지 둔화되고 있고 유럽 경기침체는 심각한 수준이다. 미국 경기는 회복세를 보이고 있지만 양적 완화 종료와 금리인상 과정에서 어떤 파장을 불러일으킬지 불투명하다.

우리의 주력 수출시장들이 모두 매우 불안정하다는 얘기다. 내부적으로는 더 심각하다. 몇몇 선도적 기업이 사실상 경제를 이끌고 있어 이들 몇 개 기업의 어려움이 커지면 나라 경제 전체가 휘청거릴 가능성이 점점 더 커지고 있다. 게다가 분배와 복지를 요구하는 목소리는 날로 커지고 이에 영합한 정치권의 포퓰리즘 역시 경제의 근간을 좀먹고 있다. "자칫 우리나라가 '감춰진 저주'에 직면할 수 있다"(김종석 홍익대 경영대학원장)는 우려가 나오는 것도 그래서다. 한동안 잠잠해졌던 경제민주화 광풍은 20대 국회에 들어 다시 고개를 쳐들었고 반기업 정서도 여전하다.

이런 와중에 외생발 큰 충격이 다시 가해진다면 어떤 결과가 올지 아무도 장담하기 힘들다. "증상도 병명도 알고, 처방도 있다. 집단 이기주의를 극복하고 생산적 활동이 보상받는 풍토를 조성하면서 인기영합주의에서 벗어나 사회통합을 이뤄야 한다"는 김 원장의 말이 새삼 울림을 갖는다.

Vitamin

슈퍼 달러의 재림

달러는 미국 패권의 아이콘이요, 세계 경제의 중심축이다. 안전 자산에 대한 일종의 보험 증서다. 미국을 제외한 모든 국가의 중앙은행에서 달러를 보유하려고 안간힘을 쓰는 게 20세기 풍경화다. 1995년 클린턴 대통령 시절 미국의 루빈 재무장관이 "달러는 미국의 국익"이라고 말하면서 그토록 강한 달러를 만들려고 한 것도 이 때문이다.

다시 슈퍼 달러 시대를 맞고 있다. 물론 지금까지의 강(强)달러 시대와는 차원이 다르다. 미국의 금리는 연 0.25%로 초저금리이며 세 차례의 양적 완화로 4조 달러에 가까운 돈을 전 세계에 풀었다. 그런데도 달러화 강세가 이어지고 있는 것이다.

유가 하락, 미국 경제 회복, 경상수지 적자 축소, 각국 은행의 안전자산 선호 등 이유도 다양하다. 무엇보다 미국인들의 혁신이 만들어낸 결과다. 셰일혁명은 메이드 인 아메리카 제품이다. 그게 바로 혁신이다.

당장 신흥국과 산유국들은 국부의 삭감이 심각하다. 물론 미국도 중장기적으로는 골칫거리다. 제조업이나 수출전선에 먹구름이 낄 수도 있다. 올해 12월 미국 중앙은행(Fed)의 연방공개시장위원회(FOMC)가 열린다. 옐런 의장은 금리 인상을 단행한다고 하지만 그것 또한 불투명하다.

: 强달러는 신흥국 위기의 전조였다

달러 강세가 이어지고 있다. 2014년 1월 이후 달러 인덱스는 20%나 급등했다. 달러 인덱스(Dollar Index)는 유로화, 엔화, 파운드화, 캐나다달러화, 스웨덴크로네화, 스위스프랑화 등 6개국 통화에 대한 달러 가치를 지수화한 것이다. 신흥국 대비 달러화는 초강세다.

슈퍼 달러 현상은 물론 어제오늘 일은 아니다. 40년 전 플라자합의 이전 달러화는 지금과 비교할 수 없는 초강세였다. 당시 미국 금리는 10%보다 훨씬 높았다. 2000년대 들어 달러화가 약세를 보인 것은 사실이다. 이제야말로 달러화가 비정상에서 정상화로 가는 과정이라고 보는 학자도 있다. 경제 구조가 변하고 있다. 달러와 함께 미국의 패권시대가 다시 재림하는 것인가.

유가 하락과 제조업 부활이 强달러

무엇보다 셰일가스 혁명과 함께 찾아온 미 제조업의 부활이다. 셰일가스 혁명은 엄청난 파장을 일으키며 미국 경제를 되살리고 있다. 고용이 늘어나고 수출이 증가해 경상수지 적자가 축소되고 있다. 미국민들의 올해 연말 소비지출계획이 금융위기 이전으로 회복하는 등 소비 심리도 개선됐다. 셰일가스가 몰고온 유가 하락 바람도 슈퍼 달러를 부추긴다. 지난달 말 OPEC 회의에서 회원들 간 감산 합의 실패 이후 유가는 끝을 모르고 추락 중이다. 오일은 대부분 달러로 결제되기 때문에 유가 하락은 달러 가치 상승과 사실상 동의어다.

양적 완화가 종료돼 미국이 금리 인상을 추진하려 한다는 것도 슈퍼 달러의 주요인이다. 미국은 2008년 금융위기 이후 4조 달러가 넘는 달러화를 세계에 뿌렸다. 이렇게 살포된 달러화의 80%는 해외에서 돌고 있는 것으로 추산된다. 옐런 Fed 의장은 올해 12월에 열릴 FOMC 회의에서 양적 완화 종료와 함께 금리 인상을 논의할 계획이다. 세계 시장이 금리 인상에 앞서 달러를 사들여 강한 달러를 만들고 있다는 것이다.

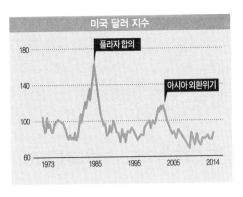

금융의 글로벌화가 진척되면서 안전 자산에 대한 수요가 보다 높아진 것 또한 무시할 수 없는 요인이다. 특히 금융회사들이 국제결제은행(BIS) 바젤 협약 아래 국제 업무를 전개하는 은행은 안전 자산을 보유하지 않으면 안 되기 때문에 절반 이상이 선진국 국채를 보유하게 되고 달러 강세를 부추기는 요인이 된다.

세계 경제 슈퍼 달러 대혼란

달러 강세는 세계 경제에 어떤 득실을 가져올지 예측하기 어렵다. 하지만 과거 사례에 비춰보면 강 달러는 세계 경제 위기의 징표였다. 파이낸셜타임스는 "강한 달러는 역사적으로 신흥국 위기의 전조였다"며 1980년대 남미 위기와 1990년대 말 아시아 및 러시아 위기를 들었다. 두 번 모두 미국 금리 인상에 따른 달러 강세로 신흥국의 외채 부담이 급증, 외환위기로 이어졌다.

이번에 신흥국들은 벌써 슈퍼 달러로 초비상 상황이다. BIS는 2014년 보고서에서 "달러 부채를 잔뜩 갖고 있는 신흥국들의 부담이 급증하고 있다"며 강 달러가 신흥국 금융위기를 불러올 수 있다고 경고했다. 자국 통화 약세로 수출에서 얻는 수혜보다 부채 부담, 신용도 하락 등 악재 요인이 더욱 커져가고 있기 때문이다. 특히 국채를 많이 발행한 국가들이 달러화가 상승하고 자국의 통화가치가 하락하면서 부담이 커져가고 있다.

: 중국 달러 부채도 1조 1000억 달러나 돼

2014년 6월 말 기준 신흥국 해외채권 발행 잔액(2조 6000억 달러)의 75%인 2조 달러가 달러표시 채권이다. 해외은행들의 신흥국 대출 잔액도 3조 1000억 달러에 달한다. 산유국들의 위험도 심하다. 말레이시아, 이란, 이라크, 나이지리아 등 모든 산유국 통화들이 하락세다. 특히 러시아의 루블화나 베네수엘라의 페소화는 끝모를 추락을 거듭하고 있다. 달러 대비 루블화는 1년 내 거의 반 토막 수준이다. 심지어 노르웨이의 크로네화도 3개월 사이에 10% 하락했다.

석유생산국만이 아니다. 터키와 남아프리카공화국 등 값싼 원유의 혜택을 받고 있는 나라들까지 통화 약세를 면치 못하고 있다. 터키는 원자재 가격 하락에 통화약세 효과를 제대로 못 누리고 있다. 달러화로 표시된 부채가 많아서다. 유로화나 엔화는 말할 것도 없다. EU와 일본의 양적 완화 정책은 달러 강세를 부채질하고 있다.

무엇보다 중국이 문제다. 2008년 중국의 채무는 신흥국 전체의 6%에 지나지 않았다. 지금은 34%다. 불과 6년 사이에 28%까지 팽창한 것이다. 2014년 8월 기준 중국의 대외 채무는 1조 1000억 달러다. 이들 채무의 대부분이 달러화 채무로 알려져 있다. 미국 금리가 올라가고 달러화 강세가 지속되면 중국 금융계가 걷잡을 수 없는 혼란에 직면할 것이라는 관측도 나온다.

미국 내에서도 제조업 위축 우려

슈퍼 달러로 미국이 우려하
는 것은 외국에 상품을 수출
하고 있는 미국 기업들의 수
익 악화다. 2013년 미국 경
상수지 적자는 3792억 7800
만 달러를 기록해 전년 대비

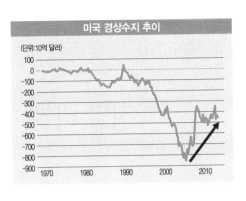

13.9% 감소했다. 석유 및 농산물 수출이 급증하고 있어서다. 올해도 감
소세는 이어질 전망이다. 수출이 늘어나고 고용이 증가한다. 이런 상황
에서 달러 강세는 전혀 반갑지 않은 것이다.

　외국에 투자한 기업들도 우려를 자아내고 있는 것은 마찬가지다. 특
히 러시아나 베네수엘라 등 디폴트 가능성에 직면한 국가에 투자한 기
업들은 심각한 수준이다. 한 조사에 따르면 10%의 달러화 상승은 미국
기업의 대외 투자율을 2.4%나 줄일 것이라고 한다. 하지만 미국인들의
여행은 늘어날 것이라는 분석도 있다.

한국의 영향은

한국은 다른 국가와 달리 달러 강세에 따른 국내 영향이 크게 없을 것으
로 보는 게 일반적인 시각이다. 외환 보유액이 많고 경상수지도 양호해
대외 건전성이 강한 나라로 알려져 있다. 실제 미국이 테이퍼링(양적 완화
축소) 움직임 때 타격을 받은 나라는 경상수지 적자국이었다. 한국에선
외국 자금이 더 밀려오기도 했다.

　하지만 신흥국이 위축되고 세계 경기에 불황이 올 경우 한국 경제의
핵심인 수출에 큰 타격을 받을 우려가 있다. 달러 강세 파장을 예의 주
시해야 한다.

Vitamin

정말 바쁜 미국인

미국인들은 바쁘다. 한국인들이 바쁜 것과 비교도 안 된다. 특히 기업 임원진은 더 바쁘다. 하루 10시간 이상 일하고 토·일요일을 반납한 임원이 대부분이다. CEO 중 절반이 주당 65시간 일한다는 연구도 있다. 기계가 발달하고 로봇이 사람의 일을 덜어줄 것이라는 미래학자들의 장밋빛 환상은 환상 자체로만 존재하는 관념일 뿐이다. 혁신이 일상화되고 정보가 홍수처럼 쏟아지면서 순간순간 판단을 해야 하고 의사결정을 내려야 한다. 일 중독이 될 수밖에 없고 바빠질 수밖에 없다.

모바일이 일상화된 21세기는 더욱 그렇다. 이런 현상을 혁신의 패러독스(paradox)라고 부르는 시각도 있다. 물론 이들은 겉모습만 바라보는 사람이다. 근면하게 살아가야 하며 기업을 혁신해야 한다는 직업윤리가 확고한 이들이 바로 미국인이다. 얼마나 바쁘게 일하는가의 기준이 그 사람의 품격을 말하고, 노동의 신성한 가치를 존중하는 것이 최고의 도덕이다. CEO는 더욱 그렇다. 미국 노동생산성이 100년 이상 꾸준히 상승하는 이유다. 세계 인구의 4.5%가 세계 부(富)의 20% 이상을 생산하고 있는 저력이 여기서 나온다. 미국의 3분기 GDP 증가율 5.0%라는 지표도 그냥 나온 것은 아니다. 미국의 참모습을 다시 연구할 때다.

: 美 CEO 주당 65시간이나 일해

경제학자 존 메이너드 케인스는 1930년 '손자 세대의 경제적 가능성 (Economic Possibilities of Our Grandchildren)'이라는 글에서 자신의 손자 세대가 살아갈 때쯤이면 대부분의 사람이 하루에 세 시간씩 일하거나 주당 15시간만 일하고 살아갈 수 있을 것이라고 얘기한 적이 있다.

케인스는 인류가 이룬 기술 혁신과 자본 축적으로 물질적 부가 어느 정도 궤도에 오르면 인간의 절대 욕구와 관련된 기본적인 경제 문제 또한 자연스레 해결될 것으로 믿었다. 이에 따라 자유시간과 에너지를 비경제적 목적에 쏟게 될 것이고 기존 가치관에도 근본적 변화가 일어날 것이라고 그는 전망했다. 부의 축적(accumulation of wealth)을 200년 동안 우리를 괴롭혀왔던 사이비 도덕원칙(pseudo-moral principles)이라고까지 얘기했던 케인스다.

주 15시간 일한다는 케인스는 틀렸다

하지만 케인스의 예측은 완전히 빗나갔다. 기술이 발달하고 삶이 윤택해질수록 미국인은 더 바빠지고 있다. 특히 CEO와 전문가들의 업무 시간은 상상을 초월한다.

미국 하버드대 경영대학원이 CEO 및 전문직 종사자 1000명을 대상으로 벌인 조사에서는 94%가 적어도 주당 50시간 이상 일한다고 응답했으며 절반은 65시간 이상 일한다고 답했다. 65시간이면 주말을 제외하고 매일 13시간 근무하는 것이다. 미국 CEO의 절반가량인 47%가 주말 없이 1주일 내내 회사에 다닌다는 보고서도 있다. 스마트폰을 쓰는 미국인 중 60%가 하루에 13.5시간 이상 업무와 관련된 일에 매달린다는 연구도 있다.

당장 수많은 정보전이 기다
리고 있다. 정보의 양과 질,
속도에서 이전과는 상상할
수 없을 만큼 차이가 난다.
이런 정보를 어떻게 가공하
거나 활용하느냐에 따라 생
존이 갈라진다. 놓치면 바
로 시장경쟁에서 탈락하는

정보도 부지기수다. 정보를 활용하기 위한 지식도 계속 쌓아가야 한다.
지식이 많으면 많을수록, 부가가치가 높으면 높을수록 노동에 투입되
는 시간은 늘어난다. 물론 일 중독자들은 그만큼 보수도 많이 챙긴다.
미국 코넬대 교수팀 조사 결과 그들은 비교 대상보다 연봉을 평균 6%
이상 많이 받는다. 보상체계가 확실한 미국에서 기업가들이 레저를 포
기하고 노동에 힘을 쏟는 것은 자연스럽다.

　'장시간 프리미엄(long time premium)'도 존재한다. 영국 이코노미스트지
(誌)는 지식노동자들이 아침 일찍이나 밤늦게까지 그들이 책상에서 보내
는 시간이 많다는 것을 사회적 로열티의 징표라고 여기고 있다고 설명
한다. 또 다른 이유는 직업에 대한 불안감(job insecurity)이다. 비즈니스 생
태계의 변화로 기업들이 언제 무너질지 모르는 시점에서 끊임없는 긴
장감이 CEO로 하여금 업무에서 눈을 쉽게 떼지 못하게 한다는 것이다.
무엇보다 미국은 근면하고 성실하게 생활하는 프로테스탄티즘의 직업
윤리가 어떤 나라보다 확고한 곳이다. 근대 자본주의를 잉태한 프로테
스탄티즘은 일정한 직업을 자신의 천직, 즉 소명(召命)이라고 여겼으며
노동을 최고의 신성한 가치로 간주했다. 이런 직업윤리에서는 개인적인

허영이나 쾌락을 부정하고 자기 자신의 소명에 헌신적으로 노력하는 게 가장 중요한 일이다. 미국 CEO들에게서 이런 직업윤리가 가장 강하다는 것이다.

: 美 생산성, 제조업 강국 독일보다 높다

미국은 전형적으로 생산성이 줄지 않는 나라다. 그래프를 보면 1979년부터 최근까지 30여 년 동안 미국 제조업의 시간당 평균 생산성은 주요 선진국 중 가장 높은 것으로 나타났다. 전통

제조업 시간당 생산성

(1979~2011년 평균 증가율, 한국은 1990~2011년, 단위: %)

한국	대만	미국	일본	영국	독일	캐나다
8.4	6.1	4.2	3.4	3.4	2.5	2.2

적 제조 강국인 독일이나 일본보다 훨씬 높다. 최근 국제노동기구(ILO) 보고서에서도 미국 근로자들은 시간당 평균 35.63달러를 생산해 노르웨이(35.63달러)를 제외한 모든 유럽 국가보다 생산성이 높은 것으로 나타났다. 생산성을 달성하는지와 얼마나 바쁘게 일하는가가 그 사람의 품격을 말한다고 생각하는 사회다. 결국 이런 고(高)생산성의 파워는 팍스 아메리카나를 낳은 원동력이 되고 있다.

기업가 정신도 이런 정신에서 나와

경영자의 근면과 성실 속에 기업가 정신이 살아 숨쉬는 것은 물론이다. 이들은 불투명한 환경에 미래를 내걸고 과감한 도전을 한다. 물론 신규 진입과 사멸이 끊임없이 순환하면서 진화하는 기업 생태계다. 10년 이

상 생존하는 기업은 절반가량밖에 되지 않는다. 이런 가운데 지난 100년 동안 미국의 GDP가 평균 2%씩 꾸준히 증가했다는 것은 결코 놀라운 일이 아니다. 로봇이 출현해 인간의 일자리를 빼앗을 것이라는 관측이 나오지만 현실은 정반대로 흘러간다.

한때 기술의 진보가 실업자를 양산할 것이라는 제레미 리프킨의 '노동의 종말'이 미국 사회에서 유행한 적이 있다. 하지만 지금 미국은 그의 예측과 거꾸로 간다. 미국을 다시 주목해야 한다.

"근로시간 더 늘어날 것" 50년 전 베커의 예언 적중

20세기 가장 위대한 경제학자로 꼽을 만한 게리 베커 전 시카고대 교수는 1965년 '시간의 분배(The allocation of time)'라는 기념비적 논문을 더 이코노믹 저널에 발표했다. 베커 교수는 모든 인간의 행동을 비용 편익 측면에서 설명하는 학자다. 성직자나 군인 모두 자신에게 만족을 가져다주기 위해 일정한 희생을 치른다며 비용과 편익 측면에서 설명하는 그는 시간과 노동의 관계도 이런 관점에서 바라보고 있다.

그는 이 논문에서 시간은 갈수록 희소성이 부각되고 유용성이 커지는 재화라고 지적한다. 특히 지식계층이나 전문가들은 시간을 노동에 사용하는 것이 가장 많은 수익과 편익을 발생시키는 구조라고 설명한다. 따라서 사회가 발달하고 전문들이 증가하는 사회일수록 여가 시간이 늘어나는 것이 아니라 오히려 노동시간이 늘게 될 것이라고 그는 예언했다. 베커 교수의 놀라운 통찰력은 논문 발표 50년 후인 지금이야말로 빛을 발하고 있다.

Vitamin

AIIB,
금융굴기의 시작?

중국이 주도해온 아시아인프라투자은행(Asian Infrastructure Investment Bank·AIIB) 설립 문제로 국제사회가 시끌벅적했다. 2015년 3월 27일 한국 정부의 가입 선언이 나왔지만, 한국에서도 뜨거운 이슈였다. 물론 장기간 논란 중이다. 중국은 왜 갑자기 원조국이 돼 어떤 개발에 앞장서겠다는 것인가. AIIB는 이름처럼 단순히 금융·개발 기구인가, 아니면 숨은 의도가 있는 것인가. 미국의 강력한 반대에도 영국, 프랑스, 독일은 왜 참여했고 미국은 또 어떤 이유로 입장을 바꿔 협력을 선언했나. 한국은 거듭 동참을 강권받은 반면 일본은 가입 권유조차 제대로 안 받았다는 사실은 무엇을 의미하나.

이런 논쟁들의 이면엔 중국식 패권주의에 대한 경계가 깔려 있다. 하지만 AIIB만 떼어놓고 봐서는 중국의 의도를 파악하기가 어렵다. 중국이 구상해온 더 큰 판을 봐야 한다. 기축통화인 미국 달러를 배경으로 세계은행(World Bank·WB)과 아시아개발은행(ADB) 등으로 짜인 기존 국제 금융 체제에 중국이 도전하고 있는 것이다. 현대 중국의 슬로건이 된 대국굴기(大國崛起·대국으로 일어서다)가 금융굴기로 시작됐다는 평가도 있다. 4조 달러에 달하는 외환보유액이 그 동력이다.

: 美·日 중심 국제경제 질서에 맞서려는 중국

중국은 이미 2014년도에 창설 가입국을 최대한 많이 모아 2015년 3월까지 AIIB 설립을 위한 양해각서(MOU)까지 맺는다는 일정을 세워놓았다. 우리 정부도 2015년 3월 말까지 확답을 독촉받았다. 초기 자본금은 500억 달러로 알려졌었다. 하지만 기획재정부 고위 관계자는 100억 달러로 출발한다고 전했다. 어쨌거나 일단 출범한 뒤 수권자본금을 1000억 달러로 늘린다는 게 중국의 복안이다. 중국은 이런 내용을 포함해 지배 구조와 운영 방향이 담긴 협정문을 2015년 6월 말까지 마련해 연말까지는 출범시킨다는 구상이었다. 한국은 36번째로 참여를 발표했다. 긍정적으로 검토해온 호주가 참여하면 37번째 국가가 된다.

중국, 글로벌 금융 · 통화 · 통상 큰 그림 그리다

중국은 통화, 통상, 무역 등에 걸쳐 세계경제의 큰 그림을 그리고 있다. 중국은 우선 AIIB와 별도로 신개발은행(NDB)이라는 국제금융기구도 주도하고 있다. 이 기구는 브라질, 러시아, 인도, 남아프리카공화국 등 소위 BRICS 5개국 정상이 지난해 7월 설립하기로 했다. 각국이 100억 달러씩 출자해 2016년에 출범시킬 예정이다. 의장국은 중국, 본부도 상하이에 둔다. '미국 등 서구 중심의 국제금융 지배질서에 반대, 회원국 간 긴급 금융구제와 교역 증진'이 설립 목표다.

NDB가 배타적 이너서클이라면 AIIB는 공개적인 공적 기구다. NDB와 AIIB는 각각 WB와 ADB에 대응하는 경쟁기구다. WB, ADB가 관료 조직으로 전락해 개도국의 불만이 높은 상황이다. 물론 회원국이 각각 188개, 67개국이고 미국과 일본이 주도하는 WB와 ADB의 기득권이 아직은 공고하다. 하지만 중국의 힘은 매년 커져 간다. AIIB가 적어도

ADB의 대항마 역할만큼은 단단히 할 것이라는 게 중론이다.

물론 기축통화는 미국 달러화다. 188개 회원국을 가진 IMF도 미국의 영향력 아래 있다. 경제 규모는 크지만 일본의 엔화 가치도 미국의 용인 하에 움직인다고 할 정도다. 1999년 1월 유로화와 유럽중앙은행(ECB)이 출범했지만 남유럽국가(PIIGS)의 재정위기 이후 계속돼온 경제난에서 확인됐듯이 한계를 드러냈다. 세계 금융시장이 출렁거릴 때마다 역시 달러가 안전투자처다. 이런 달러중심 체제에 맞서 중국

중국 중심축		미국 중심축
AIIB		**ADB**
37개 안팎(한국 36번째 가입 선언, 3월 27일)	참가국	67개국
2015년 중	출범	1966년 8월
100억 혹은 500억 달러 (1000억 달러로 확대)	자본금	1628억 달러
아시아국가 인프라 건설 재원	목적	아시아태평양 개도국 경제발전과 협력
NDB		**World Bank**
BRICS 5개국	참가국	IBRD 188개국, IDA 172개국
2014년 7월 합의, 2016년 예정	출범	1944년 7월 브레턴우즈에서 합의, 1946년 6월 업무시작
500억 달러 (5년내 1000억 달러)	자본금	2232억 달러
미국 등 서구중심 국제금융 질서 반대, 회원국 긴급 금융구제	목적	개도국에 저리 자금지원 개별국가 및 세계경제 정책자문
CRA		**IMF**
BRICS 5개국	참가국	188개국
2016년 예정	출범	1944년
1000억 달러	자본금	5000억 달러
회원국의 금융위기 피해 최소화, 안정적 국제통화체제 구축 기여	목적	외환시장 안정, 경제·금융 위기국에 금융 지원
RCEP		**TPP**
16개국 (중국 주도, 한국 가입)	참가국	12개국 (미국 주도, 한국 가입 협상중)
2012년 11월 합의, 2016년 목표	출범	2005년 6월 논의 시작, 2014년 타결목표 (막바지 협상중)
역내무역자유화, 개방확대	목적	FTA 이상으로 높은 수준의 포괄적 무역자유화

은 위안화를 국제 통화로 키워나가고 싶어 한다. 위안화 교역상대국을 러시아 등으로 늘려왔던 것도 이런 차원이다.

: AIIB 내세워 북한지원 하자고 나서면?

'꼬마 IMF'라고도 불리는 CRA(긴급외환보유 기금)를 중국이 주도해 만든

것도 마찬가지다. 2012년 BRICS 정상회의에서 합의된 CRA는 일종의 위기대응 기금이다. 1000억 달러 자본금 중 중국의 출자금이 410억 달러로 가장 많다. 푸틴은 "2000억 달러에 달하는 NDB와 CRA 출자금이 BRICS 국가로 하여금 서방 강국의 금융정책에 종속되는 상황을 막는 데 도움이 될 것"이라고 말하기도 했다. 71년 역사, 자본금 5000억 달러의 IMF에는 한참 못 미치지만 카자흐스탄 등 중앙아시아 국가와 함께 추진 중인 상하이협력기구(SCO)개발은행도 창설됐다. 중국이 IMF-달러-엔-ACU(아시아단일통화 시스템) 등 기존의 통화질서에 맞서는 장기 플랜을 가동하기 시작한 것이다.

통상·무역 쪽에서도 중국의 행보가 빨라지고 있다. 중국이 추진하고 있는 RCEP(역내 포괄적 경제동반자 협정)가 대표적이다. 미국 주도 아래 일본이 적극 가세해온 TPP(환태평양경제동반자협정)에 대응한 기구다. RCEP는 ASEAN 10개국과 한·중·일, 호주, 인도, 뉴질랜드 16개국의 역내 무역 자유화 협정(다자간 FTA)이다. 2012년 11월 16개국이 시작한 이 협정은 단계적, 점진적 개방을 추구한다. 중국은 올 연말까지 RCEP협정을 마무리하겠다며 뛰고 있다. TPP로 중국을 견제하려는 미국과 일본의 팀플레이도 치열하다.

英, 佛, 獨의 창립 동참에 미국도 '협력과 개입'으로 전략 수정

AIIB에 비판 일변도였던 미국이 결국 설립에 협력한다고 선언했다. 적어도 이번 사안에서는 중국의 완승이라는 평가도 나온다. 미국은 영국의 가입 발표 때만 해도 비판적이었지만 프랑스, 독일까지 동참하자 부득불 '협력과 개입'으로 방향을 바꿀 수밖에 없었다는 것이다. 무조건 반대 대신 간섭과 견제로 전략을 수정한 것이다. 어떤 형태로든 들어가야 AIIB에서 중국의 독주를 막는다는 논리다. 미국의 방향 전환과 중국의 거부권 포기 방침이 비슷한 시점에 발표된 사실도 주목된다.

중국은 AIIB가 아시아 지역의 개발 사업을 통해 국제사회에 기여할 것이라고 주장한다. 낙후된 중국의 서부 내륙 개발이 AIIB프로젝트에 포함될 것이란 점도 부인하지는 않는다. 영국, 프랑스, 독일이 창설국으로 동참을 발표한 것도 이사국 자리 정도만 노린 것은 아니라는 관측이다. 물경 5조 달러로 추산되는 서부 개발의 신실크로드 사업은 유혹적인 비즈니스다. 한국 내 조기 동참 주장자들도 최대한 일찍 가입해야 우리 건설업계에도 기회가 주어진다는 논리를 폈다.

AIIB가 본격적인 활동을 시작하면 한국에는 심각한 숙제가 생길 수도 있다. 최소한 6%의 지분(투표권)이나 상임이사 자리 확보 같은 문제가 아니다. 본부와 의장(총재) 자리까지 모두 중국에 줄 수는 없다는 차원의 문제만도 아니다. 중국이 AIIB를 내세워 북한 지원에 본격 나서자고 할 경우가 문제다. 더구나 북핵 문제가 해결 안 돼 국제 제재를 풀 수 없는 상황, 북한의 비핵화·개방을 유도한다는 국제사회의 공동 목표가 전혀 달성되지 않은 상황에서 북한의 인프라 지원이 이슈가 되면 한국의 입장은 매우 어려워진다. 중국이 최대 주주국이 될 AIIB에 확실한 견제 장치가 절실한 이유다. 아시아 지역에 75%, 국가별 GDP비례 배분 등 기준을 보면 중국은 최소 30%의 지분은 갖게 된다. 한국으로선 6%의 지분은 확보해야 이익을 반영할 수 있다는 게 정부 분석이다.

공산당 일당체제의 중국이 아직은 국제적 기준에 부합하는 보편적 이성 국가가 못 된다는 사실도 중요하다. AIIB에 대한 과도한 집착에

통화별 국제통화 비율

위안	1.6	기타	12	달러	42
호주달러	2				
엔	2.4				
파운드(영국)	9				
유로	31				

※2014년 8월 기준(단위:%)　　자료:IMF

서 이미 확인됐던 바다. AIIB가 단지 경제금융 기구가 아니라, 국제정
치 질서에 상당한 영향을 미칠 것이라는 경계 심리도 그래서 계속 커지
는 것이다.

Vitamin

장기정체론
VS
부채 슈퍼사이클

케네스 로고프 하버드대 교수가 2016년 5월 로렌스 서머스 전 미 재무장관의 구조적 장기침체론(secularstagnation)에 대한 반박의 글을 게재했다. 벤 버냉키 전 중앙은행(Fed) 의장이 4월 서머스를 공격한 지 불과 한 달만이다. 로고프 교수는 부채가 부채를 낳아 폭발지경에 이르는 소위 부채의 슈퍼사이클(debt supercycle)론을 주장하고 있다.

세계적 경기 불황에 대해 어느 누구도 시원한 설명을 내놓지 못하고 있다. 기존의 모델로 경제현상을 설명할 수 없어서다. 그 와중에 서머스 장관의 장기침체론은 일반 대중에게 쉽게 먹혀들었다. 세계적인 수요 감축이 원인이라는, 그야말로 케인스 이론이었다. 하지만 모든 국가가 금리를 인하하고 시중 유동성을 크게 늘렸는데도 불황을 벗어나지 못하고 있다. 수요 부족으로 돌리는 것은 너무나 간단한 설명이다.

: '장기침체론'은 현실 제대로 설명 못해

미국은 1분기 성장률이 급격히 감소하고 중국 역시 수출부진과 주택시장이 단기적인 침체에 노출됐다. 심지어 미국에선 국채 금리가 급등하면서 거품 붕괴를 우려하는 등 금융시장이 요동치고 있다. 로고프 하버드대 교수의 이론이 오히려 설득력 있어 보인다. 그는 부채의 악순환으로 거품이 생겼으며 거품 붕괴가 우려된다고 지적한다. 따라서 재정확충이나 인위적 시장 조작 등 수요를 진작시키는 정책은 약발이 먹히지 않으며, 각국이 부채를 줄이고 규제를 풀어야 한다고 역설하고 있다.

로렌스 서머스 전 미 재무장관이 장기정체론을 들고나온 것은 지난 2013년 11월 국제통화기금(IMF) 회의에서였다. 그는 이 자리에서 2008년 금융위기 이후 미국 경제 회복이 늦어진 이유를 잠재성장률 하락 때문이라고 잘라 말했다. 실제로 미국의 GDP(국내총생산) 수준이 2007년 전망했던 잠재 GDP 수준보다 10% 정도 낮다는 통계도 곁들였다. 잠재성장이 하락하는 것은 저출산, 고령화에 따라 생산가능인구가 감소하고 장기적 투자 부진이 지속되며 노동시장의 이력현상(경기 침체로 생긴 실업이 경기가 회복돼도 나아지지 않는 현상) 대두 때문이라고 그는 설명했다.

특히 그는 여성의 노동참여율 증가가 점점 완만해지고 있는 점에 주목했다. 여성 노동참여율의 증가는 1인당 생산량을 높였지만 많은 나라에서 이런 추세가 끝나면서 경제성장을 더 이상 기대할 수 없게 된다는 것이다.

케네스 로고프 교수   로렌스 서머스 장관

GDP 대비 국가 부채

(%)

일본

이탈리아

미국

1995년   2000   2005   2010

자료:EUROSTART

장기침체론은 물론 서머스 장관이 처음 내세운 게 아니다. 대공황 이후인 1938년에 앨빈 한센 하버드대 경제학과 교수가 경제 회복이 더뎌 실업이 해소되지 않는 상황을 장기침체론으로 설파한 적이 있다. 그 또한 침체의 기본 원인을 인구성장률 저하에 의한 투자수요 감소로 설명했다. 한센은 케인스의 경제이론을 잇는 대표적 학자다. 경제학자들은 서머스도 근본적인 투자수요 감소와 인구학적 요인을 중시하는 점에서 한센의 장기정체론을 계승하고 있다고 본다.

로고프 교수 '부채 슈퍼사이클'이 맞다

로고프 교수는 이에 대해 고령화를 비롯한 장기적 인구 감소가 성장률 저하의 원인이 되고 있는 것은 맞지만, 그보다는 오히려 금융위기를 초래한 과도한 부채가 아직도 세계 경제의 발목을 잡고 있으며 부채의 증가로 인한 일시적 위기가 현재 금융위기의 본질이라고 설명한다. 따라서 각국이 부채를 축소해야 하는데 이번 위기의 해결책이 있다고 지적했다. 그는 부채 슈퍼사이클을 '신용(크레딧) 팽창→자산가격 상승→담보자산가치의 상승→신용 재팽창→자산가격 추가 상승'의 과정으로 설명한 뒤 자산 거품이 꺼지면 이런 과정이 급격하게 역전된다고 주장한다. 신용카드를 계속 사용해 부채가 급팽창했다는 것이다.

: '부채의 슈퍼사이클' 잘 해결하면 성장 전환

현재 영국은 부채 축소 과정(디레버리징 사이클)의 끝 무렵에 도착한 반면, 유로존은 구조적 약점으로 인해 여전히 좋지 않은 상태다. 중국은 놀라운 성장을 하며 부채 수준이 금융 위기의 영향을 받았지만 이제는 스스로 만들어낸 지방정부의 부채 위협들에 맞닥뜨렸다고 그는 지적한다. 특히 이번 부채의 폭발은 부동산 거품을 동반하고 있다는 데도 주목한다. 1인당 소득 회복도 둔화돼 부채 급증을 촉발하고 있다는 것이다. 실업률 증가 같은 문제가 일반적인 경기 침체 후 일어나는 정도보다 더 심각했던 것도 결국 경기 회복이 아니라 부채의 악순환 고리가 심화되기 때문이라는 것이다.

부채 슈퍼사이클을 잡을 수 있는 대안은?

로고프 교수는 무엇보다 부채 슈퍼사이클은 장기 침체와 달리 영원하지 않다는 데 중앙은행 및 정부 당국자들이 관심을 가져야 한다고 주장한다. 디레버리징(부채 축소)이 마무리되면 경제성장 추세는 다시 높아질 것이라고 예견한다. 그러기 위해선 우선 정책 입안자들은 은행의 구조조정과 자본의 재구성을 통해 부채의 평가절하에 적극적으로 나서야 한다고 주장한다. 중앙은행도 인플레이션 목표 정책에 융통성을 둬야 한다고 지적한다.

로고프 교수는 모든 일반 기업이나 일반인들에게 금리가 계속 낮아질 것이라는 심리가 들어 있는 것은 위험하다고 밝힌다. 금리가 낮아 수익률이 아주 낮은 사업이라도 펼쳐야 한다는 주장은 곧 부채가 근본적으로 공짜라고 말하는 것과 같고 이는 극히 피상적이고 위험한 사고라고 주장한다.

각국이 취한 일시적 재정 확장 정책도 초기 최악의 위기를 피하는 데 도움을 줬지만 많은 나라에선 너무 빨리 위축되고 말았다고 지적한다. 하지만 그는 기술 진보에 주목하고 있다. 인류가 낳은 위대한 업적인 기술 진보로 최소 향후 20년간 성장을 위한 기술 수준보다 오히려 더 많은 기술 진보가 이뤄져왔다고 그는 지적한다. 따라서 부채 슈퍼사이클을 잘 해결하면 지속적인 성장이 가능하다고 역설하고 있다. 채권왕 빌 그로스도 최근 로고프 교수의 의견에 동조하면서 경제성장이 뒷받침되지 않은 상황에서 중앙은행이 통화 완화 정책으로 공급한 '싼 돈' 덕분에 금융시장이 호황을 누린 '부채 슈퍼사이클'이 2015년 어느 시점에서 종언을 고할 것이라고 경고하기도 했다.

한편 존 테일러 미 스탠퍼드대 교수는 경기 회복의 지

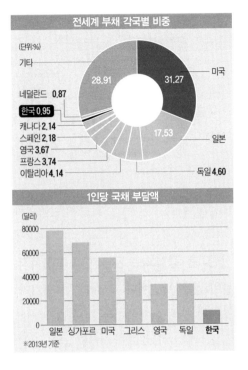

연은 2005년 이전의 과도한 금융 완화와 금융 규제가 엄격함을 잃어버려 오히려 번잡해진 규제 때문이라고 지적하고 있다. 벤 버냉키 미 중앙은행(Fed) 전 의장은 일부 국가의 외화보유액을 통해 나타난 글로벌 저축 과잉이 문제의 근원이라며 '과잉저축 가설(savings glut hypothesis)'을 내놓고 있다.

Vitamin

지구촌 생산성이
떨어지고 있다

선진국을 중심으로 돈 풀기가 한창이지만 글로벌 경제는 아직 그리 신통치 않은 모습이다. 그나마 좀 경기가 낫다는 미국 중앙은행(Fed)조차 금리 인상에 미적거리는 것도 그래서다. 일본이나 유럽 경기도 회복세라고는 하지만 아직은 미미한 수준이다.

경기부진의 직접 원인으로 2008년 글로벌 금융위기가 흔히 꼽힌다. 하지만 이면에는 더욱 중요하고 심각한 문제가 도사리고 있다. 바로 생산성 저하다. 선진국, 개발도상국을 막론하고 지구촌 전반의 생산성 증가율이 지속적으로 낮아지고 있는 것이다. 글로벌 생산성 둔화가 어떤 결과로 이어질 것인지, 그 원인과 해결책은 무엇인지 자세히 알아본다.

: 글로벌 노동생산성 증가율 2000년 이후 최저

글로벌 경제에 생산성 둔화라는 빨간불이 켜졌다. 미국의 콘퍼런스보드에 따르면 2014년 글로벌 1인당 노동생산성 증가율은 2.1%로 2000년 이후 최저치를 기록했다. 1999~2006년간 연평균 2.6%였던 것이 10여

년 만에 0.5%포인트나 떨어진 것이다. 미국, 유럽, 일본 등 선진국의 지난해 평균 노동생산성 증가율은 0.6%로 2013년 0.8%에 이어 둔화세가 깊어지고 있다. 선진국뿐 아니라 인도와 사하라이남, 아프리카를 제외한 대부분의 나라에서 생산성 증가율이 둔화됐다.

바트 반 아크 콘퍼런스보드 수석 이코노미스트는 "노동과 기술 수준, 투자와 근로자 수 등을 종합한 글로벌 총 요소 생산성은 2014년 0.2% 떨어졌다"며 "전 세계적인 생산성 저하를 심각하게 받아들여야 한다"고 경고한다. 전 지구촌의 생산성 증가율이 둔화되고 있다는 것은 사실 매우 심각한 문제다. 중기적 관점에서는 경제가 번영하기 위해 생산성 향상만큼 중요한 것도 없다. 생산성 둔화는 곧 생활수준의 하락으로 이어지고 이는 다시 정부 세입 감소와 공공지출 감소까지 이어지는 문제도 있다.

파이낸셜타임스(FT)는 "금융위기 후 선진국 실업률이 다시 낮아졌는데도 성장률은 여전히 낮은 수준에 머물고 있는 것도 생산성 증가율 둔화와 관련돼 있다"고 분석했다. 빠른 속도로 고령화가 진행되고 있는 한편에서 고용 증가세가 둔화되고 있는 선진국의 경우 특히 심각하다. 미국의 생산성 증가율은 2000년 이후 급속히 추락, 1% 아래로 고꾸라졌다. 영국은 지난 8년간 생산성이 아예 제자리걸음을 했다. 이는 영국에서 100년 넘게 지속돼온 연평균 2% 안팎의 생산성 증가 추세가 무너지고 있음을 보여주는 것이다. 조지 오즈번 전 영국 재무장관이 생산성 향상을 내각의 최우선 과제로 내세웠던 것도 그 심각성을 잘 말해준다.

향후 50년 세계경제 성장률 급락할 수도

이와 관련, 맥킨지는 향후 50년간 노동가능인구 증가율과 노동생산성 증가율이 지속적으로 둔화되면서 세계경제가 과거 50년에 버금가는 수

준의 성장률을 달성하기 어
려울 것이란 보고서를 발표
하기도 했다. 1964~2014년
까지 노동가능인구 및 노동
생산성의 연평균 증가율은
각각 1.7%와 1.8%를 기록했
고 이 기간 연평균 경제성장

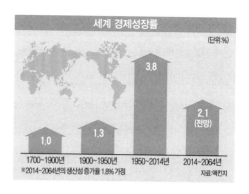

세계 경제성장률

(단위:%)

1700~1900년 1.0
1900~1950년 1.3
1950~2014년 3.8
2014~2064년 2.1 (전망)

※2014~2064년의 생산성 증가율 1.8% 가정
자료:맥킨지

률은 3.8%였다. 하지만 향후 50년간은 급속한 고령화로 노동가능인구의
연평균 증가율은 고작 0.3%에 그칠 것으로 예상된다. 이에 따라 앞으로
50년간 노동생산성 연평균 증가율이 과거 수준(연평균1.8%)을 유지하더라
도 세계 경제의 연평균 성장률은 3.8%에서 2.1%로 40% 정도 둔화될 것
이라는 게 맥킨지의 추정이다.

떨어지는 노동가능인구 증가율을 감안해 과거와 같은 성장률을 유지
하기 위해서는 노동생산성 증가율을 향후 50년간 평균 3.3%까지 끌어
올려야 한다는 계산이 나온다. 과연 이런 생산성 증가가 가능할까. 해법
을 찾기 위해서는 생산성 정체 내지 둔화의 원인 분석이 필요하다.

투자 부족, 혁신 고갈, 착시 등 복합적 원인이 작용

FT는 추세적인 글로벌 생산성 증가율 둔화의 원인으로 다섯 가지를 꼽
는다. 첫째는 투자 부족이다. 금융위기 후 경기침체로 기업들이 투자보
다는 자사주 매입이나 배당에 돈을 써 생산성이 떨어지고 있다는 것이
다. 실제 S&P500 기업이 지난해 자사주 매입이나 배당에 쓴 돈은 무려
9000억 달러가 넘는다. 이런 주장은 일면 타당성은 있지만 금융위기 전
부터 생산성 둔화가 시작됐다는 점은 설명하지 못한다. 유럽과 일본에
서는 1990년대부터, 미국에서는 2005년부터 생산성 둔화가 본격화됐다.

둘째는 1990년 말, 2000년대 초의 대대적인 IT혁신이 지나간 후유증이라는 분석이다. 일리 있는 지적이다. 하지만 최근 혁신이 비교적 활발하게 일어나고 있는 신흥국에서조차 생산성이 떨어지는 현상을 설명하는 데는 한계가 있다.

셋째는 로봇에 의한 업무대체, 무인자동차와 드론 상용화 등으로 생산성은 다시 급속히 반등할 것이라는 견해다. 그러나 생산성 향상의 75%는 현 기술의 최적화에서 달성되고 25% 정도만이 새로운 기술혁신으로 이뤄진다는 맥킨지의 분석이 맞다면 이 설명도 완벽하지는 않다.

넷째는 생산성 증가율은 둔화되지 않고 있지만 이를 제대로 측정하지 못한다는 주장이다. 스마트폰이나 무료 영상통화 같은 신기술은 소비자 후생을 크게 늘렸지만 이런 부분의 생산성이나 GDP 기여도는 실제로는 통계에 반영되지 못하고 있다는 지적이다.

끝으로 제조업에서 서비스업으로 산업의 중심이 옮겨가면 서비스업의 특성상 불가피하게 생산성 증가에 한계가 있을 수밖에 없다는 점도 생산성 둔화의 이유로 꼽힌다. 다섯 가지 요인 모두 생산성 저하의 이유를 어느 정도 설명하고 있다. 하지만 동시에 한계도 있어 이런 다양한 요인이 복합적으로 작용해 글로벌 생산성 증가율이 둔화되고 있다고 봐야 할 것이다.

: 투명성·경쟁성 확보가 생산성 회복 해법

높은 생산성 증가율로 돌아가기는 쉽지 않지만

중요한 것은 이런 추세를 어떻게 되돌리느냐 하는 것이다. 물론 과거처럼 높은 생산성 증가율로 완전하게 돌아가기는 쉽지 않다. 다만 지금과 같은 둔화세를 완화하는 노력은 필요하다. 이와 관련, 맥킨지가 제시한 몇 가지 방안에 주목해볼 필요는 있어 보인다. 맥킨지는 기본적으로 공공, 민간할 것 없이 사회 각 분야의 투명성과 경쟁력을 제고하는 것이야말로

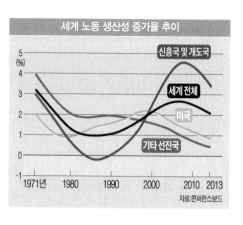

가장 중요한 해법임을 강조하고 있다.

특히 △서비스분야 경쟁 저해 요인 제거 △공공분야와 교육 같은 규제영역에서 효율성 제고 △신흥국의 사회기간시설 및 디지털 인프라 구축 △높은 생산성에 인센티브를 주고 혁신을 지원하는 규제환경 조성 △혁신적 제품과 서비스에 대한 R&D 투자 수요 진작 △빅데이터의 적극적인 활용 △디지털 플랫폼과 공개된 데이터의 적극 활용 등을 해법으로 제시하고 있다.

한국 제조업 노동생산성도 추락 중

한국도 예외는 아니다. 2012년 −2.6%였던 노동생산성 증가율은 2013년 2.8%로 반등했지만 2014년에는 1.5%로 크게 둔화됐다. 제조업 생산성 증가율 둔화는 더 심각하다. 2012년 −0.4%에서 2013년 0.3%, 2014년에는 0%로 제자리걸음을 했다. 게다가 한국의 노동가능 인구는 2024년께부터 줄어들 것으로 예상된다. 어떻게 보면 어느 나라보다 심각한 상황이다. 저성장 기조가 점차 고착화되고 잠재성장률이 지속적으로 떨어지고 있는 이면에는 바로 뒷걸음질치고 있는 생산성이 도사리고 있는 것이다.

한국이라고 뾰족한 대책이 있을 수 없다. 공공, 민간할 것 없이 경쟁 촉진과 규제완화, 노동시장 유연성 제고 등과 같은 구조 개혁 없이는 생산성이 높아질 리 만무하다. 하지만 현실에서는 오히려 생산성 향상에 역행하는 정책과 규제가 쏟아지고 있다. 미래의 파이를 키우기보다는 당장 어떻게든 더 많은 몫을 챙기고 보자는 각종 이해집단이 목소리를 드높이는 탓이다. 경제민주화와 복지라는 이름으로 표를 파는 정치는 이를 더 부추긴다. 하지만 이러다가는 정말 선진국 문턱에서 다시 나락으로 떨어질지도 모른다. 정부라도 단발적 경기부양책에 매달리기보다 어떻게 하면 장기적으로 생산성을 높일 수 있을지 진지하게 고민해야 하지 않을까 싶다.

Vitamin

동북아 분업구조
바뀐다

동북아 분업구조론이라는 게 있다. 10여 년 전 유행한 한국과 일본, 중국의 경제관계를 설명하는 이론이었다.

일본은 소재나 핵심 부품을 생산하고, 한국은 부품을 가공하거나 중간재를 생산하며, 중국은 이들을 조립해 최종 소비재를 만든다는 것이다. 생산비용이 높아진 한국과 일본의 기업들이 중국으로 생산거점을 옮기면서 나타나는 자연스런 형태였다. 지금도 중국 수출에서 소비재가 차지하는 비중이 한국과 일본보다 평균 20%나 높은 것을 보면 다분히 설득력이 있다.

하지만 최근 들어서는 이런 구도가 점차 바뀌고 있다. 이미 자동차부품 수출에선 한국과 일본이 치열한 다툼을 벌이고 있다. 또 중국은 이미 세계 부품 생산의 메카가 됐다. 생산거점이 있고 시장이 있는 곳에 원료도 구하고 부품공장도 세우는 상황이다. 그 과정에서 한국, 일본, 중국은 협력하기도 하고 경쟁하기도 한다.

분업 모델의 유연화가 빨리 전개되고 있다. 글로벌 시장의 진화도 빠르다. 그런데 이런 경쟁에서 한국이 갈수록 밀린다는 소리가 들리고 있다. 도대체 무엇이 문제일까.

: 韓, 전자 부품·소재는 아직도 日에 의존

동북아 분업구조론은 한·일 간 분업구조에서 탄생했다고 해도 과언이 아니다. 한국 산업은 일본 기업의 생산기지로 성장해왔다는 사실을 부인하기 어렵다. 이를 두고 일본 학자들은 안행형태론(雁行形態論·flying geese model)이라고도 불렀다. 일본을 대장 기러기로 해 경제 발전의 순서대로 날아가는 기러기 편대의 이미지를 갖는 모델이었다. 동북아 분업구조론은 이런 배경에서 형성된 것이다.

하지만 한국은 일본의 생산기지에 머무르지 않고 모방과 재생산을 거듭해 일부 업종에선 일본을 추월했다. 빠른 추격자(패스트 팔로어) 전략이 먹혀든 것이다. 지금은 중국이 이 전략을 쓰고 있다. 금방이라도 한국을 추월할 형국이다.

자동차분야에선 한 · 일 격돌

한국이 동북아 분업구도에서 가장 먼저 벗어난 업종은 자동차 및 자동차 부품이다. 무역협회 부설 국제무역연구원 자료에 따르면 미국 시장에서 한·일 간 수출경합도(1에 가까울수록 경쟁적)는 2010년 0.438에서 2014년 0.517로 0.079포인트 상승했지만 자동차 업종은 2010년 0.702에서 2014년 0.782로 급증했다. 일본과 어느 정도 대등한 경쟁을 펼치며 분업구조에서 완전히 벗어났다.

특히 자동차 부품은 일본 시장에서 일본 부품업체와도 경쟁하고 있다. 자동차 부품은 2013년까지 대일 무역역조를 보였지만 2014년에는 약 2300만 달러의 흑자를 냈다. 다만 올(2015년) 1분기 대일 수출은 엔저 영향으로 약간의 적자를 보이고 있다.

자동차 부품의 이 같은 비약적인 신장은 △가격 및 품질 면에서의 경쟁력 향상 △한국 기업의 적극적인 시장 개척 △일본의 완성차 업체에 의한 대일 수출 증가 등이 원인으로 꼽힌다.

전자산업은 가장 대일 수입의존도가 컸던 분야다. 1988년 기준 일본 수입 품목 중 전자산업 비중이 30%를 넘었다. 하지만 지금은 10%에 그친다. 그만큼 한국 전자산업의 성장은 괄목할 만하다.

삼성전자 매출이 일본 전자 세트업체 8개의 매출을 합친 것보다 크다는 사실은 전자왕국을 자처하던 일본

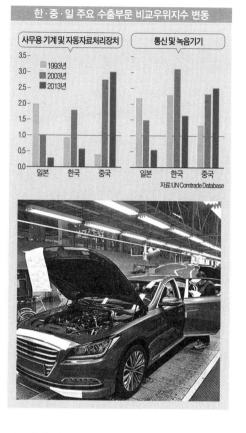

한·중·일 주요 수출부문 비교우위지수 변동

사무용 기계 및 자동자료처리장치 | 통신 및 녹음기기

■ 1993년 ■ 2003년 ■ 2013년

자료:UN Comtrade Database

의 자존심을 무너뜨렸다. TV 등 가전제품과 고집적반도체, 휴대폰 등은 세계 시장을 주름잡고 있다. 애플의 공장이 있는 중국과 미국 시장에서는 휴대폰 및 부품의 한·일 간 경합도가 0.845나 된다. 한국 전자산업의 경쟁력을 가늠할 수 있는 척도다.

하지만 핵심 전자 부품과 소재는 아직도 일본에 의존하고 있는 게 현실이다. 한국의 전자분야 최대 수입 품목은 아이러니컬하게도 반도체다. 고기능 반도체인 프로세서 컨트롤러 등 비메모리 반도체는 국내 생산을 거의 하지 못한다. 인쇄회로기판이나 전기소켓 등 첨단 전자부품도 일본 제품을 갖다 쓰고 있다.

: 동북아 주도권 가지려면 구조 개혁 우선돼야

핵심 소재 분야의 대일의존도는 심각한 수준이다. 최근 들어선 자동차가 갈수록 전자화되면서 자동차용 고성능 전자부품이 일본에서 많이 수입되고 있다고 한다. 이 부품들은 높은 내열성 등이 요구돼 한국 업체들이 제대로 만들어내지 못하고 있다는 것이다. 핵심부품의 조달에서 한국은 아직 일본의 협력을 받아야 하는 상황이라는 얘기다. 이는 미국 시장에서의 부품 점유율을 봐도 알 수 있다. 산업용 로봇의 경우 일본은 점유율이 23.2%인 데 반해 한국은 불과 4%고, 반도체 디바이스는 일본이 23.6%나 되지만 한국은 0.1%에 그치고 있다. 정밀기기의 일종인 균형시험기도 일본은 38.7%지만 한국은 5%다. 전자 부품은 아직 수직 분업구조에서 헤어나지 못하고 있는 것이다.

중국의 역할 변화

종래의 동북아 분업구조를 무너뜨리고 한·중·일 3국을 경쟁으로 치닫게 만드는 결정적인 요인은 중국의 위상 변화다. 중국은 모든 외국 기업들이 중국에 공장을 짓고 제품을 생산하는 세계의 공장으로 바뀌었다. 첨단 산업의 생산공정과 노동집약적 산업을 모두 유치하고 있다. 이에 따라 동북아 분업구조의 기본 개념이 흔들리고 있다. 실제 첨단부품과 중간재 가공품이 중국에서 많이 생산되면서 중국의 하이테크 수출품 중 80%를 이들이 차지하고 있다. 또 중국 수출의 60%는 외국계 기업이 맡고 있다.

일본조차 중국으로부터 첨단기술 부품과 자본재를 수입하는 것이 장기 불황을 탈출하는 데 큰 도움이 됐다고 할 정도다. 물론 한국도 예외가 아니다. 최근 한국경제연구원(KDI)은 중국의 수출 잠재력이 높은 품목에서 한국의 시장 점유율이 상대적으로 하락하고 있다고 지적했다. 앞으로 한국과 중국 간 수출 경쟁은 갈수록 치열해질 것이다.

동북아의 새로운 협력형태는

첨단기술의 디지털화와 생산 체계의 모듈화(복합 부품화), 기술자를 포함한 인력의 국제 이동 등 국제 경쟁의 조건이 크게 달라졌다. 한국 전자산업이 빠르게 성장한 것은 일본 전자산업의

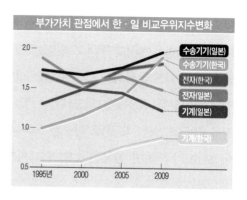

이노베이션 부재로 한국 기업들이 미국 IT기업으로 눈을 돌린 게 큰 원인이다. 인터넷 시대에서 한국이 일본보다 한걸음 앞서 나가고 있다. 일본 역시 이를 인정하고 있다. 이런 구도에서 동북아 협력은 또 다른 형태를 요구한다. 최근 일각에서 높은 수준의 한·중·일 FTA가 필요하다는 평가가 나오는 것도 이런 맥락에서 이해될 수 있다.

문제는 한국이 종래의 분업구조에서 탈피하고 치열한 경쟁에서 살아남으려면 그만큼 탄탄한 경제 펀더멘털이 갖춰져 있어야 한다는 점이다. 선진국에서 사온 기술과 부품에 의존한 과거 모델은 이미 중국의 도전으로 한계에 봉착했다. 한국의 성장 모델은 지금 같은 왜곡된 임금체계를 갖고는 더 이상 작동할 수 없다. 그런데도 노동개혁은 난관에 빠져 있다. 동북아 경제권의 주도권을 가지려면 무엇보다 구조개혁이 우선돼야 한다.

Vitamin

신흥국·선진국 구분 사라진다

대항해시대 이전 사람들은 모두 자신이 속한 나라와 대륙이 세계의 중심이라고 생각했다. 당시의 지도 역시 그렇게 그려졌다. 대항해시대가 열리면서 이런 생각들이 잘못됐음이 입증됐고 세계지도는 점차 오늘날 우리가 보는 형태로 자리 잡게 됐다. 하지만 사람들의 머릿속에는 여전히 잘못된 지도가 자리 잡고 있다.

세계 경제지도가 그렇다. 오랫동안 사람들은 경제력, 경제발전 정도 등을 기준으로 전 세계 시장을 선진국과 이머징마켓(신흥시장)으로 나눠 왔다. 대체로 북미와 유럽국들을 선진국, 기타 지역을 이머징마켓으로 분류하는 식이다.

그러나 세계 경제권을 이렇게 이분법식으로 나누는 게 이제는 더 이상 유효하지 않게 됐다. 한국이나 중국처럼 급속한 경제발전을 이룬 국가들이 속출하고 과거 선진국으로 분류했던 경제권 중 몇몇 국가의 경제력은 이전만 못해졌기 때문이다.

파이낸셜타임스(FT)는 2015년 한 기사를 통해 "이머징마켓의 급부상과 전통 선진국의 쇠락으로 이제는 세계 경제지도를 다시 그려야 한다"고 지적했다. 자세한 내용을 알아본다.

: 이머징마켓 세계 GDP 비중, 이미 선진국 넘었다

이머징마켓이라는 용어가 처음 등장한 것은 1981년이다. 당시 IFC(국제금융공사) 이코노미스트였던 앙트완 반 아그마엘은 아시아 지역에 투자하기 위한 사모펀드 '신흥시장 성장펀드'를 론칭하면서 이머징마켓이라는 단어를 처음 사용했다. 펀드 마케팅을 위한 일종의 캐치프레이즈로 들고나온 것이다. 종전에 '제3세계' 혹은 '저개발국' 등 다소 부정적으로 불리던 나라에 대한 투자를 독려하기 위해 뭔가 희망과 기대를 줄 수 있는 이름이 필요했던 셈이다. 말 그대로 '떠오르는 시장'이라는 표현을 사용함으로써 그런 목적을 달성하려 했다.

이런 연유로 인해 이머징마켓이라는 용어에는 처음부터 엄격한 정의가 있었던 것은 아니다. 그러다 보니 IMF나 유엔은 물론 MSCI, JP모간, FTSE 등 각종 지수를 제공하는 금융정보 및 서비스 업체들도 저마다 다른 기준으로 이머징마켓을 정의하게 됐다. 여기에 어떤 국가를 포함시키느냐도 자연히 조금씩 차이가 날 수밖에 없었다. 실제 MSCI 주식지수에는 23개 이머징마켓이 포함되며 28개 나라는 프런티어 이머징마켓이라는 별도 분류에 집어넣는다. 이에 반해 IMF는 152개국을 '이머징 및 개도국'으로 분류해놓았다.

구체적인 분류 기준을 보면 MSCI처럼 투자지수를 제공하는 곳에서는 국제 투자자들이 특정국의 주식이나 채권시장에 얼마나 자유롭게 접근할 수 있는가에 따라 이머징마켓 여부를 분류한다. 반면 IMF는 한 나라가 얼마나 많은 수의 제품을 수출입하는가를 중요한 기준으로 삼는다. 이처럼 기준이 제각각일 뿐만 아니라, 이머징마켓이라는 용어는 때로 신흥국의 증권 채권 외환시장을 지칭하기도 하고 어떤 때는 신흥국 자체를 가리키기도 한다. 혼란이 더 가중되는 것도 무리는 아니다.

애초부터 정의가 모호했던 이머징마켓이라는 말이 더욱 혼선을 불러일으키게 된 것은 최근 수십 년간 지구촌 많은 나라의 경제적 위상이 크게 달라졌기 때문이다. 이머징 국가들이 선진국을 앞서고 있다는 것은 이미 사실로 입증되고 있다. 환율까지 감안한 구매력 평가(PPP)를 기준으로 계산할 경우 2014년 기준 세계 GDP에서 선진국 비중은 43%로 2004년(54%)보다 크게 낮아지며 절반 아래로 떨어졌다. 이머징 국가의 세계 GDP 비중이 더 커진 것이다.

IMF 자료에 따르면 외환보유액면에서도 선진국은 3조 9700억 달러인 반면 이머징 국가는 7조 5200억 달러로 선진국의 거의 두 배에 육박한다. 외환보유액이 많아진 신흥국들은 이를 유동성이 높은 채권시장에 투자할 필요성이 커졌는데, 그 결과로 나타난 것이 재정적자가 심한 선진국 국채에 투자하는 것이었다. 중국이 수년간 지속적으로 미 국채의 최대 투자자로 떠오른 것이 대표적 사례다.

선진국을 세계 경제의 중심에, 이머징마켓을 그 주변에 두던 식의 생각으로는 더 이상 정확하게 실상을 반영하지 못하게 된 것이다. 이머징마켓의 주식 채권 등 금융시장에는 10조 3000억 달러라는 어마어마한 돈이 투자돼 있다. 하지만 이런 시장 안에는 성격이 서로 다른 국가들이 혼재해 있어 투자자를 혼란에 빠지게 하고 연금펀드나 보험사, 기타 금융사의 수익률도 낮아질 가능성이 커졌다. 중국과 체코처럼 서로 너무나도 다

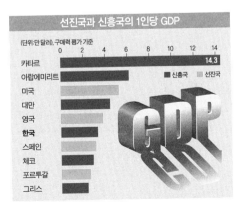

른 나라가 섞여 있어 국가 간 다른 현실을 적절하게 반영하지 못하고 있다는 얘기다. 실제 이머징마켓에는 큰 나라와 작은 나라, 선진국 개도국, 산업국 농업국, 제조업국와 원자재 수출국, 부국과 빈국, 무역적자국과 흑자국 등이 모두 뒤섞여 있다.

단적인 예로 칠레는 포르투갈보다 경제 규모가 크고 인구도 더 많으며 국가 채무도 적고 실업률도 낮다. 하지만 칠레는 여전히 이머징마켓으로 분류되며 EU에 속한 포르투갈은 버젓이 선진국으로 남아 있다. 마찬가지로 구매력 평가 기준 2014년 1인당 GDP를 보면 카타르(14만 3000달러)나 UAE는 이머징마켓으로 불리지만 대표적 선진국인 미국을 앞선다. 아직도 이머징마켓으로 종종 분류되는 한국, 대만 역시 이 기준으로는 흔히 선진국으로 불리는 스페인보다 부자다.

: 효용성 없어진 신흥시장 대체할 새 기준 필요

훌쩍 커버린 중국, 아직도 이머징마켓?

신흥시장 내지는 이머징마켓이라는 분류나 정의를 무용지물처럼 만들어버린 가장 큰 사건은 뭐니뭐니 해도 중국의 부상이다. 구매력 평가 기준으로 보면 중국은 이미 세계 최대 경제대국이지만 이머징마켓으로 분류된다. 중국에서 글을 읽을 줄 아는 사람의 비율은 96%며 중국 내 고속철도의 총 길이는 세계 어느 나라보다 길고 그 어떤 나라보다 대학생 숫자가 많다.

증시 시가총액은 8조 달러에 육박, 미국에 이어 둘째고 5조 5000억 달러의 국내 채권시장 규모는 미국, 일본에 이어 세계 3위다. 그럼에도 불구하고 중국 국내주식(홍콩 상장사 제외)과 채권은 MSCI 이머징 지수와 JP 모간 이머징 지수에 극히 일부만 반영되고 있다. 그 결과 전 세계를 대상으로 투자하는 글로

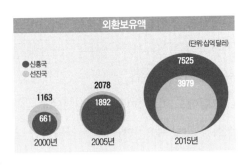

외환보유액

(단위:십억 달러)

- 신흥국
- 선진국

2000년: 1163, 661
2005년: 2078, 1892
2015년: 7525, 3979

벌 투자자들은 중국 내 투자 자산별 위험과 기회가 어느 정도인지 제대로 파악할 수 없다. 2015년 6월 MSCI는 중국 A주식 시장을 MCSI 지수에 포함시키지 않기로 했다. 지배구조 문제 때문이었다.

하지만 중국 주식이나 채권시장을 이머징마켓 인덱스에 일부라도 정식 편입시킨다는 것은 금융계에 지진과도 같은 사건이 될 것이다. 특정 지수를 추종하는 것이 중요한 업무 중 하나인 펀드매니저들이 너나 할 것 없이 중국 주식을 쓸어담을 것이기 때문이다. 실제 펀드매니저들은 중국 증시 규모가 너무 커서 이머징 지수에 편입되면 지수 자체가 깨질 것이라고 말하기도 한다. 중국을 여타 이머징마켓과는 별도 분류해야 한다는 얘기가 나오는 것도 그래서다.

이처럼 다양한 나라를 이머징 국가에 포함시키는 것은 국가 간 큰 차이가 있는데도 마치 동질적인 나라로 오해하게 할 수 있다. 맥킨지글로벌연구소의 선임연구원 스리 래머스왜미는 "한 나라 경제의 역동성과 복원력은 경제구조, 산업계의 다이나믹, 기업 환경, 사회적·정치적 문제에 대한 정부 역할 등으로 결정되는데 이런 기준으로 볼 때 이머징 국가 간에는 상호 유사성보다는 차이점이 더 크다"고 진단한다. 예를 들어 멕시코에서는 GDP의 20%를 자본투자가 차지하는 반면 중국은 이 비율이 45%나 된다. 한국에서 가계소비는 GDP의 50%를 차지하지만 터키에서는 70%에 달한다. 인도와 중국의 인구는 비슷하지만 두 나라 인구

구성학적 추이는 매우 다르다. 기업형태도 그렇다. 라틴아메리카 국가 기업 매출의 60%는 가족경영 기업으로부터 나오지만 이 비율이 인도는 50%, 중국은 30%다.

그럼에도 이머징마켓이라는 용어는 전 세계 사회, 경제, 환경 등을 분석하고 관련 데이터베이스를 구축하는 중요한 기준으로 사용되고 있다. 하지만 이는 잘못된 인식과 혼란을 가져온다. 투자 전문가들은 무엇보다 투자 자산으로서 '이머징마켓 주식'이라는 범주는 더 이상 의미가 없어졌다고 입을 모은다. 이미 이머징마켓이라는 범주 속에 섞여 있는 다양한 나라를 변별해내는 새로운 기준을 둬야 한다는 논의가 활발히 진행되고 있다. 이는 금융기관이나 금융회사, 다국적 기업 등 전 세계를 상대로 투자와 사업을 해야 하는 주체들이 각 지역에서 투자 위험과 기회를 정확하게 평가하기 위해서도 반드시 필요한 작업이다.

Vitamin

양적 완화 중독

2015년 여름, 세계 경제가 중국발(發) 쇼크로 휘청거리고 있다. '9월 위기설'은 이미 8월에 현재화된 게 아니냐는 말까지 나온다. 교역이 위축되면서 세계 경제의 성장 둔화도 불가피하다는 전망이 지배적이다. 잘나가던 미국조차 충격을 받은 표정이다. 미국 중앙은행(Fed)의 9월 금리인상 가능성은 희박해졌다.(2015년 12월에야 첫 인상-필자 주) 기세등등하던 일본의 아베노믹스도 닛케이225지수가 10% 이상 빠지자 당장 실패론이 고개를 들 정도다. 유럽은 다시 정체의 늪에 빠져들고 있다. '세계의 공장'이던 중국이 이제는 위기를 수출하는 '세계 위기의 공장'이 된 셈이다.

2008년 글로벌 금융위기 이후 각국 중앙은행들은 경제 회생을 명분으로 줄잡아 5조 달러를 쏟아부었다. 미국에서만 3조 4000억 달러다. 지금 이 시간에도 일본과 유럽은 매달 150조 원의 돈을 찍어내고 있다. 그런데도 일본과 유럽이 추가 양적 완화가 필요하고 미국 월가에선 4차 양적 완화를 준비해야 한다는 소리가 나온다. 더 센 진통제, 더 센 마약이 필요하다는 얘기다.

도대체 돈을 얼마나 더 풀어야 경제가 되살아난다는 말인가. 최근 위기 징후는 돈의 힘으로 경제를 살릴 수 있다는 케인스식 대전제에 치명적인 오류와 모순이 내포돼 있음을 보여준다. 세계 중앙은행들이 집단 최면에 걸린 이 현실을 어떻게 봐야 할까.

: 5조 달러를 풀고도 위기를 해결하지 못했다

"달러는 우리 통화지만 당신들의 문제다." 1971년 미국 달러화의 금(金) 태환 중단을 선언한 닉슨 행정부에서 재무장관을 지낸 존 코널리가 유럽에 던진 말이다. 이 말은 선진국과 신흥국 사이에 어정쩡하게 낀 지금의 한국에도 딱 들어맞는다. 양적 완화와 환율 전쟁은 한국에는 그 자체로 위기다. 우리의 선택이 아니라 강제 편입된 환경이기에 더 문제다.

금융위기 이후 중앙은행의 양적 완화는 디플레 방어와 경기 부양책으로 당연시돼왔다. 하지만 천문학적인 돈을 풀었는데도 경기는 지지부진하다. 물가상승률도 낮다. 그렇다고 인플레 위험이 전혀 없다고 여긴다면 큰 오산이다. 실물경제가 부진해도 세계 도처에서 사상 최고치로 치솟은 주가에 연호한 게 불과 몇 달 전이다. 양적 완화가 자산 가격 인플레를 촉발한 사상누각에선 아찔한 고소공포증이 생겨난다. 그렇기에 공포와 패닉도 순식간이었다. 위기 대책이라는 양적 완화가 거꾸로 위기의 원천이 되고 있는 것이다.

ATM이 된 선진국 중앙은행

양적 완화(quantative easing)란 기준금리를 더 낮출 수 없을 때 중앙은행이 시중에 통화를 직접 공급해 신용경색을 해소하고 경기를 부양하기 위한 비정상적인 통화정책이다. 쉽게 말해 중앙은행이 발권력을 동원해 돈을 뿌려대는 것이다.

미국, 일본, 유럽이 줄줄이 양적 완화로 뿌려댄 돈은 대략 5조 달러에 달한다. 미 중앙은행(Fed)은 금융위기 당시 1차 양적 완화로 1조 7500억 달러를 풀어 은행이 보유한 장기국채, 주택저당증권(MBS)을 사주면서 급한 불을 껐다. 하지만 경기가 부진하자 2차, 3차 양적 완

주요국 중앙은행의 양적 완화 정책			
미국		
구분	시기	규모 및 방식
1차	2008년 12월~2010년 3월	국채·MBS 1조 7500억 달러 매입
2차	2010년 11월~2011년 6월	국채 6000억 달러 매입
O/T	2011년 9월~2012년 12월	단기국채 매각, 장기국채 매입 (6670억 달러)
3차	2012년 9월~2014년 10월	매달 국채·MBS 850억 달러 매입 (2012년 4개월은 월 400억 달러), 2014년 단계 축소
EU		
-	2011년 11월~2012년 2월	은행권에 1조 200억 유로 저리 대출
-	2015년 3월~2016년 9월	매달 국채 600억 유로 매입 (총 1조 1400억 유로)
일본		
-	2010년 10월	국채 CP 회사채 등 76조 엔 매입
1차	2013년 4월	본원통화 연간 60조~70조 엔 확대, 보유국채 만기 평균 3년→7년 장기화
2차	2014년 10월~현재	본원통화 연간 80조 엔 확대, 국채 무제한 매입(올해 80조 엔)

※MBS=주택저당증권, O/T=오퍼레이션 트위스트

화와 오퍼레이션 트위스트로 그만큼을 더 쏟아부었다. 블룸버그에 따르면 2007년 말 8000억 달러였던 Fed 보유 자산이 양적 완화를 거치면서 다섯 배인 4조 2000억 달러로 불어났다. 세계 4위 경제대국인 독일의 국내총생산(GDP)을 웃돈다.

일본의 아베 정권은 두 차례 양적 완화를 통해 본원통화를 연간 80조 엔(약 793조 원)씩 늘리고 국채 무제한 매입에 나섰다. 저금리 대출로 버티던 유럽 중앙은행(ECB) 역시 끝내 2015년 3월부터 18개월간 월 600억 유로씩 총 1조 1400억 유로(약 1550조 원)를 푸는 양적 완화에 들어갔다. 바야흐로 돈이 흘러넘치는 세상이 된 것이다.

그렇게 돈을 풀어댔으면 경제가 살아야 명분이 선다. 하지만 실물경제는 되레 후퇴 조짐이다. 미 의회예산국은 2015년 미국의 성장률 전망치를 연초 2.9%에서 2.0%로 대폭 낮췄다. 2015년 2분기 성장률(수정치)이 3.7%로 예상(3.2%)을 뛰어넘었지만 이는 중국 쇼크 이전의 성적이다. 세계 교역은 1분기(-1.5%)에 이어 2분기에도 0.5% 감소했다. 터널의 끝

인 줄 알았는데 아직도 캄캄하다는 얘기다. 월스트리트저널은 "Fed의 통화정책은 실패했다"고 단언할 정도다. 실물경제가 뒷받침되지 않는 주가는 반드시 실물과 보조를 맞추게 돼 있다.

글로벌 경기 둔화가 우려되자 미국에선 4차 양적 완화론이 고개를 들고 있다. 월가의 대표적인 '닥터 둠(비관론자)'인 마크 파버는 CNBC와의 인터뷰에서 "금융 전반을 보면 마치 타이타닉호에 타고 있는 듯하다"며 "앞으로 구명정과 사다리를 먼저 차지하기 위해 싸워야 할 것"이라고 지적했다.

월가에선 금리 인상 대신 거꾸로 4차, 5차 양적 완화를 준비해야 할 때란 주장이 공공연하다. 일본과 유럽도 추가 양적 완화 압력에 직면했다. 일본은 아베노믹스의 근간인 엔저가 중국의 위안화 절하로 인해 엔고로 반전돼 고민이다. 유럽은 경기 회복이 더욱 늦어질 것이란 우려가 높다. 추가 양적 완화가 필요하다는 주장은 그동안 돈을 푼 게 아무 효과가 없었다는 고백이나 마찬가지다. 약발이 떨어졌으니 더 센 마약을 달라는 얘기다.

: 돈을 풀면 경제 살릴 수 있다는 미신의 종말

경기 부양책인가, 국채 부도를 막는 꼼수인가

양적 완화를 뜯어보면 과연 경기 부양책인지도 의심스럽다. Fed의 양적 완화는 금융회사들이 보유한 국채 등을 매입해 돈을 풀어 금융을 살려 실물까지 부양한다는 논리다. 하지만 뒤집어 보면 양적 완화 없이는 미 정부의 국채를 소화하기 어렵다는 인상이 짙다. 이는 일본, 유럽도 마찬가지다. 비난받아 마땅한 발권력 동원을 그럴싸한 수사(修辭)로 은폐하고

재정을 조달하고 있다. 각국
정부가 중앙은행들을 현금
자동입출금기(ATM)로 전락
시킨 게 양적 완화인 셈이다.

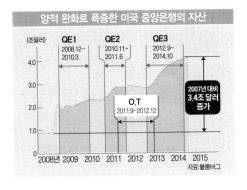

더구나 양적 완화로 풀린
돈은 금융시장에서만 맴돈
다. 본원통화가 급증했는데
정작 실물로는 흘러가지 않는다. 넘치는 유동성은 국경을 넘나들며 세
계 증시에 불을 질렀다. 2015년 5~6월 미국, 일본 중국의 증시는 사상
최고치로 치달았다. 채권시장 거품도 임계점에 이르고 있다. 그럴수록
시장에선 더 많은 양적 완화를 학수고대하는 형국이다.

정의롭지도, 도덕적이지도 못한 양적 완화

양적 완화로 돈을 찍어낼수록 주식 부동산 등 자산 보유자들만 유리해
지게 마련이다. 빈익빈 부익부의 가속화다. 노벨경제학상 수상자인 조
지프 스티글리츠 컬럼비아대 교수가 "Fed 정책이 주가를 띄워 부자들
좋은 일만 시켜줬다"고 비난한 이유다. 이런 부도덕한 정책을 주류 경
제학자들이 옹호하고 있다. 제로금리와 양적 완화로 구조조정은 지연
되고 있는데 돈만 더 풀라는 것은 밑 빠진 독의 구멍을 메울 생각은 안
하고 물만 붓는 것과 같다. 돈이 돈을 버는 자산 거품이 땀 흘려 번 돈
보다 우월해지는 것은 바람직할 수 없다.

땀과 혁신 없이는 경제가 살아나지 않는다

돈을 풀면 경제를 살릴 수 있다는 케인스주의자들의 미신은 이제 파산
을 고할 때가 됐다. 경제 문제는 돈을 찍어 내고 통화를 절하한다고 해

결되는 게 아니다. 금리나 환율은 결과이지 원인이 아니기 때문이다. 오히려 자꾸 손을 댈수록 문제를 더 복잡하게 만든다. 지금 세계 경제 위기는 결코 돈이 부족해서가 아니다. 산업혁명이 지구를 한 바퀴 돌아 중국에까지 도달한 뒤 나타나는 공급과잉이 진짜 원인이다. 환율을 올려 수출 감소를 막겠다는 중국의 시도가 별 효과를 내기 어려운 이유이기도 하다.

경제를 살리는 근본적인 방법은 경제 주체들의 땀과 노력, 창의와 혁신뿐이다. 고통을 감내하고 새로운 시장을 창출할 때 경제 활성화도 가능해진다. 미국 경제가 그나마 잘나가는 것은 양적 완화가 아닌 셰일가스 혁명과 높아진 제조업 생산성 덕이었다. 일본 경제가 버티는 힘도 원가를 쥐어짜면서 기나긴 불황을 견뎌낸 일본 기업들의 저력에 있다. 한국도 뼈를 깎는 구조조정으로 고통과 눈물을 감내했기에 외환위기를 이겨낼 수 있었다.

기본과 원칙에서 멀어진 경제는 반드시 구조적 위기에 봉착한다. 통화가치 유지가 최우선 임무인 중앙은행들이 '해서는 안 될 일'을 '반드시 해야 할 일'로 착각하는 집단 최면에 걸려 있다. 중앙은행들은 거울을 통해 일그러진 자신의 모습을 비춰볼 때다.

Vitamin

폭스바겐 잔혹사

폭스바겐은 히틀러에게는 나치 그 자체였다. 그가 그토록 강조한 '기쁨을 통한 힘(KdF·Kraft durch Freude)'의 상징이었다. 독일 국민들은 민족의 차라는 구호에 한층 더 환호했다. 10개월의 월급을 모아야 겨우 차를 살수 있었지만 게르만 민족이 대중의 차를 만들 수 있다는 감격에 국민들은 폭스바겐의 열기 속으로 빠져들었다. 나치 탄압을 피해 망명한 사람들은 "독일 사회가 모두 'KdF-자동차 정신병'에 빠졌다. 국민들은 온종일 KdF만 얘기한다"고 당시 독일 상황에 대한 기록을 남기고 있다. 폭스바겐은 독일 국민을 나치의 환상으로 몰아넣은 상징이었던 것이다.

그 뒤 78년이 지난 2015년, 폭스바겐이 다시 독일을 들끓게 하고 있다. 소프트웨어를 조작해 디젤차를 환경차로 둔갑시켜 판매한 폭스바겐의 사기행위에 대한 분노와 좌절감이 독일인들의 가슴을 짓누르고 있다. 폭스바겐의 배상 금액이 천문학적이고 기업 신용도가 바닥이라는 것은 문제가 아니다. 독일인들의 아이콘인 성실과 정직, 신뢰를 여지없이 파괴시킨 것에 대한 분노다. 지배구조의 심각성도 여지없이 드러나고 있다.

원천적으로는 이산화탄소(CO_2)에 대한 의심도 일고 있다. 유럽연합

(EU)이 교토의정서를 만들고 지구온난화 작업에 나설 때부터 폭스바겐이 개입했을 것이라는 의혹이 있다. 폭스바겐이 디젤차를 팔기 위해 이산화탄소를 부각시켰다는 것이다. 폭스바겐의 파멸이 가져다주는 파장은 더할 수 없이 크다. 미국의 엔론사태에 비길 바가 아니다.

: 너무나 어리석었던 '청정 디젤 사기극'

폭스바겐의 배기가스 조작사건을 처음 보고한 사람은 미국 국제청정교통위원회(ICCT) 소속 환경운동가였다. 이들은 디젤차의 가스배출 기술이 차량 성능에 영향을 끼치지 않는다는 걸 증명하기 위해 샌디에이고에서 시애틀까지 2000㎞를 디젤차를 몰고 달렸다. 물론 폭스바겐이 그토록 자랑하던 '클린 디젤' 선전을 철석같이 믿었다.

하지만 주행 결과는 이들이 생각했던 것과 너무 달랐다. 폭스바겐 차량에서 법적 한도를 40배나 초과하는 배기가스가 나온 것이다. 대학 실험실 내 실험도 다시 이뤄졌다. 여기에서도 35배가 넘는 배기가스가 나왔다. 자동차 역사에서 최악의 사건으로 불리는 파문이 시작된 것이다.

폭스바겐의 사기, 청정한 디젤차

폭스바겐이 뿜어낸 배기가스는 인간에게 치명적인 피해를 가져다주는 질소산화물(NOx)이다. 질소산화물은 스모그를 발생시키고 신체 호흡기관에 직접적인 피해를 끼치는 주범이다. 이런 문제로 인해 미국은 질소산화물 기준을 유럽보다 더욱 엄격하게 적용하고 있다. 혼다와 마쓰다 등 디젤차를 생산하는 일본 자동차 기업들은 이 기준을 맞추는 데 사운을 걸다시피하고 있는 상황이다.

디젤차가 갖는 연비의 효율성을 살리면서도 질소산화물 배출을 줄이는 작업은 매우 힘들다. 배출가스 정화를 위한 장치가 장착되면 연비가 제대로 나오지 않는 트레이드오프 관계에 있기 때문이다. 결국 폭스바겐은 이런 두 마리 토끼를 다 잡기 위해 소프트웨어 조작이라는 사기극을 택했다. 차량 검사 시에만 정화장치가 작동해 미국 환경보호국(EPA)의 배출가스 기준을 맞출 수 있게 했고 실제 주행 중에는 이 장치가 작동하지 않고 배기가스를 배출한 채 디젤 엔진을 풀파워로 가동시키도록 프로그래밍한 것이다.

기후 변화 대응에 선도 기업이라고 자랑

폭스바겐은 디젤차를 광고하면서 지구온난화의 주범인 이산화탄소(CO_2)를 배출하지 않는, 가장 청정한 차량이라고 홍보했다. 기후 변화에 대응하는 가장 앞선 기업이요, 환경의 리더라고 자임했다. 기후변화에 앞선 기업임을 보이기 위해 중국에선 학교를 찾아다니며 환경교육까지 펼쳤다. 소비자들은 이 같은 폭스바겐을 믿었다. 2015년에는 도요타와 GM을 제치고 전 세계 자동차 매출 1위를 차지할 정도였다.

더구나 폭스바겐은 자동차 관련 기업 중 가장 로비를 많이 하는 기업으로 통한다. 유럽의 로비감시 전문 사이트인 로비팩트(www.lobbyfacts.eu)에 따르면 폭스바겐은 2013년 330만 유로(약 43억 원)를 들여 벨기에 브뤼셀에서만도 33명의 로비스트를 고용했다. 물론 비공식적인 로비자금을 합하면 1000만 유로에 달할 것이라고 내다보는 사람도 있다.

이들은 유럽연합(EU)의 기후변화 활동과 에너지 문제, 무역 및 교통정책에 직접적인 영향을 끼치고 있다고 로비팩트사는 보고 있다. 폭스바겐은 특히 이산화탄소 감축의 일환으로 디젤차 판매에 EU가 지원하도록 영향력을 행사했다는 의심도 받고 있다. 그 결과 미국에선 5%도 되

지 않는 디젤차 시장 점유율
이 유럽에선 50%가 넘을 만
큼 인기 있는 차량으로 부상
했다.

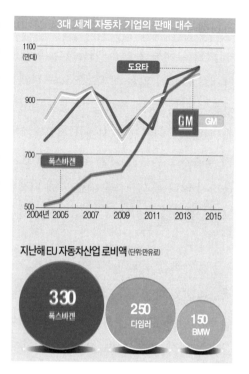

3대 세계 자동차 기업의 판매 대수

지난해 EU 자동차산업 로비액 (단위:만유로)

330 폭스바겐

250 다임러

150 BMW

하지만 폭스바겐 내부에
서는 배기가스 조작에 대한
우려의 목소리도 없지 않았
다. 한 기술자는 2011년 당
시 배출가스 불법조작 가능
성을 상부에 경고하는 보고
를 했다고 토로하고 있다.
그렇지만 상명하복 문화에
서 이런 경고는 별로 의미가
없었다. 독일 일간지 디벨트
는 이를 두고 "자동차산업 역사에서 가장 어리석은 범죄"라고 평가하고
있다.

: 노조도 경영 참여, 단기성과 집착한 폭스바겐

무엇이 폭스바겐을 이렇게 만들었을까

독일 경영학자들은 폭스바겐의 경영을 마치 서로 다른 방향으로 달려
나가려 하는 다섯 마리의 말이 이끄는 전차를 모는 것으로 비유한다.
그만큼 역학 관계가 복잡하고 경영하기가 어렵다는 것을 의미한다. 폭
스바겐 주식은 포르쉐의 지배주주인 페르디난트 피에히가 50%를 갖고

있으며 독일의 지방자치단체인 니더작센주가 20%, 카타르투자청도 15%를 갖고 있다. 감독이사회에선 피에히와 니더작센주, 카타르투자청의 관계자는 물론 독일의 금속노조인 IG메탈과 경영진이 모두 참여한다. 수십

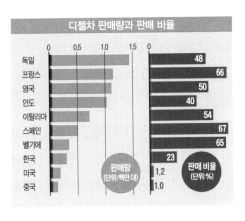

년간 노조의 회사 경영 참여를 허용해온 폭스바겐은 노조의 입김을 무시하지 못한다. IG메탈의 대표가 감독이사회 부의장까지 맡고 있는 실정이다. 이처럼 지배구조가 복잡해지면서 폭스바겐은 과감한 혁신을 제대로 하지 못하고 단기적인 성과에 집착하고 있는 것이다.

도제관계로 얽혀 수직적이고 상명하복에 익숙한 독일의 기업 문화가이 같은 사기 조작을 초래했다는 분석도 많다. 특히 미국에선 2011년 이후 실적이 악화되자 단기간에 실적을 내기 위해 무리수를 두었다는 해석도 있다. 기술적인 측면에선 모듈화에 따른 부품공통화가 사기를 부추겼다는 지적도 있다. 부품이 표준화·공통화되면서 약간의 변형으로 다양한 브랜드를 만들어내고 규모의 경제를 실현해 원가 절감을 이뤄왔지만 정작 단일 부품의 개선이나 교환을 하지 못해 이런 엄청난 사건을 초래했다는 것이다.

폭스바겐의 파장

폭스바겐 사태는 단지 폭스바겐에만 그치는 게 아니다. 독일 자동차산업만이 아니라 독일 전체에 엄청난 파장을 가져다주고 있다. 당장 디젤차 판매가 급격히 줄어들 전망이다. 디젤이 연비가 효율적이라는 특성

이 있긴 하지만 대기환경에 악영향을 주기 때문에 각국에서 규제가 더욱 강화될 것으로 보인다. 무엇보다 그동안 전 세계인들에게 신뢰와 효율의 상징이었던 '메이드 인 저머니(Made in Germany)'가 훼손됐다는 점이다.

독일 기업이 사기 조작에 간여했다는 것은 쉽게 납득이 가지 않는다는 게 전 세계 비즈니스계의 공통된 인식이다. 당장은 규모와 비용보다 오히려 품질 등 신뢰성이 자동차 경쟁에서 핵심 요인으로 작용할 것이라는 게 업계의 시각이다. 한국에선 이미 소비자들이 폭스바겐에 대해 소송을 걸고 있는 상황이다. 또한 폭스바겐 사태로 인해 전 세계 환경 운동도 새로운 국면을 맞을 것으로 보인다.

Vitamin

新기후체제,
결국 비용 문제다

2020년 이후 적용되는 새 기후협약을 내놓을 UN기후협약 당사국 총회가 2015년 12월 프랑스 파리에서 열렸다. 선진국의 온실가스를 줄이는 것이 목표였던 교토의정서 체제와 달리 새 기후협약은 중국, 인도 같은 개발도상국까지 이산화탄소(CO_2) 감축을 의무화하는 것에 중점을 두고 있다. 교토 체제가 사실상 실패로 끝났기 때문에 이번 총회에서도 법적 구속력이 있는 협약을 도출하기는 어려웠다.

　미국 의회는 오바마 대통령이 이 총회에서 어떤 약속을 하더라도 승인해주지 않겠다고 공언해놓고 있다. 이런 상황에서 우리 정부만 유별나다. 경제계의 반대를 묵살하고 세계 최고 수준의 감축목표를 약속했다. 기후협약이란 것도 결국 비용 문제다. 신기후체제와 한국의 대응, 무엇이 문제인가.

: 온실가스 감축이 글로벌 스탠더드라고?

파리 총회에 참석하면서 우리 정부는 2030년까지 이산화탄소 감축목표를 배출예상치(BAU) 대비 37% 감축하겠다고 제시했다. 2015년 6월 확정 공표 당시 국내에서도 한바탕 소란이 있었다. 당초 정부는 이보다 훨씬 낮은 수준의 감축안을 준비했었다. BAU 대비 각각 14.7%, 19.2%, 25.7%, 31.3% 줄이는 네 가지 방안이었다. 그런데 최종안에선 3안(25.7%)을 택하고 여기다 국외 탄소배출권 구입 11.3%를 추가해 37%가 된 것이다. 경제계가 반대했지만 아무 소용이 없었다. 이번 총회에서 국외 구입이 인정되지 않으면 그 수치마저 국내에서 줄여야 한다.

'녹색 한국'의 여전한 허세

각국은 총회에 각기 다른 기준으로 감축목표를 제시했다. 중국은 2030년까지 2005년 실적 대비 60~65% 줄이겠다고 약속했고, 반면 EU는 1990년 대비 40% 감축을 목표로 공언했다. 그런데 주요국의 감축목표를 블룸버그 뉴에너지파이낸스(BNEF)가 동일한 기준으로 비교·분석한 결과 한국이 가장 높은 감축목표를 제시한 것으로 나타났다. 반면 EU, 중국, 러시아 등이 내놓은 감축목표는 사실상 전혀 줄이지 않아도 되는 낮은 목표인 것으로 드러났다. 우리 정부가 틈만 나면 '국제사회와의 약속'을 강조해왔지만 이런 사례를 보면 다자 간 협상테이블에서 '허세'를 부려온 것 아니냐는 의구심을 사기에 충분하다. 산업계는 환경부가 이명박 정부 때 잘못 세운 녹색성장이라는 아젠다에 집착하는 데 원인이 있다고 보고 있다. 실제 2011년 1조 34억 원이었던 신재생에너지 지원사업 예산은 올해 7798억 원까지 계속 줄었다.

극단적 환경주의는 종말론의 변형

이번 파리 총회가 결국 '구속력이 없는(not legally binding)' 협약으로, 주요국들이 체면치레 수준에서 끝날 것이라는 전망이 많다. 오바마와 시진핑

이 그렇게 합의하게 될 것이라는 예측도 이미 나와 있다. 한국의 산업계는 사실상 미국 덕분에 안도의 한숨을 쉬게 되는 것이다. 이 과정에서 세계 최고의 감축목표를 공언한 우리 정부만 머쓱해질 전망이다.

| 주요국 Post 2020 온실가스 감축 목표와 비교 |||
각국 제출 목표		2030년 BAU 대비 순위
중국	2030년까지 2005년 대비 **60~65%**	❶ 한국 **-28%**
EU	2030년까지 1990년 대비 **40%**	❷ 미국 **-11%**
한국	2030년까지 배출예상치 대비 **37%**	❸ 일본 **-4%**
러시아	2030년까지 1990년 대비 **25~30%**	❹ EU **+5%**
미국	2025년까지 2005년 대비 **26~28%**	❺ 중국 **+9%**
일본	2030년까지 2013년 대비 **26%**	❻ 러시아 **+53%**

자료:한국경제신문, 블룸버그

기후협약의 결과는 누가 뭐래도 경제 성장의 유보 혹은 포기다. 그런데도 지구 온난화 등을 이유로 온실가스를 감축해야 한다는 환경주의가 득세해 세계 정치 지도자들을 포획하고 있는 게 지금의 형국이다. 환경주의는 인류의 무의식을 지배해온 오래된 종말론의 현대적 변형이다. 이에 반대해온 '과학자'들은 그래서 이번 파리 총회에서 법적 구속력이 없는 합의가 도출될 것이라는 전망에 안도하고 있다. FT도 최근 사설에서 "협약이 법적 구속력이 없는 것이 문제가 아니다"며 "정치적인 협정으로 에너지 부문의 투자를 이끌어내는 것이 더 중요하다"는 시각을 보였다.

: 기후협약은 경제성장을 포기하는 것

환경은 결국 비용이다

《회의적 환경주의자》의 저자인 비외른 롬보르 코펜하겐대 교수는 최근 월스트리트저널 기고에서 "기후변화 대응 조치에 수반되는 비용이 어마어마하기 때문에 각국 정상들은 신중하게 생각해야 한다"고 강조했다. 그에 따르면 미국의 26~28% 배출량 감축 목표는 국내총생산(GDP)을 매년 1540억~1720억 달러 감소시킬 것으로 추산된다. EU의 감축량 목표대로 되면 2030년 EU의 GDP가 1.6%, 2870억 유로 줄어든다. 멕시코가 2030년까지 감축목표를 달성하기 위해 드는 비용은 멕시코 GDP의 4.5%(800억 달러) 수준이다. 중국은 목표 달성을 위해 한 해 평균 최소 2000억 달러의 비용이 들 것으로 예상된다.

미국, EU, 멕시코, 중국 등 4개국의 배출량 감축 약속을 모두 지킨다고 가정하면 2030년까지 이들 국가의 GDP 총액에서 매년 7300억 달러가 줄어든다. 롬보르는 "결국 기후변화를 명목으로 미래 번영을 희생하겠다는 것"이라며 "자본주의를 무너뜨리겠다는 것인데 볼리비아 같은 나라에서나 환영받을 일"이라고 강조했다. 환경이 비용 그 자체란 것은 한국도 마찬가지다. 목표 달성을 위해 얼마나 비용이 들지 추산이 없지만 이들 나라와의 비교로 충분히 짐작해볼 수 있다. 문제는 이 비용을 누가 부담하느냐다. 결국 세금이요, 국민이 내는 돈이다. 좀 더 구체적으로는 제조업체들이 부담금과 과징금 명목으로 내고 그 과정에서 여러 다른 일을 도모할 수 있는 기회비용도 모두 날리게 된다.

'탈(脫)탄소 경제' 폐기 올수도

환경론자들의 아젠다는 이제 빛을 잃어가고 있다. 영국 상원의원이자 《본성과 양육》, 《이타적 유전자》의 저자인 매트 리들리는 최근 월스트리트저널 기고에서 "기후변화와 그 영향은 우리가 예상했던 것보다 느리고 생각보다 덜 위협적인 반면 '탈(脫)탄소 경제'는 우리가 바랐던 것보다 더 고통스럽고 비용도 점점 높아지고 있다"고 강조했다. 또한 "환경 관련 NGO들이 기후변화에 의문을 제기하는 사람들을 겨냥하면서 기후변화에 과학적으로 의문을 제기하는 회의론자들은 검열을 당하거나 기소위협을 받고 있다"고 말했다.

리들리는 지구온난화 속도가 지난 20년간 상당히 둔화돼 대부분 국가에서 탈탄소 경제 압박이 감소했다며 앞으로 15년 동안이 현재의 지구온난화 정지(pause)가 끝날지 여부를 확인하는 시기가 될 것이라고 내다봤다. 그는 "파리 총회에서 전 세계 기온과 이산화탄소 배출량을 5년마다 재평가하는 합의도 도출될 것으로 보인다"고 말했다. 그는 선진국은 물론 개도국도 이번에 법적 구속력이 있는 합의를 이루기 어렵다는 것을 잘 알고 있다며 오히려 EU 국가들은 반길 것이라고 주장했다. 뿐만 아니라 "EU는 새로운 기후합의가 나오면 그동안 유럽의 경쟁력을 약화시켜온 탈(脫)탄소 정책을 회원국들이 폐기하도록 허용해 줄 것"이라고 예상했다.

환경이 아니라 경제다

한국 역시 이번 기회에 글로벌 환경 논의에서 냉정하게 한 발 빼는 계기를 찾아야 한다. '환경 선진국'이란 유명무실한 칭찬에 연연하는 것보다 실속이 중요하다. 지금 돌이켜보면 선진국들만 탄소 감축을 하게 돼 있던 교토 체제에서 왜 한국이 나서서 탄소 감축을 하겠다고 나섰는지 그 저의와 사정이 궁금할 뿐이다. 이명박 정부 때 맥킨지 컨설팅을 받아서 만든 '녹색성장'이라는 아젠다가 문제가 된 것이란 게 정설이다. 그러나 그것이 지금의 정부까지 계속 이어지고 있는 건 난센스다.

새로운 기후체계의 구도는 선진국이 개도국의 의무적 동참을 강조하는 반면, 개도국은 선진국의 재정 지원을 요구하고 있는 상황이다. 인도를 예로 들면 자국 감축목표를 달성하기 위해선 1000억 달러가 필요하다며 선진국들을 압박하고 있다. 한국이 자칫 잘못 자리 잡으면 양쪽 모두로부터의 부담만 늘어날 가능성이 높다. 우리는 이미 송도에 녹색기후기금(GCF)을 유치해놓고 있다.

마중물격으로 우리가 먼저 1억 달러를 출연하겠다고 '국제사회'에 약속해놓은 상태다. 미국이 30억 달러를 내놓기로 했다가 의회에서 부결돼 기금 확충에도 빨간불이 켜져 있다. 환경과 관련해서는 이래저래 들어갈 비용이 너무나 많다. 파리 협약 이후 이제까지 기후환경 정책을 전면 재검토해야 한다. 환경이 아니라 중장기 경제정책과 통상외교 차원에서 다뤄져야 옳다.

Vitamin

중앙은행은
왜 금리를
제멋대로 결정하나

미국 헌법에 통화정책의 준칙을 명시해야 한다고 주장한 학자는 밀턴 프리드먼이다. 그는 통화정책에 원칙이 있어야 경제주체들이 합리적 의사 결정을 할 수 있다고 믿었다. 중앙은행이나 정부는 가능한 한 통화정책에 개입하지 말아야 한다고 주장했다. 하지만 그의 준칙주의는 현실 세계에서는 잘 받아들여지지 않았다. 중앙은행가와 정치인들은 중앙은행이 무언가 직접 경기를 조절하는 고매한 업무를 수행해야 한다고 생각하는 경향이 강했다. 2000년대 들어 그린스펀 미국 중앙은행 (Fed) 의장은 금리 기능을 적극적으로 해석하고 재량적인 통화정책을 폈다. 대표적 케인지언의 생각이었다. 금융위기 이후 그린스펀의 뒤를 이은 버냉키는 한발 더 나갔다. 양적 완화라는 초(超)재량적 금융정책을 펼쳐나갔다. 지금 논란이 되고 있는 Fed 권한의 비대화는 그 결과다.

2015년 미국 공화당이 제출한 Fed 통제 법안이 미국 하원을 통과했다. 금리를 결정하는 공식이 담긴 법안이다. 이 법안은 Fed의 재량을 제한하고 통화정책에서 철저히 정치색을 제거하는 것이 목표다. 물론 Fed는 반발한다. 오바마도 이 법안에 거부할 뜻을 내비치고 있다. 중앙은행의 의사결정권을 둘러싼 논쟁은 꽤 긴 역사와 배경을 갖고 있다.

: 미국 하원 통과한 'Fed 통제 법안'

미국 공화당의 빌 후이젠가 의원 등 21명이 2015년 7월 하원에 제출한 Fed 법안의 정식 명칭은 '2015년 중앙은행 감독과 개혁, 현대화 법안'(Fed Oversight Reform and Modernization Act of 2015, H. R. 3189)이다. 이들 공화당 의원은 Fed가 불투명하고 예측할 수 없는 금융정책을 펼쳐 미국민과 미국 경제가 피해를 보고 있다고 주장했다. 이들은 Fed가 재량적 통화정책을 구사한 것이 금융위기를 불러온 원인이라고 생각한다. Fed가 저금리 기조를 유지해왔지만 이런 기조를 지나치게 오랫동안 유지하는 바람에 유동성이 급격하게 불어났고 부동산 시장 과열 등의 유동성 리스크가 크게 확대됐다는 것이다.

또 때로는 거품을 제거한다는 명분으로 금리를 급작스레 인상함으로써 실물 경제를 파괴하고 금융위기를 낳았다는 것이다. 최근의 양적 완화 정책도 세계적으로 금융정책의 비정상화를 낳았다고 보고 있는 것이다. 후이젠가 등 의원들은 Fed가 국제적으로 영향력이 큰 기관으로 행세하는 것도 잘못된 것이라며 Fed를 감시하고 감독할 권한을 의회에 부여해야 한다고 역설했다. 이 법안은 난상토론 끝에 발의한 지 4개월 만인 2015년 11월 19일 하원에서 찬성 241표, 반대 185표로 가결됐다.

법안 내용은 무엇인가

무엇보다 이 법안은 기준금리를 정해진 공식에 따라 결정하도록 한 것이 핵심이다. 법안 2조는 금리를 네 가지 변수의 합으로 결정하도록 '참조 정책규칙'(Reference Policy Rule)이라는 공식을 명문화하고 있다. 이 규칙은 강제적이지는 않지만 의회가 이 규칙을 사용했는지 감사할 수 있도록 해 사실상 강제 규칙으로 작용된다.

네 가지 변수는 △이전 4분기 물가상승률의 평균값 △GDP 갭(추정 잠재 GDP-실질 GDP의 차이) △인플레이션 갭(이전 4분기 물가상승률-목표 물가상승률 (2%)) △물가상승률(2%)이다(표1). 그리고 GDP 갭과 인플레이션 갭에 0.5씩 가중치를 두고 있다. 2%는 미국의 목표 물가상승률이면서 장기균형 실질 금리이기도 하다.

이 공식은 존 테일러 스탠퍼드대 교수가 경제성장률과 물가상승률에 맞춰 금리를 조정하도록 설정한 테일

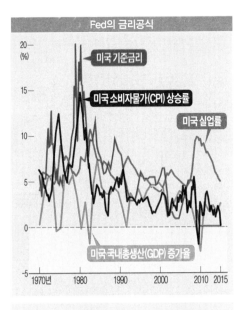

Fed의 금리공식

미국 기준금리

미국 소비자물가(CPI) 상승률

미국 실업률

미국 국내총생산(GDP) 증가율

$$i_t = \pi_t + 2.0\% + \frac{1}{2}(\pi_t - 2.0) + \frac{1}{2}(y_t - \bar{y}_t)$$

i_t는 중앙은행이 결정할 금리, 첫 π_t는 4분기 금리 상승률을 가리킨다. 2.0%는 미 중앙은행이 설정한 장기 물가상승률이다. y_t는 실질 GDP이며 $\bar{y}_t$는 추정 잠재성장률을 의미한다.

러 준칙을 미국 실정에 맞게 변용한 것이다. 테일러 준칙은 현재 대부분 국가 중앙은행이 금리를 결정하는 데 쓰이고 있는 공식이기도 하다.

: "Fed의 재량적 통화정책이 금융위기 원인"

법안은 이 밖에도 Fed의 스트레스 테스트를 의무화하고 대형은행들에 보내는 각종 레터 등 자료들을 공개(5조)하도록 했다. 아울러 Fed 규제에 대한 경제적 분석(8조)을 하도록 했으며, 모든 Fed 직원이 연봉과 재산

을 공개하도록 의무화(9조)했
다. 긴급 대출을 제한하는 규
정(11조)도 뒀고, 수출입은행
에 대한 각종 통계를 의무적
으로 보고(14조)하도록 했다.

또한 미국 회계감사원
(General Account Office)이 Fed를
감사하도록 의무화(2조, 13조)

하고 회계감 사원장이 직접 의회에 감사 결과를 보고하도록 했다. Fed에
대한 감사는 지금도 하고 있지만 Fed의 금융정책 결정은 면제돼 있다.

법안은 또 '100년 금융위원회(Centennial Monetary Commission)'를 설립하도
록(16조) 규정하고 있다. 100년 금융위원회는 Fed의 정책이 과연 역사적
으로 옳았는지 평가하고 Fed의 업무가 헌법적 책임을 다하고 있는지에
대해 의회에 보고하는 기관이다. 이 법안이 적용되면 Fed의 정책이 보
다 신중해지고 예측 가능해진다는 것이 공화당 제안자들의 설명이다.

하지만 Fed와 미국 정부는 이 법안을 강력하게 반대하고 있다. 당장
Fed는 이 법안이 오히려 Fed의 독립성을 위협하게 될 것이라고 비판하
고 있다. 재닛 옐런 Fed 의장은 의회 간부 서신에서 "이 법안은 Fed의 독
립성을 위협하고 경제에도 악영향을 미칠 것"이라고 주장했다. 버락 오
바마 대통령도 이 법안이 하원뿐 아니라 상원에서 통과된다 하더라도
거부권을 행사할 것이라고 밝혔다.

Fed 통제 법안의 전망

현재 미국 의회에는 이 법안 말고 여러 비슷한 법안이 의회 통과를 기
다리고 있다. 엘리자베스 워런 민주당 상원의원과 데이비드 비터 공화

당 상원의원이 제출한 법인은 Fed의 최종대부자 기능을 제약하는 내용 (Bailout Prevention Act 2015)이다. 또 Fed의 의무와 기능을 규정한 관련 법규 에서 "고용을 늘려야 한다"는 항목을 제외할 것을 요구하거나 가장 극 단적으로는 Fed의 해체를 요구하는 법안도 발의된 상태다. '2015년 중 앙은행 감독과 개혁, 현대화 법안'이 오바마 대통령에 의해 거부된다 하 더라도 Fed의 권한을 줄이고 준칙주의적 금리정책을 도입하려는 의회 의 노력은 지속될 것으로 전망된다.

Vitamin

핀란드의 슬픈 노래

핀란드의 겨울은 평균 영하 15도 이하다. 영하 20도를 넘는 때도 많다. 하지만 지금 핀란드를 더욱 얼어붙게 하는 건 경제 상황이다. 550만 명의 핀란드인은 거의 소비하지 않는다. 레스토랑은 텅 비었고 관광객들만 간혹 가게 쇼윈도를 기웃거린다.

2015년 3분기 핀란드의 국내총생산(GDP) 증가율은 −0.6%다. 실업률도 최근 15년 중 가장 높은 9.53%였다. 청년들은 일자리를 구하러 이웃 스웨덴이나 노르웨이로 향한다. 65세 이상 인구만 20년 동안 두 배로 늘었다. 생산성은 스웨덴과 독일에 뒤진다. 유럽의 '뉴 시크맨(새로운 병자)'이란 결코 달갑지 않은 닉네임을 얻었다.

한때 세계 최고의 지식경제국가였다. 2008년 기준 1인당 국민총소득(GNI)은 독일, 프랑스, 영국보다 많았다. 세계경제포럼에서 발표한 글로벌 경쟁력지수에서도 2001~2005년 줄곧 1위를 유지했다. 복지는 경제협력개발기구(OECD) 국가 중 2위이기도 했다. 성장, 분배, 복지를 모두 잡았다고 다른 나라들이 부러워했던 나라다. 그런 나라가 불과 6~7년새 유럽의 골칫거리가 되고 있다. 도대체 핀란드에서 무슨 일이 일어났던 걸까.

: 노키아의 쇠락이 불러온 '핀란드 위기'

인구 540만의 강소국. 핀란드는 2차대전 이후 삼림자원을 이용한 제지와 펄프, 종이를 자르는 초지기산업과 화학 등 수출지향적 산업을 통해 꾸준한 경제성장을 이룩했다. 하지만 이런 경제성장 속에서도 여러 차례 불황을 겪었다. 대표적인 것은 1980년대 몰아닥친 금융 불황이었다.

1980년대 불황을 딛고

핀란드는 1986년 자본자유화 정책을 단행하면서 가계 및 기업 대출이 급격히 늘어나기 시작했다. 자본시장에 대한 규제완화가 이뤄졌지만 금융감독이 부실해 저금리의 외국 자본이 대량 유입된 것이다. 가계나 기업 모두 부채로 지출을 늘리고 자산을 매입했다. 1985~1989년 명목 주택가격은 84%나 급등했다. 이런 상황에서 1990년대 들어 국제 금리가 상승하자 투자와 소비가 줄어들었고 주택 등 자산 가격은 하락하기 시작했다. 대공황만큼 심각한 불황이 찾아들면서 핀란드 경제는 급격하게 내리막을 탔다.

이런 국면은 은행에 바로 악영향을 끼쳐 은행 위기로 이어졌다. 많은 은행이 막대한 손실을 냈고 파산 위기에 처했다. 은행위기, 금융위기는 소비와 투자를 더욱 감소시켜 핀란드 경제는 걷잡을 수 없는 불황에 빠져들었다. 1990년대 출범한 아티사리 정부는 재정적자를 줄이기 위해 긴축정책을 선택했다. 세수 증대와 지출억제정책을 시행했다.

무엇보다 수출 증대로 경기를 살리기 위해 자국 마르카화를 달러 대비 30%나 평가절하하고 변동환율제를 채택했다. 1992년부터 차츰 수출이 늘어나기 시작했다. 민간 소비와 투자가 1994년부터 다시 증가세로 돌아섰다. 정부의 환율정책과 긴축정책이 주효했던 것이다.

핀란드 산업생산

(2005년=100 기준)

기타금속　삼림자원　전자산업

자료·핀란드은행

당시 핀란드 정부가 가장 중요한 성장동력이자 수출산업으로 꼽은 것은 정보기술(IT)이었다. 핀란드는 지리적 여건으로 인해 통신 인프라가 일찍 구축됐다. 1922년 수도 헬싱키에 유럽에선 처음으로 전자동 전화교환국이 개설될 만큼 통신 수요가 급증했다. 통신산업을 일찍 자유화해 통신망 업체들의 경쟁이 가속화된 것도 IT 인프라 구축에 크게 한몫했다. 핀란드 정부는 1990년대 세계적 IT 발전에서 통신과 컴퓨터가 결합한 정보통신기술(ICT)을 중점적으로 육성하고자 했다. 이때 주목받은 기업이 바로 노키아다.

노키아는 원래 제지산업으로 성장한 기업이었다. 그러다 1980년대부터 통신산업에 뛰어들었다. 1984년 하이테크기업으로 승부를 걸겠다고 선언한 노키아는 이동전화사업에 참여하면서 사세를 넓혔다. 정부도 대규모 집적단지를 조성해주고 산학 협력에 적극 지원하면서 힘을 보탰다. 1990년대 후반 들어선 연매출 30%의 증가세를 이어갔다. 1999년 모토로라를 제치고 휴대폰 세계 1위 기업으로 등극했다.

당시 노키아의 연매출은 210억 달러나 됐다. 500만 인구의 핀란드가 연매출 20조 원이 넘는 기업을 갖게 된 것이다. 물론 노키아의 전후방효과에 따라 핀란드의 하이테크산업도 성장했다. 핀란드의 ICT산업 비중은 1991년 6%였지만 2000년에는 23%로 급증했다. 10년 사이에 핀란드는 자원기반 경제에서 지식기반 경제로 환골탈태했다. 노키아는 그 핵심이었다. 하지만 노키아의 성공은 오래가지 않았다. 애플의 스마트폰이 나오면서 2006년부터 매출이 급전직하했다. 물론 노키아도 터치스크린과 인터페이스 등 모바일에 소프트웨어를 가미한 스마트폰 혁명에 동참했다.

그러나 결정적인 패인은 모바일에 포함되는 운영체제(OS)였다. 삼성은 소프트웨어 혁명 이후 구글의 리눅스 기반 안드로이드 OS로 편입했지만, 노키아는 자사 OS를 계속 고집했다. 애플 아이폰과 구글 안드로이드가 스마트폰 시장의 주도권을 쥘 때 노키아는 자사의 소프트웨어인 심비안을 세계 시장의 표준으로 내세웠다. 하지만 심비안은 복잡하고 호환성도 제대로 갖추지 못했다. 노키아의 자만심은 1등 기업을 파산 위기로 몰아갔다.

결국 노키아는 2011년 휴대폰사업부문을 마이크로소프트에 팔아넘겼다. 노키아 연구개발 인력의 절반 이상이 노키아를 떠나 인텔, 구글, 삼성전자 등으로 이직했다. 지금 노키아의 인력은 다 빠져나간 상태다. 좌절, 그리고 분노가 없을 수 없다. 스티븐 일롭 노키아 최고경영자(CEO)가 2013년 핀란드의 TV 토크쇼에 출연해 사회자의 '아이폰'을 냅다 집어던졌을 정도다. 한때 한국에서 인기 있던 게임 앵그리버드를 핀란드 개발자가 만들었다는 것도 이와 무관치 않을 것이다.

유로존 이탈까지 모색

핀란드의 힘이 빠지자 곧바로 이웃 러시아가 핀란드에 손을 뻗치고 들어왔다. 러시아 국영 유나이티드조선은 핀란드의 첨단 쇄빙선 제조회사 아크텍헬싱키를 2013년 10월 인수했다. 경영난에 직면한 원자력발전소의 지분 33%도 러시아 기업이 사들였다. 노키아를 떠난 직원들은 러시아 기업으로 많이 들어갔다. 국민은 러시아와 친해지는 것에 반대하지만 러시아와의 교역 규모는 갈수록 증가하고 있다.

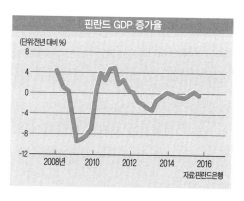

핀란드가 약소국의 비애를 겪기 시작했다는 소리도 들린다. 일부 시민은 아예 유로존에서 나오자는 주장도 하고 있다. 유로존이 핀란드에 해준 게 없지 않으냐는 것이다. 차라리 유로존에서 빠져나와 자국 통화로 돌아가면 통화가치가 낮아져 예전처럼 수출이 늘어날 수 있다는 것이다. 핀란드 의회는 올해 유로권 이탈 여부를 공식적으로 심의할 예정이라고 한다.

: 노동·복지개혁에 안간힘

중도우파 새 정부의 과제

2015년 5월 집권한 중도우파 성향의 중도당(centre party)은 복지개혁과 노동개혁을 내걸었다. 국가부채가 갈수록 늘고 있는 상황에서 이 두 가지 개혁 없이는 성장할 수 없다는 판단에서다. 우선 기본적인 복지 혜택을 폐지하는 대신, 국민 모두에게 매달 800유로를 조건 없이 지급하는 기본소득 제도를 제시하고 있다. 이 소득은 일을 해도 지급액이 줄지 않기 때문에 빈곤층의 노동 의욕을 떨어뜨리지 않을 것이라고 한다. 연금과 생활보장제도를 일원화해 행정 낭비를 줄일 수도 있다. 하지만 노동계는 최저생활비가 보장되지 않기 때문에 빈곤층이 일해야 한다고 반발한다.

정부는 또 전체 노동비용을 현재 수준에서 5% 정도 절감하고 휴가비 등도 대폭 줄이겠다고 한다. 그러나 노동계는 이에 대해서도 반발하고 있다. 개혁이 쉽지 않을 것이라고 한다. 이런 와중에 노키아는 최근 바이오 의약 분야에 다시 도전하고 있다. 핀란드의 광대한 삼림자원을 매개로 다시 새로운 성장동력을 찾고 있다.

핀란드는 한 기업의 쇠락이 국가 경제에 얼마나 큰 영향을 미치는지 일깨우는 대표적 사례다. 위기는 순식간에 찾아온다는 것을 여실히 보여준다. 과연 핀란드는 개혁으로 다시 일어설 수 있을 것인가.

Vitamin

구글세, 국가 간
조세전쟁으로

구글로 대표되는 다국적 기업들은 각국 조세제도 차이를 이용, 최소한의 조세만 내기 위해 국적을 바꾸는 등의 절세 기법을 활용해왔다. 이에 대응해 각국 정부와 조세당국이 짜내고 있는 새로운 징세방법을 통칭해서 '구글세'라고 부른다. 개별 국가 차원에서 구글세를 매기는 시도가 별 성과를 보지 못하자 G20가 나서서 국제적 규제를 만들었다. 작년 11월 터키 G20 정상회의에서 최종 승인된 'BEPS(base erosion and profit shifting: 국가 간 소득 이전을 통한 세원 잠식) 대응 체제'가 그것이다. 이에 따르면 다국적 기업들은 세계 각국에서 벌이고 있는 각종 거래 정보를 해당국 과세당국에 제출해야 한다. '구글세'가 막강해진 것이긴 하지만, 나라 간 조세전쟁의 서막이라는 시각도 있다. 기업 대 정부의 대결에서부터 국가들이 법인세를 서로 차지하려는 이전투구를 벌이게 될 가능성이 있다.

: Inversion 그리고 Double Irish with a Dutch Sandwich

최근 몇 년 사이 다국적기업들이 가장 많이 쓰는 절세전략은 의아하게

도 인수합병(M&A)이다. 미
국을 기반으로 한 다국적 기
업이 유럽 회사를 사들인 뒤
본사를 아예 유럽으로 옮기
는 방식이다. 법인세 자체
를 미국 아닌 다른 나라에
내겠다는 것이다. 이런 방
식의 절세전략은 본사를 아
예 바꿔버린다는 뜻에서 자

주요국 법인세율 비교

국가	세율(%)
미국	40
프랑스	33.3
일본	33.1
독일	29.7
캐나다	26.5
네덜란드	25
중국	25
한국	24.2
영국	20
스위스	17.9
싱가포르	17
대만	17
홍콩	16.5
아일랜드	12.5

(단위:%)
※2015년 기준, 지방세 포함
자료:KPMG

리바꿈, 도치 등을 뜻하는 '인버전(inversion)'으로 불린다. 이 전략이 먹히
는 가장 큰 이유는 국가 간 세율 차다.

미국 법인세율은 39.1%(지방세 포함)로 OECD 최고 수준이다. 아일랜
드(12.5%), 영국(23%) 등 유럽 국가들과는 비교가 안 될 정도로 높다. 미
국 제약사 화이자가 영국 제약업체 아스트라제네카를 인수하고 영국으
로 본사를 옮기려는 것도 바로 그래서다. 인버전 전략에 성공하면 화이
자는 연간 10억 달러 이상을 절세할 수 있다고 한다. 화이자 외에도 수
많은 미국계 다국적 기업이 M&A를 통해 유럽으로 본사를 이전했거나
이전을 계획 중이다. 영국으로 가면 British Inversion, 아일랜드로 가면
Irish Inversion으로 불린다.

사실 외국 기업을 M&A하고 본사까지 옮기는 건 여간 큰일이 아니
다. 그런데도 여러 기업이 앞다퉈 동참하는 데는 단순한 국가 간 명목세
율 차이 외에 뭔가 또 다른 동인이 있다고 봐야 한다. 그 비밀 중 하나는
바로 다국적 기업들이 실제 부담하는 실효세율에 있다.

유럽에서도 법인세율이 가장 낮은 아일랜드에는 다국적 제약사나 IT
기업의 자회사 혹은 현지 법인이 유독 많다. 세계 10대 제약사 중 9개가

아일랜드에 있고 애플, 구글, 페이스북, 트위터 등 내로라하는 IT기업들도 몰려 있다. 이들이 부담하는 실효세율은 아일랜드 명목세율(12.5%)의 절반이 채 안 된다. 미국계 다국적 제약사들이 지난 10년 간 부담한 실효세율은 평균 6%에도 못 미친다. 애플이 2012년 아일랜드에 낸 세금은 법인소득의 2%정도다.

소위 '인버전'이 유행하게 된 데는 미국 정부의 집요한 과세 시도와 여론의 비난으로부터 자유롭게 된다는 점도 작용했다. 본사가 미국에 있는 한 다국적 기업들은 아무리 교묘하게 세금을 절약해도 역외 탈세를 한다는 비난에서 자유롭기 힘들다. 2013년 의회 청문회에 선 애플이 대표적이다. 당시 미 상원 조사위원회는 애플이 역외 조세회피를 통해 2012년에만 90억 달러의 세금을 내지 않았다고 지적했다. 팀 쿡 애플 CEO는 "미국에 내야 할 모든 세금을 냈고 법을 어긴 적도 없다"고 해명했다. 하지만 애플에 대한 도덕적 비난과 역외 탈세 의혹은 여전하다.

다국적 기업들이 해외에 쌓아놓은 엄청난 현금도 인버전을 촉진시키는 요인 중 하나다. 마이크로소프트, 아마존, 스타벅스와 같은 미국계 다국적 기업들은 유럽 등지에서 벌어들인 막대한 돈을 현지에 쌓아두고 있다. 미국으로 가져가면 고율의 법인세를 내야 하기 때문이다. 그 규모만 1조 달러에 육박하는 것으로 추정된다. 이 돈을 해외 기업 인수합병에 쓰면 그야말로 안성맞춤이다. GE가 프랑스 알스톰 인수에 나선 것도 570억 달러에 달하는 해외 현금 덕분이었다.

좀 더 오래된, 다국적 기업들이 애용해온 글로벌 절세기법으로 유명한 것은 '더블 아이리시 위드 어 더치 샌드위치'(Double Irish with a Dutch Sandwich)라는 것이다. 법인세가 12.5%로 미국(40%)의 3분의 1도 안 되는 아일랜드에 자회사 두 개를 만들고, 여기에 네덜란드 회사를 또 하나 세워 이 자회사들을 통해 미국 외 각국에서 벌어들인 수익을 회전시켜가며 조세를 절감하는 기법이다. 버뮤다 같은 조세피난처에 세운 지주회사도 가세한다.

좀 더 구체적으로 내용을 들여다보면 이렇다. 우선 더블 아이리시라는 이름은 아일랜드에 두 개의 회사를 세운다는 데서 비롯됐다. 첫 번째 회사(A사)는 아일랜드 기업이지만 납세 의무는 버뮤다와 같은 조세피난처에 있다(아일랜드 법이 이를 허용한다). 이 회사는 미국 밖에서 발생하는 로열티 수입을 챙기는 일을 한다. 두 번째 회사(B사) 역시 아일랜드에 세우는데 이 회사는 아일랜드에 납세 의무를 진다. 이제 A사는 B사에 로열티 수입 독점권을 준다. 대신 그 대가로 수수료와 로열티를 받는다. 그런데 B사는 아일랜드에 낼 세금이 거의 없다. 로열티 수입의 대부분과 수수료를 A사에 지급하고 나면 남는 게 거의 없기 때문이다. A사는 B사에서 받은 수수료와 로열티 수입이 있지만 조세피난처 버뮤다의 법인세율이 제로인 관계로 세금을 낼 필요가 없다. 실효세율이 2%대까지 곤두박질치는 이유다.

이제 A사와 B사 간 거래에 네덜란드 회사를 하나 더 끼워 넣으면 소위 '더블 아이리시 위드 어 더치 샌드위치' 전략이 완성된다. 아일랜드 세법은 한 회사가 다른 회사에 로열티 등을 지급할 때 20%의 원천세를 부과한다. 위의 사례에서 B사에서 A사로 돈이 넘어갈 때 세금이 부과되는 것이다. 기업들은 이 세금마저 아끼기 위해 네덜란드에 페이퍼컴퍼니(C사)를 세운다. 아일랜드와 네덜란드는 이중과세 방지 협정을 맺고 있다. 그래서 B사가 C사로 로열티를 넘길 때 20% 원천세는 면제된다. C사는 0.1~0.2%인 저율의 판매세만을 내고 B사에서 받은 돈을 다시 A사로 송금한다. 아일랜드 정부는 2010년 세법을 개정, 20% 원천세마저 폐지했다. 미국 기업들의 로비 결과다. 더치 샌드위치가 더 이상 필요 없어지고 더블 아이리시만으로 충분해진 셈이다.

: 글로벌 조세 규제 'BEPS 대응 체제' 출범

적법과 탈법 사이, 조세 회피 그런데 이런 현란한 다국적 기업들의 절세는 과연 적법한 것일까 아니면 탈법일까. 모호한 회색지대에 있다. 미 상원 애플 청문회 당시에도 조세회피(tax avoidance)라고 비난은 했지만 불법이나 탈세라는 단어를 쓰는 의원은 없었다. 그런데 작년 11월 드디어 G20가 회심의 카드를 꺼냈다. 2년 반 동안 준비해온 BEPS(base erosion and profit shifting: 국가 간 소득 이전을 통한 세원 잠식) 프로젝트를 공개하고 정상들이 승인했다. OECD 가입국 등 60여 개국이 참여해 다국적 기업들이 각국에서 벌이는 사업에 대한 종합보고서를 제출받아 조세회피를 원천 차단하는 국제공조체제를 구축한 것이다. '국가 간 소득 이전을 통한 세원 잠식'을 막는 막강한 '구글세'인 셈이다.

쉽지 않은 국제 공조

국제 조세 시스템은 1928년 국제연맹 체제에서 원칙이 정해졌다. 그 원칙은 "기업들이 상품과 서비스를 판매하는 지역이 아니라 수익이 발생한 지역에서 세금이 부과된다"는 것이다. 구글 등 '더블 아이리시' 기법을 쓰는 다국적 기업들은 미국 외 지역에서 행사할 수 있는 저작권을 아일랜드에 있는 자회사에 몰아준다. 각국 구글 법인들은 해당 지역에서 벌어들인 수익 대부분을 로열티 명목으로 아일랜드 자회사에 보낸다. 결국 구글의 미국 외 지역 수익 대부분은 아일랜드에서 발생하는 것이니 아일랜드에서 세금이 부과되는 것이 국제 조세 시스템에 맞는 것이다. 이런 원칙까지 깨가며 모든 나라가 각국에서 '구글세'를 거두겠다는 것인데 과연 가능한 일일까. 각국이 법인세 격차를 줄여 '글로벌한' 법인세를 도출할 수 있을까. 각국은 다국적 기업에 대해 공동 대응하고,

그렇게 과세한 조세를 사이좋게 나눌 수 있을까. 이에 대해서는 부정적인 시각이 훨씬 많다.

오히려 자국에서 더 많은 세금을 추징하려는 각국의 경쟁이 치열해질 것이고, 이것이 조세전쟁으로 번질 가능성도 높다. 예를 들면 BEPS 대응체제에선 구글 등 다국적 기업이 '해외 저작권' 같은 권리를 한 나라에 몰아줄 수 없도록 규제할 가능성이 크다. 한국에서 번 것은 한국에, 호주에서 번 것은 호주에 세금을 내게 한다는 것이다. 이상적인 상황이지만 사실은 이럴 경우 각국 간 경쟁을 피할 수 없다. 강국이 먼저 협상해서 타결 짓게 되면 이런 국제 공조체제는 바로 깨질 수 있다. 다국적 기업이라는 '물주'를 놓고 각국이 뜯어먹기 경쟁을 벌일 가능성이 높다는 것이다. 이미 상황은 벌어졌다. 영국이 주인공이다. 영국 국세청은 최근 구글과의 조세 협상을 타결했다. 구글은 그동안의 체납 추정액 1억 3000만 파운드(약 2200억 원)를 납부하고 매년 2000만 파운드씩 내던 법인세를 3000만 파운드(약 510억 원)로 올려 내기로 했다.

: 누가 걷느냐, 국가 간 조세전쟁으로 비화 조짐

조지 오즈본 전 영국 재무장관은 '영국의 승리'라고 자평했다. 기업의 이익이 일정한 상황에서 영국의 승리는 곧 다른 나라의 패배인 것이다. 이탈리아, 프랑스 등도 구글과 세금 협상을 벌이고 있는데 영국에 자극받아 구글을 더욱 압박할 가능성이 높아 보인다. 각국과는 별도로 유럽연합(EU)은 부당 세금 감면 사태를 조사하고 있다. 영국과 국세청의 합의에 대해서도 유럽연합 공정경쟁당국이 조사하겠다고 곧바로 선언했다. 큰돈이 움직이는 만큼 납세자들의 압박도 심해지게 돼 있다. 협상 타결 1주일이 지나지 않아 영국 언론들은 구글의 영국 매출액이 40억 파운드(약 6조 8000억 원), 영업 이익률은 10억 파운드(약 1조 7000억 원)로 추정된다며 합의된 법인세는 이익의 3%에 불과하다고 비판했다.

전운 감도는 미국과 EU

애플을 사이에 둔 싸움에서는 EU와 미국 간의 신경전이 이미 시작됐다. EU는 지난 8월말 애플이 아일랜드에서 다른 기업보다 훨씬 낮은 세율을 적용받아 이득을 챙겼다며 아일랜드에 130억 유로(약 16조 원)에 달하는 체납 세금을 내야한다는 결정문을 발표했다. EU 사상 최대의 세금 추징 사례다. EU는 네덜란드가 스타벅스로부터 2000만~3000만 유로를 추가 징수해야 하고, 룩셈부르크도 피아트크라이슬러로부터 비슷한 금액을 더 걷어야 한다고 결정했다. 현재 아마존과 맥도날드에 대한 조사도 진행 중이다.

아일랜드 정부는 이 같은 EU의 결정에 대해 항소키로 했다. 마이클 누난 아일랜드 재무장관은 이날 "정부는 EU 집행위원회의 애플에 대한 과세 결정에 항소할 것을 만장일치로 결정했다"며 "이번 사건엔 중요한 원칙들이 걸려 있고, 아일랜드 측의 이해관계를 지키기 위해서는 항소가 필수적이라고 믿는다"고 밝혔다.

과거 애플 등 미국에 뿌리를 둔 다국적 기업의 탈세를 비난하던 미국의 태도도 바뀌었다. 미국 재무부는 EU의 애플 과세 직후 발표한 백서에서 EU의 애플 탈세 조사는 '미국 기업 때리기'라며 "EU가 초국가적 세금 당국"이 되고 있다고 비판했다. 애플이 조세를 더 내야 한다면 본사가 있는 미국에 내야한다는 게 미국의 기본입장이다. 미국에서는 유

럽의 유사 기업에도 상응하
는 세금을 부과하는 보복 조
치도 고려중이다.

애플을 비롯하여, 다국적
기업들의 태도도 달라졌다.
팀 쿡 애플 최고경영자(CEO)
는 "해외에 모아둔 현금을
가능한 한 빨리 미국으로 송
환할 준비를 하고 있다"며

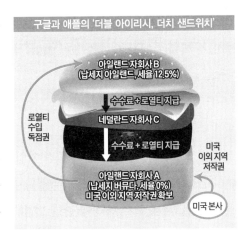

구글과 애플의 '더블 아이리시, 더치 샌드위치'

아일랜드 자회사 B
(납세지 아일랜드, 세율 12.5%)

로열티
수입
독점권

수수료＋로열티 지급

네덜란드 자회사 C

수수료＋로열티 지급

미국
이외 지역
저작권

아일랜드 자회사 A
(납세지 버뮤다, 세율 0%)
미국 이외 지역 저작권 확보

미국 본사

"그 시기는 이르면 내년이 될 것"이라고 말했다. 그는 또 EU의 이번 결
정을 '정치적인 개수작'이라고 강도 높게 비판했다.

미국 다른 기업들도 애플 구하기에 나섰다. 미국 기업 CEO 185명이
참여하는 경제단체인 '비즈니스 라운드테이블'은 EU 28개 회원국 정상
들에게 애플의 세금 추징 결정을 철회할 것을 촉구했다. 이 내용을 담은
서한을 정상들에게 전달했다. 비즈니스 라운드테이블은 월마트, 엑손
모빌, AT&T, GE, JP모건 등의 다양한 업종의 기업 CEO들이 참여하고
있다.

결국 당초 '국가 대 기업'의 대결 구도 아래 출범한 BEPS 대응체제가
오히려 국가 대 국가의 조세 경쟁, 더 나아가 조세전쟁이 될 수도 있다
는 얘기다. BEPS 체제에 참여하는 나라가 G20와 OECD 국가 등을 포
함해 60여 개에 불과하다는 것도 이 가능성을 더 높인다.

다국적 기업들이 BEPS에 참여하지 않는 나라의 조세 시스템을 활용
할 경우 조세회피 방법은 얼마든지 있다. 참여 국가들이 이탈할 가능성
도 높다. '더블 아이리시'의 나라 아일랜드는 BEPS 대응 체제가 출범하
기 전 부터 법인세 인하 방침을 흘리고 있다. 글로벌 지식재산권 수익에

대해서는 법인세를 절반으로 줄여 6.25%만 부과하겠다는 것이다. 아일랜드가 이렇게 나오기 시작하면 BEPS 대응체제는 처음부터 힘을 잃고 만다.

국내 기업에 불똥 튈 수도

문제는 국제 규제인 만큼 우리 중견 기업에도 불똥이 튈 수 있다는 점이다. '구글' 수준도 안 되면서 '구글세'를 추징당할 수 있어서다. 작년 12월 개정된 '국제 조세 조정에 관한 법률'(국조법)에 따르면 연매출 1000억 원이 넘고 글로벌 사업장이 있는 회사들은 'BEPS 보고서'를 제출해야 한다. 자칫 협상력이 떨어질 경우 세계 여러 나라에서 이중과세를 당할 수도 있고 이에 불복해 송사를 일으킨다고 해도 그 자체가 또 다른 리스크가 되는 것이다. 고래 싸움에 새우등 터질 수 있다. 조세 당국은 '탈세를 막겠다'는 식의 정의감만으로 이 조세전쟁을 감당할 수 없다는 사실을 알아야 한다. 글로벌 조세체제와 정합성을 갖추는 노력을 더욱 기울여야 함은 물론 우리 기업들이 불이익을 당하지 않도록 만전을 기해야 한다. 구글도 우리 기업도 모두 놓치는 우를 범해선 안 된다.

Vitamin

비극,
마이너스 금리

일본은행이 2016년 1월 29일 역사상 처음으로 연 −0.1%의 마이너스 금리를 도입했다. 스위스, 스웨덴, 덴마크에 이어 정책금리를 마이너스로 한 네 번째 국가가 된 것이다. 마이너스 금리는 이론의 영역에서만 존재할 뿐 현실 세계에선 도입 불가능한 영역으로 받아들여져 왔다. 금리 인하를 통해 경기를 부양하고 디플레이션에서 벗어나려는 일본은행의 몸짓은 충분히 이해할 만하다.

하지만 일본이 마이너스 금리를 도입한 이후 전개되는 일련의 양상은 전혀 기대와 다르다. 더구나 인구 500만~1000만 명인 스위스나 스웨덴, 덴마크 등과는 비교할 바가 아니다. 세계 자본시장 흐름을 왜곡시키고 불확실성만 키우고 있다. 의도했던 엔화 약세는커녕 오히려 강력한 엔화 강세라는 후폭풍이 크게 일어나고 있다. 주가는 떨어지고 국채 금리는 마이너스로 진입했다. 안전한 투자처를 찾으려는 자본들이 한데 뒤엉키면서 아무도 예측하지 못한 상황으로 빠지고 있다.

일본에 앞서 금리를 마이너스로 떨어뜨린 유럽의 소국들도 경기부양은 커녕 시장의 불신만 키우고 있다. 마이너스 금리는 우선 신용제도를 망가뜨린다. 미래가치가 없는 신용은 그 자체로 재앙이요, 비정상이다.

국가가 금리를 자의적으로 결정할 수 있다는 생각이 빚어낸 거대한 실패다. 하지만 일본은행은 시장이 움직이지 않으면 마이너스 금리를 확대 시행할 것이라고 공세적 입장을 굽히지 않고 있다. 미증유의 세계적 금융 혼란이 터지고 있다.

: 시장 불신만 키운 유럽의 마이너스 금리

스웨덴에선 2008년 금융위기 이후 스웨덴 화폐 크로나 가치가 올라가면서 디플레이션이 찾아왔다. 대출도 줄어들고 기업 투자도 위축됐다. 중앙은행이 적극적으로 유동성을 늘려도 풀려나간 자금은 다시 중앙은행으로 돌아왔다. 이른바 '유동성 역류' 현상이 지속됐다. 스웨덴 중앙은행은 2009년 7월 시중은행이 중앙은행에 맡기는 예금의 일부 금리를 연 -0.25%로 내린다고 발표했다. 사상 첫 마이너스 금리였다. 은행들이 중앙은행에 예치하는 자금 일부에 수수료를 물도록 하는 마이너스 금리정책을 도입한 것이다. 기업투자와 가계대출을 유도해 총수요를 자극할 목적이었다. 하지만 스웨덴 중앙은행은 몇 달 버티지 못한 채 3개월 만에 마이너스 금리를 철회했다. 디플레가 심해지자 2012년 다시 마이너스 금리를 시행했다. 몇 차례 인하를 계속해 현재 기준금리는 -0.35%를 유지하고 있다.

　스웨덴에 이어 마이너스 금리를 단행한 국가는 덴마크와 스위스다. 이들 국가는 스웨덴의 입장과 약간 달랐다. 스위스나 덴마크에선 2008년 미국의 금융위기 이후 안전자산에 대한 선호 현상으로 해외 투자가들의 자본이 과도하게 유입됐다. 자국 화폐가치가 올라가고 수출경쟁력이 떨어졌다. 덴마크는 환율을 떨어뜨려 경쟁력을 회복하기 위해 2012

년 당좌예금에 마이너스 금리를 도입했고 스위스도 2014년 7월부터 마이너스 금리를 도입했다.

덴마크의 경우

560만 명의 인구를 가진 덴마크는 2012년 기준금리를 −0.1%로 결정했지만 별 효과가 나타나지 않았다. 지난해에는 네 차례에 걸쳐 금리를 내렸다. 현재 −0.65%를 유지하고 있다. 유로존 부채위기의 안전지대로 꼽

각국 중앙은행 정책금리

스웨덴	스위스	덴마크	유럽중앙은행	일본
−1.1	−0.75	−0.65	−0.3	−0.1

(단위:%)
※실질금리 기준

힌 덴마크에 자금이 몰린 결과다. 마이너스 금리는 무엇보다 주택 대출을 확대시켰다. 담보대출에 마이너스 금리를 적용하면 이자를 물지 않아도 은행의 자금을 쓸 수 있었던 것이다. 하지만 주택 경기를 제외하면 마이너스 금리의 이점보다 단점이 부각되고 있다. 특히 연금기금의 운용실적이 나빠지면서 연금을 제대로 받을 수 없을 것이라는 우려가 증폭되고 있다.

보험업계도 자금운용이 잘되지 않아 울상이다. 무엇보다 가장 큰 변화를 겪은 것은 은행들이다. 기존 전산시스템은 플러스(+) 금리로만 운용되도록 프로그램이 짜여 있기 때문에 은행 전산시스템을 전면적으로 개편할 수밖에 없었다. 또한 예금자들에게 수수료를 부과하는 것도 큰 문제였다. 은행들이 손실을 입지 않기 위해 수수료를 높게 부과하면 예

금주들이 떨어져나가기 때문이다. 은행들이 마이너스 금리로 손해를 보고 있다. 덴마크 은행들은 지난해 12억 크로네(약 2200억 원)의 손실을 입었다.

: 일본에선 '엔화 강세' 역풍

일본의 마이너스 금리

일본이 마이너스 금리를 도입하기로 한 것도 경기 부양과 엔화 약세를 유도해 수출을 늘리자는 것이었다. 일본의 마이너스 금리정책은 민간 은행이 일본은행에 예치하는 자금에 연 0.1%의 수수료를 부과하는 형태로 이뤄진다. 은행들에 자금을 중앙은행에 예치하지 말고 시중에 풀라는 것이다. 금융정책결정위원 9명 중 5명이 찬성하고 4명이 반대할 만큼 논쟁이 컸다. 마이너스 금리가 도입된 이후 일본 외환시장은 크게 동요하고 있다. 금리 결정 당일엔 엔화 가치가 떨어져 달러당 122엔을 기록했지만 이후 엔화는 가파르게 절상되기 시작했다. 마이너스 금리를 도입했지만 오히려 엔화 가치가 상승하고 있는 것이다.

최근 들어선 일본 장기금리 지표인 일본 국채 금리(수익률)가 마이너스로 돌아섰다. 미쓰비시UFJ 등 일부 은행은 대기업이 은행에 예금한 자금에 대해 수수료를 도입하기로 했다. 예금 금리도 지속적으로 인하하고 있다. 곧 예금에 수수료를 부과할 것이라는 소문도 돌고 있다. 이같은 혼선 속에서도 구로다 하루히코 일본은행 총재는 "(마이너스 금리가) 중앙은행 역사에서 가장 강력한 틀"이라면서 "(통화) 완화 수단에 제약을 두지 않겠다"고 밝혀 필요하다면 추가 인하도 가능하다는 점을 시사했다.

세계 금융회사들은 과연 마이너스 금리를 계속 받아들일 수 있을 것인가. 일부 찬성론자들은 은행이 마이너스 금리로 발생하는 비용을 내부에서 소화할 수 있다면 금리를 마이너스로 운용하는 것이 가능하다고 보고 있다.

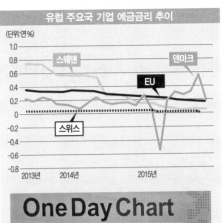

유럽 주요국 기업 예금금리 추이

(단위: 연 %)

하지만 대부분의 전문가들은 이 같은 질문에 회의적이다. 돈을 빌려주는 쪽에서 손해를 본다면 금융거래가 제대로 이뤄지지 않는다고 보는 것이다. 은행들은 지속적으로 예금자에게 부담을 전가하려고 한다. 이런 추세라면 예금자들은 현금을 은행이 아닌 집안에 묻어둘 것이

고 시중의 유동성은 사라질 것이라고 지적한다.

중앙은행은 마이너스 금리를 더욱 낮춰 은행들을 움직이려 하지만 오히려 은행들은 몸을 사릴 것임이 분명하다. 마이너스 금리가 금융 흐름을 차단하고 결국은 경제를 죽이게 될 것이다. 중앙은행 제도에 대한 과신이 낳는 비극일 수도 있다.

Vitamin

인공지능 60년

2016년 봄은 '알파고 쇼크'로 술렁였다. 신(神)의 경지에 이르렀다고 해 입신(入神)으로 불리는 프로바둑 9단 중에서도 최강인 이세돌 9단을 4 대 1로 압도했으니 그럴 만도 하다. 이 9단의 일방적 우세를 점쳤던 수많은 바둑인들이 아연실색했다. 다른 건 몰라도 바둑만큼은 아직 인공지능(AI)이 사람을 따라잡을 수 없다고 막연히 생각했던 보통 사람들도 큰 충격을 받았다. 수많은 일자리가 사라질 것이라는 시나리오부터 조만간 인공지능이 인간을 지배할 것이라는 공포 섞인 예상까지 나온다. '알파고 쇼크'를 계기로 세상을 떠들썩하게 만들고 있는 인공지능의 역사와 현주소는 어디인지, 그리고 미래는 어떻게 전개될 것인지 알아본다.

: 알파고, 딥러닝으로 퀀텀점프

'알파고 쇼크', '알파고 신드롬'으로 인공지능(AI)이 최근에 많은 관심을 끌고 있지만 이 개념은 상당히 오래된 것이다. 인공지능이라는 말이 처음 등장한 것은 1956년 여름 미국 다트머스대에서 열린 한 워크숍에서다. 세계 최초 범용 전자식 컴퓨터로 1만 7000여 개 진공관을 사용한 계산기 에니악(Eniac)이 탄생한 지 10년 되는 해였다.

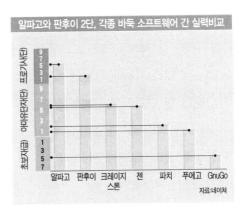

에니악의 압도적 계산력을 본 사람들은 컴퓨터가 머지않아 인간보다 똑똑해져 인간의 능력을 능가하는 것이 당연하다고 생각했다. 알파고의 승리에 깜짝 놀라는 이들이 많지만 60년 전에 이미 이런 예상이 나왔던 것이다.

이 워크숍에는 존 매카시, 마빈 민스키, 앨런 뉴웰, 허버트 사이먼 등 4명의 저명한 학자가 참가했다. 이 중 뉴웰과 사이먼은 세계 최초 인공지능 프로그램인 'logic theorist'를 소개했다. 자동으로 정리를 증명하는 프로그램이다. 이 워크숍을 계기로 1차 AI 붐이 시작됐고 컴퓨터로 추론과 탐색을 통해 문제를 푸는 연구가 활발히 이뤄졌다. 경우의 수를 따져 미로나 퍼즐 등을 탐색트리(search tree)를 통해 해결하는 방식이 주류였다. 알파고의 기본도 이 같은 탐색트리에서 출발한다. 다만 바둑처럼 상대방이 있을 때는 상대방의 반응에 따라 천문학적인 수의 탐색트리를 만들어야 해 컴퓨터 처리 능력의 향상이 필수였다.

하지만 1차 붐은 AI가 현실 문제해결에 한계가 있다는 점이 밝혀지면서 1970년대 들어 점차 식어갔다. 병이 났을 때 어떤 치료를 해야 하는지, 회사가 성장하기 위해 어떤 제품을 개발해야 하는지 등과 같은 일상의 문제에 탐색트리는 별다른 해법을 제시하지 못했기 때문이다.

2차 AI 붐은 1980년대 들어 컴퓨터에 지식을 넣으면서 찾아왔다. 의학이나 법률 관련 지식을 컴퓨터에 입력한 뒤 탐색트리 대신 'if~, then~' 식으로 판단할 수 있게 한 것이다. 소위 전문가시스템(expert system) 이라는 것으로 온톨로지(ontology)를 중심으로 연구가 진행됐다. 온톨로지 는 각각의 지식이 전체 지식 중 어디에 위치하는 지를 밝히는 것으로 어 떤 단어와 단어 사이의 상관관계를 보다 빠르고 편하게 검색할 수 있도 록 돕는 연구 분야다. 2차 붐은 생산, 회계, 인사, 금융 등 현실 문제에 큰 도움을 줬다. 그러나 이 역시 지식의 서술과 관리 작업이 엄청 방대 하다는 벽에 부딪혔다.

3차 AI 붐은 1990년대 중반 이후 검색엔진과 인터넷의 폭발적 보급이 기폭제가 됐다. 특히 대량의 데이터를 이용한 기계학습(machine learning)이 라는 방식이 적용되면서 비약적인 발전을 이뤘다. 외국어 번역시 문법 을 고려하지 않고 두 가지 언어가 양쪽으로 기재된 대량의 텍스트 데이 터를 학습해 '영어로 이런 단어는 한국어의 이 단어로 번역되는 확률이 높다', '영어로 이런 문구는 일본어의 이런 문구로 번역되는 경우가 많 다'는 식으로 단순하게 적용시키는 방식이다. 기존의 데이터를 확률적 또는 통계적으로 분석, 활용하는 것으로 구글 번역기가 이런 방식을 채 택하고 있다.

바둑과 같은 게임은 일정한 규칙에 따라 행해진다. 따라서 인공지능 이 할 수 있는 일 중 바둑을 두는 것은 논리적으로만 보면 그리 어려운 작업은 아니다. 인공지능의 역사에서 가장 초보적인 탐색트리의 일종으 로 볼 수 있다. IBM의 인공지능 딥블루가 1997년 이미 서양장기인 체스 세계 챔피언을 누른 것과 일본 장기의 초고수가 2012년 컴퓨터에 패배 한 것도 그런 맥락에서 봐야 한다. 바둑에서도 인공지능이 인간을 앞서 는 것은 그런 점에서 단지 시간 문제에 불과했다.
다만 바둑은 경우의 수가 우주에 있는 수소 원자의 수(10의 80승)보다도 많은 10의 170승에 달한다는 점 때문에 엄청난 컴퓨터 처리 능력이 요구된다. 알파고가 1202개의 CPU를 연결한 시스템이라는 것만 봐도 알 수 있다. 엄청나게 빠른 속도로 모든 경우의 수를 계산해 가장 유리한 곳에 두어야 하는 바둑에서는 그래서 인간을 이기는 데 좀 더 시간이 걸렸을 뿐이다.

그렇지만 그 시간은 예상보다 훨씬 단축됐다. 알파고는 구글에 인수된 딥마인드사가 개발한 기계학습 기반 인공지능 프로그램이다. 그런데 이 기계학습 방법에 딥러닝(deep learning)이라는 일대 혁신적인 방식이 접목됐다. 이를 계기로 알파고는 종전의 바둑 프로그램과는 질적으로 다른, 말 그대로 '알9단' 내지는 '알사범'이 된 것이다. 알파고는 개발된 지 2년도 안 돼 기존 바둑 프로그램인 크레이지 스톤, 젠, 파치 등과의 대결에서 495전 494승이라는 압도적 승리를 거뒀다.

딥러닝은 기계학습의 일종이지만 방대한 데이터를 바탕으로 컴퓨터가 스스로 어떤 특징을 찾아내 이를 토대로 학습한다는 점에서 획기적이다. 일본의 인공지능 전문가 마쓰오 유타카는 "인간이 아닌 컴퓨터가 스스로 특징을 끄집어내 자가 학습한다는 점에서 딥러닝은 인공지능 연구에서 획기적인 진전"이라고 평가한다. 알파고가 하루 24시간 동안 3만 번의 대국을 두면서 스스로 학습한다는 것이 바로 이런 딥러닝 과정을 거친다는 얘기다. 유럽 바둑 챔피언 판후이 2단을 꺾은 지 불과 몇 달 사이에 알파고의 실력이 괄목상대해진 것도 그래서다.

: AI, 반감과 공포의 대상 아닌 미래 먹거리

알파고와 이세돌 대국을 계기로 인공지능에 대한 반감과 공포감도 없지 않다. 기계가 인간을 지배하거나 일자리를 빼앗을 것이라는 예상이

그런 것들이다. 인공지능이
인간을 뛰어넘은 사례는 이
전에도 상당히 많다. 장기
나 체스에서는 물론 IBM의
인공지능 프로그램 왓슨은
2011년 미국의 유명 퀴즈
프로그램에서 인간 챔피언

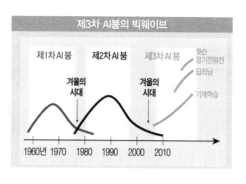

을 누른 바 있다. 이후 왓슨은 의료, 콜센터, 요리 분야에까지 진출하고
있다. 왓슨은 최근 국내 의료계에 도입돼 암 진단의 정확도를 높이는
데 활용되고 있기도 하다. 일본에서는 인공지능 토우로 보군이 2014년
대입에서 전국 581개 사립대학 중 472개 대학에 합격할 가능성이 80%
이상이라는 판정을 받기도 했다.

AP통신은 2014년 기사를 쓰는 인공지능을 도입했다. 기업의 매출액
이나 영업이익 등 중요 숫자만 있으면 일반적인 신문기사 형식으로 결
산 보고 관련 기사를 쓸 수 있게 한 것이다. 150~300자의 기사를 자동
으로 생성케 했는데 일반 기자와 비교해 같은 시간에 15배나 많은 건수
의 기사를 작성할 수 있다고 한다.

이런 많은 사례에도 불구, 최근 우리 사회 일각에서 우려하는 일은 결
코 발생하지 않고 있다. 인공지능은 인간을 완전 대체한다기보다 인간
의 두뇌를 보완해 그 외연을 확장시켜주며 새로운 미래를 열고 있다. 인
간을 대체하는 경우에도 인공지능의 개발 및 활용과 관련한 새로운 일
자리가 생기면서 전체 일자리가 줄기보다는 오히려 늘어나는 경우가 많
다. 경운기가 생기면서 사람이 논밭을 매지 않아도 됐지만 대신 경운기
를 만드는 사람, 사용하는 사람 그리고 팔거나 유지하는 사람이 필요하
게 된 것과 마찬가지다.

오히려 부쩍 높아진 인공지능에 대한 관심을 뒤처진 국내 AI산업 부흥의 계기로 삼을 필요가 크다. 한국의 AI기술은 미국을 100으로 봤을 때 75 수준으로 일본(89.3)엔 뒤처졌고 중국(71.9)엔 바짝 추격당하고 있다. AI 관련 국제특허 중 한국 보유 건수는 306건으로 전체의 3%에 불과하다. 그런데도 향후 10년간 AI 관련 프로젝트 투자액은 한국이 1070억 원으로 미국(30억 달러), 유럽(10억 유로), 일본(1000억 엔)과 비교하면 수십분의 1도 안 된다. '기계 대 인간'이라는 무의미한 대립구도나 따질 게 아니라 AI를 새로운 미래 먹거리로 적극 키울 일이다.

Vitamin

'위안화 혈전'
최후 승자는

지난 1월 월가의 헤지펀드들이 일제히 중국 위안화에 대해 선전포고를 했다. 위안화 가치가 앞으로 훨씬 더 떨어질 것이라며 엄청난 돈을 위안화 매도(쇼트)에 베팅한 것으로 속속 드러났다. 과거 파운드화 공격으로 유명한 조지 소로스도 포함됐다. 소로스는 같은 달 열린 다보스포럼에서 "중국 경제가 경착륙을 피하기 어려울 것"이라며 자신이 아시아 통화 약세에 베팅하고 있다고 밝혔다. 중국은 발끈했다. 당시 신화통신은 "위안화 약세에 베팅하는 투기꾼들은 엄청난 손실을 볼 것"이라고 주장했다. 공산당 기관지 인민일보는 "중국을 향해 선전포고? 하하"라는 사설을 1면에 싣고 소로스를 금융계의 악어라고 비난했다.

그 이후로 위안화 전쟁은 어떻게 진행되고 있을까. 겉으로는 조용하다. 헤지펀드의 공격설도 잦아들었고 중국 당국의 특별한 위안화 방어 움직임도 보이지 않는다. 그간 위안화 환율 변화를 보면 지난 1분기까지는 중국이 선방하는 것처럼 보였다. 1월 말 달러당 6.6위안까지 떨어진 위안화 가치는 4월 초에는 달러당 6.45위안 근처까지 올라갔다. 하지만 이후 흐름은 다시 변했다. 위안화 가치는 이후 지속 하락, 최근에는 달러당 6.65~6.67위안에서 움직이고 있다.

결과적으로 헤지펀드들의 예측 방향대로 흘러가고 있는 셈이다. 중국은 왜 위안화 가치 하락을 용인하는 걸까, 위안화 전쟁의 결말은 과연 어떻게 될까. 미국 자본주의의 상징인 월가와 중국 간에 벌어지고 있는 흥미진진한 위안화 공방전의 내막과 전개 상황을 알아본다.

: 헤지펀드들, 위안화에 '선제공격'을 날리다

헤지펀드들이 위안화를 본격적 타깃으로 삼은 것은 2015년 8월경이었다. 당시 인민은행은 위안화 가치를 사흘 동안 4.5%나 절하해 글로벌 시장에 큰 충격을 줬다. 중국이 성장률 둔화가 본격화되자 경기 부양을 위해 위안화를 평가절하했다는 해석이 지배적이었다. 시장에서는 위안화 가치를 미 달러화의 등락에 연동시켜온 중국이 결국엔 이를 포기할 수밖에 없을 것이란 전망이 득세하기 시작했고, 헤지펀드들이 너나 할 것 없이 위안화 매도 포지션을 취하기 시작했다.

중국은행들의 부채 증가에 주목해 위안화 매도에 베팅한 헤지펀드도 있다. 헤이맨캐피털매니지먼트가 대표적이다. 이 펀드는 서브프라임 모기지 사태를 사전에 예상, CDS(credit default swap)를 사모아 큰돈을 벌었다.

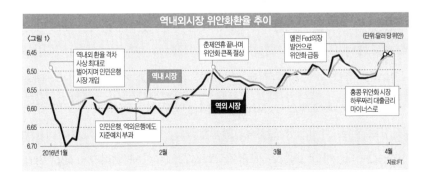

역내외시장 위안화환율 추이

〈그림 1〉 (단위:달러당 위안)

- 역내외 환율 격차 사상 최대로 벌어지며 인민은행 시장개입
- 역내 시장
- 인민은행, 역외은행에도 지준예치 부과
- 춘제연휴 끝나며 위안화 큰폭 절상
- 역외 시장
- 옐런 Fed의장 발언으로 위안화 급등
- 홍콩 위안화 시장 하루짜리 대출금리 마이너스로

2016년 1월   2월   3월   4월

자료:FT

그런데 이 펀드는 지난해 중국은행 시스템을 들여다보다 은행 빚이 놀랄 만큼 빠른 속도로 늘고 있다는 사실을 알고 깜짝 놀랐다. 당시 중국은행권의 부실대출(만기가 지났지만 회수하지 못한 대출) 비율이 2% 정도였는데, 이 비율이 급속도로 늘고 있어 조만간 인민은행이 천문학적인 돈을 은행권에 쏟아붓는 상황이 불가피하다는 자체 분석이 나왔다.

그러고는 글로벌 금융위기 때 미국 중앙은행(Fed)이 금융회사에 구제금융을 쏟아부으면서 달러 가치가 급락했던 것과 마찬가지로 위안화 가치 역시 크게 떨어질 것이라는 결론에 도달했다. 이 헤지펀드는 그때까지 주식과 채권, 상품 등에 투자했던 돈을 죄다 회수해 총 포트폴리오의 85%를 위안화와 홍콩 달러 약세에 베팅했다. 펀드 설립자이자 회장인 카일 배스는 "앞으로 3년간 위안화나 홍콩 달러 가치가 떨어지면 수익이 나는 포지션"이라며 "위안화 가치가 3년간 40%가량 떨어질 것"이라고 예상했다. 전설적인 헤지펀드 거물 조지 소로스, 스탠리 드러켄밀러도 위안화 하락에 베팅한 것으로 전해지고 있다. 소로스는 1992년 영국 파운드화를 공격한 일로 너무도 유명하다. 그런 소로스가 위안화 약세를 운운하는 것 자체가 중국으로서는 데자뷔를 떠올리게 하는 일이다.

이들 외에 20억 달러를 굴리는 헤지펀드 스코긴캐피털매니지먼트와 칼라일그룹의 이머징소버린그룹도 위안화 약세에 베팅, 짭짤한 수익을 올린 것으로 알려졌다. 헤지펀드들이 위안화 하락에 베팅하는 방식도 다양하다. 보통은 달러를 사고 위안화를 파는 방식을 생각하지만 다른 방식도 많다.

일부는 중국 본토와 홍콩 등 역외시장 간 위안화 가격 차이가 더 확대될 것이라는 데 베팅하고 있다. 본토의 위안화시장은 중국 정부의 통제가 강한 반면 역외시장 환율은 상대적으로 자유롭게 움직인다는 데 착안한 것이다. 지난 1월 두 시장 간 스프레드는 한때 달러당 0.1367위안까지 벌어져 사상 최대를 기록하기도 했다. 이후 중국 정부가 역외시장 개입 강도를 높이면서 최근에는 스프레드가 급격히 축소됐다. 이 밖에 금융상품 가격 하락에 베팅하는 옵션인 풋(put) 옵션을 매수하기도 하고, 행사가격이 다른 두 종류의 풋옵션을 동시에 사고파는 풋 스프레드 포지션을 구축하기도 한다.

: 중국, 위안화 씨말리기로 맞서다

지난 1월 소로스를 비롯한 헤지펀드들이 위안화 약세에 거액을 베팅하고 있다는 사실이 알려지면서 중국은 초비상에 들어갔다. 겉으로는 어림도 없다는 식으로 큰소리를 치고 있다. 하지만 과거 소로스가 영국 파운드화뿐 아니라 태국 바트화와 말레이시아 링깃화까지 공격해 성공했다는 점을 떠올리면 등골이 오싹해지지 않을 수 없을 것이다. 그간 중국 정부와 인민은행의 대응을 보면 중국이 혹시 모를 위안화 급락을 막기 위해 얼마나 고심하고 있는지 읽혀진다.

우선 세계에서 가장 많은 외환보유액이라는 실탄을 아낌없이 썼다. 달러를 팔고 위안화를 사들여 위안화 가치를 부양하는 것이다. 그 결과 2014년 한때 4조 달러에 육박하던 것이 지난 8월 말에는 3조 1850억 달러 안팎으로 줄었다. 올 들어 8개월 동안에만 외환보유액이 3400억 달러 감소, 헤지펀드들의 공격이 본격화된 이후 엄청난 화력을 쏟아부은 것을 알 수 있다.

외환시장에 대한 규제와 개입도 대폭 강화했다. 그동안 규제가 상대적으로 덜했던 홍콩 역외 위안화시장에 대해서는 단단히 손을 봤다. 그 단적인 예가 지난 1월 11~12일 인민은행이 홍콩 외환시장에서 수행한

'위안화 씨말리기 작전'이었
다. 당시 연 4% 수준이던 홍
콩 위안화시장의 하이보금리
(은행 간 하루짜리 대출금리)는 11일
연 13.4%, 12일에는 무려 연
66.8%까지 폭등했다. 환투
기 세력의 공격으로 홍콩 역

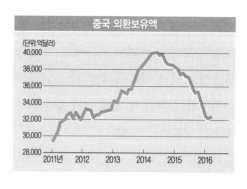

중국 외환보유액

(단위:억달러)

외시장의 위안화 가치가 지나치게 떨어졌다고 판단한 인민은행이 무제
한으로 위안화를 사들인 결과다. 위안화가 시장에서 사라지면서 은행
간 금리가 폭등한 것이다. 당시 상하이 역내 외환시장에 비해 2% 넘게
저평가되던 홍콩 역외시장 위안화 가치는 단번에 급등, 한때 역내시장
보다 고평가되기도 했다.

그래도 홍콩시장이 맘에 걸렸던 인민은행은 지난 1월 25일부터 역외
은행에 새로운 규제를 도입했다. 역외은행이 역내에 개설한 위안화 계
좌에 대해서도 중국 내 은행과 똑같이 지급준비금을 요구하기로 한 것이
다. 역외 위안화 자금을 묶어 그만큼 위안화 매도를 줄이겠다는 포석이
었다. 이 조치로 2200억 위안(약 42조 원)의 자금이 묶인 것으로 추산된다.

중국 정부의 잇단 역외시장 규제로 위안화 환율의 역내외시장 간 스
프레드는 지난 2월 이후 급격히 축소돼 현재는 두 시장의 환율이 거의
똑같이 움직이고 있다(그림1 참조). 홍콩에서는 위안화 자금이 말라 2월 말
기준 예금 잔액이 8040억 위안으로 2년 만에 최저 수준으로 떨어졌다.
2014년 최고치 대비로는 20% 줄어든 것이다. 홍콩은행들은 인민은행이
분기 말에 조사하는 지준 요구를 충족시키기 위해 지난 3월 31일에는
서로 예금을 받지 않으려는 해프닝을 벌여 하이보금리가 사상 처음으로
마이너스로 떨어지는 기현상도 발생했다.

중국 당국은 그 밖에도 위안화 가치 하락을 유발하는 자본 유출을 막기 위한 다양한 조치를 취하고 있다. 역내 위안화 파생상품 거래에 20%의 증거금을 징구하기 시작했고, 최근에는 온라인을 통한 해외보험 가입을 사실상 차단해버렸다. 중국인들의 외화 반출 한도는 연간 5만 달러로 제한돼 있다. 그런데 신용카드로 해외 보험 상품을 사는 것은 여기에 포함되지 않아 저축형 보험 가입을 통한 외화 유출이 사실상 용인되고 있었지만 여기에도 재갈을 물린 것이다.

이렇게 올해 1분기까지는 중국 정부가 월가 헤지펀드들과의 전투에서 우세를 점하는 것처럼 보였다. 하지만 이후 상황은 다시 역전됐다. 이후 위안화 가치는 지속적으로 하락, 달러당 6.65~6.67 위안 범위에서 움직이고 있다. 4월 이후 3% 넘게 절하된 셈이다. 그 결과 위안화 약세에 베팅했다가 올 상반기 큰 손실을 입었던 헤지펀드들이 최근 다시 승기를 잡았다는 분석들이 나오고 있다.

: 초반 승부는 중국 勝, 장기전 결과는 예측불허

헤지펀드 세그라캐피털매니지먼트의 펀드매니저 애덤 로드먼은 올해 초 "위안화 약세에 베팅한 지난해 11월 이후의 포지션을 그대로 유지하고 있다"며 "아직 손실을 보지 않았고 앞으로 18개월 내에 위안화가 약세로 돌아설 것"이라고 전망했었다. 그의 전망이 어느 정도 맞아떨어지고 있는 것이다. 2년 전부터 위안화 약세에 투자한 크레스캣캐피털은 위안화 하락에 베팅하는 옵션의 추가 매수는 중단했지만 포지션은 여전히 유지 중이다. 중국 경제가 지난해 25년 만에 가장 낮은 성장률을 보였고 여전히 경기가 부진해 위안화 약세는 이어질 것이라고 보고 있어서다. 앞서 언급한 헤이맨캐피털매니지먼트도 최대 3년 뒤를 내다보고 위안화 약세에 계속 베팅하고 있다.

단기적으로는 중국 당국의 개입으로 위안화 약세가 주춤해질 수 있지만 장기적으로는 위안화 가치가 떨어질 수밖에 없다는 게 이들의 공통된 생각이다. 올해 위안화 환율의 움직임도 바로 이런 생각대로 움직였다. 중국의 외환보유액이 아무리 많아도 지금과 같은 속도로 줄어들면 견디기 어렵다는 분석도 이들이 장기적인 위안화 약세를 점치는 주요 이유 중 하나다. 3조 1800억 달러 수준인 중국 외환보유액이 지속적으로 줄어들면 국제통화기금(IMF)이 권하는 적정 외환보유액(2조 8000억~4조 2000억 달러) 마지노선에 조만간 당도하게 된다. 물론 IMF 기준이 지나치게 엄격하다는 지적도 있다. 그러나 중국 외환보유액의 3분의 1가량은 유동성이 거의 없는 자산이라는 점에 비춰보면 이는 결코 기우가 아니다.

외환보유액 감소 속도를 늦추기 위해 자본 통제를 더 강화할 수도 있지만 위안화 국제화를 추진 중인 중국으로선 쉬운 선택은 아니다. 그렇다고 금리 인상 역시 추가적인 경기 둔화 우려로 고려하기 힘들다. 이런저런 수단이 다 궁해질 경우 위안화 가치는 어느 날 폭락할 수도 있다.

위안화를 둘러싼 치열한 전쟁은 단순히 헤지펀드와 인민은행 간 전쟁은 아닌 것처럼 보인다. 월가로 대표되는 미국 자본주의와 중국의 기싸움이라는 해석이 나오는 것도 그래서다. 중국 정부는 지난 2월 말 상하이에서 열린 G20 재무장관 회의를 코앞에 두고 채권시장 개방을 확대하겠다고 밝혔다. 자본 유출에 따른 위안화 가치 하락을 막기 위한 조치였다. 재미있는 것은 바로 다음날 월스트리트저널 기사였다. '중국 회사채 발행 급증, 부채 우려 가중'이라는 기사를 통해 위안화를 방어하려는 중국의 안간힘에 찬물을 끼얹었다.

올 상반기 신용평가사들이 중국의 신용등급 전망을 잇달아 강등시킨 것도 비슷한 맥락에서 흥미롭다. 당시 중국 당국은 발끈했다. 러우지웨이 재정장관은 "신경 쓸 필요 없다. 신용평가사의 평가를 믿을 수 없다"는 반응을 보였다. 스야오빈 재정부 차관도 "중국 경제의 어려움은 과장하고 개혁 추진, 리스크 헤징 능력은 과소평가한 결과"라며 동의할 수 없다고 밝혔다.

　사실 위안화 가치가 단기간 내에 급락하지만 않는다면 중국도 굳이 헤지펀드들과 피 흘리는 전쟁을 치르려 하지는 않을 것이다. 올 하반기에 점진적으로 진행된 위안화 약세는 그런 점에서 어느 정도 이해할 수도 있다. 어쨌든 잠잠해지기는 했지만 여전히 진행 중인 위안화를 둘러싼 환율전쟁이 앞으로 어떻게 전개될지 자못 궁금하다.

Vitamin

전기차
어디까지 왔나

테슬라의 전기차 '모델3'가 화제다. 발표한 지 몇 주 만에 32만 대를 수주했다고 한다. 창업 이후 13년간 판매대수가 고작 10만 대에 불과하던 기업으로선 기적이다. 누구보다 버락 오바마 미 대통령의 감회가 깊을 것이다. 그는 당선된 뒤 첫 의회 연설에서 미국의 플러그인 하이브리드차가 한국산 전지로 움직이고 있다며 안타까움을 표명했다. 2015년까지 미국에서 100만 대의 전기자동차를 달리게 하겠다고 선언한 것도 그때였다. 테슬라는 오바마의 약속을 반쯤은 실현했다. 150년 동안이나 논쟁의 대상이었던 전기차가 이제는 현실이 됐다.

문제는 지금부터다. 주행거리 300㎞ 정도의 전기차는 많은 기업이 개발해냈다. 500㎞, 1000㎞가 머지않다. 미국과 중국, 일본, 한국의 치열한 경쟁이 예고되고 있다. 그동안 가솔린차나 디젤차에 눌려 제대로 기를 펴지 못하던 전기차다. 그러나 앞으로는 태양광전지나 수소전지도 곧 개발될 태세다. 무선으로 전기를 전송할 수 있는 기술도 보편화하고 있다. 더구나 전기는 자율주행차의 동력으로도 안성맞춤이다. 속도와 안전성, 편의성에서 전기모터가 가솔린, 디젤 엔진보다 훨씬 낫다. 전기차 전쟁에서 한국 기업들의 분발이 요구된다.

: '150년 논쟁의 대상' 전기차의 부활

전기자동차의 등장은 디젤이나 가솔린 등 내연기관차보다 훨씬 앞섰다. 19세기 초 자력(磁力)으로 전기가 발생한다는 사실이 패러데이에 의해 발견되면서 발명가들은 이를 이용한 자동차를 개발하기 시작했다. 전기에너지로 자동차를 굴리겠다는 발상이었다. 전기를 모으는 축전지 기술이 발달하고 전기모터도 본격적으로 개발됐다. 1837년 스코틀랜드의 리처드 데이비슨이 처음으로 전기차를 만들어 운행한 뒤 각국에선 전기차를 앞다퉈 내놓았다. 상용화가 빠르게 진행됐다.

20세기 들어선 이미 미국 주요 도시에서 전기차가 눈에 띄었다. 납축전지를 장착한 전기차는 조용하고 깨끗했으며, 조작도 쉬웠다. 시속 32km에 달했고, 50km의 거리를 달릴 수 있었다. 1912년에는 전체 차의 38%가 전기차였다고 한다. 하지만 1913년 포드가 모델 T로 대표되는 저가 휘발유차를 선보이면서 상황은 급변했다. 충전되지 않은 전지에 의한 전기차의 한계는 명백하게 드러났다. 거리 곳곳마다 가솔린이나 디젤차를 위한 주유소가 생기면서 전기차는 더 이상 설 자리를 잃었다.

전기차는 이후 가솔린차가 위기를 만날 때면 생각하는 일종의 대체차로 등장했다. 2차대전 후 가솔린이 부족할 때도, 1970년대 석유 위기를 겪을 때도 전기차 개발은 시중에 회자됐다. 하지만 그뿐이었다. 전기차는 혁신을 일궈내지 못한 데 반해 내연기관차는 비약적인 발전을 이뤄냈다. 사람들은 그저 1971년 아폴로 15호에 탑재한 달 탐사차(Lunar rover)나 골프카에서 전기차의 존재를 확인할 뿐이었다.

미국·일본 등 선진국, 전기차 개발 본격화

미국 GM의 CEO였던 로저 스미스가 1990년 충전이 가능한 2차전지에 의한 전기차를 만들겠다고 선언한 건 역사적 사건이었다. GM의 업적이 부진하고 미래가 없다는 비판에 맞선 충격요법이었다.

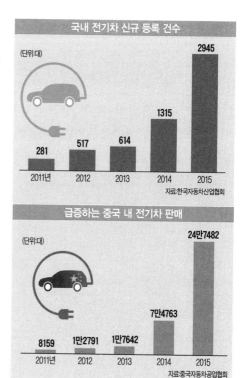

국내 전기차 신규 등록 건수

(단위:대)

2011년 281
2012 517
2013 614
2014 1315
2015 2945

자료:한국자동차산업협회

급증하는 중국 내 전기차 판매

(단위:대)

2011년 8159
2012 1만2791
2013 1만7642
2014 7만4763
2015 24만7482

자료:중국자동차공업협회

그로부터 약 7년 후 GM은 'EV1'이라는 전기차를 출시했다. 하지만 문제는 이동 거리였다. 초기 모델은 한 번 충전에 100㎞를 채 달리지 못했다. 충전에도 8시간이나 걸렸다. 무엇보다 전기차를 개발하게 한 요인이었던 휘발유 가격이 하락했다. GM의 실패였다. 다시 전기차에 어두운 그림자가 드리워졌다.

정작 본격적인 움직임은 1998년이 돼서야 이뤄졌다. 미국 캘리포니아 주정부가 환경오염 등의 영향으로 '배기가스를 내지 않는' 규제를 자동차 업체에 부과하기 시작한 뒤였다. 캘리포니아는 미국에서 처음으로 자동차 배기가스 배출 기준을 발표했고 유일하게 자체적으로 배기가스 배출 기준을 정할 권한이 있었다. 그런 캘리포니아 주정부에서 판매차량의 10%를 무공해 배기가스로 팔아야 한다는 규제를 만든 것이다. 미국과 일본 업체들은 이 기준에 맞추기 위해 배터리 개발에 힘을 쏟았다. 그동안 전기차의 주도권을 쥐었던 미국이 차츰 일본과 한국에 밀린 것도 이때부터다.

: 1회 충전에 400㎞·1000㎞, 불붙은 배터리 전쟁

무엇보다 전기차에 힘을 실은 사건은 버락 오바마 대통령의 의회 연설이었다. 그는 2009년 당선된 뒤 첫 의회 연설에서 "미국 GM의 하이브리드 자동차가 조립 라인을 돌고 있지만, 이 자동차는 한국산 배터리에 의해 움직이고 있다"고 지적했다.

오바마 행정부가 2015년까지 미국 기업이 만든 100만 대의 전기 자동차를 달리게 하겠다고 선언한 것도 이때였다. 한국산 배터리는 LG화학이 개발한 리튬 폴리머이온 배터리였다. 리튬은 상온에서 가장 가벼운 고체 원소다. 밀도가 높아 에너지를 충분히 저장할 수 있고 재충전할 때 찌꺼기가 없이 완전히 새롭게 충전할 수 있는 특징이 있다.

하지만 리튬전지는 폭발 위험성과 경제적 효율성 때문에 충분히 경제적이지 못했다. 이때 등장한 게 리튬이온전지였다. 일본 소니가 전자제품용 전지로 개발해 히트쳤던 이 전지를 자동차용 전지로 만드는 데 눈을 먼저 돌린 것은 미국 전기차 업체 테슬라였다. 소형 리튬이온전지 6831개를 연결해 자동차 배터리로 만든 것이다. 테슬라는 2008년에 첫 제품으로 전기 스포츠카인 '로드스터'를 생산했고 오바마 행정부의 보조금에 힘입어 전기차에 선풍을 일으켰다.

올해 테슬라는 모델3을 내놓았다. 2017년 출시 예정인 테슬라의 보급형 전기차인 모델3는 한 번 충전으로 346㎞ 이상을 달릴 수 있고 가격도 3만 5000달러 수준이다. 모델S 가격(6만 4000달러)의 절반 수준에 불과해 1주일 동안 30만 대가 넘게 사전 예약될 만큼 선풍적인 인기를 끌었다. 하지만 차를 제작해 소비자에게 인도하는 기간이 2년 이상 걸리고 최종 가격조차 확정돼 있지 않다는 불안감도 있다. 테슬라의 성공 여부는 아직 알 수 없다는 게 시장의 지배적 여론이다.

다른 전기차 업체들의 개발 경쟁도 불붙고 있다. 이미 많은 기업이 1회 충전거리 320㎞를 넘는 차를 개발하고 있다. GM도 1회 320㎞ 이상의 쉐보레 볼트를 발표했으며 닛산 등도 320㎞ 이상 주행차를 내놓았다.

이제 업체들은 1회 충전 시 400㎞ 이상의 자동차를 개발하려는 전쟁에 나서고 있다. LG화학은 500㎞ 이상 주행 가능한 배터리 개발을 장담하고 있다. 카를로스 곤 닛산 자동차 CEO도 항속거리 400㎞는 충분히 가능하다고 장담한다. 전기배터리만이 아니다.

자동차 업체들은 태양광이나 수소전기차도 개발을 서두르고 있다. 수소전기차는 도요타 등 일본 업체들이 심혈을 쏟고 있다. 특히 전력의 무선 전송 기술 개발도 갈수록 확대되고 있다. 일본 미쓰비시전기는 전기를 우주에서 지상으로 송전하는 소형장치를 개발했다고 최근 발표했다. GPS처럼 전기를 받을 수 있는 시대도 도래할 수 있다. 각국 정부도 전력을 쏟고 있다.

중국 정부는 2020년까지 전기차 보급 500만 대를 목표로 대당 1100만 원 상당의 보조금을 지급하고 있다. 미국은 연간 180만 대 보급을 목표로 전기차 구매 시 최대 7500달러의 세금을 감면해주고 있다. 한국은 아직 전기차 보급률이 전체 판매차량의 2%대로 미미한 수준이다. 하지만 인공지능차 등 새로운 미래차의 등장과 함께 전기차 수요는 갈수록 확대될 것이라는 전망이다.

테슬라의 보급형 전기차 모델3.

Vitamin

환율전쟁 뉴라운드

미국과 일본은 최근 몇 년 동안 밀월 관계였다. 아베 일본 총리는 작년 4월 일본 총리 최초로 미국 상·하원 합동회의에서 연설했다. 박수가 10여 차례 터졌고, 미흡한 과거사 사과에도 사실상 면죄부가 주어졌다. 트윗도 교환하는 오바마 대통령과 아베 총리는 새 방위협력 지침을 통해 양국 동맹을 격상시켰다. '브로맨스(브러더+로맨스)'라는 말도 나왔다. 이런 양국 관계에 균열이 생기고 있다. 다름 아닌 환율정책 때문이다. 미국은 일본이 수년째 진행 중인 양적 완화를 용인하는 자세를 견지해 왔다.

이런 미국이 일본을 한국과 함께 환율 조작국 전 단계인 '환율 관찰 대상국'으로 지정했다. 진작에 제이콥 루 미 재무장관이 일본이 엔저를 위해 시장에 개입할 명분이 없다고 경고했던 뒤끝이다. 엔저는 '잃어버린 20년'을 돌파하려고 몸부림치는 아베노믹스의 핵심이다. 아소 다로 재무장관이 시장 개입의 불가피성을 언급하며 반발해도 미국은 끄떡도 하지 않는다. 미국이 '환율판 슈퍼 301조'라고 불리는 베넷-해치-카퍼(BHC) 수정법안을 올 2월부터 발효 중인 것도 의미심장하다.

일본마저 길들이기에 나선 미국의 변화는 글로벌 환율시장 판도가 급

변할 것임을 예고한다는 평가가 나온다. 한국과 대만이 시범케이스가 될 수 있다는 경고와 함께 결국 달러화에 도전하는 중국이 최종 타깃이라는 관측도 나온다. 새로운 글로벌 환율전쟁이 벌어지는 것인가.

: 승승장구하던 일본 무너뜨린 '플라자합의'

'환율은 정치'라고들 한다. 그 이면에는 글로벌 파워게임이 치열하게 벌어진다. 이런 환율에 따라 세계 경제가 요동친다. 그 유명한 '플라자합의'의 막전막후를 돌아보면 글로벌 환율전쟁의 치열함이 그대로 드러난다.

플라자합의 막전막후

먼저 플라자합의가 나오기까지의 상황을 돌아보자. 1948년 미국은 공산주의 아시아 침투를 막기 위해 일본의 경제 회복을 지원하기로 결정하고, 고정환율제를 포함한 9개 항의 경제안정원칙을 밝힌다. 고정환율 수준은 거듭된 연구를 거쳐 '1달러=360엔'으로 합의돼 1949년 4월 25일부터 적용했다. 엔화가 저평가된 이 고정환율 아래서 일본은 금세 미국을 위협하는 초강대국으로 성장했다.

일본 제조업체는 철강, 컬러TV, 반도체, 자동차 등 미국 주요 산업을 초토화했다. 일본은 1966년부터 1968년까지 프랑스, 영국, 독일을 차례로 제치고 세계 2위 경제대국으로 급부상했다. 서방 10개국 재무장관은 1971년 워싱턴DC 스미스소니언박물관에 모여 '1달러=308엔'으로 엔화 가치를 16.8% 절상했다. 그래도 일본의 대미 흑자는 계속됐고 미국의 실업률은 치솟았다. 1985년 일본 국내총생산(GDP)은 1조 3000억 달러를

넘어 미국의 3분의 1에 육박
했다.

결국 미국은 환율이라는
전가의 보도를 뽑아 들었다.
1985년 9월 레이건 정부 때
제임스 베이커 재무장관은
일본, 독일, 프랑스, 영국
등 4개국 재무장관 및 중앙
은행장을 뉴욕 플라자호텔
로 초청해 미국의 무역적자

2016 상반기 미국 환율보고서 평가 결과

구분	현저한 對美 무역흑자	상당한 경상흑자	지속적 일방향 시장개입
	對美 흑자 200억 달러 초과 (2015, 십억 달러)	GDP 대비 경상흑자 3% 초과	GDP 대비 순매수 비중(%)2% 초과
중국	365.7	3.1%	-3.9%*
독일	74.2	8.5%	–
일본	68.6	3.3%	0.0%
멕시코	58.4	-2.8%	-1.8%
한국	28.3	7.7%	-0.2%*
이탈리아	27.8	2.2%	–
인도	23.2	-1.1%	1.8%
프랑스	17.6	-0.2%	–
캐나다	14.9	-3.3%	0.0%
대만	14.9	14.6%	2.4%*
영국	1.5	-5.2%	0.0%
브라질	(4.3)	-3.3%	0.1%
유로존	130.2	3.2%	0.0%

*붉은색은 상세요건에 해당.   * 美 재무부 시장개입 추정치

를 해소하기 위해 달러에 대한 주요 통화의 환율을 일률적으로 내리는
(달러 가치 절하) 합의안을 도출했다. 바로 '플라자합의'다. 당시 달러당 250
엔을 오르내리던 엔화는 이후 17개월 만에 57%나 평가절상(엔화 가치 절상)
되기도 했다.

일본은 수출에 애로를 겪었지만 높아진 엔화 가치 덕도 누렸다. 미국
문화의 상징이라던 컬럼비아영화사를 소니가 1989년 34억 달러에 인수
했고, 뒤이어 미쓰비시가 록펠러센터를 14억 달러에 사들였다. 미국 국
민들은 쇼크에 빠졌다. 자유의 여신상마저 팔려갈지 모른다는 말까지
떠돌 정도였다. 과도한 엔화 강세를 저지하기 위해 일본이 통화확장 정
책을 펼치는 바람에 기업 대출이 급격하게 늘어난 것도 투자 확대를 부
채질했다.

그러나 이런 일련의 과정은 일본을 사냥하기 위한 미국의 내밀한 함
정이었다는 분석도 나온다. 음모론의 냄새가 강하게 풍기지만 미국이
플라자합의 2년 전부터 버블을 만들어 일본을 한 방에 무너뜨리는 시나
리오를 마련했다는 자료도 있다. 사실 미국의 전략에 따라 엔화의 국제

화가 가속화됐고, 일본 기업의 해외 투자가 왕성해진 것은 분명하다.

1987년 2월에는 주요 7개국(G7) 재무장관들이 프랑스 루브르궁에서 일본의 초저금리를 압박하는 루브르합의에도 서명했다. 그 결과 엔화가 넘쳐났고, 그 대부분은 주식과 부동산으로 몰려 버블이 본격화됐다. 또 미국 금융회사들이 일본에 주가지수선물을 상장시키자 일본 증시는 미친 듯 활기를 뛰었다.

하지만 1990년 새해 첫날 주가 급락과 함께 일본 경제는 긴 내리막길을 타고 무너져갔다. 외국인 자금이 썰물처럼 빠져나가자 증시는 붕괴됐다. 부동산 거품도 터져 가격이 절반으로 추락했다. 이렇게 시작된 '잃어버린 10년'은 '잃어버린 20년'을 거쳐 아베노믹스가 한창인 지금까지 이어지고 있다.

: 美 달러의 '글로벌 환류' 법칙이 바뀌고 있다

환율 변동을 일으키는 가장 직접적인 변수는 국제수지다. 국제수지가 적자면 외환 공급이 부족해 환율이 상승(통화 평가절하)한다. 국제수지가 흑자면 반대로 환율은 하락한다. 알려진 대로 미국은 대규모 무역적자를 수십 년째 지속 중이다. 따라서 달러가 다른 나라 통화에 비해 약세를 보이는 게 정상이지만 실제로는 반대다. 세계 환율의 역설이다.

미국 달러가 강세라는 역설

환율에는 고도의 정치적 메커니즘이 작동한다. 대규모 적자를 수십 년째 지속 중인 미국이 여전히 세계의 패권을 유지할 수 있는 것은 달러가 세계의 기축통화이고, 미국 군사력에 세계가 의존하고 있기에 가능하다. 무역흑자국들이 벌어들인 달러로 미 재무부 채권을 매입해 달러가 다시 미국으로 환류되는 절묘한 법칙이 창출된 것이다.

중국은 지난해 3657억 달러를 비롯하여 해마다 수천억 달러의 대미 무역흑자를 낸다. 그렇지만 중국 위안화도 이론과 달리 달러화에 대해 중장기적인 강세를 보이지 못하고 있다. 여러 요인이 있겠지만 중앙은 행인 인민은행이 위안화 약세를 통해 무역 경쟁력을 유지하기 위해 외환시장에 개입한 결과로 보는 시각이 많다. 기업들이 수출대금으로 받은 대규모 달러를 시장에서 위안화로 교환하면 위안화 강세가 유발되기 때문에 중앙은행이 발권력을 동원해 별도로 사들인다는 것이다. 이렇게 확보한 달러는 인민은행의 외환보유액으로 쌓이고, 그중 상당 부분이 다시 미 국채와 정부보증채 등의 달러표시 채권에 투자되는 구조다.

중국이 보유 중인 미국 국채를 투매하거나, 채권 매입을 중단하면 미국 경제가 버티지 못할 것이라는 것은 일부 호사가들의 주장일 뿐이다. 중국은 미 국채를 던질 때 미국 경제가 혼란에 빠지는 것보다 위안화 강세로 입게 되는 자신의 손실이 훨씬 크다는 점을 누구보다 잘 알고 있다.

'BHC법' 발효, 글로벌 환율전쟁의 판이 바뀐다

중국을 비롯한 일부 무역흑자국들의 이 같은 외환보유액 쌓기는 기본적으로 '환율 조작' 행위지만 미국은 지금까지 별다른 제동을 걸지 않았다. 무역흑자국들이 미국으로 유입시키는 막대한 채권 매입자금이 경상수지 적자를 메우고 국제수지를 균형으로 만들어주기 때문이다.

그런데 이런 흐름에 제동이 걸리기 시작했다. 올 2월 미국이 발효한 소위 '베넷-해치-카퍼(BHC) 수정법안' 때문이다. BHC법은 기존의 '무역법 1974'를 수정한 '무역촉진법 2015' 중 '교역상대국의 환율에 관한 규정'인 제7장을 일컫는 별칭으로 '환율판 슈퍼 301조'로도 불린다. 환율

개입(의심)국가에 대한 조사와 분석을 확대하고, 통화가 저평가된 나라가 미국에 상품을 수출할 때 이를 수출보조금으로 간주해 강력하게 제재하자는 게 BHC법의 골자다.

미 재무부는 BHC법 발효 후 처음 내놓은 주요 교역국의 올 상반기 환율보고서에서 한국, 대만, 독일, 중국,

환율 관찰대상국에 대한 미국의 정책 권고	
국가	권고 내용
한국	- 외환시장 개입은 무질서한 시장환경 발생시로 제한할 필요 - 외환운용에 대한 투명성을 제고하고 내수활성화를 위한 추가적인 조치가 필요함
대만	- 상당한 경상흑자 감안시 지속적 매수개입은 우려스러움. 외환시장 개입은 무질서한 시장조건에서만 제한적으로 실시할 필요 - 외환보유액 및 외환시장 개입정보에 대한 투명성 제고 필요
독일	- 전세계 두번째로 큰 경상흑자국으로 초과저축의 일부를 독일 내수확대 및 유로존·글로벌 불균형 해소에 활용할 필요 - 추가적인 내수활성화를 위한 정책여력을 갖춘 것으로 평가
중국	- 시장결정형 환율제도로 질서 있게 이행할 필요가 있으며, 절상압력 발생시 위안화의 절상을 허용할 필요
일본	- 취약한 성장전망을 감안할 때, 근시일내 성장세 회복을 위해서는 재정정책, 구조조정을 포함한 모든 정책적 수단을 활용할 필요 - 美 재무부는 최근의 엔·달러 환율 움직임을 정상적 (orderly)으로 평가하며, 환율정책과 관련한 G20, G7 합의 이행이 중요함

일본 등 5개국을 '관찰대상국(monitering list)'으로 분류했다. 강력한 제재가 가해질 수 있는 '심층분석대상국(환율조작국)' 지정은 다행히 피했지만 찜찜하기만 하다. 오히려 사전 경고라는 성격이 강해서다.

: 환율전쟁 뉴라운드, 무역흑자국을 겨냥하다

무엇보다 주목할 것은 미국이 그동안 눈감아온 외환시장 개입을 문제 삼기 시작했다는 점이다. BHC법은 환율 조작국 지정 요건을 △현저한 대미 무역수지 흑자 △상당한 경상수지 흑자 △지속적인 한 방향 환율시장 개입 등 세 가지로 정하고 있다. 미 재무부는 이번 보고서를 통해 대미 무역수지 흑자 200억 달러 초과, 경상수지 흑자 GDP의 3% 초과, 외화자산 순매수액 GDP의 2% 초과 등을 상세요건으로 적시했다. 한국을 비롯해 독일, 일본, 중국, 대만 등 5개국은 2개 항목을 위반했지만

나머지 1개 항목에 해당하지 않아 심층분석대상국 지정을 간신히 피했다. 하지만 BHC법은 경상수지 적자를 매개로 주변국들과 공존하며 오히려 달러 영향력을 확대해온 미국의 자세에 큰 변화가 있을 것임을 예고한다.

'환율 대회전'의 징후들

BHC법은 미국인들의 분노를 담고 있다. 글로벌 금융위기 이후 경기회복이 매우 더디고, 일자리를 잃은 중산층이 대거 하류층으로 전락하는 사태가 발생하자 미국인들은 '환율 조작으로 불공정한 무역을 자행하고 일자리를 뺏어가는 국가들'로 비난의 화살을 돌리고 있는 것이다. 2006년 이후 낮아지던 미국의 GDP 대비 무역적자 비중은 지난해 2.7%로 다시 높아졌다.

미 정치권의 기류 변화도 큰 변수다. 재무부는 기존에도 '환율 조작국' 지정 권한이 있었지만, 1994년 중국을 지정한 이후에는 한 번도 칼을 빼들지 않았다. 결국 의회가 나서 환율 조작국 지정 요건을 못 박고, 제재를 강화한 법안을 양당 합의로 통과시킨 모양새다. 이런 분위기를 반영해 버락 오바마 대통령이 공화당 의원들에게 "환율 조작에 의연히 대응하도록 뒷받침하겠다"고 말한 것으로 전해진다.

오바마 대통령은 2009년 취임 후 '리메이킹 아메리카(Remaking America)'라는 슬로건 아래 제조업 부활의 드라이브를 걸고 있다. 해외서 미국으로 공장을 옮기는 기업에 세제 혜택, 저금리 대출 등의 인센티브를 약속했고, 지원은 리쇼어링으로 이어지고 있다. 이런 정책기조를 볼 때 제조업 기반을 무너뜨리고 있는 달러화의 강세흐름을 제어해야 할 필요성을 느낄 수 있다. 마침 '셰일 혁명'으로 제조업이 부활하는 상황이어서 무역흑자국에 대한 미국의 압박은 더 거세질 전망이다.

BHC법의 타깃으로 알려진 중국은 환율을 시장에 맡기는 것을 감당하기 어려운 게 사실이다. 수출 기업들은 채산성 악화로 부도에 직면하고, 실업자와 금융권 부실채권이 증가하고, 부동산 거

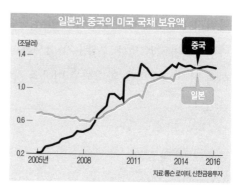

품이 빠르게 붕괴되는 시나리오다. 결국 재정 지출을 늘릴 수밖에 없어 정부 부채가 급증하고, 외국 자본의 대규모 유출사태가 나타날 수 있다. 아베노믹스로 간절하게 경제 회복의 불씨를 되살리려는 일본 역시 '잃어버린 30년'이라는 혹독한 시련에 맞닥뜨릴 가능성이 높아진다. 새로운 환율전쟁이 격화되면 여느 때보다 파장이 클 것이란 분석이다. 플라자합의 당시 일본은 미국에 일방적으로 밀렸다. 경제가 워낙 좋아 안일하게 대응한 측면이 있었다. 그렇지만 지금은 사정이 다르다. '잃어버린 30년'을 피해 가려면 저항이 불가피할 것이다. 미국의 '관찰대상국' 지정조치에도 아소 다로 일본 부총리는 "외환시장 동향을 긴장감을 갖고 주시하고, 필요에 따라 대응할 것"이라고 강조한 것에서 이런 의지가 보인다. 폭풍전야와 같은 전운이 감돌고 있다.

Vitamin

중국의 무역보복론

중국은 사드(THAAD·고(高)고도 미사일방어체계) 배치를 이유로 한국에 전면적 무역보복을 가할 수 있을까. 국내 일각에서 중국의 무역보복 우려를 끊임없이 제기하고, 중국 내에서도 이를 부채질하는 분위기가 있다. 이들의 말대로 중국이 한국에 무역보복을 가하면 중국은 아무렇지도 않고 한국만 타격을 받게 될까. 무역에 대한 최소한의 이해만 있다면 지금의 무역관계가 어느 일방의 보복이 가능한 그런 구조가 아님을 금방 알 수 있다.

먼저 한·중 무역관계가 그렇다. 한·중 교역액은 2015년 2274억 달러로 1992년 수교 시의 64억 달러와 비교하면 무려 36배나 급증했다. 그동안 양국의 개인, 기업 간 무역관계가 얼마나 복잡하게 얽히고설켰을지는 짐작하고도 남을 일이다. 품목마다 양국에 상호 이익을 가져다주는 비교우위가 작용한 결과가 지금의 무역관계라고 보면 중국의 전면적 보복론은 한 마디로 현실성이 없다.

세계 무역구조와 환경적 측면에서 봐도 중국의 무역보복은 쉽지 않다. 중국은 세계 무역구조에 편입되면서 글로벌 공급사슬과 분리하려 해도 할 수 없는 단계로 진입한 마당이다. 중국이 섣불리 한국에 보복을 가했다간 중국과 가장 큰 무역관계를 맺고 있는 미국을 비롯한 주요국의 집단적 반발을 초래해 가뜩이나 어려운 중국 경제가 치명타를 맞을 수도 있다.

한·중 무역관계와 세계무역구조 관점에서 중국 무역보복설의 허구성을 짚어본다.

: 韓·中 무역, 보복하면 서로 다친다

한국과 중국 간 교역액은 2015년 2274억 달러로 1992년 수교 시 64억 달러에 비해 36배로 급성장했다(표1). 한국 입장에서 중국은 제1 수출국이자 제1 수입 대상국이다. 또 중국 입장에선 한국이 중국의 제4 수출국(홍콩 제외 시 제3 수출국)이자 제1 수입 대상국이다. 이것만 봐도 어느 일방의 무역보복이 용이하지 않음을 단번에 알 수 있다.

그럼에도 중국의 무역보복설이 근거로 삼는 것은 한국의 수출에서 중국이 차지하는 비중이다. 2015년 대중국 수출은 한국 전체 수출의 26%를 차지했다. 여기에 홍콩까지 더하면 32%에 이른다. 일각에서는 바로 이 점을 들어 중국이 보복에 나설 경우 한국 수출에 궤멸적 타격이 올 것이라고 말한다. 그러나 이는 무역의 단면만 보고 하는 소리다.

무엇보다 대중국 수출의 내용을 보면 중국의 무역보복이 용이하지 않음을 바로 알 수 있다. 2015년 한국의 대중국 수출에서 중간재 비중은 무려 77.6%였다. 반면 소비재 비중은 4.1%에 불과했다. 그나마 한류 등의 영향으로 화장품 등의 수출이 늘어난 게 이 정도다.

구체적으로 들어가 한국의 대중국 수출 상위 5대 품목을 보면 집적회로반도체, 평판DP, 무선통신기기부품, 합성수지, 자동차부품 등이다.

이들 품목만으로도 전체 대중국 수출의 40% 이상을 차지한다(표2). 한·중 간 가공 무역 관계를 상징적으로 보여준다. 중국의 대한국 무역 보복이 양날의 칼이 될 수 있다는 얘기다.

중국은 한국의 최대 수출국이지만 한국 또한 중국의

한국의 중국 교역 동향

(단위:억 달러, %)

구분	2012	2013	2014	2015
수출	1,343(0.1)	1,459(8.6)	1,453(△0.4)	1,371(△5.6)
수입	808(△6.5)	831(2.8)	901(8.5)	903(0.2)
교역	2,151(△2.5)	2,289(6.4)	2,354(2.8)	2,274(△3.4)
무역수지	535	628	552	468

한국의 중국 5대 수출 상위 품목

(단위:억 달러)

구분	1위	2위	3위	4위	5위
수출 품목명	집접회로 반도체	평판DP	무선통신부품	합성수지	자동차부품
금액 증감률	254(8.7)	219(1.0)	67(8.9)	63(△16.5)	59(△3.5)

*2015년 기준

최대 수입국이다. 2015년 중국 전체 수입에서 한국이 차지하는 비중은 10.9%에 달했다. 따라서 지금의 무역구조로 보면, 오히려 과거 일본이 한국을 위협할 때처럼 중국이야말로 한국이 중간재 보급선을 차단할 경우 중국 경제가 어떻게 될까를 걱정해야 할 판이다.

중국 입장에서 한국은 홍콩 제외 시 제3 수출국이라는 점도 무시하기 어렵다. 중국이 한국에 그렇듯 한국도 중국에 주요 고객인 것이다. 이를 두고 일각에서는 순위로는 그렇지만 중국 전체 수출에서 한국이 차지하는 비중은 4.4%에 불과하다고 말한다. 하지만 경제성장률이 6%대로 미끄러지고 있는 중국에서 한국 수출은 결코 무시할 수 없는 수준이다. 혹자는 중국이 맘만 먹으면 거래처를 돌릴 수 있다고 하지만 수출 전환이 그렇게 쉽지는 않다. 오히려 한국 입장에서 보면 대중국 수입은 저가 농산물 등 생활 소비재가 대부분이다. 이것이야말로 동남아 등으로 수입처를 돌리거나 국내 생산으로 대체할 수 있는 품목들이다.

양국 간 투자를 봐도 중국의 무역보복은 용이하지 않다. 2009~2015년간 외국인의 중국 투자 누적액을 보면 한국은 미국, 대만을 제치고 상위 5위 국가에 올랐다. 하지만 한국은행이 발표한 2015년 한국의 해외 투자를 보면 2014년 2위 투자국이던 중국은 미국, 유럽, 동남아에 밀려 4위로 떨어졌다. 중국 대신 동남아가 부상하고 있음을 보여준다.

중국이 무역보복을 감행한다면 그렇지 않아도 중국의 기업 환경을 우려하는 한국 기업의 대중 투자는 더 싸늘하게 식을 게 분명하다. 더구나 중국의 무역보복은 최근 기술 획득 목적 등으로 증가세인 중국의 대한국 투자에 대한 우려나 경계감을 증폭시킬 수도 있다. 결론적으로 한·중 무역이나 투자 관계로 보면 중국의 대한국 무역보복은 곧 쌍방 손실이요, 중국에 자해행위가 될 수밖에 없다.

: 중간재 수입비중 높은 中, 무역보복 어렵다

중국이 한국에 전면적 무역보복을 감행하기 어려운 또 다른 이유는 중국이 이미 세계 무역구조에 편입돼 중국 경제와 무역을 따로 생각할 수 없다는 점에서도 찾을 수 있다. 먼저 중국이 세계 무역에서 차지하는 위상을 보자. 2015년 세계 무역액은 33조 1232억 달러였다.

이 중 중국은 3조 8823억 달러를 차지했다. 중국은 세계 무역액의 11.72%를 차지하는 세계 최대 무역국가로 자리매김한 것이다. 이를 수출과 수입으로 나눠 살펴보면 중국은 각각 13.9%, 9.58%를 차지한다. 수출에서는 세계 1위, 수입에서는 미국 다음이다.

그렇다면 글로벌 공급사슬 측면에서 중국의 무역구조가 갖는 특징은 무엇일까. 중국의 주요 수출국과 수입국을 살펴보면 쉽게 드러난다. 2015년 중국의 10대 수출국은 미국, 홍콩, 일본, 독일, 베트남, 영국, 네덜란드, 인도, 싱가포르 순이다. 중국의 10대 수입국은 한국, 대만, 미국, 일본, 독일, 호주, 말레이시아, 브라질, 태국, 러시아 순이다.

중국은 중간재와 자원·에너지를 수입해 완제품을 수출하는 무역구조라는 얘기다. 실제로 2015년 중국의 수입구조를 보면 중간재가 53.4%를 차지했다. 반면 소비재 비중은 9.2%에 그쳤다. 가공무역 수입비중도

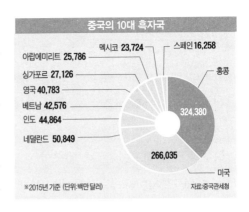

중국의 10대 흑자국

아랍에미리트 25,786
싱가포르 27,126
영국 40,783
베트남 42,576
인도 44,864
네덜란드 50,849

멕시코 23,724
스페인 16,258

홍콩 324,380

266,035

미국

※2015년 기준 (단위:백만 달러)   자료:중국관세청

27.1%였다. 중국의 이런 무역구조는 무역수지에도 그대로 반영된다. 중국의 10대 흑자국은 홍콩, 미국, 네덜란드, 인도, 베트남, 영국, 싱가포르, 아랍에미리트, 멕시코, 스페인 순이다. 반면 10대 적자국은 대만, 한국, 호주, 독일, 브라질, 오만, 앙골라 ,말레이시아, 사우디아라비아, 투르크메니스탄 순이다.

문제는 이런 세계 무역구조에서 중국이 사드 배치를 이유로 자국에 무역흑자를 보이는 한국에 무역보복을 가한다고 해보자. 중국의 글로벌 공급사슬 전반에 걸쳐 연쇄적 파장을 몰고올 가능성이 높다. 여기에 사드의 또 다른 이해당사자이자 중국이 2015년 무려 2660억 달러가 넘는 무역흑자를 보인 미국이 가만 있을 것이란 보장도 없다.

중국이 2001년 가입한 세계무역기구(WTO)도 변수다. 세계교역량 1위 중국이 9위(홍콩을 제외하면 8위) 국가인 한국에 무역보복을 한다면 그 자체가 국제적 교역질서에 심각한 위협으로 간주될 수밖에 없다. WTO로서도 묵과하기 힘들 것이다. 그렇지 않아도 중국은 WTO 회원국에 중국의 시장경제지위를 인정해주길 바라고 있다. 그동안 중국이 시장경제지위를 인정받지 못하면서 반덤핑 제소 등에서 불이익을 받아왔다는 이유에서다.

하지만 미국은 "중국의 시장개혁이 WTO 가입 당시 회원국이 기대했던 바에 못 미친다"며 "중국의 시장경제지위 자동획득은 안 된다"는 입장이다. 유럽연합(EU)도 유럽의회 전체회의에서 중국의 시장경제지위 부여 반대 결의안을 제출한 바 있다. 중국은 이런 점도 고려하지 않으면 안 될 처지다.

더구나 국제 상공단체들이 중국의 보호무역법제에 대해 시정을 요구하는 연대 서한을 리커창 총리에게 보냈다는 것도 중국에는 부담이다. 여기에 중국이 밖에서 벌이는 공세적 인수합병 등 해외투자에 대한 혐오감도 확산되는 조짐이다. 이런 상황에서 중국이 한국에 무역보복을 감행한다고 치자. 국제적 반중국 여론에 불을 붙이는 격이 될 게 자명하다. 세계 무역구조와 환경 측면에서도 중국이 한국에 전면적 무역보복을 감행하기 어렵다고 보는 이유다.

Vitamin

진퇴양난,
유럽의 연금 고민

그리스에선 지난 3월까지도 시위가 계속되었다. 농민 단체들은 몇 주째 고속도로를 점령하고 데모를 벌였다. 이 시위는 근로자들도 합류하는 대규모로 번져갔다. 이들의 불만은 물론 그리스 정부의 연금 개혁 때문이다.

시리자 정부는 연금 기금이 부족해 일부 계층에 더 이상 연금을 줄 수 없다고 하소연한다. 하지만 연금에는 절대 손을 대지 말라는 게 그리스인들의 절규다. 비단 그리스뿐만이 아니다. 프랑스도 이탈리아도 영국도 모두 연금 개혁의 덫에 걸려 있다.

각국 GDP의 10% 이상, 이탈리아는 15% 규모를 연금에 쏟아붓고 있다. 하지만 갈수록 국민에게 줘야 할 연금 총액만 불어난다. 저출산 고령화 탓이다. 최근 들어선 난민 문제나 마이너스 금리도 더욱 연금을 괴롭힌다.

연금은 가장 다루기 힘든 정치다. 민주주의의 결과이기도 하지만 민주주의를 파괴하기도 한다. 연금사회주의를 주장하는 정당만도 유럽에서 10개가 넘는다. 이 제도를 도입한 비스마르크를 원망하는 정치가들이 늘어난다. 그렇게 연금이라는 이름의 유령이 유럽을 뒤덮고 있다.

: 연금개혁 번번이 좌절

유럽의 인구 동태에서 가장 큰 변화는 2차대전 뒤 탄생한 베이비부머의 고령화다. 현재 유럽에서연금 수령 대상자인 65세 이상은 17%다. 2050년에는 27%로 올라갈 전망이다. 이들의 수명도 길어지고 있다. 평균 수명 기대치가 50년 전 69세에서 80세로 올라갔다. 하지만 출생률은 갈수록 떨어지고 있다.

1960년 이후 유럽의 출생률은 40%나 떨어졌다. 여성 1명당 평균 자식 수는 1.5명에 불과하다. 저출산, 고령화는 유럽 각국의 재정을 뒤흔들었다. 국가 재정에서 연금을 제공하는 국가일수록 재정적자가 심각해지고 있다. 유럽 국가들의 평균 연금 지출은 총 공공지출의 18%를 차지하고 있다. 이미 국내총생산(GDP)의 10% 이상을 연금에 사용하고 있는 나라가 대부분이다. 유럽 국가들이 연금 개혁에 올인하는 이유다.

연금은 곧 정치

유럽인들은 자신들이 평생에 걸쳐 사회에 기여한 대가가 바로 연금이라고 생각한다. 누구도 손댈 수 없는 불가침의 권리라는 것이다. 그래서 일부 학자들은 연금은 거대한 사회계약이며 정치적 타협의 산물이라고 얘기한다. 어떤 나라도 연금 개혁이라는 말을 쉽게 꺼내지 못하는 이유다.

연금은 곧바로 정치고 정권의 명운이 걸려 있다. 유럽에 연금당(Pensioner's Party)이 있는 나라는 모두 12개다. 연금을 받는 사람들이 구성한 정치적 결사체다. 이들 정당에서 가장 유명한 곳은 이탈리아 연금당이다. 이들은 총리 후보를 낼 만큼 강력하다. 집권 여당에서 연금 개혁이라는 말을 꺼낼 때마다 강력하게 반대한다. 2006년 선거에서도 연금 개혁을 내건 총리를 떨어뜨린 적이 있다. 지금 이탈리아 연금은 전체 GDP의 15%를 웃돈다. 세계에서 가장 많은 예산을 연금에 쓰지만 정치권의 개혁이 번번이 좌절되고 있다.

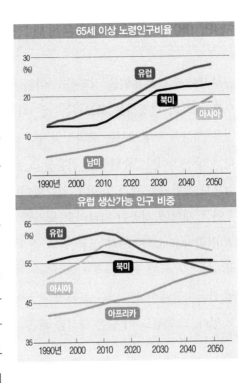

칼 한리히스 독일 브레멘대 교수가 유럽 각국이 겪고 있는 연금 문제를 코끼리에 비유했을 정도다. 둘 다 덩치가 크고 회색이며 사람들이 좋아하지만 너무나 무거워 움직일 수 없다는 것이다. 연금 개혁은 그만큼 어렵다. 하지만 피할 수 없는 과제이기도 하다.

유럽 국가들의 개혁과 좌절

영국의 캐머런 정권이 내세우고 있는 공약에서 가장 큰 것이 연금 개혁이다. 하지만 번번이 국회에서 좌절되고 있다. 조지 오즈번 영국 재무장관도 최근 연금 개혁안을 내놓았다가 백지화했다. 연금 수급자에 대해 세금을 깎아주는 제도를 폐지하겠다고 했다가 반대 의견이 거세지자 결국 철회한 것이다.

프랑스도 연금 개혁에 착수하지 못하고 있다. 각국이 대증요법으로 내놓는 조치라면 정년을 늘리는 정도다. 이미 독일, 벨기에, 캐나다, 스페인, 영국, 호주, 네덜란드 등은 정년을 65세에서 67세로 늘렸다.

: 난민·마이너스 금리가 연금문제 새 복병

근로자에게 근로유인을 강화하고 이를 통해 일할 능력이 있는 고령자 노후 소득의 적정성을 확보하는 것이다. 하지만 퇴직연령을 연기하는 것은 재정적 관점에서는 효과적일지 모르지만 고용관계를 고려하면 극히 비생산적이다. 중년층이 점유한 노동시장에 청년층의 접근이 상대적으로 제한되는 결과가 된다. 악순환이다.

연금 개혁에 성공한 나라라고 평가받는 독일은 아예 사적 연금 제도로 전환하고 있다. 사적 연금 제도 중 하나인 리스터 연금에 가입하면 국가가 납부금에 보조금을 지급한다는 것이다. 이 리스터 연금 덕에 전체 연금시장에서 80%였던 공적 연금 비중이 50%대로 하락했다는 보고도 있다. 스웨덴도 이 같은 방식을 채용하고 있다.

연기금들 재원 투자할 곳 마땅치 않아

스웨덴이나 ECB의 마이너스 금리는 연금 문제를 더욱 꼬이게 하고 있다. 각국의 연금기금이 가장 많이 투자하는 안전자산인 국채가 대부분 마이너스 금리로 바뀌고 있기 때문이다. 유럽 국채의 40%가량이 이런 마이너스 금리로 운용되고 있다. 국채가 더 이상 안전자산이 아니라 위험자산으로 분류되고 있다. 연기금들이 재원을 투자할 곳이 없다.

난민 문제도 연금에는 골칫덩어리다. 대부분의 난민은 유럽에 일자리를 잡고 사회복지 혜택을 누리려는 경제적 난민이다. 이들 난민이 일자리를 잡으면서 세금을 내고 연금의 수혜대상이 되고 있는 것이다. 난민 문제가 심각한 프랑스와 독일에서는 난민들이 힘을 모아 공개적으로 연금을 요구하고 있다. 일부에선 난민들이 도리어 연금을 충실하게 납부해 현재의 연금기금 상태를 개선할 가능성도 있다고 지적했다.

자본주의를 왜곡시킬 수 있다

연금기금의 비대화도 문제
가 되고 있다. 피터 드러커
는 연금기금이 자본의 공
급 원천이 됐으므로 자본주
의 사회가 연금기금 자본주
의로 변할 수 있다고 경고까
지 했다. 그는 연금기금은
사람이 아니라 자본가 없는
자본주의라고 명명했다. 그

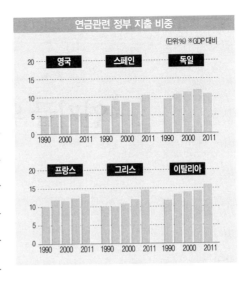

만큼 연금기금이 사회주의를 만들고 있는 것이다. 130년 전 연금제도를
만든 비스마르크는 현재 유럽이 겪는 연금 위기를 알지도 못했을 것이
다. 20세기 복지국가의 망령이 과연 21세기에는 어떻게 전개될 것인지
궁금하다.

Vitamin

연기금 위기

연기금의 세계적 위기다. 초(超)저금리로 수익은 줄고 있는 데 반해 고령화로 연금 비용은 갈수록 많아지고 있다. 국가가 충당하는 연금 부채는 해마다 늘고 있고 기업 연금을 포함한 대부분 사적연금은 적자에 허덕인다. 연금 채무가 국내총생산(GDP)의 100%가 넘는 국가만 14개국이다. 각국마다 연금 수급 연령을 늘리고 수령 금액도 줄이는 등 개혁을 해보지만 허사다. 연금 개혁에 나서는 정치인을 찾기는 하늘의 별따기다. 연금자본주의가 파국에 직면할 것이라는 위기감이 지구촌을 엄습한다.

정작 미국이나 유럽에선 연금에 기대지 않으려는 풍조가 확산되고 있다. 은퇴 이후를 위해 매년 저축을 늘린다는 사람이 한 해 평균 20%가 넘는다는 보고도 있다. 저축을 전혀 하지 않는 사람은 5%에 불과하다. 노인빈곤의 현실을 주위에서 체험한 이들이다. 독일에선 69세 정년 이야기가 제기되고 있다. 하지만 이 같은 저축 과잉은 결국 소비를 줄인다. 각국에서 금리를 내리고 돈을 풀어봤자 경기 부양은 일어나지 않고 자산버블만 일어난다. 연금 불안은 당장의 경기를 악화시킨다. 복지 포퓰리즘의 패러독스다. 미래에 대한 환상은 차츰 깨져간다. 어쩌면 지구촌이 짊어져야 할 부채를 지고 있는 게 아닌지.

: 연금채무, GDP 100% 넘는 국가만 14개

미국의 경제학자 데이비드 마일스는 1999년 '이코노믹 저널(Economics Journal)'에 발표한 '경제에서 인구통계학적인 변화가 끼칠 영향'이란 논문에서 앞으로 20년간 선진국에서 인구의 극적인 변동이 경제에 엄청난 파급을 끼칠 것이라고 예견했다. 미국과 유럽의 베이비붐 세대가 은퇴하면서 금융자산 수요가 크게 줄어들 것이라는 전망이었다. 마일스는 이로 인해 금리가 10% 이상 낮아지고 제로 금리에 이르게 될 것이라고도 했다.

20년 후 마일스의 전망은 놀라울 만큼 맞아떨어졌다. 제로 금리보다 더 심한 마이너스 금리까지 탄생하고 있다. 고령인구는 해마다 증가하고 있고 금리는 내려간다. 이런 상황에서 가장 치명적인 타격을 받는 것은 연기금이다. 연금을 받아야 할 사람은 증가하는 데 반해 운용기관의 수익은 갈수록 나빠지고 있다. 세계 연기금들이 미증유의 위기에 처해 있다.

국가·기업 연금 모두 위기

무엇보다 기업에서 충당하는 기업연금(개인연금)들이 적자에 허덕이고 있다. 당장 영국 350개 대형 상장기업의 연금 부족분은 1490억 파운드(약 220조 원)에 이른다. 연금 수급자들에게 약속한 돈은 8700억 파운드지만, 현재 350개 상장기업이 연금 비용을 충당하기 위해 보유한 자산 규모는 7210억 파운드에 그친다. 잉글랜드은행이 8월 말 금리를 인하하면서 이 부족액은 100억 파운드나 늘어났다.

미국 기업(S&P1500)들도 기업연금이 7월 말 기준 5620억 달러(약 629조 8000억 원) 부족하다. 미국 최대 연금기금인 캘리포니아 공무원연금기금

(캘퍼스) 수익률 역시 6월 말 현재 0.6%에 불과하다. 국가연금 부채도 갈수록 증가하고 있다. 국가 재정에서 연금을 충당하는 국가들의 연금 부채가 GDP의 100%를 넘는 나라만 14개에 이른

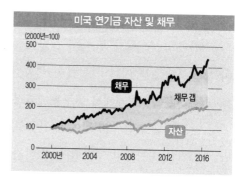

다. 프랑스와 폴란드는 300%를 초과한다.

현재 65세 이상 고령인구가 가장 많은 나라는 일본으로 전체 인구의 26%다. 1960년 6%에 비해 무려 네 배 늘었다. 이탈리아, 그리스, 독일, 프랑스 등 유럽연합(EU) 주요 국가도 전체의 20%를 넘는다. 이들 국가도 모두 1960년에는 10%를 넘지 않았다. 50년 만에 고령인구가 두 배를 훨씬 넘고 있다.

우리나라도 마찬가지다. 1960년 고령인구는 전체 인구의 4%에 불과했지만 2015년에는 14%로 늘어났다. 평균 수명도 1960년에는 52.4세였지만 2013년에는 81.9세로 늘어났다.

일부에선 인간이 갈망하던 호모-헌드레드(Homo-hundred)시대가 도래하고 있다고 환영한다. 하지만 연금 비용은 엄청난 증가세를 보이고 있다. 미국은 2000년 대비 총 연기금의 자산은 두 배가 늘었지만 연금 비용은 네 배 늘었다.

금리 하락도 연금 수익을 떨어뜨리고 있다. 더욱이 1980년대 이후 장기금리인 국채금리가 꾸준히 하락하고 있다. 1980년 국채금리는 연 15%가량이나 됐지만 차츰 하락해 현재는 0%대 금리 수준이다. 독일과 일본 정부의 국채금리는 마이너스까지 떨어지고 있다. 그런데도 각국은 여전히 금리를 내리고 양적 완화 정책을 고수하고 있다.

: 고령화 저금리가 연금 위기 주범

정책의 패러독스

연금 위기는 당장 연금 수혜자나 투자자에게 직접 영향을 미친다. 개인들은 리스크를 줄이려 저축을 늘리고 기업들은 투자를 줄인다. 각국 정부가 소비 지출을 늘리려고 추진한 양적 완화 정책이 크게 빗나간 것이다. 파이낸셜타임스(FT)는 "제로 수익률에 직면한 투자자들은 자연스럽게 소비를 멈추고, 저축을 늘리면서 주식이나 부동산 시장에 돈을 더 투자하게 된다"며 "이런 행동들이 소비를 멈추게 하고 자산 버블만 키울 것이다. 이것은 케인스가 말하는 유동성 함정인데, 케인스가 예상한 것과는 완전히 다른 이유(연금에 대한 불안) 때문에 나타나는 유동성 함정이다"라고 지적했다. 결국 돈을 풀어 경제를 살리는 것이 금리를 내리게 해 연금을 불안하게 하고 이것이 오히려 소비를 줄이게 하는 패러독스가 생긴 것이다.

해결방법은 없는가

연기금 운용기관은 당장 부동산이나 헤지펀드 등 대체 투자에 눈을 돌리고 있다. 총 연기금에서 헤지펀드 투자 비중은 1995년 5%에 불과했지만 지난해에는 24%까지 늘어났다. 하지만 헤지펀드 투자 역시 리스크가 크고 투자 실적이 좋지 않다는 게 문제다. 캐나다와 다른 일부 국가에서는 대형 공적연기금들이 철도 건설 등 사회 인프라와 부동산 투자를 적극 늘려나가고 있다. 연금을 보험회사에 맡기는 방안도 고려되고 있다. 캐나다 온타리오 주는 아예 연금을 기업에 떠넘기는 은퇴연금제를 시행할 계획이다.

　각국 정부도 연금 부채를 줄이기 위해 연금 수급 연령을 늘리고 있다.

독일 중앙은행 분데스방크는 최근 법적 퇴직연령을 현행 65세에서 69세로 올리자고 제안하고 있기까지 하다. 일본도 60세에서 65세로 올렸지만 다시 퇴직연령을 올리려 하고 있다. 오랫동안 일하는 게 세계적인 추세가 될 모양이다. 이것이 복지국가의 환상에서 벗어나고 노인 빈곤에서 벗어나는 방법이라고 전문가들은 지적하고 있다. 파이낸셜타임스 (FT)는 "이제 오랫동안 일하고 자신의 기대를 낮추는 '슬픈 진실'에 마주쳐야 할 때"라고 전했다.

역사·철학

국제정치

시대의 질문에 답하다

제1판 1쇄 발행 | 2016년 12월 8일
제1판 4쇄 발행 | 2017년 1월 24일

지은이 | 한국경제신문 논설위원실
펴낸이 | 고광철
펴낸곳 | 한국경제신문 한경BP
편집주간 | 전준석
외주편집 | 장민형
기획 | 이지혜·유능한
저작권 | 백상아
홍보 | 이진화
마케팅 | 배한일·김규형·이수현
디자인 | 김홍신
표지·본문디자인 | 김수아

주소 | 서울특별시 중구 청파로 463
기획출판팀 | 02-3604-553~6
영업마케팅팀 | 02-3604-595, 583 FAX | 02-3604-599
H | http://bp.hankyung.com   E | bp@hankyung.com
T | @hankbp   F | www.facebook.com / hankyungbp
등록 | 제 2-315(1967. 5. 15)

ISBN 978-89-475-4165-7   03320